LA RÉVOLUTION MATERNELLE

DU MÊME AUTEUR

L'histoire des mères. En collaboration avec Catherine Fouquet. Montalba, 1980. 2ᵉ édition Hachette Pluriel, 1982. Traduction en japonais à paraître.

Nous les assistantes sociales. Naissance d'une profession. Aubier Montaigne, 1980.

De la pucelle à la minette. En collaboration avec Marcel Bernos, Élisabeth Ravoux-Rallo, Éliane Richard. Temps actuels, 1982. 2ᵉ édition, 1989.

La femme et les médecins. En collaboration avec Catherine Fouquet. Hachette, 1983.

Cornettes et blouses blanches. Les infirmières dans la société française 1880-1980. Avec le concours de Véronique Leroux-Hugon, Odile Dupont-Hesse, Yolande Tastayre. Hachette, 1984.

La femme au temps des colonies. En collaboration avec Régine Goutalier. Stock, 1985. 2ᵉ édition, 1990.

Les pères aussi ont une histoire. Hachette, 1987.

Collaboration au tome IV de *Histoire des femmes* sous la direction de Georges Duby et Michelle Perrot. Plon, 1991.

Des Français au Maroc. En collaboration avec Geneviève Emmery, Françoise Leguay. Préface de Tahar Ben Jelloun. Denoël, 1992.

YVONNE KNIBIEHLER

LA RÉVOLUTION MATERNELLE

FEMMES, MATERNITÉ, CITOYENNETÉ DEPUIS 1945

PERRIN

ISBN : 2-262-01194-X.

A mes petits-enfants,
Cécile, Adrien et Amélie.
Marie et Benoît.
Romain et Charles.

Sommaire

DEUXIÈME PARTIE

LA GÉNÉRATION DU REFUS

TROISIÈME PARTIE

LA GÉNÉRATION DU DÉSIR

INTRODUCTION

La maternité comme différence

Ce livre est né de plusieurs inquiétudes.

La plus profonde s'enracine sans doute dans mon inconscient. J'ai souvent rêvé, je rêve encore parfois que, dans une pièce écartée de ma demeure, un bébé livide et silencieux agonise parce que j'ai oublié d'en prendre soin. Cauchemar atroce ! Et transparent... Ma double vie, professionnelle et familiale, m'a infligé une tension trop dure, jamais surmontée. J'ai construit des passerelles entre mes deux vies : historienne, je me suis attachée à l'histoire de la maternité. Mais la première *Histoire des mères* [1] n'allait guère au-delà des années 50, elle s'arrêtait au seuil de mes propres enfantements. Il fallait poursuivre, achever, fouiller ma mémoire et celle des autres. Ce fut parfois douloureux.

Une autre inquiétude est d'ordre scientifique. La maternité est difficile à conceptualiser. On la partage trop aisément en séquences dissociables : une femme peut porter l'enfant et le mettre au monde, une autre l'allaiter et le materner, une autre encore l'élever. Le corps fécond relève des sciences biologiques et médicales, l'amour maternel relève des sciences psychologiques, la fonction maternelle relève des sciences sociales. Aucun philosophe n'a jamais proposé de théorie de la maternité. Le mot même n'a existé ni en grec ni en latin : la

1. Écrite en collaboration avec Catherine Fouquet, 1re édition Montalba, 1980, 2e édition Hachette Pluriel, 1982.

mater n'était qu'une génitrice à la disposition du *pater*. Les Latins vénéraient des déesses mères, mais le droit romain n'a pas institué la maternité. Quand le mot *maternitas* apparaît, au XIIe siècle, c'est pour désigner la maternité de l'Église, qui s'occupe des pauvres : maternité sociale et spirituelle, non pas charnelle. Et la mère du Christ figure, elle aussi, un amour pur et parfait, subtilement dissocié de la fécondité comme de la sexualité. Plus tard, la pensée des Lumières a sécularisé cet amour, et l'a installé au centre de l'identité féminine : il fut alors déclaré inconciliable avec toute autre activité. La maternité est passée du domaine du mythe à celui de l'idéologie. Les féministes ont toujours protesté contre cette identification des femmes à la fonction maternelle. C'est peut-être pour cette raison que la récente *Histoire des femmes* [1], si neuve et si dense pourtant, ne présente aucune réflexion approfondie sur la maternité, traitée comme un élément dépourvu d'importance. D'ailleurs, presque toutes les chercheuses (chercheures ?) en sciences humaines analysent la différence des sexes sans remonter à ses origines, à savoir la reproduction sexuée de l'espèce humaine. Parions pourtant que si les féministes intégraient la maternité dans leurs discours, elles rallieraient aisément l'ensemble des femmes ! L'émancipation des femmes ne peut se faire contre la maternité, ni sans elle.

Une dernière inquiétude est d'ordre politique. Les Françaises n'ont jamais été pleinement associées à la gestion des affaires publiques. Les raisons de cette exclusion ont été bien analysées pour les périodes où les Françaises restaient privées de droits politiques. Mais, depuis 1944-1945, elles ont reçu l'intégralité des droits politiques, et pourtant leur participation n'a guère progressé. Est-ce parce que de nouvelles raisons d'exclusion ont remplacé les anciennes ? Ou bien n'avait-on pas saisi *toutes* les raisons d'exclusion ?

Dans les pages qui suivent, j'essaie de voir dans quelle mesure la fonction maternelle organise, ou conditionne, la

---

1. *Histoire des femmes*, sous la direction de Georges Duby et Michelle Perrot, 5 volumes, Plon, 1990-1992.

citoyenneté des femmes, j'examine la dialectique maternité-citoyenneté depuis 1945. Je l'observe en tant que phénomène culturel, à la fois dans sa spécificité et dans son évolution récente.

La maternité est certes un phénomène biologique : le corps des femmes y est violemment engagé, et tous leurs sens, tous leurs affects : extraordinaire festival de sensations, d'émotions, de sentiments, le plus riche et pourtant le plus banal qui soit dans l'expérience humaine ! Or, en moins de cinquante ans, la médicalisation semble l'avoir maîtrisé, ou du moins étroitement contrôlé. Quelle est au juste la signification de ce bouleversement ? Quelles en sont les conséquences ?

La maternité installe l'enfant, les enfants dans la vie des femmes. Ici, la révolution la plus frappante fut évidemment la libéralisation de la contraception et de l'avortement. Les femmes ont pu refuser l'enfant. Bien mieux : elles ont pu clamer haut et fort que l'amour maternel ne les comblait pas. On n'en finit pas d'observer les suites de ce basculement culturel. Car l'amour maternel avait été exalté pendant deux siècles comme élément central et spécifique de la vertu féminine, de la psychologie féminine. Et voilà qu'à présent on se demande s'il existe, en quoi il consiste. Les investigations des psy ont révélé son caractère aléatoire, sa fragilité, sa malléabilité. En même temps, les chercheurs ont découvert la complexité du développement du petit humain, les risques qu'il court à tout moment ; ils ont ébranlé l'assurance de chaque mère aux prises avec ses propres enfants. Cela au moment où l'essor inouï de la production et de la consommation transformait de fond en comble la vie quotidienne, et mettait en question les principes d'éducation les plus sacrés. La relation mère-enfant est entrée dans l'ère du doute, notamment la relation mère-fille, si peu étudiée.

Enfin, la maternité suppose la paternité. Aussitôt qu'ils procréent, les partenaires sexuels deviennent des parents : ils exercent leur responsabilité conformément aux normes de leur groupe social. Toujours et partout, toutes les civilisations ont assigné au père et à la mère des fonctions, des rôles, des tâches, des espaces nettement différenciés : cela pour les rendre dépendants l'un de l'autre et complémentaires, pour que leurs incapacités respectives les obligent à des associations durables. Aux sexes biologiques, se surimposent des « genres » *(gender)* produits par la culture. Mais cette répartition différentielle crée de l'inégalité entre les sexes : aussi les féministes l'ont-elles prise pour cible. Elles ont souhaité « déconstruire » les genres, elles ont dénoncé la famille « patriarcale », dominée par le père, écran protecteur, figure d'autorité : famille qui avait servi de base aux sociétés occidentales pendant trois mille ans. Cette base tombe en ruine en effet. Il n'est pas sûr que le « patriarcat » disparaisse pour autant, car l'État dit « providence » se substitue au père. C'est l'État désormais qui étend sur les mères une protection ambivalente, elle aussi discutée, elle aussi menacée. Parmi les décombres, une authentique citoyenneté féminine pourrait se dresser. Mais comment la construire ?

Face à des évolutions aussi enchevêtrées, aussi déconcertantes, le premier réflexe d'une historienne est d'établir une bonne chronologie. Dès qu'on la met en place, on mesure l'importance de la rupture qui s'est produite entre 1965 et 1980 : il y a un avant et un après. C'est pourquoi l'histoire qu'on va lire est conçue essentiellement comme un rapport entre les générations, une généalogie descendante.

Est-il pertinent de parler de générations au féminin ? Peu de gens imaginent que les filles puissent se révolter collectivement contre leurs mères. Si mère et fille ne s'entendent pas – le cas est fréquent – leur désaccord est perçu comme celui de deux individues. Ce préjugé tient sans doute à ce que les femmes appartiennent encore, mentalement, à la vie privée. Liées à la « génération » dans l'autre sens du terme (le fait d'engendrer), elles assument en priorité la reproduction de l'espèce (reproduction du même) et la continuité de la transmission. Point fixe au cœur des changements, leur stabilité apaise et rassure ceux qui font les révolutions.

Or, justement dans le dernier demi-siècle, l'impensable s'est produit : il y a eu rupture entre les générations de femmes. Celles qui ont reçu les droits politiques en 1944-1945 ont semblé renier le malthusianisme prudent et discret de leurs mères et grand-mères, puisqu'elles ont porté les enfants du baby-boom. Celles qui ont milité pour la contraception, l'avortement, l'éducation permissive, affichaient leur refus des valeurs que leurs mères avaient respectées. Celles qui ont ensuite réclamé « un enfant à tout prix » prenaient, au moins en apparence, le contre-pied des luttes précédentes. Entre les trois générations, ce n'est pas l'âge qui fait la différence : l'appartenance à une génération se fonde essentiellement sur des références sociales et culturelles, ici les choix et les comportements liés à la maternité.

Est-il trop tôt pour tenter un bilan de ces ruptures successives ? Pour les historiens, tout bilan est provisoire, et n'a d'autre but que d'aider à réfléchir.

Toutes les femmes d'Occident ont connu les mêmes épreuves : entre elles, les ressemblances l'emportent sur les différences. Pourtant les différences mériteraient d'être analysées, ne serait-ce que pour mettre en valeur la complexité du sujet. Mais c'est là un travail d'équipe, et de longue haleine.

PREMIÈRE PARTIE

LA GÉNÉRATION DU BABY-BOOM

Introduction

Le baby-boom étonne encore les démographes et les historiens : la rupture qu'il marque dans la transition démographique demeure mal expliquée. Il fascine aussi en raison des réactions en chaîne qu'il a provoquées : ce fut un prodigieux laboratoire du changement.

Le point de vue féminin a été peu étudié. Il pose pourtant trois énigmes de taille :

Pourquoi les femmes ont-elles consenti à ce renouveau de la fonction reproductrice qui leur impose tant de sacrifices ? Ont-elles été contraintes ? manipulées ? On invoque toujours l'institution des allocations familiales, mais les chercheurs reconnaissent que c'est une explication insuffisante puisque le taux de natalité a augmenté même dans les milieux aisés. Je crois qu'il y a une relation entre l'accès des femmes aux droits politiques et leur volonté d'enfanter, entre leur conscience de citoyenne et leur conscience maternelle.

Pourquoi les femmes ont-elles consenti, de plus en plus nombreuses, à quitter le foyer ? Elles ont alors renié un modèle familial vieux de deux siècles, fondé sur le partage des rôles selon le sexe : le père pourvoyeur de ressources, agissant dans la sphère publique, la mère fée du logis, régnant sur la sphère privée. Dire qu'elles ont été attirées par le monde du travail n'explique rien, car ce monde, conçu par les hommes pour les hommes, était très dur aux femmes.

Enfin et surtout, pourquoi le consentement s'est-il changé

en ressentiment vers la fin des années 50 ? Pourquoi les vaillantes mères du baby-boom ont-elles engendré des féministes rebelles ?

En cherchant des réponses à ces questions, on découvre le baby-boom comme temps de métamorphose. Il se décompose clairement en deux décennies, les années 1954-1956 constituant un seuil. Avant, le ressentiment s'accumule ; au-delà, il ose s'exprimer. Mais commençons par analyser le consentement.

CHAPITRE I

Le consentement

Au lendemain de la deuxième guerre mondiale, le relèvement du taux de natalité est général dans tout l'Occident. Du côté des femmes, quel est le sens de ce comportement ? Obéissance à des injonctions officielles ? Renouveau du désir d'enfant ? Retour vers une identité fondée sur la maternité ? Révolution culturelle ou contre-révolution culturelle ? Questions fondamentales.

La réponse donnée ici peut paraître, à première vue, paradoxale et provocante : en France, le baby-boom a été une expression importante, sinon essentielle, de la citoyenneté féminine. Les Françaises ont enfanté par consentement libre et lucide, par adhésion raisonnée à la politique officielle ; elles n'ont été ni contraintes ni manipulées. Attention : je ne dis pas que l'enfantement soit toujours et partout la mesure du civisme féminin. Je ne le crois pas du tout ! Je dis seulement qu'à cette époque-là – plus spécialement entre 1944 et 1955 – le baby-boom a eu cette signification pour les femmes. Cela tient sans doute à ce qu'elles ont reçu à la fois l'intégralité des droits politiques, et un ensemble de droits sociaux particulièrement substantiels : conjonction qui ne s'est produite nulle part ailleurs.

Cette thèse prend de la consistance quand on met en corrélation les nouvelles composantes de la citoyenneté féminine, et quand on examine les comportements des intéressées.

UNE CITOYENNETÉ SPÉCIFIQUE

La formule républicaine – Liberté. Égalité. Fraternité – livre les fondements de la citoyenneté. La liberté fonde les droits civils, l'égalité fonde les droits politiques, la fraternité fonde les droits sociaux. Les pères et les mères ne jouissent pas des mêmes droits en 1945-1946; leurs citoyennetés respectives ne sont pas identiques [1].

Droits féminins. Droits maternels

Selon le droit civil, les Françaises ne sont pas libres de maîtriser leur fécondité : les préservatifs féminins – diaphragmes, spermicides – sont interdits (alors que le préservatif masculin est en vente libre, parce qu'il protège contre les maladies vénériennes). Et l'avortement tombe toujours sous le coup des « lois scélérates » de 1920 et 1923 [2], renforcées sous Vichy, nullement adoucies à la Libération. Une loi du 18 mars 1946 impose même un contrôle administratif étroit sur l'établissement du diagnostic de grossesse...

Une femme qui se marie entre en dépendance : elle ne peut s'engager d'aucune manière sans l'autorisation de son mari et c'est lui qui gère les biens communs du ménage [3]. Comme mère, elle ne peut que s'incliner, en cas de désaccord, devant l'autorité du père de ses enfants.

Ces principes avaient été un peu assouplis au temps où beaucoup d'hommes étaient prisonniers en Allemagne, ou déportés : une loi du 22 septembre 1942 permettait à l'épouse

---

1. *Quelle citoyenneté pour les femmes ?* Ouvrage collectif sous la direction d'Alisa Del Re et Jacqueline Heinen, Bibliothèque du féminisme, L'Harmattan, 1996.
2. La loi de 1920 interdisait toute diffusion des méthodes contraceptives. Celle de 1923 facilitait la répression de l'avortement.
3. Du moins selon le régime matrimonial le plus répandu, celui de la communauté.

« de concourir à la direction morale et matérielle de la famille » en cas d'absence de l'époux. Après la Libération, de nouvelles élues de divers partis ont déposé des projets de loi visant à réformer les régimes matrimoniaux, à élargir les droits des femmes et des mères. Par exemple Germaine Poinso-Chapuis, député MRP des Bouches-du-Rhône de 1945 à 1956, ministre des Affaires sociales de novembre 1947 à avril 1948 [1] dans le gouvernement de Robert Schuman : elle a déposé plusieurs projets de lois dans ce sens. Mais elle s'est attachée davantage à ouvrir aux femmes de nouveaux métiers, la magistrature par exemple. Sa propre évolution est intéressante : ardente suffragiste avant guerre, elle estimait qu'avec le vote des femmes l'essentiel était acquis : « Mon féminisme, disait-elle, consistera désormais à montrer qu'une femme vaut un homme, comme député, et comme ministre. »

Il est vrai que les anciennes féministes, celles qui tenaient à garder le qualificatif, n'avaient plus beaucoup d'audience. L'accès aux droits politiques, si longtemps revendiqués [2], constituait un puissant facteur de démobilisation. Il renforçait paradoxalement l'ancienne inertie fondée sur cet argument, si souvent opposé aux féministes : « Moi je me débrouille avec mon mari. Nous discutons de tout et nous décidons ensemble. » Sous la Troisième République, ceux qui refusaient le droit de vote aux femmes prétendaient : « Les Françaises n'en ont pas besoin : elles gouvernent par mari ou amant interposé. »

Nonobstant, les Françaises ont reçu d'un seul coup l'intégralité des droits politiques, grâce à l'ordonnance du 21 avril 1944. Mais comment concilier cette promotion avec la minorité civile ? Fallait-il demander conseil au mari avant de

1. Ce fut la première Française ministre à part entière : au temps du Front populaire, les trois femmes qui faisaient partie du gouvernement de Léon Blum n'étaient que secrétaires d'État et ne disposaient pas d'un budget autonome. Sur Germaine Poinso-Chapuis, une biographie est en préparation à Marseille.

2. Cf. Laurence Klejman, Florence Rochefort, *L'égalité en marche. Le féminisme sous la Troisième République*, Presses de la Fondation nationale des sciences politiques et Des femmes, 1989. Et Christine Bard, *Les filles de Marianne, Histoire des féminismes 1914-1940*, Fayard, 1995.

voter ? Des foules de témoignages confirment qu'au début il en fut souvent ainsi, au moins pour les femmes les moins jeunes. On disait : « Les hommes mariés auront deux voix. » Il arrivait même qu'ils en aient trois : « Mon père, architecte, indiquait à ma mère, et aussi à ma grand-mère qui était veuve, pour qui voter. De sa part ce n'était pas un signe de mépris : il les aimait, il les vénérait. Mais c'était ainsi, elles trouvaient ça normal [1]. » Ensuite, de plus en plus, les couples se sont mis d'accord pour voter de la même façon : ils se pensaient comme couple plutôt que comme individus distincts. Les droits politiques n'individualisaient les femmes mariées que de façon théorique.

Autre brouillage. « Elles l'ont bien mérité ! » Ainsi justifiait-on en 1945 l'accès des Françaises à la citoyenneté politique. Elles l'ont mérité par leur patience et par leur courage durant l'occupation, par leur engagement parfois héroïque dans la Résistance. Mais les hommes qui avaient obtenu le suffrage en 1848, en quoi l'avaient-ils « mérité » ? Un droit n'a pas à être mérité... Octroyé, non pas conquis, le droit de vote n'a pas laissé aux Françaises l'impression exaltante d'une victoire ; d'autant qu'en ces jours-là, une autre victoire exaltait les esprits et les cœurs ! Interrogés, la plupart des témoins répondent n'avoir gardé aucun souvenir de leur premier vote. En fait, cette justification par le mérite, toute de circonstance, masquait une incertitude fondamentale. A quel titre les femmes accédaient-elles aux droits politiques ? Au titre de l'universalité des droits ou au titre de la différence des sexes ? Dans les pays voisins de la France, notamment en Grande-Bretagne et en Belgique [2], les femmes avaient reçu le

---

1. Enquête personnelle.
2. Cf. Pierre Rosanvallon, *Le sacre du citoyen. Histoire du suffrage universel en France*, Gallimard, 1992.

En Grande-Bretagne, le droit de vote a été accordé aux femmes de plus de 30 ans au début de 1918, l'éligibilité en novembre 1918 ; en 1928, toutes les femmes britanniques ont reçu l'égalité des droits politiques. Pour les femmes belges, il y a eu plusieurs étapes : 1919, droit de vote national aux veuves de guerre et aux héroïnes de la guerre ; 1920, droit de vote municipal à toutes les femmes ; 1921, éligibilité à tous les niveaux ; 1948, égalité complète des droits politiques.

Siân Reynolds (université de Stirling, Écosse) a donné une excellente critique de la thèse de Rosanvallon : « Le sacre de la citoyenne ? Réflexion

droit de voter et l'éligibilité beaucoup plus tôt qu'en France, mais d'abord dans des instances locales et au nom de leur compétence spécifique : il était admis que leur rôle social, différent de celui des hommes, les rendait expertes dans certains domaines que les hommes maîtrisaient mal. En France, la question n'est jamais posée au moment de la Libération.

Pourtant, elle est fondamentale et demeure sous-jacente. Du reste, elle avait longtemps inspiré les revendications féminines. Dès que la notion de citoyenneté s'était précisée, au début de la Révolution française, le cas des femmes avait posé problème. Si Olympe de Gouges revendiquait « les droits de la femme et de la citoyenne » au nom de l'universalité des droits, bon nombre de femmes mettaient en valeur l'importance de la fonction maternelle. C'est en tant que « mères des générations futures » qu'elles manifestaient dans les rues, écrivaient des pétitions, enseignaient aux jeunes le culte de la liberté [1]. L'imagerie révolutionnaire remplace l'effigie du roi par de puissantes figures féminines, la Liberté, la Patrie, la République, nourrices généreuses aux seins offerts : la maternité accédait au rang de symbole politique. La IIe République, en 1848, a donné aux militantes une nouvelle occasion de s'exprimer [2]. Ainsi Jeanne Deroin, institutrice, s'est portée candidate aux élections législatives (en mai 1849), quoique non éligible : à ses yeux, l'État n'était « qu'un grand ménage mal administré »; au nom de « la Sainte fonction de Mère », elle pensait mériter le droit d'intervenir dans tous les actes de la vie politique.

En 1919, la papauté se déclare favorable au suffrage des femmes, entraînant la grande majorité des catholiques [3]. Pour

---

sur le retard français », Colloque *Féminismes et Cultures politiques nationales*, Lyon, 30 nov.-2 déc. 1994, à paraître.

1. Cf. Dominique Godineau, *Citoyennes tricoteuses. Les femmes du peuple de Paris pendant la Révolution française*, Aix-en-Provence, Alinéa, 1988. Catherine Marand-Fouquet, *La femme au temps de la Révolution*, Stock/Laurence Pernoud, 1989. Colloque *Les femmes et la Révolution française*, Presses universitaires du Mirail, Toulouse, trois volumes, 1989, 1990, 1991.

2. Cf. Michèle Riot-Sarcey, *La démocratie à l'épreuve des femmes. 1830-1848*, Albin Michel, 1994.

3. Cf. Christine Bard, *Les filles de Marianne, op. cit.*

justifier la promotion des filles d'Ève, l'Église met l'accent sur la mission maternelle : oui, les femmes doivent entrer dans la lice politique pour mieux assurer l'avenir de leurs enfants en défendant la famille et la religion ! Au lendemain de la Libération, les catholiques sociaux sont bien représentés par un nouveau parti politique, le Mouvement républicain populaire (MRP), qui accueille beaucoup de femmes et qui attire aussi des « familiaux », non catholiques. Bref, dans l'esprit de bien des gens, maternité et citoyenneté féminine ont partie liée.

Ce lien paraissait confirmé en 1945 par l'extension des droits sociaux.

En même temps qu'elles recevaient des droits politiques, les Françaises assistaient à la mise en place d'une politique familiale dont l'ampleur et la cohérence n'ont jamais connu aucun équivalent, ni avant, ni après ces années-là. A l'intérieur de cet ambitieux ensemble, deux catégories de mesures concernaient spécialement les mères : les allocations familiales et l'assurance maternité [1].

Les allocations familiales étaient liées au travail salarié : les femmes au foyer, « inactives » selon les catégories de l'Insee [2], n'en profitaient que par l'intermédiaire de leurs maris ; leurs droits étaient des « droits dérivés ». Mais les sommes « transférées » n'étaient pas versées au mari. La Caisse spécialisée (Caf) les payait par mandat-poste que le facteur portait à domicile. Les mères de milieu modeste étaient ravies, chaque quinzaine, de voir arriver cette manne ! La satisfaction n'était pas seulement d'ordre matériel. Une nouvelle estime de soi émanait de cette rétribution : comme si la charge de travail et de souci liée à la maternité trouvait

1. Sur ces institutions archiconnues, voir, entre autres : Antoine Prost, « Histoire de la politique familiale en France depuis 1938 », *Le Mouvement social* n° 129, oct.-déc. 1984, p. 7-28. Rémi Lenoir, « La politique familiale en France et la femme depuis 1945 », *Cahiers de l'APRE* n° 1, février 1985, p. 40-68. Philippe Steck, *Les prestations familiales*, Que sais-je ? n° 2771, 1993.

2. Institut national de la statistique et des études économiques : il a pris, en 1946, la suite du Service national des statistiques, créé en 1941, qui succédait lui-même à des organismes plus anciens.

enfin une reconnaissance officielle, une considération sociale. Une allocation dont on ne parle guère confirmait cette impression : l'allocation de salaire unique. Elle fit suite en 1941 à l'allocation de la mère au foyer (créée en 1939) ; versée dès la première naissance, elle s'élevait au double des allocations familiales pour le deuxième enfant [1] et, de 1946 à 1953, elle est restée fort substantielle. Elle visait bien entendu à retenir les mères au foyer ; mais, dans l'esprit des militantes qui l'avaient promue [2], c'était aussi et surtout une reconnaissance du travail maternel et ménager, *en termes économiques*, en terme de *valeur marchande* : une première ébauche de salaire maternel.

Quant à l'assurance maternité, elle remboursait tous les soins et tous les frais (y compris de transport) liés à l'enfantement. En outre, elle garantissait aux travailleuses salariées un congé de quatorze semaines (six avant les couches, huit après), rétribué à demi-salaire. La maternité était assimilée à un « risque », à une maladie, conformément à l'image qu'ont les hommes du corps valide.

Ces mesures pouvaient être interprétées (et l'ont été) comme un succès éclatant et définitif des féministes, qui *toutes* avaient réclamé des droits spéciaux, une protection spéciale pour les femmes au moment où elles enfantent.

Cette tendance existe dans toute l'Europe [3], mais, comme elle est particulièrement marquée en France et en Italie, certains auteurs parlent d'un « féminisme latin », « maternaliste » [4], opposé à un « féminisme anglo-saxon » axé sur l'éga-

---

1. L'allocation de salaire unique est propre à la France et n'existe nulle part ailleurs. Je remercie Jacqueline Martin qui enseigne les sciences économiques à l'université de Toulouse Le Mirail, d'avoir attiré mon attention sur cette prestation. Voir sa thèse à paraître prochainement.

2. L'Union féminine civique et sociale en avait passionnément soutenu l'idée, à l'occasion d'un colloque international : « La mère au foyer, ouvrière du progrès humain », 1937, où vingt-sept pays étaient représentés. Ensuite, la CFTC (Confédération française des travailleurs chrétiens) avait adopté cette revendication et l'avait fermement défendue dans les conventions collectives.

3. *Histoire des femmes* sous la direction de Georges Duby et Michelle Perrot, tome V, sous la direction de Françoise Thébaud, Plon, 1992.

4. Voir la thèse d'Anne Cova, *Droits des femmes et Protection de la maternité en France. 1892-1939*, Florence, Institut universitaire européen, 1994. A paraître.

lité des droits [1]. Marx avait déjà dit en substance que donner des droits égaux à des gens inégaux, c'était aggraver l'inégalité : il parlait des classes sociales, non des sexes. Les féministes n'avaient pas toutes lu Marx, mais elles ressentaient fortement l'inégalité des charges que la procréation impose aux femmes par rapport aux hommes. Sous la IIIe République, au moment des crises économiques, la solidarité féminine s'était développée : de grandes dames, regroupées en associations philanthropiques, s'indignaient de voir les femmes les plus démunies trimer jusqu'au dernier jour de leur grossesse, accoucher dans des taudis, reprendre leur travail le lendemain, par nécessité urgente, en délaissant le nouveau-né. Ce scandale a souvent rapproché du féminisme les dames bien-pensantes [2] : elles n'hésitaient pas à se constituer en groupe de pression, à organiser des manifestations pacifiques, à proposer des projets de loi, à harceler les parlementaires. Les premières femmes médecins, notamment, se sont mobilisées. La doctoresse Blanche Edwards-Pilliet, en 1900, considérait la mère comme « un véritable fonctionnaire social ». En échange de l'énorme effort que représentent la gestation et l'allaitement la mère méritait non seulement des soins attentifs, mais encore, si elle travaillait, un congé avec indemnité. Sur ce dernier point, quelques militantes allaient fort loin. La suffragiste Hubertine Auclert voulait une indemnité permanente, payée par l'État, grâce à un impôt levé sur les pères : il fallait remplacer « l'État minotaure » par « l'État mère de famille ». D'autres, moins tournées vers l'État, souhaitaient l'organisation d'une assurance, d'une caisse permanente de maternité pour faire face à toute urgence. Certaines ont organisé des mutuelles, des servides d'entraide [3].

Les pouvoirs publics, inquiets du déclin des naissances, avaient répondu à cette demande en créant un système de

---

1. Cf. Michela De Giorgio, *Le italiane d'all'Unità a oggi*, Rome-Bari, Laterza, 1992, p. 508. Cette façon de voir relativise celle de Rosanvallon.
2. Cf. Sylvie Fayet-Scribe, *Associations féminines et Catholicisme. De la charité à l'action sociale (XIXe-XXe siècle)*, Les Éditions ouvrières, 1990.
3. Cf. Laurence Klejman, Florence Rochefort, *L'égalité en marche, op. cit.*

protection adapté [1] : en 1892, une loi protège les travailleuses ; en 1893, l'assistance médicale gratuite est accordée aux femmes en couches démunies. La République reconnaît les femmes dans leur rôle de mères, elle leur accorde une citoyenneté sociale. Le congé de maternité rétribué date de 1913, les allocations familiales datent des années 20 et les assurances sociales des années 30. Ce qui est nouveau à la fin des années 40, c'est l'extension de la protection à *toutes* les mères quelles que soient leurs ressources : c'était reconnaître encore mieux leur citoyenneté sociale spécifique, différente de celle des hommes et liée à la maternité.

En somme, pour définir la citoyenneté féminine aux lendemains de la Libération, il est indispensable de mettre en corrélation les droits politiques et les droits sociaux : à ce moment-là, ils étaient vécus comme inséparables. Ensemble, ils construisaient une nouvelle conscience féminine, à la fois politique et maternelle. Si les femmes deviennent alors des sujets politiques, des individus, c'est à la fois parce qu'elles votent et parce qu'elles enfantent. On leur confie les deux missions, elles les acceptent sans les dissocier.

L'État-providence ?

Six cent mille naissances à la fin des années 30, huit cent cinquante mille et plus au début des années 50 : succès total, éblouissant, inespéré pour les fondateurs du système ! Aucun autre pays d'Europe n'a connu un pareil accroissement de son taux de natalité. Nul ne pouvait alors prévoir les réactions en chaîne qui allaient s'ensuivre, bouleversant complètement le rapport des femmes à la maternité.

En vérité, les droits sociaux dont profitaient les mères ne

1. Cf. *Histoire des femmes, op. cit.*, chapitre 13 : Gisela Bock, « Pauvreté féminine, droits des mères et États-providence ». Voir aussi Gisela Bock and Pat Thane ed., *Maternity : Visions of Gender and the Rise of the Welfare State* (articles de Karen Offen et d'Anne Cova), Londres et New York, Routledge, 1991. Et, sous la direction de Michèle Zancarini et Leora Auslander, *Différence des sexes et Protection sociale. XIXe-XXe siècle*, Presses universitaires de Vincennes, 1996.

leur étaient pas personnellement destinés. Ils visaient à soutenir *la famille* ou, plus exactement, un certain modèle de famille, celle où les deux parents, mariés, assument des fonctions complémentaires : le père pourvoyeur de ressources, la mère au foyer élevant les enfants. Modèle cher aux familialistes qui défendaient surtout des valeurs morales, modèle apprécié aussi des natalistes qui voulaient voir les femmes élever aux moindres frais le plus grand nombre d'enfants possible. Ces objectifs prioritaires reléguaient au second plan l'avènement des mères comme citoyennes, mais à ce moment-là personne n'en avait conscience [1].

En revanche, les ratés du système sont bientôt apparus. Des veuves civiles, des épouses abandonnées chargées d'enfants se sont vues, du jour au lendemain, privées non seulement du salaire de leur mari, mais de tous les droits dérivés. Il a fallu inventer des palliatifs en attendant que ces malheureuses trouvent un emploi. L'allocation de salaire unique était alors la bienvenue. On a aussi constaté que les allocations ne procuraient aucun des avantages du travail salarié : ni congés payés, ni pension de retraite, pas même le congé de maternité. La mère au foyer, déjà pourvue de nombreux enfants et exténuée par les tâches domestiques, ne pouvait guère se reposer au moment de ses couches [2]. La mère âgée pouvait se trouver sans ressources, même si elle avait élevé une famille nombreuse. D'un autre côté, comme les artisans, les commerçants, les membres des professions libérales ne cotisaient pas à la Sécurité sociale, leurs épouses étaient privées de l'assurance maternité. Même celles qui aidaient beaucoup leur mari n'étaient pas considérées comme des travailleuses, puisque non salariées : elles ne pouvaient pas cotiser à titre personnel. Il a fallu inventer pour elles le statut spécial d'aide familiale. Le comble, c'est que les femmes médecins ne cotisaient pas non plus puisqu'elles exerçaient une profession libérale : elles n'avaient donc pas droit au congé de maternité ; elles travaillaient jusqu'à la veille de leur accouchement,

1. La prise de conscience est tardive. Voir surtout le chapitre X.
2. Elle pouvait cependant solliciter l'aide d'une travailleuse familiale. Voir ci-après, chapitre III.

A côté des statisticiens, des démographes, des médecins, les représentants des sciences humaines commencent à déployer leurs ambitions. Deux catégories de chercheurs découvrent les méthodes américaines, ou plus largement l'empirisme anglo-saxon. Les psy – psychiatres, psychologues, psychanalystes –, au lieu de s'en tenir à l'analyse freudienne, apprennent à observer directement le bébé et sa mère. Les sociologues découvrent l'utilité des descriptions empiriques [1]. Et parmi les jeunes chercheurs, les filles pourvues de diplômes de l'enseignement supérieur sont nombreuses et actives. Sans perdre de vue la famille, les chercheurs s'intéressent de plus en plus à chacun des individus qui la composent : tel/telle se penche sur la séparation précoce entre mère et enfant, tel/telle autre sur le budget-temps de la ménagère [2].

Cette curiosité boulimique est une des innovations les plus importantes de l'après-guerre. Elle n'a guère été étudiée.

LES APÔTRES DU CONSENTEMENT

De nombreuses militantes se sont attachées à faire de la maternité le moteur de la citoyenneté féminine. Elles ne se disent plus féministes : le mot semble démodé. Le mouvement féministe, si actif, si diversifié entre les deux guerres [3], s'est en quelque sorte dissous pendant l'occupation. Ses éléments les plus actifs se sont engagés dans la résistance, à titre individuel, non pas en corps constitué. Les femmes immédiatement actives en 1945 sont celles qui étaient restées encadrées pendant les années sombres. Deux associations se sont montrées particulièrement dynamiques. L'une, l'Union fémi-

1. Avant la deuxième guerre mondiale, l'enseignement de la sociologie se réduisait à un certificat de morale et sociologie inclus dans la licence de philosophie.
2. Voir les chapitres II et III.
3. Cf. Christine Bard, *Les filles de Marianne*, *op. cit.*

nine civique et sociale (UFCS), appartient à la mouvance de la démocratie chrétienne et s'intègre dans l'imposante Unaf ; elle s'adresse surtout aux femmes des classes moyennes. L'autre, l'Union des femmes françaises (UFF), appartient à la mouvance communiste et s'occupe plutôt des femmes de milieu modeste. Leurs objectifs sont proches, quoi qu'on en ait dit.

L'Union féminine civique et sociale. La mère au foyer

Dans la mouvance chrétienne, l'Union féminine civique et sociale n'était qu'une association de second plan. La Ligue féminine d'action catholique (LFAC) rassemblait beaucoup plus de sympathisantes (2 000 000 au moins, dont 200 000 adhérentes) ; le Conseil national des femmes françaises (CNFF) avait plus d'influence politique, notamment auprès du MRP. L'intérêt de l'UFCS est de s'être vouée à la défense et illustration des mères [1]. Au sein de l'Unaf, elle semble avoir représenté les ménagères : ses militantes faisaient état, au jour le jour, de leur expérience concrète, celle de la rue, du marché, des grands ensembles, de manière à inspirer des actions collectives, des démarches utiles auprès des pouvoirs.

L'association [2] est restée sous l'empire de sa fondatrice jusqu'à la mort de celle-ci. Andrée Butillard (1881-1955), âme d'apôtre et volonté d'acier (on l'appelait « le général »), avait entre les deux guerres inspiré la création de diverses institutions, dont l'École des parents (1929). Mais l'UFCS fut son enfant chéri, son instrument préféré d'intervention dans la vie sociale et politique [3]. Cette militante infatigable était perçue

1. Sur la naissance et l'action de l'UFCS entre les deux guerres, cf. Anne Cova, *Droits des femmes et Protection de la maternité en France (1892-1939), op. cit.*, chapitre VIII.

2. Je remercie chaleureusement Paule Azam et Thérèse Doneaud qui m'ont communiqué de précieux éléments d'information. Les archives de l'UFCS sont conservées au siège social de l'association, 6, rue Béranger, 75003 Paris.

3. Voir Henri Rollet, *Andrée Butillard et le féminisme chrétien*. Éditions Spes, 1960.

comme un pilier du conservatisme parmi les féministes laïques, comme une révolutionnaire dangereuse parmi les catholiques traditionnels.

Conservatrice, oui. Elle s'était mobilisée en 1938-1939 pour freiner l'émancipation des épouses, pour conserver au mari le titre de chef de famille assorti de prérogatives. Et sous Vichy, elle avait été membre du Comité consultatif de la famille...

Révolutionnaire, elle l'était moins par ses idées qui sont celles du catholicisme social que par son désir de défendre les femmes et de les promouvoir dans la gestion des affaires publiques; on n'ose pourtant la dire féministe, puisqu'elle-même refusait ce qualificatif. Elle avait créé l'UFCS, dont le nom est tout un programme, en 1925, avec l'intention d'initier les femmes aux problèmes de la cité, de stimuler leur intérêt pour les affaires publiques, d'encourager leurs revendications spécifiques. Ces projets rencontraient encore une certaine hostilité en 1945. Les curés, qui donnaient volontiers des consignes de vote, supportaient mal qu'on voulût faire progresser la conscience politique de leurs paroissiennes. La Ligue féminine d'action catholique redoutait une concurrence jugée désastreuse. Mais Mlle Butillard a toujours su organiser autour de ses entreprises de puissants réseaux de soutien. Très douée pour communiquer et pour convaincre, elle avait mis le haut clergé de son côté, notamment le cardinal Verdier dont l'appui ne lui a jamais manqué [1].

Devenues citoyennes à part entière, des femmes catholiques de plus en plus nombreuses furent attirées par la vocation « civique » de l'UFCS. Aussi, au lendemain de la Libération, l'association connaît-elle une expansion brillante : les adhésions affluent (70 000 en 1946). Le tirage du mensuel de l'association, *La femme dans la vie sociale*, augmente à toute allure, les réunions se multiplient à Paris et en province (plus de 80 en tout pour préparer les élections municipales du

1. En juin 1948, une déclaration de l'Assemblée des cardinaux et archevêques de France répartit les tâches : l'UFCS fut alors officiellement habilitée à s'occuper des intérêts temporels des femmes et des mères, les membres de l'Action catholique restant en charge des intérêts spirituels. En 1956, la Ligue féminine d'action catholique est devenue l'Action catholique générale féminine (ACGF).

29 avril 1945). Andrée Butillard et ses amies ont poussé vigoureusement les femmes et les mères à s'engager en politique, d'abord dans le cadre des élections municipales, où leurs besoins et leurs désirs pouvaient mieux s'exprimer, et où leurs qualités propres pouvaient mieux s'investir. En aucun cas le foyer ne devait être un refuge égoïste et douillet. Les militantes insistaient pour que les conseillères municipales ne se laissent pas cantonner dans l'assistance et l'aide sociale, pour qu'elles affrontent tous les problèmes municipaux, notamment ceux de la commission des finances, « le nerf de la guerre », disait Andrée Butillard. Pour les y aider, l'UFCS se hâta de mettre sur pied des formations techniques à l'usage des candidates et des élues. Son service documentaire produisit inlassablement des fiches documentaires d'action sociale et civique sur tous les sujets d'actualité ; un Collège civique féminin fut institué pour donner des cours publics à Paris et dans les sections locales. Ces années de grande expansion, de créativité incessante, ont laissé aux militantes des souvenirs exaltants [1].

La défense de la mère au foyer fut le cheval de bataille, le monopole, la prérogative de l'UFCS jusqu'au milieu des années 50. Action conservatrice certes, et pourtant novatrice à bien des égards. L'association s'était illustrée en organisant sur le thème de la mère au foyer deux grands congrès internationaux (1933 et 1937). Un troisième congrès s'ouvre le 28 avril 1947 au siège de l'Unesco, sous la présidence d'honneur de Vincent Auriol, premier président de la IVe République, et en présence du nonce apostolique, Mgr Roncalli (le futur pape Jean XXIII). Le thème, « La mère au foyer, ouvrière du progrès humain », est le même qu'en 1937, comme pour effacer Vichy. Vingt-neuf nations étaient représentées. Un discours très inspiré d'Andrée Butillard insista une fois encore sur le rôle social, moral et civique de la mère,

1. Le Collège civique de Marseille propose, en 1956-1957, des séries de conférences sur : la définition et l'autorité de l'État ; la famille et l'école ; la famille et le Code ; l'Europe ; le monde rural ; les problèmes de l'Afrique du Nord et du Moyen-Orient, etc. Autres exemples concrets dans Dominique Loiseau, *Femmes et Militantismes. Saint-Nazaire et sa région 1930-1980*, L'Harmattan, 1996.

ainsi que sur la nécessité de construire la paix. A l'issue du congrès, les femmes de tous les pays voulurent créer entre elles un lien vivant : ce fut le Mouvement mondial des mères (MMM).

L'innovation de l'UFCS consistait à présenter la mère au foyer comme un agent économique de première importance. Au temps du plan Marshall et des Trente Glorieuses, l'argument comptait. Le travail domestique a une valeur économique : 60 % du revenu national passent par les mains des ménagères, qui jouent un rôle clé dans la consommation. En apprenant à acheter, elles pourraient à terme orienter la production. Les adhérentes procèdent à des enquêtes méthodiques sur les marchés, comparant les prix et les qualités, n'hésitant pas à intervenir de façon concrète, par exemple pour dénoncer la longueur des queues d'artichauts. Elles organisent des journées de la Bonne Acheteuse, et lancent leurs consignes à travers les médias : « Suivez le bœuf ! » On habitue les femmes aux combats économiques [1]. Les plus actives des militantes demandent « instamment le concours des économistes et des sociologues pour l'étude de l'intégration de l'économie domestique dans l'économie générale, et des relations à assurer entre la production des biens économiques et leur consommation ».

L'UFCS ne peut ignorer que d'autres associations, comme l'UFF, dénigrent le travail domestique, esclavage abrutissant. Sa réponse est : oui, les tâches ménagères sont pénibles. Mais c'est parce que l'effort de rationalisation fait pour le travail industriel n'a pas été fait pour le travail domestique ; il est urgent d'appliquer les progrès techniques à l'équipement ménager. La ménagère ne doit plus être rivée à longueur de temps entre sa lessiveuse et ses casseroles. L'UFCS soutient aussi une proposition du Mouvement populaire des familles [2] reprise par l'Unaf : la création d'un corps de travailleuses familiales payées pour un tiers par les caisses d'allocations

---

1. L'Union générale des consommateurs est créée en 1952 sous l'égide du MRP ; la première présidente est Marguerite Pichon-Landry, alors présidente du CNFF (Conseil national des femmes françaises).
2. Voir ci-après chapitre II.

familiales, pour deux tiers par les usagères, afin d'aider les mères malades ou surmenées.

Personne ne doute à l'UFCS qu'une mère au foyer ne soit une bonne mère, vigilante, dévouée. Paradoxe ? Ces championnes de la maternité réfléchissent peu sur la relation mère-enfant. « Les enfants » sont presque toujours considérés en bloc, la famille est une entité organique. L'affectivité tient peu de place dans les discours. Cela ne signifie pas qu'elle a peu d'importance, mais plutôt qu'elle appartient au domaine privé que voile une pudeur ancienne. Personne ne doute, non plus, que la mère au foyer s'empressera de jouer son rôle de citoyenne consciente et organisée, décidée à agir sur le monde, pour l'amour des siens.

On le voit, l'UFCS s'efforce de construire des passerelles entre une ancienne et une nouvelle définition de la mère.

Maternité et civisme : tels sont les devoirs prioritaires. Ils suffisent à remplir la vie d'une femme. Ajouter des tâches professionnelles serait écrasant. Depuis les années 30, l'UFCS dénonçait la « double fonction » comme une « double exploitation » [1]. Mais il ne s'ensuit pas qu'elle renie *le droit au travail* des femmes. Au contraire elle le proclame, elle fait sien le principe « A travail égal, salaire égal », elle récuse toute discrimination fondée sur le sexe. Trop de femmes seules ont besoin de gagner leur vie, trop de mères sont réduites à nourrir seules leurs enfants, il faut leur en donner pleinement les moyens. En même temps, l'association reste attachée à la notion de métiers féminins : elle souhaite réserver aux femmes des activités proportionnées à leurs forces et à leurs aptitudes, au lieu de les enrégimenter à côté des hommes, au lieu d'en faire des hommes manqués. Elle prône aussi, avec l'Unaf, le travail à temps partiel. Si toute femme a droit au travail, toute mère doit avoir le droit de se consacrer à ses enfants. Ainsi s'impose la notion de libre choix qui connaîtra une grande fortune durant les années 60.

Les militantes, en solidarité avec l'Unaf, ont eu à cœur de

---

1. Voir le colloque de 1933, *Le travail industriel de la mère et le foyer ouvrier*, préparé par de nombreuses enquêtes. Éditions UFCS.

défendre les prestations familiales, enjeu essentiel. Les allocations étaient indexées sur les prix et non sur les salaires ; du coup leur part relative dans le revenu des salariés tendait à diminuer. Aussi, à l'UFCS comme à l'Unaf, s'inquiétait-on fréquemment de leur revalorisation. Grâce à une pression constante, leur pouvoir d'achat put être maintenu jusqu'aux débuts de la Ve République. Au-delà, il se mit à décliner inexorablement. L'UFCS, déçue, reporta son énergie sur les problèmes de logement.

D'ailleurs, après la mort d'Andrée Butillard (21 juillet 1955), l'UFCS, orpheline, perd de l'assurance. Sa doctrine vacille. Ses effectifs se réduisent. Le débat relatif à la contraception, le débat relatif au travail professionnel des femmes semblent la prendre de court. En 1965, elle se déconfessionnalise pour apprendre à « penser librement ». Sans doute avait-elle aidé beaucoup de femmes catholiques à prendre conscience des temps nouveaux : ce fut son principal mérite.

Le Mouvement mondial des mères (MMM)

Issu de l'UFCS en 1947, il partage les mêmes idées, les mêmes objectifs ; son originalité tient à ses visées internationales. Mais créer une dynamique mondiale au service des mères n'allait pas de soi. Le dialogue avec les pays voisins se révélait difficile : il n'existait nulle part d'association comparable à l'UFCS ; par exemple, en Allemagne il n'existait que des groupements confessionnels, familiaux plutôt que féminins. Les fondatrices du MMM [1] se sont donc efforcées de mettre en place une structure souple : un mouvement, non pas une association. Une *Charte de la mère*, déclaration de principes et plate-forme commune, était proposée aux adhérents éventuels : elle affirmait l'égalité de l'homme et de la

1. Les fondatrices étaient Mme Irène Mançaux, première présidente, et Mlle Thérèse Doneaud, première secrétaire générale. Je remercie vivement Monique de Vaublanc, actuelle présidente, et Nathalie Goutard, secrétaire générale, qui m'ont accueillie au siège du MMM et m'ont communiqué divers documents.

femme, mais aussi leurs différences spécifiques; elle insistait sur la nécessaire liberté et la pleine responsabilité des parents.

Le MMM s'est immédiatement inséré dans les institutions internationales. Il est bientôt devenu (il est toujours) une Organisation non gouvernementale (ONG), avec statut consultatif auprès des Nations unies et des institutions qui la composent : Unicef, Unesco, OMS, FAO, Conseil économique et social. Sa principale activité a consisté à organiser des congrès, un tous les trois ans à peu près. Ces congrès ont mis en évidence la diversité des mœurs et des cultures, même entre les pays d'Europe occidentale. Être mère est sans doute une expérience universelle, mais elle ne se vit pas partout de la même façon.

Quand le périodique du MMM présente « la famille en Suède [1] » la méfiance éclate. L'auteur de l'article décrit un pays très moderne, riche, à l'avant-garde du progrès social, où tous les risques sont prévus et couverts. La femme, la mère y sont privilégiées : prêt au mariage, accouchement et soins gratuits, indemnités pour l'entretien des enfants (versées à la mère elle-même en tant qu'éducatrice); organisation de vacances, de nurseries, de jardins d'enfants. Les femmes, même mariées et mères, gardent le plus souvent leur métier. Elles habitent des maisons collectives, où elles peuvent confier leurs bébés à une jardinière pour la journée; le soir, la famille peut manger au restaurant, ou bien commande son repas à la cuisine collective. Le célèbre Institut ménager de Stockholm s'efforce à la fois de moderniser le travail domestique et de le socialiser. Mais dans ce paradis de l'assistance officielle, les enfants sont peu nombreux (on peut se procurer librement les produits anticonceptionnels) et les divorces fréquents. Les conseillers matrimoniaux d'État sont débordés; un état-major de psychiatres, psychothérapeutes, travailleurs sociaux et enseignants soignent de nombreux enfants « désaxés ». Bref, l'auteur doute fort que les familles suédoises soient heureuses.

1. *Nouvelles du MMM*, fin 1952, p. 6-8.

Les catholiques sont en effet restés longtemps réticents face au modèle suédois. La revue *Esprit* publie en février 1950 un article d'Emmanuel Mounier, intitulé « Notes scandinaves ou du bonheur » : l'analyse, pas à pas, d'une vie humaine où tout est prévu du berceau à la tombe laisse une vague impression d'étouffement. Pourtant le modèle fait des émules : Danemark, Finlande, Norvège adoptent des principes analogues. La Grande-Bretagne s'en inspire également. Les responsables français de la politique familiale sont au moins perplexes, parfois fascinés [1].

Un ouvrage d'Alva Myrdal, *Nation and Family* [2], commentant l'expérience suédoise les invitait à réfléchir en profondeur sur les tenants et les aboutissants de ce qu'on appelle politique familiale. L'auteur fait admirablement comprendre que pour multiplier les naissances, il faut préparer l'accueil des enfants, non seulement dans la famille, mais dans la société tout entière, non seulement en aidant la mère ou les parents, mais en réorganisant l'État. La politique familiale, pour réussir, doit enfanter la démocratie sociale.

Mais au regard du MMM, et de bien d'autres Françaises des années 50, ce pays où sévissaient le divorce, la contraception, l'avortement et le suicide ne pouvait en aucun cas être considéré comme un paradis.

L'Union des femmes françaises (UFF). Les ménagères

L'Union des femmes françaises est la plus importante des organisations féminines issues de la Résistance ; elle s'est officiellement constituée le 1er octobre 1944 par la fusion de deux comités : zone Nord et zone Sud [3]. Dans l'euphorie de la

1. Cf. Robert Boudet, « Politiques de population et de la famille en Scandinavie », in *Renouveau des idées sur la famille*, Ined, *Travaux et Documents* n° 18, 1956.
2. La version anglaise entre en France en 1945 : *Nation and Family*, Kegan Paul, French, Trubner and C°, Londres, 1945.
3. Renée Rousseau, *Les femmes rouges. Chronique des années Vermeersch*, Albin Michel, 1983 ; *Femmes debout*, publication de l'UFF, 1985. Et Dominique Desanti, *Les staliniens. Une expérience politique 1944-1956*, Marabout, 1975.

Libération, elle vit venir vers elle des adhérentes par centaines de milliers. Jusque dans les petits villages, des femmes se regroupaient sous sa bannière, issues de tous les horizons politiques, y compris des milieux chrétiens, et même gaullistes (comme Mme de La Bourdonnaye, belle-mère de Michel Debré). Ce grand enthousiasme dura environ deux ans, après quoi les rangs s'éclaircirent mais le recrutement resta nombreux et varié. Si bien que l'UFF pouvait se dire non liée au parti communiste. En fait, celui-ci a toujours considéré cette association comme un des deux principaux instruments de son « travail parmi les femmes » (l'autre, c'étaient les équipes féminines du parti lui-même). L'UFF faisait connaître ses idées et ses projets en organisant un congrès annuel, et en publiant trois périodiques : un hebdomadaire, *Femmes françaises*, et deux mensuels, *Les cahiers de l'UFF*, destiné surtout aux militantes, et *Heures claires* plus largement diffusé. Cette littérature témoigne d'une conversion rapide et surprenante. A peine sorties de l'action clandestine, à peine revenues des camps de concentration, les résistantes les plus héroïques se transforment en mamans inquiètes et exigeantes.

Pourquoi ? Sans doute l'UFF voulait-elle mobiliser « les ménagères » pendant que les syndicats encadraient « les travailleuses ». Sa presse donne priorité aux sujets qui mobilisent toutes les femmes : les soucis de la vie quotidienne. Des « comités de ménagères » voient le jour un peu partout. Des manifestations réclament le déblocage de vivres stockés, l'augmentation des rations, la distribution de vêtements, de chaussures, de livres scolaires. Le problème du ravitaillement reste très mobilisateur au moins jusqu'en 1949 (date de suppression des cartes de rationnement) : c'est qu'il affecte la fonction nourricière, définition originelle de la maternité. Au début des années 50, le problème du logement prend le relais, en s'appuyant sur un autre symbole tout aussi fort : le foyer. Le talent des femmes communistes fut de mettre en valeur la dimension politique de ces symboles. La Fête des mères fut bientôt transformée en *Journée des mères*, en 1955, et vouée aux revendications.

Le maternalisme insistant de l'UFF doit sans doute beaucoup à Jeannette Vermeersch, principale responsable des femmes à l'intérieur du PCF. De propos délibéré, la compagne de Maurice Thorez a posé un modèle de mère politique. Ici aussi s'impose un nouveau rapport des femmes à la maternité : il ne s'agit plus d'amour oblatif, mais de conscience volontaire, inspirant l'action politique. Jeannette est née en 1913, dans un coron du Pas-de-Calais, d'une famille prolétaire dont les enfants étaient la seule richesse. Pour elle, la maternité est d'abord une joie : elle exhibait volontiers son bonheur familial, son amour maternel. Pour parler des enfants elle disait « les petits », et sa voix grave vibrait d'émotion. Avec une éloquence ardente, passionnée, elle affirmait que l'enfantement est le plus cher désir des femmes pourvu qu'on leur donne les moyens d'élever leurs gosses.

La maternité est aussi un devoir. Le premier congrès national de l'UFF, tenu à Paris du 17 au 20 juin 1945, est un vibrant appel aux femmes : il faut des enfants, non seulement pour repeupler, mais pour défendre les libertés et lancer l'expansion économique. Les allocations familiales sont interprétées comme une reconnaissance du droit d'être mère pour les femmes du peuple.

Le pacifisme accompagne le natalisme : la mère porteuse de vie ne peut accepter les œuvres de mort. L'arme atomique a amplifié les risques et les craintes : contre cette menace s'est élevé l'Appel de Stockholm (contre les armes nucléaires). En 1951, les femmes communistes recueillent inlassablement des signatures pour l'Appel : elles parcourent les marchés, elles font du porte à porte. Le 11 mars 1951, l'Assemblée nationale des femmes pour le désarmement attire à Gennevilliers 30 000 à 40 000 militantes venues de toute la France : manifestation massive, chaleureuse, « au nom des mères qui veulent défendre la vie qu'elles donnent ». Le quatrième congrès de l'UFF, le 31 mai 1952, a pour thème essentiel la lutte pour la paix. Elsa Triolet y participe. Elle exalte « l'instinct maternel transformé en une force intelligente, plus irrésistible encore que l'aveugle amour maternel [...] Les femmes, un seul cœur, immense ! ».

Il apparaît bientôt, certes, que l'UFF, porte-parole du PC, n'a pas beaucoup d'idées originales. Mais le PC défend, à sa manière, les intérêts des femmes et stimule leur conscience politique. Il séduit beaucoup d'intellectuelles aux idées avancées. Par exemple lorsqu'il prêche le travail à toutes les femmes, mères comprises, comme moyen d'émancipation. Karl Marx, Friedrich Engels, Lénine l'ont dit : la femme, la mère qui ne travaille pas, dépend du salaire de son mari pour son entretien et celui de ses enfants ; elle est donc mineure, assujettie. En outre, clouée à son foyer, elle se laisse abrutir par les tâches ménagères. Elle devient « un animal domestique ». La presse de l'UFF cite souvent Lénine qui décrit le travail domestique comme « le plus mesquin, le plus sombre, le plus lourd, le plus abêtissant ». Au contraire, celle qui travaille est « astreinte à une discipline... ; elle acquiert une énergie peu commune » (*Cahier de l'UFF* n° 15). « Elle apprend à se défendre, à exiger son droit. Et qu'est-ce que la famille a à y perdre ? A notre avis rien. Bien au contraire, la femme qui lutte apprend à ses enfants à lutter » (*Cahier de l'UFF* n° 17).

Pour abolir le « bagne domestique », il faut collectiviser les besognes, en particulier la lessive et la préparation des repas ; il faut les confier à des coopératives ou des services communs, mécanisés et rationalisés. Il faut aussi transformer les conditions du travail salarié. Actuellement les femmes sont odieusement exploitées : dépourvues de formation qualifiante, elles sont réduites aux tâches les plus dures et les plus mal payées ; faute d'institutions d'accueil, elles ne savant où placer leurs petits et vivent la séparation dans l'angoisse [1]. Les pouvoirs publics ont beaucoup à faire. Il faut les harceler sans relâche.

Devenue l'égale du père, en ressources et en dignité, la mère devrait être, au même titre que lui, responsable des enfants. L'avènement du droit maternel, le partage de l'autorité parentale, émerge dans les revendications de l'UFF au cours de l'année 1954 [2]. Les femmes communistes prennent conscience de l'inégalité juridique entre les sexes et de leur

1. « Enquête sur le travail féminin », *Femmes françaises*, 28 décembre 1946.
2. Cf. *Femmes françaises*, 4 décembre 1954.

propre manque d'information dans ce domaine. Elles créent une commission du droit des femmes qui condamne entre autres l'injustice des régimes matrimoniaux [1]. Mais c'est toujours le capitalisme qui est mis en accusation.

Entre les deux guerres, la CGT était hostile aux allocations familiales : elle y voyait un refus d'augmenter les salaires, et elle se méfiait de la gestion patronale. Mais selon les lois nouvelles [2], les conseils d'administration des caisses étaient composés pour moitié de salariés élus par les allocataires : dès lors la gestion devenait démocratique et indépendante de la politique salariale. Les syndicats y trouvaient leur compte. Les membres du PCF siégèrent nombreux dans les conseils d'administration des caisses. En accord avec l'Unaf, ils ont lutté contre le déclin du pouvoir d'achat des prestations. Mais leur démarche est originale. D'une part, ils réclament des allocations dès le premier enfant pour faire cesser une injustice qui frappe les enfants autant que les mères. D'autre part, ils demandent que l'allocation de salaire unique soit étendue (quitte à changer de nom) à *toutes* les mères, y compris celles qui sont salariées [3]. L'UFF se dit aussi opposée à la création, proposée par l'Unaf, d'un corps de travailleuses familiales (voir ci-dessus). Au lieu de subventionner des « bonnes à bon marché », il vaudrait mieux créer des centres d'accueil pour les enfants dont la mère est malade. Tout aussi fermement, les militantes refusent le travail à mi-temps également proposé par l'Unaf : cette solution séduisante aurait tôt fait de déprécier les travailleuses.

Le modèle soviétique brille comme une étoile polaire à l'horizon de tous les débats [4]. Là-bas les femmes ont reçu

---

1. La réforme des régimes matrimoniaux, souvent réclamée par les féministes entre les deux guerres, revient à l'ordre du jour au milieu des années 1950. Un projet de loi ne sera déposé qu'en 1959; après d'interminables procédures, la loi est votée le 11 juillet 1965.
2. Ordonnance du 4 octobre 1945 et loi du 6 octobre 1946. On connaît le rôle essentiel d'Ambroise Croizat, communiste, dans la mise en place de la Sécurité sociale.
3. « Mère et travailleuse. » Rapport lu au conseil de l'UFF en décembre 1946.
4. Voir *Histoire des femmes, op. cit.*, chap. 8, Françoise Navailh, « Le modèle soviétique », p. 213-235.

depuis longtemps tout ce que les féministes occidentales s'épuisent à revendiquer : l'égalité parfaite des droits civils et politiques, le libre accès à tous les métiers, à toutes les carrières, avec salaire égal à celui des hommes. En outre, la maternité est reconnue et même exaltée en tant que fonction sociale [1]. La presse de l'UFF rappelle à toute occasion les avantages et les honneurs dont jouissent les mères soviétiques. Elle s'enthousiasme entre autres pour l'accouchement dit sans douleur, dont les méthodes ont été mises au point à Moscou et à Leningrad. Colette Jeanson écrit : « Je dirais volontiers que l'accouchement sans douleur c'est la naissance de la femme, parce qu'il lui est permis d'accomplir sa tâche essentielle en connaissance de cause », non plus « en proie à l'espèce », mais en « créatrice de l'espèce » [...] « Je crois maintenant profondément à la possibilité de se surpasser soi-même et d'orienter chacune de ses journées de façon à leur donner le maximum d'efficience, de diriger ses rapports avec les autres, et non de les subir [2]. »

Aucun regard critique ne vient jamais corriger ces visions idylliques : du divorce, de l'avortement, on ne parle pas. Quant à la contraception, Jeannette Vermeersch la condamne avec passion [3]. Le refus vient de loin : déjà en 1913, au congrès de Berlin, Rosa Luxemburg et Clara Zetkin s'étaient opposées aux partisans de la grève des ventres. Pourquoi les femmes du peuple devraient-elles se priver d'enfants ? Mais depuis le milieu des années 50, les pratiques contraceptives avaient été autorisées en URSS. Pourtant Jeanne s'obstinait. Au parti, certaines se moquaient d'elle : « Elle n'a que trois enfants ! Elle n'a fait l'amour que trois fois avec Maurice ? »

En vérité, à cette date, les femmes de la base se plaignent

1. Rappelons que l'URSS avait perdu un dixième de sa population au cours de la deuxième guerre mondiale.

2. Dans *Principe et pratiques de l'accouchement sans douleur*, Seuil, 1954. A propos de l'accouchement sans douleur, voir chapitre II.

3. Voir ses articles dans *France nouvelle*, mai 1956, et dans *Le Monde*, 16 mai 1956, ainsi que Jeannette Vermeersch, *Les femmes dans la nation*, textes choisis, Éditions sociales, 1961. On l'a accusée de chercher des dérivatifs pour détourner l'attention des communistes du terrible rapport Khrouchtchev, publié en 1956.

de plus en plus d'être peu écoutées, délaissées, voire méprisées. Une évidence s'impose : l'UFF n'est plus qu'une courroie de transmission pour les directives du PC, elle est incapable de faire entendre les revendications propres aux femmes.

La relève se dresse ailleurs. Au premier plan, Madeleine Colin, membre du syndicat parisien des PTT : elle devient en 1955 secrétaire confédérale de la CGT [1]. « Féministe d'instinct », selon ses propres termes, elle a beaucoup discuté avec les femmes, qu'elle a accompagnées dans la rue au cours des grandes grèves de 1953. Pour avoir, dans sa vie personnelle, appliqué très tôt le principe : « Un enfant si je veux », elle connaît l'importance de la contraception pour les femmes. Témoin de la fatigue des mères, elle sait aussi qu'il faudrait réduire leur temps de travail, prolonger le congé de maternité et le rétribuer à plein salaire. Dès 1955, les femmes de la CGT célèbrent le 8 mars en présentant leurs propres revendications franchement féministes. Le soutien de Benoît Frachon permet à Madeleine Colin de lancer en 1956 un nouveau périodique, *Antoinette*, journal syndical de masse pour les femmes, formule tout à fait neuve. *Antoinette* supplante la presse de l'UFF. Des temps nouveaux s'annoncent.

SENS ET LIMITES DU CONSENTEMENT

Pour revenir au baby-boom proprement dit, peut-on ressaisir à présent ses dimensions intimes ? Il marque une rupture entre deux générations. Non pas une révolution, ni une contre-révolution, mais un infléchissement vigoureux et durable, dont il faut mesurer le sens et la portée.

---

1. Elle rappelle les étapes de son combat pour les femmes dans *Ce n'est pas d'aujourd'hui*, Éditions sociales, 1975.

La rupture

La génération précédente, celle qui a enfanté entre les deux guerres, avait sévèrement contrôlé sa fécondité. Dans les couches moyennes de la population, les femmes avaient seulement un ou deux enfants. Elles s'en félicitaient, persuadées que c'était là un progrès, une preuve de supériorité par rapport à leurs propres mères, trop souvent accablées de marmaille. Aussi furent-elles déconcertées de voir que leurs filles ne suivaient pas ce bon exemple : elles se sentaient désavouées, peut-être blâmées, sans comprendre pourquoi, parce qu'elles n'avaient pas l'habitude d'écouter, sur ce chapitre, les discours vertueux des hommes politiques. Dans les années 40, quand une jeune femme, déjà pourvue de deux enfants, garçon et fille, « choix du roi », annonçait à sa mère une troisième grossesse, elle avait toute chance d'être accueillie froidement, ou même d'entendre des réflexions blessantes : « Alors ton mari et toi vous ne savez pas faire ? » Ou bien : « Si tu l'as fait pour l'argent, tu as eu tort ! » Et l'oncle célibataire de lancer : « Ce sont mes cotisations qui nourriront tes gosses ! »

Celles qui ont refusé l'ancien malthusianisme, que pouvaient-elles répondre ? Une enseignante, née en 1923, évoque les souvenirs de sa petite enfance, aux lendemains de la grande guerre : « Les enfants des années 20 ont eu une valeur exceptionnelle : pour leurs parents et leurs grands-parents en deuil, ils ont été le premier réconfort, la consolation indispensable, une nouvelle raison de vivre et d'espérer. Le deuil était immense, accablant, nous l'avons perçu, durant toute notre petite enfance. Et nous avons été chéris et choyés comme bien peu d'enfants je crois l'avaient été avant nous. Je n'oublie pas les larmes, jamais taries, d'une amie de mes parents dont le fils unique était mort à Verdun. Elle me disait : “ Oh ! vous les jeunes, ne faites pas comme nous ! Ne vous privez pas d'enfants ! Ayez-en plusieurs. Quand on n'en a qu'un c'est trop dur de le perdre, on n'a plus rien ! ” Je me rappelle aussi deux de mes professeurs de lycée. Elles m'ont enseigné, en 1938 et 1939, l'instruction civique, en insistant sur la démographie : la France manquait d'enfants, alors que les pays voisins en avaient beaucoup; ce déséquilibre était dangereux pour l'avenir; toute Française, tout Français devait s'efforcer de fonder une famille d'au moins trois enfants. Ces deux enseignantes étaient l'une et l'autre célibataires; leurs propos exprimaient peut-être une frustration personnelle. Ils n'en étaient pas moins convaincants : à 16 ans (en 1939), j'étais déjà tout à fait déterminée à avoir trois enfants. Je les ai eus [1]. »

Les messages émis par Vichy [2] ont peut-être renforcé cette conviction. Mais en réalité, ce qui subsiste de Vichy, après 1945, c'est ce qui existait *avant* Vichy. Dira-t-on que ces femmes étaient manipulées, endoctrinées ? S'il s'agissait d'un petit groupe, on pourrait le croire. Mais le mouvement est général dans tout l'Occident, même s'il fut en France nettement plus accusé qu'ailleurs. Il s'agit d'une vague de fond.

Les motivations toutes morales indiquées ci-dessus suffiraient presque à rendre compte de ce qui s'est passé pendant le baby-boom : raréfaction des couples sans enfant ou avec enfant unique; accroissement du nombre des couples ayant deux, trois, ou plus rarement quatre enfants [3]. Les familles très nombreuses n'étaient pas souhaitées : des enquêtes récentes, dont l'Unesco avait fait état, révélaient que le niveau intellectuel des écoliers était d'autant plus faible que leur fratrie était plus nombreuse; statistiquement, le meilleur élève c'est l'enfant unique...

Les facteurs socio-culturels sont aussi prégnants que les facteurs socio-économiques. Les familles les plus nombreuses se comptent dans les milieux salariés modestes : là, la mère qui n'a aucune formation ne pourrait gagner qu'un très bas salaire si elle travaillait; avoir des enfants est beaucoup plus gratifiant à tous points de vue. Par contre, dans les régions

---

1. Enquête personnelle.
2. Françoise Muel-Dreyfus, *Vichy et l'éternel féminin*, Seuil, 1996.
3. Les démographes ont parfaitement analysé la géographie et la sociologie du baby-boom. Cf. *Histoire de la population française* sous la direction de Jacques Dupâquier, tome 4, *De 1914 à nos jours*, Puf, 1988.

rurales pauvres, la réduction des naissances, conquête récente, n'a pas été souvent remise en cause. Dans les couches moyennes, les épouses sont désormais aussi instruites ou plus instruites que leur mari ; elles ont envie de faire valoir leur diplôme, d'autant qu'un second salaire rehaussera le standing de la famille, et qu'elles éprouvent un vif désir de promotion sociale. Elles choisissent donc, d'accord avec leur mari, de réduire en nombre la progéniture pour pouvoir travailler et pour avoir les moyens de « pousser » l'enfant, les enfants, vers des études supérieures. Les couples d'instituteurs incarnent ce modèle. Dans les milieux les plus aisés, où l'on n'a pas besoin d'un second salaire, les mères, même diplômées, restent plus volontiers au foyer, et acceptent d'élever trois, quatre enfants, ou davantage.

Les disciplines malthusiennes ont donc été desserrées ici et là [1]. Certes, ce desserrement est lié à la politique familiale, et plus largement à l'institution de l'État-providence. Mais le lien n'est pas simple. Chaque ménage et même chaque individu(e), développe un projet personnel, lequel n'est pas fixé d'avance, mais évolue selon la conjoncture. Et toutes les attentes ne sont pas tournées vers les seules satisfactions matérielles. Le baby-boom exprime aussi, clairement, cet espoir, cette confiance : dans un « monde à refaire » les enfants seront bien accueillis, aimés, respectés ; ils pourront faire mieux que leurs parents ; ils leur apporteront de grandes satisfactions affectives et d'amour-propre... Est-ce à dire que tous les enfants du baby-boom étaient désirés ? Le mot est anachronique. C'est après 1955-1956 qu'on parle d'enfants désirés. Auparavant, ils étaient acceptés. Évitons de projeter la culture, les concepts et le vocabulaire de la deuxième vague féministe sur la décennie 1945-1955, tellement différente ! Le nombre des adoptions augmente, lui aussi, à partir de 1942, et l'insémination artificielle commence à faire parler d'elle [2].

---

1. Voir Philippe Ariès, « Familles du demi-siècle », dans *Renouveau des idées sur la famille*, éditeur Robert Prigent, 1954. Alfred Sauvy, *La prévention des naissances*, Que sais-je n° 988, 1965.

2. Cf. Révérend Père Tesson, « L'insémination artificielle et la loi morale », *Cahiers Laennec* n° 2, 1946. André Chalier, « La stérilité conjugale », *L'Expansion scientifique,* 1953 (3e édition). *L'insémination artifi-*

Les réticences

Le baby-boom ne signifie en aucune manière que les femmes ont renoncé à maîtriser leur fécondité. Au contraire : le souci de limiter les naissances est alors général. Vu sous cet angle, le baby-boom n'est nullement euphorique !

Il faut distinguer entre la contraception et l'avortement. Pour la contraception, on peut dire sans paradoxe qu'en France elle a triomphé dans les esprits justement pendant le baby-boom, et sans doute *à cause de lui*, comme résistance aux injonctions et aux tentations familialistes. Mais c'est encore une contraception de couple, non pas une contraception féminine.

Entre les deux guerres, les pays anglo-saxons et scandinaves avaient su moraliser le *birth control*, en le dissociant de l'amour libre et de la licence des mœurs, pour le proposer aux couples légitimes et aux parents responsables. L'Église anglicane avait admis ces objectifs [1]. Et les féministes britanniques avaient applaudi avec enthousiasme. Elles voyaient là un moyen de mettre fin à tous les malheurs du monde : guerres, famines, souffrance du prolétariat, « tyrannie » des hommes sur les femmes. Des centres d'information s'étaient ouverts en Grande-Bretagne : on y enseignait, entre autres, l'emploi des préservatifs, masculin et féminins (capes, diaphragmes et spermicides).

Les pays catholiques avaient été beaucoup plus réticents. Un mouvement favorable au *birth control* s'ébauchait à Paris pendant les années 30, grâce à des intellectuels rationalistes comme Bertie Albrecht et Jean Dalsace. La bienveillance du maire socialiste de Suresnes, Henri Sellier, avait permis l'ouverture d'un dispensaire spécialisé dans cette ville. Mais la guerre avait balayé cette initiative, et le gouvernement de Vichy avait appliqué avec rigueur les « lois scélérates » de

cielle, sous la direction du professeur Georges David, CECOS, Masson, 1991. Sur l'adoption et les procréations assistées, voir chap. VIII.

1. Conférence de Lambeth, 1930.

1920 et 1923. La contraception restait, après guerre, coupable, maudite, et néanmoins pratiquée.

Les pratiques font comprendre quelles raisons limitent le consentement.

La contraception « bourgeoise », celle du XIXe siècle, dominait encore, en France, durant les années 50 et 60. Elle reposait sur deux techniques, toutes deux efficaces : le retrait et le condom. Médecins, confesseurs et sondages d'opinion sont d'accord : le retrait était très répandu, surtout dans les campagnes et les villes moyennes. Les catholiques les plus sincères le pratiquaient, quitte à ce que monsieur interrompe sa pratique religieuse jusqu'à la ménopause de madame : il prenait sur lui le « péché d'Onan ». C'est dire à quel point l'éthique sexuelle s'était sécularisée. En même temps, le condom prospérait : en 1958, plus de vingt millions de préservatifs masculins ont été achetés chez les pharmaciens ; ils étaient en vente libre parce qu'ils protégeaient des maladies vénériennes.

Retrait et condom relevaient de l'initiative masculine ; ils maintenaient la femme dans une subordination traditionnelle, qui justement commençait à poser problème. On savait par la psychanalyse que le retrait, souvent frustrant pour madame, pouvait provoquer des névroses. Éviter la fécondation, oui, mais en ménageant la satisfaction de l'épouse ainsi que l'accord charnel et affectif du couple. Telles étaient les valeurs nouvelles jusque-là laissées au second plan. Elles remettaient en cause la théologie et la morale du mariage catholique, rien de moins [1].

Les efforts des couples catholiques, au cours des années 50 et 60, constituent une aventure étonnante. Ils ont essayé successivement la méthode Ogino-Knaus (rapports sexuels pendant la période inféconde du cycle féminin), l'étreinte réservée (pénétration sans éjaculation), et la méthode des températures (supposée perfectionner la décevante méthode Ogino). Toutes étaient fort contraignantes et de faible efficacité [2]. Mais les arguments avancés en leur faveur aident à

1. Cf. Martine Sevegrand, *Les enfants du Bon Dieu*, Albin Michel, 1995.
2. Une doctoresse catholique, Jenny Leclerc, avait eu le courage, dès 1946, de dénoncer la méthode Ogino : *Le contrôle des naissances et le malaise conjugal*, Éditions scientifiques et littéraires, Amiens, 1946.

comprendre ce qu'on en attendait. Ainsi Paul Chanson, apôtre de l'étreinte réservée : son épouse et lui s'étaient imposé quatre années de continence absolue après la naissance de leurs cinq enfants ; l'étreinte réservée leur a permis de retrouver l'intense joie des caresses et de l'intimité conjugale [1]. Touchants, aussi, les apôtres du thermomètre, ces jeunes couples qui, au début des années 60, enseignaient la continence périodique, graphiques à l'appui, et proclamaient leur joie de « s'unir » sans crainte et sans réserve [2]. La maudite concupiscence laissait la place à une sexualité reconnue et même valorisée. L'aspect le plus révolutionnaire de cette mutation, c'est l'attention accordée à la jouissance féminine, pourtant inutile à la procréation, fin première du mariage.

Le plus fascinant dans cette affaire, c'est le prodigieux investissement du clergé, de tous ces hommes qui avaient fait vœu de célibat ! On ne peut pas incriminer leur seule volonté de puissance : s'ils donnaient leur avis, c'est parce que les laïcs le leur demandaient, souvent avec angoisse. Ils ont beaucoup réfléchi et beaucoup évolué. La création de l'*Anneau d'or* par l'abbé Caffarel en 1945, permet aux laïcs hommes et femmes de s'exprimer à propos du mariage ; le succès rapide de cette association (en six ans, 96 groupes sont nés en France, 35 en Belgique) montre qu'elle répondait à un besoin. Là, les religieux découvrent qu'on « accroche » les ouailles en parlant de l'amour et du respect de la femme, non plus de la fécondité. Le mariage n'est plus seulement le lieu de l' « acte de chair ». C'est une « relation entre deux personnes » perçues de plus en plus comme équivalentes [3]. La

---

1. Cf. Paul Chanson, *L'art d'aimer*, Paris, Éditions familiales de France, 1949 ; cité par Martine Sevegrand, *op. cit.*.

2. Cf. Dr Roger Géraud, *La limitation médicale des naissances*, Union générale d'édition, 1963.

3. Outre l'*Anneau d'or*, il faut signaler les efforts du mouvement *Vie nouvelle*. Cf. Jean Lestavel, *La vie nouvelle. Histoire d'un mouvement inclassable*, Cerf, 1994. La plupart des mouvements catholiques s'inspiraient d'Emmanuel Mounier (1905-1950), philosophe chrétien alors le plus lu et le plus suivi. Fondateur de la revue *Esprit*, il avait développé le « personnalisme » de Renouvier en mouvement engagé : il en faisait la synthèse des thèmes progressistes qui refusaient le marxisme. Il souhaitait construire un nouvel humanisme sur l'opposition individu/personne.

rupture avec saint Augustin et avec saint Thomas devenait patente. Quand le pape Pie XII accepte la méthode Ogino en 1951, devant une délégation de sages-femmes il admet d'emblée que la fécondité n'est pas seulement l'œuvre de Dieu, mais que les époux ont leur mot à dire. En 1952, l'abbé Oraison ose confronter les concepts freudiens à la morale catholique, dans son livre *Vie chrétienne et Problèmes sexuels* [1]. L'archevêque de Paris lui donne l'*imprimatur*, mais le Vatican le met à l'Index, désaccord qui donne la mesure du désarroi. On le sait : l'encyclique *Humanæ Vitæ* (1968) a sonné le glas de cet aggiornamento [2].

L'avortement lui aussi posait des problèmes inédits. Pratique féminine immémoriale, il a pris de l'importance à la fin du XIXe siècle, quand une meilleure connaissance de l'anatomie et de la physiologie féminines eurent permis des progrès techniques, quand les principes pasteuriens – asepsie, antisepsie – eurent réduit les risques d'infection. La pratique la plus courante, depuis les années 30, consistait à introduire une canule ou une sonde dans l'utérus puis à injecter de l'eau savonneuse ; en général tout se passait vite et bien ; en cas d'ennui, on conduisait la patiente à l'hôpital pour un curetage, lequel était souvent réalisé sans anesthésie. Durant les années 50 et 60, à l'apogée du baby-boom, le nombre des avortements était élevé : de 300 000 à 500 000 par an, mille par jour (pour plus de 800 000 naissances vivantes). Mais les cas de décès étaient relativement rares : environ 300 à 500 par an [3], un par jour. Les chiffres ont été démesurément grossis par tous ceux qui avaient intérêt à dénoncer ce « fléau » : d'aucuns parlaient d'un million et demi d'avortements et de 60 000 décès, évaluations folles. Ce qui est vrai, ce qui

1. Lethielleux, 1952. Autres ouvrages de Marc Oraison : *L'union des époux*, Fayard, 1956 ; *Amour et Contrainte*, Spes, 1957.
2. Cf. ci-après chapitre IV.
3. Dr Roger Géraud, *op. cit.* L'Institut national d'études démographiques évalue à 300 000 le nombre annuel d'avortements en France et à 300 le nombre des décès qui ont réellement pour cause un avortement « criminel ». Notons que de leur côté les juges renonçaient peu à peu à poursuivre. Combien aurait-il fallu de magistrats pour 300 000 coupables ?

explique toutes les exagérations, c'est que l'avortement tel qu'il était alors pratiqué devenait odieux. Pendant longtemps des femmes se l'étaient infligé en cachette, à leurs risques et périls. A présent, les risques et périls avaient presque disparu. Chaque année, environ un demi-million de femmes trouvaient sans grande difficulté les moyens d'avorter en sécurité : dans ces conditions, l'interdit et la dissimulation prenaient l'allure d'une monumentale hypocrisie, d'une oppression toute gratuite. A quoi s'ajoutait la cruelle souffrance, physique et morale, du curetage à vif, réalisé par des médecins cyniques qui se croyaient en droit de torturer et d'humilier « les salopes ».

Celles qui avortaient à cette époque n'étaient pas en majorité des filles galantes, ni des mères de famille nombreuse. C'étaient des jeunes femmes trahies par un procédé de contraception. Le cas de Gisèle Halimi [1] est parfaitement démonstratif. Elle a avorté trois fois entre 1947 et 1960. D'abord à 19 ans, enceinte faute de précaution, curetée à vif, traumatisée à vie ! Ensuite à 24, 25 ans, enceinte par la faute de la méthode Ogino : nouvelle infection, nouveau curetage mais sous anesthésie. Enfin à 32 ans, son diaphragme s'est déplacé ; encore enceinte par surprise, elle avorta sans aucun problème ; avec l'aide d'un ami gynécologue, elle fut anesthésiée et curetée en moins de vingt-quatre heures, et très heureuse de retrouver sa liberté. Entre-temps elle avait mis au monde ses trois fils, avec la plus grande joie... Elle fait très bien comprendre pourquoi les épreuves subies ont laissé des traces indélébiles [2], pourquoi il était inévitable qu'explosent un jour tant de colère et de rancune accumulées.

Ce contexte aide à comprendre pourquoi le livre de Simone de Beauvoir, *Le deuxième sexe*, fut une bombe à retardement. Publié en 1949, à l'apogée du baby-boom, il venait trop tôt et frappait trop fort : il fit scandale. Pour ce qui est de la maternité, non seulement l'auteur la dépouille de toute transcendance, mais elle dénonce impitoyablement

1. Cf. Gisèle Halimi, *La cause des femmes*, Gallimard/Folio, 1992.
2. Voir aussi les témoignages recueillis par Lorette Thibaut, *L'avortement vingt ans après*, Albin Michel, 1995.

toutes les formes de sujétion et de souffrance qui en découlent, et qui repoussent les femmes au second rang de la condition humaine. *Maternité = aliénation.* Personne ne l'avait encore démontré avec tant d'arguments, aussi irréfutables. Et cette aliénation, chaque mère la reproduit passivement, aveuglément, en élevant ses enfants comme elle a été elle-même élevée, en devenant complice de l'asservissement de ses filles. Le chapitre consacré à *La mère* (tome II, chapitre VI) commence par étaler sur douze pages les horreurs de l'avortement, et démolit ensuite, bien avant Élisabeth Badinter [1], l'instinct maternel, l'amour maternel, le dévouement maternel [2].

L'incroyable marée d'injures et d'obscénités qui déferla contre ce livre donne à penser qu'il a épouvanté les lecteurs. Le Vatican le mit bientôt à l'Index, ce qui freina la diffusion en milieu catholique ; la presse de l'UFCS n'en fit même pas mention. Mais les communistes ne l'acceptèrent pas mieux, alors qu'en ce début de la guerre froide Jean-Paul Sartre et les siens passaient pour des séides de Moscou. L'UFF reprochait à Simone de Beauvoir de parler de ce qu'elle ignorait puisqu'elle n'avait pas d'enfant [3]. D'ailleurs, la qualité scientifique et philosophique de l'ouvrage le réservait aux milieux cultivés : il passait par-dessus la tête de la majorité des femmes.

Colette Audry, professeur de littérature, amie et collègue de Simone de Beauvoir, se souvient [4] qu'on lui a demandé à propos de ce livre bon nombre de conférences, organisées surtout par les syndicats d'enseignants. Il y avait toujours beaucoup de monde et un intérêt passionné ; les hommes intervenaient plus que les femmes. Des syndicalistes très militantes comme Madeleine Colin (CGT) et Jeannette Laot

1. Dans *L'amour en plus*, Flammarion, 1980. Voir ci-après chapitre VII.
2. Elle doit beaucoup de son savoir à Hélène Deutsch, *La psychologie des femmes*, édité aux États-Unis pendant la guerre, traduction française 1949.
3. A ce reproche qu'elle entendit très souvent, Simone de Beauvoir répondait qu'elle avait interrogé beaucoup de mères.
4. Voir *Le féminisme et ses enjeux. Vingt-sept femmes parlent*, Centre fédéral de la Fen, 1988.

(CFDT) conviennent que cette lecture a hâté le mûrissement de leur conscience féministe. Une sage bourgeoise, Menie Grégoire, se rappelle la fascination-répulsion qu'elle a éprouvée [1] : une onde de choc qui n'en finissait pas.

En fait, il a fallu que *Le deuxième sexe* rencontre un grand succès aux États-Unis avant que les Françaises le reconnaissent comme une bible. Mais les doutes qu'il semait, les questions qu'il éveillait ont accompli un travail souterrain très efficace pendant les années 50.

En fin de compte, il faut sans doute voir la décennie 1945-1955 comme une phase inévitable de transition. Aux lendemains de la Libération, la grande majorité des femmes étaient encore trop enveloppées dans la famille pour pouvoir se précipiter directement dans l'exercice des droits politiques. Leur citoyenneté s'enracinait dans la maternité.

Pour autant, le baby-boom n'a constitué en aucune manière un retour au passé. Si les jeunes femmes ont pris leurs distances avec le modèle malthusien de leurs mères, ce ne fut pas pour suivre l'exemple de leurs aïeules. Elles n'inscrivaient plus leur désir d'enfant dans la passivité et la docilité traditionnelles ; elles n'acceptaient plus de se « sacrifier ». Plus instruites, et dotées de responsabilités civiques, elles éprouvaient un besoin croissant d'autonomie, d'initiative, de considération. Leur consentement attendait, appelait une reconnaissance qui n'est pas venue.

---

1. Voir ses mémoires intitulés *Telle que je suis*, coédition Robert Laffont Opéra Mundi, 1976.

CHAPITRE II

L'enfantement

Dans l'euphorie du baby-boom, tout accouchement aurait dû être une fête, tout maternage une idylle. Ce fut rarement le cas.

Il faut dire que le baby-boom a imposé un énorme surcroît de travail dans les maternités ; le renouvellement incessant des parturientes, jour et nuit, banalisait la naissance et surmenait les soignants. Ceux-ci avaient pour objectif essentiel de réduire la mortalité infantile, très élevée aux lendemains de la Libération. La mère n'était à leurs yeux qu'un instrument, parfois malfaisant, dont ils se méfiaient.

Dans le sillage des médecins, de nouveaux spécialistes, les psy, sont venus se pencher sur le tout-petit. Leurs observations ont remis en question certaines pratiques médicales ; mais elles tendaient aussi à alourdir la responsabilité maternelle.

L'EMPRISE MÉDICALE : L'INDUSTRIE DE LA NAISSANCE

En un demi-siècle, des années 20 aux années 70, toutes les Françaises ont pris l'habitude d'accoucher hors de chez elles, le foyer familial a cessé d'être le lieu où les bébés venaient au monde. Après la Libération, ce phénomène s'accélère : en

1952, les cliniques d'accouchement accueillent 532 turientes, en 1962, 855 ‰, en 1974, 985 ‰ ; les accouchem à domicile se réduisent en proportion : 456 ‰ en 1952, 139 ‰ en 1962, 10 ‰ en 1974. Pour justifier ce grand déménagement, les médecins invoquaient la sécurité. Il est vrai que le taux de mortalité maternelle (couches et suites de couches) a reculé de plus en plus vite : pour 100 000 naissances vivantes, ce taux est de 81 en 1951, 54,7 en 1959, 31,9 en 1967. Et la mortalité infantile (de la naissance à la fin de la première année) tombe de 110 ‰ en 1945 à 50 ‰ en 1950 à 27 ‰ en 1960 et 18,2 ‰ en 1970.

Ces chiffres triomphants appellent quelques commentaires. D'abord, les progrès se manifestent pendant les Trente Glorieuses, au moment où les conditions de vie s'améliorent. Si une grave crise économique avait sévi, si les gens avaient souffert de la faim, du froid, du stress, le taux de mortalité n'aurait pas autant diminué. En même temps, les femmes s'efforcent déjà de programmer les naissances : elles attendent pour « commander un bébé » d'être en bonne santé, physique et morale ; le bébé en profite. On l'oublie trop : la contraception a été un facteur essentiel du recul des mortalités. Les médecins gagnent sur des marges : il faut estimer, non pas surestimer, la portée de leurs interventions. Soulignons aussi que la mortalité est restée plus élevée en France qu'aux Pays-Bas (jusqu'à la fin des années 80). Or, aux Pays-Bas, l'accouchement à domicile a toujours été encouragé : en 1980, encore 35 % des parturientes accouchaient chez elles [1]. Les autres passaient rarement plus de vingt-quatre heures en clinique. Les Néerlandais n'ont jamais consenti à traiter la grossesse et l'accouchement comme des maladies ; ils ont voulu conserver à la naissance son caractère d'événement intime, familial, naturel. La femme enceinte

1. Ce pourcentage tend a augmenter. On peut trouver dans l'*Écho des polders* tout un débat sur ce sujet (n° 6, hiver 1983-1984 ; n° 9, février 1985 ; n° 10, mai 1985). Je remercie chaleureusement Michèle Clerx-Maisonneuve, Karin de Koning, Paul et Petra Arredondo, Berber Dornseiffen-Santema et Liliane van Raaij, qui m'ont informée avec tant de précision et de gentillesse.

était (est toujours) suivie non pas par un gynécologue, mais par une sage-femme ou un médecin généraliste.

La médicalisation à la française n'était donc pas une fatalité. Or, elle n'a pas eu que des effets positifs. Auparavant, dans les ménages, dans les anciennes communautés, chaque accouchement constituait un moment fort, où les femmes se rassemblaient autour de l'accouchée et de la sage-femme, comme pour retremper leur identité de sexe. Une suite cohérente de gestes et de rites permettaient d'accueillir le nouveau-né comme une personne et de l'intégrer parmi les siens [1]. Les premiers accoucheurs venus à domicile participaient à la fête et se sentaient au service de la famille consultante. Alors qu'une femme qui entre en clinique quitte les siens, elle se met entre les mains des médecins, à leurs ordres sinon à leur merci. Le rapport entre soignants et soignées en est totalement transformé, non sans dommage pour celles-ci.

Les accouchements à la chaîne

Les rites sont indispensables : ils permettent de gérer les émotions, de canaliser la sensibilité, de traverser les moments les plus bouleversants de la vie en société. Et quoi de plus bouleversant que l'arrivée au monde d'un nouvel être humain ? Dès que la clinique médicale s'en est emparée, elle a créé des rites nouveaux. Ceux de l'ère pasteurienne, inspirés par la phobie des microbes, avaient transformé la naissance en ascèse rigoureuse ; ils avaient exalté les disciplines d'hygiène plutôt que la joie d'enfanter. Ils avaient beaucoup augmenté l'autorité et le prestige des accoucheurs. En revanche, ils humiliaient les patientes, ils les dépossédaient d'elles-mêmes et de leur bébé. Mais, au temps du baby-boom, aucune femme n'osait se plaindre. La pression sociale, qui plus que jamais glorifiait la maternité, interdisait les doléances. « Tu enfanteras dans la douleur », l'antique malé-

---

1. Cf. Françoise Loux, *Traditions et Soins d'aujourd'hui*, Paris, Inter-Éditions, 1983, et Jacques Gelis, *op. cit.*

diction autorisait la brutalité éventuelle des accoucheurs. D'ailleurs, toute femme ressent l'enfant qu'elle met au monde comme l'enjeu d'un chantage médical. Si je ne fais pas tout ce qu'ils m'ordonnent, mon enfant en souffrira [1].

Les témoins déplorent l'accueil froid et revêche, le manque d'égards. « L'accouchement pratiqué en série est ramené à la dimension d'une extraction dentaire [...] le mépris, la déconsidération de cet événement, qui représente pour la femme le moment d'une épreuve extrême et cruciale de la vie, n'est autre que le mépris de la femme en général », proteste Annie Leclerc [2]. La romancière Hortense Dufour a mis au monde son premier enfant dans une clinique chic de la banlieue sud-ouest de Paris. « Bellevue, dit-elle, restera toujours pour moi la poubelle de mes désirs. » A son arrivée, faute de chambre libre, on la remise dans un vestiaire. Les soignants qui entrent et sortent ne lui adressent ni un sourire ni un bonjour. Un docteur lui demande en passant si elle est sa cliente... ? « J'ai eu envie de pleurer. Muflerie du monde médical. Abominable impolitesse : mon petit enfant si mal accueilli, pas même salué [...] Nié. Et moi avec. » « A des centaines d'exemplaires, c'est la sage-femme. La multiplicité des allées et venues la multiplie elle aussi par mille, lui enlève son identité, son visage, son humanité [...] l'univers obstétrical en a fait ce robot ganté de caoutchouc [3]. »

Les rites pasteuriens les plus désagréables sont maintenus sans nécessité : lavement, rasage du pubis, immobilisation à plat dos sur une table étroite, dure, haute à faire peur, pieds engagés dans des étriers. Humiliation extrême : « les jambes en l'air, écartées, le sexe chauve, à l'air et dilaté », piqûre de glucose pour accélerer les contractions... « On me cassait le travail, s'indigne Annie Leclerc, on m'abîmait tout, on me rabaissait à moins que rien. »

Dans les hôpitaux c'est pire. Tel médecin entre dans une

1. Les témoignages cités ci-après, d'Annie Leclerc et d'Hortense Dufour, datent d'après la fin du baby-boom. Ce qu'elles disent était vrai dès les années 50 et 60 ; mais personne n'osait en parler.
2. *Parole de femme*, Denoël/Gonthier, 1974, p. 93. Sur cette auteur(e), voir chapitre VI.
3. *La guenon qui pleure*, Grasset, 1980, p. 21, 47, 52.

salle commune pour sa visite matinale, en ordonnant paternellement : « Les papattes en l'air ! » Les jeunes femmes se mettent en position gynécologique sans protester. Tel autre voudrait qu'on lui présente ses patientes sur un plateau tournant... Les sages-femmes adoptent ces façons grossières. A une parturiente qui se plaint, une sage-femme répond : « Vous vous êtes bien amusée quand vous l'avez fait ! Il est entré il faut qu'il sorte ! » Une autre : « Qu'elle se grouille celle-là ou on va lui faire un forceps ! » Certains médecins sensibles ressentent le scandale. Bernard This dénonce « le martyre de la parturiente... elle attend son tour comme à l'abattoir de Chicago [1] ! ». Paul-Claude Racamier dit à propos des « milieux d'accouchement » : « On ne sait pas à quel point ils peuvent être saturés d'un monstrueux sadisme [2]. »

La relation maman-nouveau-né est soumise elle aussi à des rites rigoureux. On laisse jeûner bébé vingt-quatre heures ; on ne l'apporte que toutes les trois heures pour une tétée d'un quart d'heure, pas plus. Or l'espacement des tétées ne se justifie que si l'enfant est nourri au biberon : le lait de vache, même maternisé, est plus difficile à digérer que le lait maternel. Il est obligatoire d'allaiter assise, avec bébé dans les bras. « Un jour j'étais allongée avec mon petit couché contre moi. La sage-femme – un dragon – m'a engueulée ! elle m'a méchamment pincé le mamelon pour me faire lever, en me disant : “ Vous voulez le tuer, votre gosse ? ” Comme si je risquais de m'endormir sur lui et de l'étouffer [3]. » D'ailleurs, en dépit des dogmes officiels, l'allaitement au sein n'était nullement encouragé dans les cliniques du baby-boom. Pour des soignantes toujours pressées et surmenées, il était plus facile de donner un biberon dosé selon les règles que d'initier une primipare, car cette initiation est pleine d'aléas : abcès au

1. Bernard This, « La psychologie des femmes enceintes », *Entretiens psychiatriques*, 1954.
2. Ce médecin fut l'un des premiers en France à s'intéresser aux dépressions post-partum. Les « brutalités institutionnelles » sont un des facteurs de la dépression. Cf. P.-C. Racamier, C. Sens, L. Carretier, « La mère et l'enfant dans les psychoses du post-partum », *L'évolution psychiatrique*, 1961, IV, p. 535.
3. Enquête personnelle.

sein, crevasses, douleurs utérines, bébé qui ne prend pas assez de poids, etc. En 1960, la firme Nestlé lance une vaste offensive de marketing ; le prestige du biberon augmente, celle qui donne le sein fait un peu arriérée. Les puéricultrices de leur côté se chargeaient entièrement des toilettes des bébés, les mères restant à l'écart.

Et pour finir, « la polka du carnet de chèques » : « Compromission complète. Ces gens-là accouchent comme ils vendraient des selles de vélo. Ça rapporte [1]. »

L'accouchement dit sans douleur

Dans cette ambiance contrainte et désenchantée survient, au cours des années 50, une innovation bouleversante : l'accouchement sans douleur. Là où il a pu s'imposer, il a rendu aux femmes le souci de leur dignité.

Les douleurs n'ont jamais été perçues comme naturelles : elles ont toujours fait l'objet de justifications symboliques. Pour les juifs et les chrétiens, elles représentent le châtiment infligé à Ève qui a croqué le fruit défendu. Toutefois, en chrétienté, leur signification n'est pas purement négative : offertes à Dieu avec soumission, elles contribuent au rachat des péchés et entrent ainsi dans l'économie du salut ; celle qui les endure trouve dans cette croyance la force de les mieux supporter. Bien des gens pensaient aussi que les douleurs favorisaient l'éclosion de l'amour maternel. Et, pour d'autres, elles constituaient une composante originale et précieuse de l'expérience féminine [2]. Pourtant, quand elles paraissaient excessives, insupportables, on essayait de les atténuer : depuis le milieu du XIXe siècle, on avait recours aux anesthésiques.

Ce qui se passe durant les années 50 est tout différent : l'accouchement sans douleur (ASD) est présenté par ses partisans comme révolutionnaire. Certains médecins, fiers à juste

1. Hortense Dufour, *op. cit.*, p. 117.
2. C'est l'avis d'Hélène Deutsch et de tous les adversaires de l'anesthésie obstétricale ; cf. Hélène Deutsch, *La psychologie des femmes*, t. II, traduction française PUF 1995.

titre d'avoir dominé les risques physiologiques de la parturition, et sans doute excédés par les hurlements qui de jour et de nuit emplissaient les salles de travail, ont voulu triompher aussi de la douleur. Beaucoup, bien sûr, éprouvaient une compassion sincère pour les femmes en travail. Mais d'autres enjeux les stimulaient.

Un enjeu scientifique : la toute jeune médecine psychosomatique (le terme date, en France, de 1946), cherchait à s'affirmer [1] ; or l'accouchement, qui met en action des facteurs biologiques, psychologiques et sociaux, est le phénomène psychosomatique par excellence, d'ailleurs aisément observable. Certains médecins ont acquis alors la conviction naïve et outrecuidante que si les femmes souffraient c'était parce qu'elles ne savaient pas accoucher : eux leur apprendraient.

Un enjeu politique aussi. La méthode introduite en 1951 avait été mise au point en URSS et le parti communiste lui faisait une publicité tapageuse. Le docteur Fernand Lamaze, accoucheur à la maternité des Bluets (clinique CGT des métallurgistes à Paris), était revenu enthousiasmé d'un voyage à Leningrad : « Rien d'approchant ne m'avait jamais été enseigné [...] Je n'imaginais pas que cela pût être [...] La femme apprend à accoucher comme elle apprendrait à nager, comme elle a appris à lire et à écrire. » Il a vu une parturiente mettre son enfant au monde en toute sérénité. Bien entendu, il s'institua le champion zélé de la méthode soviétique, avec le concours de son confrère Pierre Vellay. L'association France-URSS lui accorda tout son soutien. L'UFF l'invita à son cinquième congrès et l'applaudit avec chaleur. Colette Jeanson écrivit un ouvrage de propagande à l'usage des femmes [2].

Cette campagne se heurta d'abord à l'opposition sarcastique et méprisante de nombreux médecins anticommunistes,

1. Cf. Docteur Léon Chertok et collaborateurs, *Féminité et Maternité. Étude clinique et expérimentale sur l'accouchement sans douleur*, Desclée De Brouwer, 1966.

2. *Principes et Pratiques de l'accouchement sans douleur*, déjà cité au chapitre premier. Docteur Fernand Lamaze, *Qu'est-ce que l'accouchement sans douleur ?*, Savoir et connaître, Paris, 1956. Les pays anglo-saxons adoptaient plutôt la méthode de l'Anglais Grantly Dick Read. L'école des sages-femmes d'Amsterdam enseignait la méthode de Read depuis 1949.

que soutenait l'Ordre des médecins. Au contraire, après quelques années de réflexion, le pape accepta la méthode en janvier 1956, bien qu'elle vînt d'un pays matérialiste. Et l'Assemblée nationale décréta en juillet 1956 le remboursement de six séances de préparation.

Dès lors, le succès fut assuré. A gauche, accoucheurs et parturientes se voyaient comme les pionniers d'un monde nouveau, où seraient refusées la souffrance inutile et la sexualité honteuse, où triompheraient la science et la libre volonté de l'individu. De leur côté, chrétiens et chrétiennes voyaient dans l'accouchement dit sans douleur une belle application de la morale personnaliste : humanisation des fonctions naturelles, dignité de l'effort et maîtrise de soi, valorisation de la condition féminine et de la maternité. Les psy, de leur côté, louaient la réconciliation de la femme avec son corps; ils approuvaient la constitution d'un « incomparable ensemble relationnel » unissant la femme à l'équipe de préparation, aux autres femmes enceintes, au père de l'enfant, et surtout à l'enfant lui-même, accueilli par tous dans la joie. Les liens anciens semblaient en voie de réparation. Il faut toutefois mentionner les différences locales : alors que la maternité de Jallieu (Isère) s'affirme comme pionnière, les médecins de Saint-Nazaire ont refusé l'ASD jusqu'à la fin des années 60, tant à la clinique qu'à l'hôpital [1].

La pédagogie a beaucoup évolué. Au début, elle consistait essentiellement à informer et à éduquer la femme enceinte : au cours de quelques séances, dirigées soit par un accoucheur, soit par un ou une psy, soit par une sage-femme (rivalités et conflits n'ont pas manqué entre spécialistes), on faisait visiter à la gestante les lieux où elle serait accueillie, en lui expliquant l'utilité des divers équipements; on lui enseignait sommairement l'anatomie et la physiologie de la grossesse et de l'accouchement; on lui expliquait comment devenir la « collaboratrice du médecin » (!) en coopérant efficacement aux diverses phases de l'accouchement, acte normalement indolore.

1. Dominique Loiseau, *Femmes et Militantisme, Saint-Nazaire et sa région 1930-1980. op. cit., p. 412-414.*

Certaines cliniques ajoutaient des exercices physiques de relaxation, de respiration, etc. C'était à qui sophistiquerait davantage pour mettre en valeur l'importance de la révolution qui s'accomplissait. Cours et exercices avaient lieu en groupe : les femmes enceintes faisaient connaissance et pouvaient échanger leurs impressions. Une psychologue, Claude Revault d'Allonnes, montre que les bienfaits s'étendent à toute la famille [1]. La mère ose parler aux siens des phénomènes obstétricaux et même sexuels ; elle répond avec naturel aux questions des enfants. D'ailleurs, elle devient moins possessive à l'égard de sa progéniture, car elle apprend à vivre l'accouchement comme une séparation volontaire : dans certaines maternités on installe un miroir, face à la table d'accouchement. Le père, s'il a participé à la préparation, n'est plus écarté par l'équipe obstétricale, il trouve sa place. Bref, l'hygiène mentale est améliorée pour toute la famille.

A la gloire de ces innovations, un film de fiction : *Le cas du docteur Laurent*, fut réalisé en 1957-1958 par Jean-Paul Le Chanois avec des comédiens très populaires, Nicole Courcel et Jean Gabin. Mais les centres de préparation ont préféré des films plus documentaires, qui expliquaient la méthode en idéalisant ses résultats. Les plus utilisés ont été celui du docteur Chadeyron et celui du docteur Vellay. Ce dernier médecin a aussi composé un recueil de témoignages, et un ouvrage édité par *Elle* [2].

Bien des femmes en effet ont exprimé leur satisfaction. Mais en vérité, c'était rarement des primipares. Chacune sait que le deuxième enfant « passe » presque toujours mieux... Tout compte fait, l'indolorisation était rarement au rendez-vous. D'ailleurs, en dépit d'observations sophistiquées, per

1. Cf. Claude Revault d'Allonnes, « L'accouchement sans douleur », *École des parents*, mars 1960, p. 17-24. Du même auteur, « Une pré-enquête sur l'ASD », *Revue française de sociologie* n° 1, 1960. Je remercie vivement Claude Revault d'Allonnes qui m'a aidée de ses précieux conseils.

2. Cf. P. Vellay et A. Vellay, *Témoignages sur l'accouchement par la méthode psychoprophylactique*, Seuil, 1956 ; et P. Vellay, *L'accouchement sans douleur ?*, *Elle-encyclopédie*, Fayard, 1960.

sonne ne savait mesurer l'intensité de la douleur [1]. Trop souvent la coordination manquait : préparée par une équipe amicale, la future mère retrouvait au moment d'accoucher une autre équipe, froidement technique. Celles qui arrivaient joyeuses, pleines d'illusions, éprouvaient de cruelles surprises et gardaient rancune. L'ASD eut aussi quelques effets pervers. Sous prétexte qu'une parturiente était « préparée », les soignants la laissaient seule pendant la phase de dilatation, si souvent longue et pénible : seule avec ses douleurs et son angoisse. Si elle se plaignait, si elle appelait, on lui criait de loin : « Mais enfin vous avez appris à accoucher, oui ou non ? Faites ce qu'on vous a appris ! Respirez ! Parlez à votre bébé ! Vivez votre accouchement ! Et taisez-vous. J'ai autre chose à faire que de vous tenir la main ! » Si bien que les mieux préparées étaient parfois les moins assistées. Bientôt dénoncé comme une escroquerie [2], l'ASD perdit peu à peu son prestige à la fin des années 60.

La femelle humaine était décidément moins docile que le chien de Pavlov. Peut-être faudrait-il admettre une explication finaliste de ces douleurs opiniâtres. Si la femme ne souffrait pas, elle accoucherait seule, sans appeler à l'aide : or le petit d'homme est très fragile, il a besoin d'être accueilli et soigné dès les premiers instants ; autour de sa naissance, les gémissements de sa mère attirent des secours.

En dépit de ce demi-échec, les effets positifs de l'ASD ont été considérables. Le plus immédiat, ce fut l'apaisement des salles de travail. Les parturientes préparées étaient dans l'ensemble plus calmes, plus confiantes.

Un second résultat notable fut l'entrée des psy. Au cours des préparations, ils ont vite perçu l'angoisse profonde qui aggravait la douleur physique et compliquait l'accouchement ; pour atténuer cette angoisse il fallait en connaître les racines, remonter à l'inconscient. D'où une attention toute nouvelle accordée à la femme qui enfante, à l'expérience singulière

1. Claude Revault d'Allonnes, *Le mal joli*, Union générale d'éditions 1976. Deuxième édition, Plon, 1991. Cet auteur essaie de construire un « schéma d'analgésie ».
2. Voir Marie-José Jaubert, *Les bateleurs du mal joli*, Balland, 1979.

qu'elle traverse, à la transformation de sa personnalité, à la manière dont elle investit – ou non – son bébé. Mais le résultat le plus important, ce fut une réelle poussée d'émancipation. En effet, chaque femme était invitée, non seulement à savoir et à comprendre, mais aussi à ne plus *subir* l'accouchement, à y *participer* de manière active et volontaire : à s'accoucher elle-même. Ainsi était posée devant l'opinion publique une revendication nouvelle de liberté et de responsabilité féminines. La demande de contraception devenait plus facile à formuler. C'est Andrée Lagroua Weill-Hallé qui le dit : l'accouchement sans douleur est tout proche du contrôle des naissances [1].

L'EMPRISE MÉDICALE : LES SOINS AUX ENFANTS, PRINCIPES ET RÉALITÉS

Au moment de sa création, en novembre 1945, la Protection maternelle et infantile (PMI) fut présentée comme « une mesure de salut public ». En effet, le taux de mortalité infantile ne cessait de croître : 78 ‰ en 1944, 110 ‰ en 1945. Les bébés étaient mal nourris. Les restrictions et les pénuries de toutes sortes avaient affaibli les mères qui allaitaient peu et mal ; le lait animal manquait, et il était trop souvent de mauvaise qualité ; les nourrissons souffraient de diarrhée, de gastro-entérite ; fragilisés, ils se défendaient mal contre les maladies infectieuses : diphtérie, rougeole, coqueluche. La tuberculose progressait. Un nouveau système de protection fut alors conçu, avec passion, par de véritables apôtres. Les « puériculteurs » – c'est ainsi qu'ils se nomment eux-mêmes – sont hommes d'action autant qu'hommes de science : professeurs de médecine (Robert Debré, Henri Roueche, Émile Lesné, I. Huber), ils ont l'appui d'Alfred Sauvy, démographe

1. Communication au 5e congrès de la Société française de psychoprophylaxie obstétricale, Strasbourg, mai 1963. Voir aussi le plaidoyer d'Évelyne Sullerot, *La vie des femmes*, Gonthier, 1965, p. 62-65.

militant, et de Pierre Laroque, grand organisateur de la Sécurité sociale. Leur énergie est mise au service d'une haute ambition nationale : conserver en bonne santé *tous* les enfants de France, depuis la conception jusqu'à la fin de l'obligation scolaire. D'où le caractère très élaboré des nouvelles institutions : l'ordonnance du 2 novembre 1945 fut une véritable charte de la protection maternelle et infantile [1]. Elle imposait dans chaque circonscription territoriale l'ouverture d'un centre de consultations gratuites et obligatoires, pour les mères (consultations pré et post-natales) et pour les enfants du premier et du deuxième âge.

Malheureusement, les pouvoirs publics ont reculé devant la dépense. Le plan Monnet de modernisation et d'équipement qui, de 1947 à 1952, sélectionnait les objectifs prioritaires, a privilégié la relance industrielle plutôt que la PMI. Les investissements sont restés modestes, le personnel insuffisant ; des décalages déplorables sont apparus entre régions, entre les zones urbaines et les zones rurales. Un nouveau décret, en juillet 1962, a permis d'améliorer la situation. Mais le contraste restait choquant entre l'éloquence des discours [2] et la modestie des réalisations. En dépit de la valeur des enfants, proclamée à tous les échos, la PMI est demeurée la parente pauvre du service public.

Nouveaux partenaires

Son objectif – réduire la mortalité infantile – impliquait la prise en charge des populations à risques, c'est-à-dire démunies. De nouveaux corps professionnels furent créés à cette fin. Chaque secteur de PMI (des secteurs de 6 000 à 9 000 habitants) fut confié à une assistante sociale « polyvalente ». Cette assistante, informée (par l'état civil) d'une naissance

---

1. Alain Norvez, *De la naissance à l'école. Santé, modes de garde et préscolarité dans la France contemporaine*, Puf, et Ined, Cahier n° 126, 1990.
2. De puissantes associations comme la Croix-Rouge, l'Unaf, le Centre international de l'enfance, relayées par la presse et la radio, animaient de grandes manifestations : Mois de l'enfance, Assises nationales de l'enfance, Semaine nationale de l'enfance, etc. (cf. Alain Norvez, *op. cit.*).

dans son secteur, devait effectuer une visite à domicile, dès que la mère et l'enfant étaient sortis de clinique. Cette visite restait unique si la visiteuse estimait l'enfant en bonne santé et en bonnes mains ; sinon, le service social devait dépêcher une puéricultrice. Le diplôme d'État de puéricultrice, créé en 1947, sanctionnait trois années d'études dans des écoles agréées. Mais en réalité les premières diplômées ont servi surtout dans les hôpitaux et les maternités : en 1961, il n'y avait encore pour toute la France que 77 puéricultrices chargées de surveiller les nourrissons à domicile.

Les véritables interlocutrices des mères modestes furent donc les assistantes sociales : la clé de voûte de la PMI, c'était le service social. Pour lui, un gros effort a été accompli : en 1951, déjà 4 450 assistantes travaillaient dans ce secteur. Leur mission était fort délicate : entrer dans les familles et les suivre ; renseigner le médecin sur les conditions de vie de chaque enfant examiné, veiller ensuite au respect des prescriptions et aux vaccinations, tenir à jour le carnet de santé ; éclairer la mère sur le véritable intérêt de l'enfant, l'inciter sans la contraindre, la faire évoluer dans la bonne direction ; combattre éventuellement l'influence des grand-mères et des voisines. Travail de patience au service d'une discrète normalisation. Les assistantes sociales ont joué le rôle d'intermédiaires culturels [1].

Quelques témoignages évoquent les difficultés qu'elles ont rencontrées. Les assistantes de la Mutualité sociale agricole qui, à la fin des années 40, parcouraient les campagnes (à vélo car les autos coûtaient trop cher), étaient assez souvent mal reçues, dans des logis d'une rusticité ancestrale, par des femmes qui ignoraient leurs droits et refusaient parfois d'y croire. Mais pendant l'occupation, beaucoup de paysans s'étaient enrichis ; leurs épouses commençaient à réclamer l'équipement et la modernisation de leur habitation. En même temps, la Jeunesse agricole chrétienne féminine

---

1. Cf. *Nous les assistantes sociales*. Témoignages présentés par Yvonne Knibiehler, Aubier, 1980. Voir aussi Roger-Henri Guerrand et Marie-antoinette Rupp, *Brève histoire du service social en France*, Toulouse, Privat, 1978.

(JACF) encourageait les jeunes mères à faire passer les soins aux enfants avant le travail agricole. Au cours des années 50, l'après-guerre étant dépassé, les différences entre rurales et citadines se sont effacées de plus en plus vite. Au seuil des années 60, tous les observateurs sont frappés par le changement [1] : les paysannes lisent *Elle*, conduisent leur voiture, vont souvent en ville, suivent des stages sur l'accouchement sans douleur et des formations professionnelles.

En milieu ouvrier, les militantes familiales se plaignaient de ces assistantes, trop directives, trop autoritaires, bourgeoises arrogantes ou fonctionnaires à dossier, qui se permettaient de juger et de critiquer une mère de famille sans tenir compte de ses difficultés. Les visites à domicile à l'improviste étaient vécues comme une ingérence insupportable. Les consultations de nourrissons étaient mal organisées : attente trop longue, promiscuité malsaine, impression d'être traitée en numéro matricule [2]. Dans un HLM de Villiers-le-Bel, la consultation avait lieu (au début des années 50) dans un camion ambulant : les mères faisaient la queue dehors avec leur enfant malade...

A partir de 1952, les assistantes sociales ont été formées au *case work*, méthode américaine qui met l'accent sur le respect de l'autre. Elles ont recherché l'aide, « la supervision », de leurs aînées, plus expérimentées ; elles ont aussi consulté des spécialistes en sciences humaines, au premier rang desquels les Parisiennes citent la pédopsychiatre Myriam David, ainsi que les sociologues Paul-Henri Chombart de Lauwe et Gilbert Mury. Ces influences ont fait reculer le moralisme et la directivité. Les visites à domicile sont devenues plus rares et moins inquisitrices. Les centres sociaux qui abritaient une consultation de PMI ont fonctionné comme lieux de ren-

---

1. Marie Moscovici, « Les paysannes et la modernisation », *La Nef*, oct.-déc., 1960, p. 65-73. Henri Mendras, *Sociologie de la campagne française*, Puf, 1960. Voir aussi *Histoire de la France rurale*, sous la direction de Georges Duby et Armand Vallon, t. IV, Seuil, 1976, p. 263-274.
2. Voir le congrès organisé par la Fédération des familles de France (FFF) à Fontainebleau en 1956. Les *Actes* ont été publiés dans le périodique *Action familiale* n° 24, décembre 1956. Sur les militantes familiales de milieu populaire, voir chapitre suivant.

contre, où les femmes venaient parler d'elles-mêmes, notamment s'informer en matière de contraception, bien avant que la loi le permette.

La PMI a donc augmenté le nombre des spécialistes de la petite enfance, femmes habilitées à surveiller et à conseiller les mères. Grâce à elles, la médicalisation du maternage progressait à pas de géant. La culture savante parvenait-elle à convertir les femmes des milieux populaires? Les ethnologues (Françoise Loux, Luc Boltanski [1]) ont montré que la docilité des jeunes mères n'avait rien de passif. Elles ne rompaient pas avec la culture traditionnelle de leur milieu, elles y intégraient les nouvelles modes, en les interprétant, en les adaptant, pour maintenir une cohérence symbolique. Les comportements maternels conservent toujours une part irréductible d'autonomie et de créativité personnelle.

Les mères appartenant aux couches sociales moyennes et supérieures ne recouraient pas à la PMI : elles consultaient leur médecin, de plus en plus souvent. « Le médecin de famille, c'est le second père de l'enfant et le second mari de la mère », dit l'un d'eux en plaisantant à peine. A côté du médecin de famille, le pédiatre commence à s'imposer.

En tout cas, la vigilance accrue du corps médical et des pouvoirs publics donne de plus en plus d'importance au petit enfant, donc à sa mère, qui peut se croire autorisée à toutes les exigences.

L'évolution des normes

Est-ce une simple coïncidence? Vers la fin du baby-boom, les pratiques de puériculture se transforment : les normes pasteuriennes deviennent moins rigides, le plaisir de pouponner s'exprime plus librement; mais le changement des modes de vie, les progrès de la société de consommation imposent de nouvelles servitudes.

1. Cf. Luc Boltanski, *Prime éducation et Morale de classe*, La Haye, Mouton, 1969. Françoise Loux, *Traditions et Soins d'aujourd'hui, op. cit.*

Les normes de puériculture, on les trouve dans les dictionnaires et les encyclopédies, dans les programmes d'enseignement (ceux des écoles de puériculture, ceux des classes de troisième de l'enseignement secondaire), et aussi dans de nombreux manuels, guides et conseils : au moins trente titres publiés entre 1940 et 1970 [1], ouvrages rédigés ou cautionnés par des médecins. Trois méritent une mention spéciale. D'abord, la brochure éditée pour les organismes de Sécurité sociale en 1952 : elle a un caractère officiel ; remise à jour et rééditée plusieurs fois, elle est distribuée gratuitement aux jeunes mères : c'est le catéchisme de base [2]. Ensuite, *J'attends un enfant* de Laurence Pernoud [3]. Ce livre est nouveau. D'abord parce que celle qui l'a écrit n'est ni médecin ni sage-femme. Ce n'est pas du haut de sa compétence qu'elle s'adresse aux femmes, mais simplement pour faire partager son expérience personnelle : ce qu'elle a appris étant enceinte, toute femme peut et même *doit* le savoir pour que son corps lui appartienne. Une autre nouveauté consiste à traiter de la grossesse du point de vue de la mère. Le narcissisme féminin s'étale ici sans complexe, légitimé par le baby-boom, et sans doute aussi par la préparation à l'accouchement. La grossesse n'est plus tabou, même si les vêtements doivent encore la dissimuler.

Tout le monde connaît le célèbre ouvrage du docteur Spock, un des tout premiers best-sellers dans ce domaine [4]. Traduit en français en 1960, il a marqué un seuil. Avant lui, la rigueur pasteurienne conserve encore toute sa force ; après lui, elle s'adoucit.

Les manuels les plus anciens (années 40 et 50) étaient

---

1. Une analyse minutieuse de cette littérature a été réalisée par Geneviève Delaisi de Parseval et Suzanne Lallemand, *L'art d'accommoder les bébés. Cent ans de recettes françaises de puériculture*, Seuil, 1980. On trouve là une importante liste d'ouvrages. Ce livre présente aussi une réflexion théorique tout à fait caractéristique de la génération du refus.

2. *L'enfant du premier âge, de la conception à la naissance et les deux premières années*, 1re édition 1952. Préface du président de l'Académie de médecine. L'ouvrage contient une abondante publicité.

3. Horay, 1956.

4. Docteur B. Spock, *Comment soigner et éduquer son enfant*, Verviers, Gérard et Cie, 1960. Rééditions chez Marabout, 1967, 1972.

souvent autoritaires, comminatoires : « Il faut... » « Vous devez... » Ils diffusaient des références précises : courbes de poids et de taille, âges pour la dentition, la marche, la propreté ; autant de repères invitant fermement les mères à consulter si leur enfant n'était pas conforme. Les auteurs, hantés par la mortalité infantile, s'adressaient à des masses supposées ignorantes et rétives. Le bébé apparaissait comme un être fragile et malléable qu'il fallait protéger des maladies et dresser au plus tôt à de bonnes habitudes. Au seuil des années 60, la forme s'adoucit : « Vous pourriez... » « On conseille... » Les courbes sont remplacées par des bandes. Comme le déclin démographique semble alors conjuré, les médecins peuvent rendre aux mères plus de liberté et de sérénité. D'ailleurs, il ne s'agit plus de discipliner des bataillons ignares, mais de conseiller amicalement des personnes dociles. Bébé, de son côté, déploie une séduction irrésistible et maman exécute ses tâches dans la jubilation. Ce que confirment des illustrations photographiques, de plus en plus nombreuses, de plus en plus charmeuses. L'euphorie s'installe. La maternité n'est plus une suite d'obligations, c'est une source de joie.

Au quotidien qu'est-ce qui change ? De nouveaux rituels s'imposent aisément et définitivement : le bain, la promenade au jardin public.

Par contre, des conflits éclatent dans les familles à propos de la sucette, à propos du dressage sphinctérien. Les mères qui ont intériorisé les consignes pasteuriennes ne veulent pas de sucette. Si bébé suce ses doigts, elles enferment ses mains dans les manches de sa brassière et le laissent hurler, parfois à leur cœur défendant : elles croient devoir refuser tout plaisir inutile, de crainte de rendre l'enfant exigeant et capricieux. Mais le bon docteur Spock réhabilite la sucette, qui console le petit d'être seul dans son berceau. L'éducation à la propreté avait été aussi une des plus fermes exigences de la puériculture pasteurienne. Mais elle a fait l'objet d'une interprétation psychanalytique dévalorisante (la fixation anale est un facteur de névrose). Et surtout, on s'est aperçu que bébé n'est jamais propre avant deux ans, même si on le tient au-dessus du pot dès l'âge de trois mois. D'ailleurs, les couches jetables apparaissent durant les années 60. Auparavant, il fallait décoller à la main, sous le robinet, les selles adhérant aux langes; les « bonnes mères » auraient craint de se déconsidérer en avouant leur répugnance. Mais dans les milieux riches, la maman la plus tendre ne torche presque jamais elle-même. Et les couches jetables ont connu un succès immédiat.

Autre débat : faut-il habiller bébé à la mode française ou à la mode anglaise ? La mode anglaise libère les jambes, vêtues de culottes, pantalons, grenouillères. La mode française conserve le maillotage : fixés au tronc par des bandes de tissu, le lange et le molleton empaquettent les jambes pour que l'enfant puisse bouger sans avoir froid; le haut du corps est couvert par des brassières superposées (chemise de toile fine et tricot de laine). Les manuels des années 50 décrivent encore les quelque 80 ou 90 pièces que comporte une layette digne de ce nom. La maman est supposée prendre plaisir à les fabriquer elle-même, en achetant les matériaux avec l'argent des allocations prénatales.

Le maillot français a résisté jusqu'au milieu des années 60, peut-être à cause des mauvaises conditions de chauffage. Ensuite, le tricot extensible (Babygros) a donné l'avantage à la mode anglaise. Des trousseaux complets ont été présentés tout faits sur catalogue. La « mode bébé » submergeait les traditions; elle n'a pas tardé à devenir aussi tyrannique et dispendieuse que la mode adulte.

Pour ce qui est de l'alimentation, les nouvelles règles s'organisent en fonction des modes de vie et des savoirs en diététique infantile. Ainsi l'allaitement au sein, pour celles qui le souhaitent, dure rarement plus de trois à cinq mois : le temps du congé de maternité. Au-delà, les aliments sont diversifiés de plus en plus tôt. Le menu pasteurien ne comportait guère que lait et Blédine jusqu'à un an; on y ajoutait des jus de fruits dès les années 30. Pendant les années 50, le jaune d'œuf, le poisson blanc, la viande sont proposés au bébé de huit à dix mois; vers 1965, le bébé de quatre mois y a droit lui aussi. Ce n'est plus pour l'habituer à « manger de tout », mais pour faciliter la transition du sevrage, surtout si bébé est au sein.

Maman loue ou achète les ustensiles accompagnant le biberon : stérilisateur, chauffe-biberon, tétines diverses. Elle achète des robots électriques pour hacher, mixer, presser les jus de fruits. Et comment résisterait-elle aux innombrables gadgets qui envahissent les étalages : assiettes chauffantes, tasse en biseau, anneau de dentition, thermomètre canard, mallette garnie pour les déplacements, meubles adorables pour la chambre d'enfant... Abel Bretaudeau, dans *Le matrimoine* [1], assiste, fasciné, à la transformation de Mariette, son épouse, envahie, dévorée par les soins maternels. A cette époque encore (fin des années 50), papa reste réduit à l'état de spectateur : il est dit-on trop maladroit pour manipuler un bébé, il trouve les odeurs infantiles plutôt répugnantes, il est jaloux quand sa femme allaite.

Le deuxième ouvrage de Laurence Pernoud, *J'élève mon enfant* [2], autre best-seller publié à la fin du baby-boom (1965), laisse voir les tendances de la nouvelle puériculture : la psychologie s'insinue. On prend en compte le développement psychique autant que le développement physique du tout-petit : on se met à l'écoute de ses besoins, de ses désirs, de ses progrès. La prime éducation s'en trouve dédramatisée, on l'a vu pour la sucette et pour le pot. La relation maman-bébé se libère de toute sévérité, au profit de la tendresse ; et ce bonheur-là, le père pourra s'y associer. Mais en contrepartie, la présence, la vigilance, le dévouement de la mère paraissent plus nécessaires que jamais.

L'AVANCÉE DES PSY

Pendant le baby-boom, la recherche « psy » concernant la relation mère-enfant a connu un renouvellement remar-

---

1. Hervé Bazin, *Le matrimoine*, Seuil, 1967. C'est un roman, les personnages sont fictifs, mais nourris d'éléments autobiographiques. Les lectrices s'y reconnaissent.
2. Les deux ouvrages de Laurence Pernoud, constamment remis à jour

quable. Sous l'influence de l'empirisme anglo-saxon, chercheurs scientifiques et cliniciens, parmi lesquels de nombreuses femmes, étendent leurs méthodes d'investigation. Au lieu de reconstituer le développement psychique du petit enfant à partir de la psychanalyse des adultes (ainsi procédait Freud), ils recourent à l'observation directe et à l'expérimentation. Ils en tirent une définition assez astreignante du rôle maternel : la mère, souvent malfaisante, est pourtant absolument indispensable, affirment-ils.

L'amour maternel

Hélène Deutsch haïssait sa mère, elle éprouva quelques difficultés au moment d'être mère elle-même. Elle a voulu devenir psychiatre et psychanalyste pour tenter d'élucider cette pénible relation [1]. Son livre pionnier, intitulé *La psychologie des femmes* [2], est centré sur la maternité : relation de la fille à sa mère dans le tome I, relation de la mère à son enfant dans le tome II. Il est nourri de très nombreux exemples que l'auteur puise surtout dans son expérience clinique, parfois dans la littérature (Balzac, Tolstoï, George Sand). Est mise en valeur l'extrême complexité de l'esprit maternel, expression préférée à amour maternel, sans doute pour prendre en compte l'ambivalence. Parmi les composantes des émotions maternelles, les unes dépendent des conditions immédiates : situation économique et milieu social, rapports avec le père de l'enfant. D'autres, plus profondes, se sont formées pendant l'enfance : événements traumatisants, relations avec les frères et sœurs, avec les parents, et, par-dessus tout, relation mal résolue avec la mère, sentiment de culpabilité vis-à-vis d'elle. D'autres encore, souvent insaisissables, gisent dans l'inconscient. Il s'ensuit que l'esprit maternel est souvent pétri

---

et réédités, ont été traduits en plus de vingt langues, et leur succès n'est pas épuisé.

1. Janet Sayers, *Les mères de la psychanalyse. Hélène Deutsch, Karen Horney, Anna Freud, Melanie Klein.* Traduction française, Puf, 1995.
2. Traduction française Puf, 1945.

de peurs multiples, parfois de haine, « compensée » ou « surcompensée », parfois de passion possessive, ou au contraire d'une indifférence insurmontable.

Simone de Beauvoir, dans *Le deuxième sexe*, exploite à fond ces données qui servent sa propre thèse. Pourtant, les féministes détestent Hélène Deutsch parce qu'elle reste très attachée aux concepts freudiens : narcissisme, passivité, masochisme. L'accouchement, qui accomplit le coït, peut être vécu comme « une orgie de plaisir masochiste ». Ce qui ne veut pas dire que la parturition procure l'orgasme (!) mais qu'elle constitue « la plus grande et la plus enrichissante expérience de la femme », qui souffre dans son corps pour donner la vie [1].

A cette époque, les études ethnologiques sur des populations lointaines passionnent les Occidentaux qui se comparent aux primitifs. Hélène Deutsch a lu l'ouvrage que Kardiner consacre aux îles Marquises. Heureuses Marquisiennes qui accouchent en moins d'une heure et allaitent sans difficulté [2] ! Les composantes psychologiques de l'esprit maternel sont ici en cohérence facile avec les composantes biologiques. Le cordon ombilical biologique est aussitôt relayé par un « cordon ombilical psychique » : la mère ne fait aucune réserve ; elle répond complètement à l'enfant qui attend d'elle la satisfaction de tous ses besoins ; la compensation qu'elle reçoit, c'est la joie devant l'existence et le bien-être du petit. Mais – hélas – pour la mère civilisée deux facteurs de perturbation compliquent le processus : les techniques de l'obstétrique et la rébellion du Moi féminin.

La médecine ne se contente plus d'intervenir dans les phénomènes pathologiques, elle étend son contrôle sur les processus physiologiques normaux. Rien n'arrêtera cette marche en avant. « Les accoucheurs, chefs-d'œuvre d'efficience masculine, privent la femme de sa participation active à l'accou-

1. Tome II, p. 210-215.
2. Hélène Deutsch se garde pourtant d'idéaliser la « bonne sauvage » : tous les peuples, dit-elle, recourent au moment de la naissance à des rites conjuratoires et propitiatoires, qui révèlent leurs angoisses devant des périls tout à fait réels.

chement et la privent aussi, dans un certain sens, du monopole qu'elle avait dans ce domaine. Peut-être l'homme pousse-t-il ainsi involontairement la femme vers ces domaines d'activité qu'il réclamait autrefois pour lui seul, et contribue-t-il à anéantir peu à peu les différences qui séparent les sexes [1]. »

D'ailleurs, la médecine masculine n'est pas exempte de contradictions : pourquoi dispense-t-on si souvent les femmes d'allaiter, alors que les pédiatres ne parlent que de stimuler le « mothering » ? Parmi les femmes qui allaitent, certaines se sentent comme des « vaches confortables » et laissent décliner pour un temps tous leurs autres centres d'intérêt. Mais Hélène Deutsch voit de plus en plus de mères « masculines » qui ne savent pas s'y prendre avec un bébé. Dépourvues d'intuition, elles ne peuvent interpréter les réactions de l'enfant ni comprendre ses besoins ; elles font des efforts, lisent beaucoup de livres, assistent à des conférences ; l'intellect est chez elles un mécanisme de défense qui leur permet de fuir devant la pauvreté de leurs émotions. Hélène Deutsch, qui est elle-même une intellectuelle, développe une grande méfiance à l'égard des intellectuelles, si peu douées pour l'amour, et qui souffrent d'un « complexe de virilité [2] » ; elles ont le plus souvent manqué de mère (quelles que soient les raisons et les formes de ce manque) et se sont identifiées au père, telle Pallas Athéna. L'auteur analyse longuement un cas exemplaire, celui de George Sand. Les sociétés occidentales ont décidé d'instruire les filles et de les associer au développement économique ; cette politique détourne les jeunes femmes du modèle maternel traditionnel. Pourquoi s'étonner qu'elles aient pris leurs pères pour modèles, qu'elles aient adopté des professions dites masculines, qu'elles aient changé leur apparence, leurs vêtements, leur coiffure, qu'elles aient fait des cures d'amaigrissement ? Leur Moi refuse de se vouer entièrement à la maternité ; l'enfant est perçu comme un écran gênant entre Moi et le monde.

1. Tome II, p. 224.
2. Tome I, p. 248-249.

Au cours des années 60, quelques psy réagissent contre ce discours. Claude Revault d'Allonnes, psychologue clinicienne, a travaillé pendant six ans à l'hôpital Rothschild dans l'équipe de préparation à l'accouchement. Elle remet en question les notions si confuses d'*activité* et de *passivité*. La femme passive n'est qu'un stéréotype inventé par les hommes. Ceux-ci considèrent la biologie féminine comme accablante : les règles, la défloration, la grossesse, l'accouchement, la ménopause, autant d'expériences *subies* auxquelles les femmes doivent se résigner, disent-ils. Mais c'est là une image périmée de la femme : d'autres valeurs sont en germe. 1) Les épreuves en question peuvent être vécues comme valorisantes, narcissiques, étapes nécessaires sur la voie d'une féminité accomplie. 2) Toute femme peut bien se réfugier provisoirement dans la passivité et la régression, si cela l'aide à traverser des moments difficiles, quitte à se retrouver ensuite pleinement active. 3) Enfin et surtout, toute femme peut aussi affronter la fonction maternelle avec son intelligence et sa volonté, pour accéder à des formes maîtrisées de conscience et de conduite.

Simone de Beauvoir disait déjà : les femmes ne doivent consentir à donner la vie que si la vie a un sens, si les femmes elles-mêmes peuvent orienter ce sens en participant à la vie économique, sociale, politique.

Ainsi se dessinait une nouvelle éthique féminine de l'enfantement.

Mais au temps du baby-boom, les psy s'occupaient des enfants plutôt que des mères : les *pédopsychiatres* [1] se qualifiaient pour soigner les enfants en souffrance. C'est donc à partir de l'enfant qu'ils observaient la relation mère-enfant. Leur découverte sensationnelle fut alors la carence des soins maternels, facteur majeur des troubles du développement physique et psychique du petit enfant. L'expression, inventée en France par le docteur Jenny Aubry, a été universellement adoptée. Découverte sensationnelle parce qu'elle

1. La pédopsychiatrie a été reconnue comme spécialité en 1972.

remettait en question les pratiques médico-sociales et parce qu'elle condamnait le fonctionnement de nombreuses institutions d'accueil. Elle a provoqué d'abord le désarroi, ensuite des affrontements passionnés au sein du corps médical. Quelque chose d'essentiel se jouait là en effet.

Le docteur Jenny Aubry avait été nommée en 1946 directrice d'une institution privée, la Fondation Parent de Rosan, qui accueillait des enfants confiés par l'Assistance publique après la mort ou l'abandon de leur mère. Ces enfants épuisaient et désespéraient le personnel soignant : les plus petits dépérissaient, les plus grands se déchaînaient en violences de toutes sortes. La directrice constitua une équipe de recherche comprenant notamment la psychiatre Myriam David et la psychologue Geneviève Appell, ainsi que des jardinières d'enfants et des assistantes sociales, sous le patronage du professeur Robert Debré et du Centre international de l'enfance [1].

Une conclusion s'imposa bientôt : les soins du corps ne suffisent jamais, chaque enfant a besoin d'une relation privilégiée avec une personne qui se consacre spécialement à lui, qui lui manifeste amour et tendresse : bref il a besoin de sa mère. On définit alors l'amour maternel comme une « vitamine indispensable ».

Les observations conduites aux États-Unis par le docteur René Spitz avaient donné des résultats tout à fait comparables [2]. Cet auteur a vu des bébés abandonnés par leur mère tomber dans une véritable dépression. Il a mis ensuite en évidence la structuration du psychisme par l'établissement progressif d'une « relation objectale » (la mère est le premier « objet » identifiable). Étapes significatives : le sourire, premier signe de communication, puis l'angoisse en présence d'un étranger, puis « maman dit non ». Cette communication ne passe guère par la parole, mais par des signes ou des

1. Docteur Jenny Aubry, *La carence de soins maternels*, Nouvelle Bibliothèque universitaire, 1re édition 1955.

2. René Spitz, *La première année de la vie de l'enfant*, préface d'Anna Freud, Puf, 1958; *De la naissance à la parole* (1965), traduction française Puf 1968.

signaux : le contact physique, la manière d'être saisi et porté, l'odeur, le son de la voix. Sur la base de ces expériences initiales, l'enfant construira toutes ses relations affectives et ses relations sociales extérieures : on ne saurait donc en exagérer l'importance.

Peu après, John Bowlby vint renforcer ces convictions. Il put démontrer que l'attachement du petit enfant à sa mère n'était pas étayé sur le besoin de nourriture (comme Freud le croyait) mais répondait à un besoin primaire aussi impérieux que la faim. A côté de la pulsion libidinale vers le sein maternel, s'affirmait un autre besoin vital, la sociabilité, la recherche d'autrui, permettant de s'intégrer à l'espèce, d'y trouver protection. Ainsi se trouvait établi le rôle primordial des échanges avec autrui pour la structuration du psychisme individuel : il n'y a de psychologie qu'intersubjective. En même temps, les phénomènes socio-affectifs se révélaient distincts de la sexualité. On ne pouvait plus assimiler ce qui se passe entre mère et enfant à la relation sexuelle.

Le succès du thème de l'attachement fut prodigieux au cours des années 60. Partout dans le monde, on se mit à étudier les modes d'expression du besoin d'attachement, les effets de la séparation, de l'éloignement, etc.

« Le potentiel inné d'un enfant ne peut devenir un enfant que s'il est couplé à des soins maternels », affirme aussi Donald Winnicott, qui fut considéré comme le génie de la psychiatrie infantile, des années 50 aux années 70. Il met en valeur la « préoccupation maternelle primaire », sorte d'obsession spécifique qui identifie la mère « suffisamment bonne » à son petit. Cet émerveillement de la mère, c'est « le soleil qui se lève » pour le bébé ; elle donne sens et valeur au moindre gazouillis, au moindre sourire, elle crée par anticipation le geste, la parole, la défense du tout-petit. Rien ne doit s'immiscer entre eux. Le père sera le moins charnel possible : son devoir est de soulager la mère de tout souci pour qu'elle puisse se concentrer sur le bébé. Winnicott se méfie des soignants et de leurs principes. Il se méfie aussi des livres : une mère attentive peut tout apprendre à partir du vécu quotidien. Élevé lui-même par des femmes gaies et affectueuses – mère, grand-mère, tante, deux sœurs, une gouvernante –, Donald Winnicott avait été un petit garçon anglais très heureux.

La valorisation de l'amour maternel ne date pas du baby-boom, on le sait : elle a commencé au temps de Rousseau. Mais au cours des années 50 et 60, elle reçoit une caution scientifique : médecins et psy reconnaissent l'amour maternel comme indispensable au développement normal de l'enfant. Cette révélation eut à ce moment deux conséquences : elle a développé les exigences du corps médical à l'égard des mères, et elle a déconsidéré les crèches.

La tendance à surveiller et à culpabiliser les mères augmente alors fâcheusement. Si un enfant dort mal, s'il digère mal, s'il est agité ou au contraire inerte, en retard pour marcher ou pour parler, c'est sa mère qui est responsable : elle est trop absente (si elle travaille), ou trop présente, trop inquiète ou trop négligente, trop possessive ou trop rejetante, etc. En même temps, paradoxalement, la mauvaise mère est oubliée. Pourtant, ni Hélène Deutsch, ni René Spitz (qui a travaillé avec des mères mineures délinquantes), ni même Winnicott n'ont occulté cette triste réalité. Tous savent, disent, qu'il existe des enfants délaissés, maltraités, battus, des mères cruelles, instables, ou simplement malheureuses. Mais cette part de leur message est mal entendue dans le public. L'idéologie familialiste et l'euphorie du baby-boom ne permettent pas que ces vérités soient révélées. Un fait divers dramatique a cependant beaucoup agité les consciences occidentales à la fin de 1962. Une mère belge, Mme Vandeput, a tué elle-même sa fille née infirme, sans bras ni jambes, par l'effet d'un traitement à la Thalidomide ; mise en jugement, elle a été acquittée aux acclamations du public. La presse d'actualité, commentant l'événement à longueur de pages, révèle un sentiment général de confusion, d'incohérence, d'angoisse [1]. Qu'est-ce que l'amour maternel ?

1. Voir, entre beaucoup d'autres textes, un entretien entre Françoise Dolto et Jean-Baptiste Pontalis, « Les mères », *Les Temps modernes* n° 200, janvier 1963.

S'il faut absolument remplacer la mère, l'époque du baby-boom préfère les nourrices aux crèches : solution conforme à la fois à l'idéologie familialiste et à une longue tradition nationale. Dès 1950, le docteur Jenny Aubry remet radicalement en cause l'accueil collectif des petits enfants. Les crèches, suspectes de produire des carences, ne sont que des palliatifs déplorables. Même les directrices de ces établissements (infirmières le plus souvent à cette date) ne croient pas à leur bienfaisance et cherchent à dissuader les mères. Il est vrai que les personnels des années 50, formés selon les dogmes de l'hygiène pasteurienne, ignorent tout de la psychologie du développement. Les petits sont souvent attachés à leur berceau. On les sépare par tranche d'âge (de 0 à 9 mois, de 9 à 18 mois, de 18 mois à 2 ans), et on les change de soignantes tous les six mois, sans tenir compte des liens d'attachement qui ont pu se nouer. Aucun effort de stimulation, aucune activité d'éveil. Les plus grands se battent, se mordent, hurlent... Les mères sont tenues à l'écart, traitées en étrangères. Il arrive qu'on fasse au petit un vaccin ou un traitement médical sans avertir sa mère. Comme si celle qui ne peut pas être mère à temps complet n'était plus mère du tout, et devait abandonner son enfant aux autres... [1].

Pourtant, parmi les nouveaux psy, certains, certaines s'opposent à cette idéologie. C'est le cas d'Irène Lezine, véritable pionnière. Chercheur en psychologie au CNRS, elle a conduit ses premières observations à la clinique des Bluets (où fut inauguré l'accouchement sans douleur). Elle a associé les mères à son travail, ce qui était tout à fait inhabituel. Ses tests, ses films, ses nombreux articles ont peu à peu fait autorité. Elle fut la première à constater que le comportement de la mère change selon le sexe de l'enfant : le garçon est allaité plus longtemps, traité avec plus d'égards et d'indulgence [2]... Elle croyait aux crèches. Des années 50 aux années 70, avec

1. Sur les crèches, Hélène Larrivé, *Les crèches. Des enfants à la consigne*, Seuil, 1978. Liane Mozère, Geneviève Aubert, « Babillages », *Recherches*, 27 mai 1977.

2. O. Brunet, I. Lezine, *Le développement psychologique de la première enfance*, Puf, 1965.

l'aide de ses équipes, elle y a poursuivi des recherches assidues qui ont permis l'élaboration de propositions novatrices, aujourd'hui acceptées. Mais au temps du baby-boom elle n'a guère été entendue.

Le professeur Georges Heuyer, qui fut en France le fondateur de la psychiatrie infantile, croyait lui aussi aux crèches : il souhaitait qu'on en aménage une par quartier, ou mieux encore une par immeuble, mais en repensant complètement la formation du personnel et le fonctionnement interne.

La psychologie au quotidien

Les mères capables de lire Deutsch, Spitz, Winnicott ou Lezine étaient rares. Mais ce qui caractérise aussi le temps du baby-boom, c'est une rapide démocratisation des savoirs. Deux désirs se rencontrent : des mères plus instruites demandent à être informées ; des psy plus nombreux veulent prévenir des pathologies liées, croient-ils, à l'éducation traditionnelle. Des uns aux autres le courant passe de mieux en mieux. La psychologie, la psychanalyse même deviennent plus populaires que la médecine : elles parlent au cœur.

A côté des ouvrages spécialisés, comme ceux déjà cités du docteur Spock et de Laurence Pernoud, la diffusion des nouveaux principes se fait grâce à la presse féminine. Dans ce domaine, Rose Vincent a joué un rôle important. Cette Sévrienne, agrégée de mathématiques, médaillée de la Résistance, s'est convertie au journalisme « maternel », sans doute après avoir mis au monde ses trois enfants. Elle a dirigé la rubrique *Enfants* dans *Elle* de 1951 à 1973. Parallèlement, elle a été rédactrice en chef de *Votre enfant*, de 1954 à 1957 ; puis elle a fondé *Fémina pratique*, qui a absorbé *Votre enfant*, et qu'elle a dirigé de 1958 à 1972. Avec l'aide de ses équipes, elle a réalisé diverses enquêtes, notamment auprès des lectrices de *Elle*. Les résultats en étaient ensuite repris dans des ouvrages. *Comment connaître votre enfant* (1957), *L'éducation des enfants* (1962), *Les coudes sur la table* (1965), *Connaissance de l'enfant* (1969), *Le métier de mère* (1971).

Elle a été membre du Conseil consultatif de la famille. Son langage est simple, amical, jamais familier, jamais pédant ; son but est de transmettre aux mères tout ce qui peut les aider à comprendre et à accompagner le développement psychique et mental de leurs enfants. Au temps du baby-boom, la maternité n'est plus seulement un instinct, c'est un *métier* qu'on exerce avec lucidité et compétence, et qui relève de l'éducation permanente.

Une institution, l'École des parents et des éducateurs, se donne les mêmes objectifs. Son nom suggère à la fois que la capacité éducative des parents n'a rien d'inné, et qu'ils ne peuvent plus se contenter de transmettre des modèles. Créée en 1929, elle traverse une longue crise à la Libération [1]. En 1949, elle ressuscite en se donnant comme président le professeur Georges Heuyer, déjà cité [2]. Ce nom est tout un programme. Le professeur déclare en effet qu'après l'étude du développement physique de l'enfant (il salue au passage Adolphe Pinard et ses disciples), l'attention se déplace à présent vers le développement psychique : les mères et les responsables de crèches doivent absolument en connaître les étapes [3]. Dans les nouveaux locaux de l'École, rue de Miromesnil, fonctionnent une permanence d'accueil et aussi une consultation éducative, que le docteur Marie-Hélène Revault d'Allonnes organise de manière originale. Des conférences hebdomadaires attirent un public bientôt nombreux, et sont publiées dans le mensuel *École des parents*. Parmi les conférenciers dominent les pédopsychiatres, certains déjà illustres, d'autres qui le deviendront : André Berge, Georges Mauco (directeur du centre Claude-Bernard), Françoise Dolto-Marette (médecin dans ce même centre [4]), René Zazzo,

1. André Isambert, *L'éducation des parents,* Puf, 1960. Cet auteur est président de l'École des parents au moment où il publie son livre.

2. Sur le professeur Heuyer, personnalité de grande influence, voir Nadine Lefaucheur, « Psychiatrie infantile et délinquance juvénile : Georges Heuyer et la " genèse familiale " de la délinquance », *Histoire de la criminologie française*, sous la direction de Laurent Mucchieli. L'Harmattan, 1994, p. 313-332.

3. *L'École des parents*, octobre 1950.

4. Elle intervient à propos de l'enfant unique (1950), des grands-parents (1951), du sommeil (1952), etc. Le centre Claude-Bernard, créé en 1945 par Georges Mauco, André Berge et Juliette Boutonnier, est une institution

Cyrille Koupernik, etc. Les sociologues sont plus rarement sollicités : Paul-Henri Chombart de Lauwe (avril 1954), Viviane Isambert Jamati (mai 1958). Les succès obtenus indiquent que l'École répond à un besoin, à un désir en progression.

La plupart des intervenants s'efforcent de transmettre les acquis de la psychanalyse. Dès le début (décembre 1951), le docteur André Berge avertit les parents qu'ils ne doivent pas attendre des recettes d'éducation, ni même des connaissances nouvelles. Ce qu'ils ont à découvrir, c'est le fait qu'ils éduquent avec leur inconscient plutôt qu'avec leur conscience, avec leurs pulsions plutôt qu'avec leur volonté : à eux de tenir compte de leur affectivité. En 1952 et 1953, articles et conférences sont consacrés à la psychologie des enfants ; en 1954 à la psychologie des parents ; en 1955, au dialogue parents-enfants ; en 1956, à « Famille et Société ». Ultérieurement, certains thèmes sont repris en détail. L'emploi systématique du terme *parents* manifeste le souci de ne pas séparer le couple. Mais en réalité les mères écoutent et entendent mieux que les pères : parmi les lettres reçues, 13 % seulement émanent des pères [1]. Les observateurs constatent d'ailleurs l'élargisement du rôle des mères, de leur compétence, de leur curiosité ; elles veulent connaître et comprendre les lois et règlements qui les concernent, elles prennent contact avc les administrations.

Pourtant, la vulgate psychanalytique conserve les stéréotypes fixant les rôles maternel et paternel : la mère tendre et patiente, le père énergique et actif. Le docteur André Berge déclare : une femme n'est pas une femme complète si elle n'est pas capable d'abandonner son métier, au moins partiellement, quand son foyer la requiert. En même temps, on met la mère en garde contre les déformations de l'amour maternel, qui menacent aussi les grand-mères. L'ensemble du discours intimide l'éducation répressive et encourage la consultation des spécialistes.

---

psychopédagogique. A ses débuts, il avait pour vocation d'aider les élèves du lycée Claude-Bernard qui éprouvaient des difficultés scolaires.

1. *L'École des parents*, novembre 1955, p. 44.

Par enquête auprès de ses adhérents, l'École constate en 1954 qu'elle touche surtout les classes moyennes et les cadres. Aussi fait-elle un effort en direction des milieux populaires. Elle multiplie les tracts et les brochures illustrées, ouvre un stand au Salon des arts ménagers, participe dès 1952 à quelques causeries radiophoniques – par exemple à l'émission « A qui la faute ? » d'André Gillois (novembre 1955) –, puis assure des séries d'émissions.

Ses contacts avec l'étranger se développent à l'occasion de grands congrès internationaux souvent organisés par l'Unesco : imposantes manifestations qui nourrissent ensuite nombre de rencontres et de tables rondes.

Le baby-boom a définitivement fait sortir l'enfantement du cadre de la vie privée. Cette immense métamorphose s'est accomplie comme par hasard. Elle a été la conséquence de tout un ensemble de transformations dans les domaines technique, social, économique, culturel. Personne ne l'a conçue ni orchestrée dans son ensemble. Ce fut, c'est encore, une marche vers l'inconnu.

La maternité est alors devenue pour les femmes un élément essentiel du lien social : avec les médecins, avec les psy, la mère a noué des relations directes, le père jouant de moins en moins le rôle d'écran protecteur. Ces relations apportent le meilleur et le pire : soutien et conseil, mais aussi contrôle et contraintes, anxiété, culpabilisation.

CHAPITRE III

Le foyer

La politique familiale définie au lendemain de la Libération avait pour but de retenir les mères au foyer. Mais quel foyer ? Le logis le plus modeste constitue toujours un lieu d'identification et d'attachement pour celle qui en est l'âme. La crise du logement a cruellement mis en évidence la légèreté du projet nataliste : rien n'était prêt à la fin des années 40 pour accueillir les enfants !... Plus tard, à la fin des années 50, de nouvelles formes d'habitat sont nées. Ce bouleversement du cadre de vie a transformé la vie quotidienne des familles [1]. On n'a peut-être pas assez montré qu'il modifiait aussi la relation entre mères et enfants, qu'il faisait bouger les principes de l'éducation maternelle.

LA CRISE DU LOGEMENT

Les victimes

Les mères du baby-boom ont été prises au piège de la crise du logement.

---

1. *Histoire de la vie privée*, sous la direction de Philippe Ariès et Georges Duby, tome V, *De la première guerre mondiale à nos jours*, volume dirigé par Antoine Prost et Gérard Vincent, Seuil, 1987.

Les loyers, bloqués depuis 1917, ont été débloqués en 1948 en vue de stimuler la construction. Pour aider les familles modestes à faire face aux augmentations, la loi du 1er septembre 1948 a créé une allocation logement, attribuée sous condition de ressources. Un décret a permis la construction d'HLM [1]. Ces mesures n'ont pas suffi.

D'ailleurs, la spéculation sévissait. Le film de Francesco Rosi, *Main basse sur la ville* (1963), évoque les scandales de Naples, mais toutes les grandes villes en ont connu de semblables. Les familles pauvres, évincées de leurs logis, échouaient dans les baraquements d'une cité d'urgence, sans eau ni chauffage, ou, pis encore, dans un bidonville : les plus vastes bidonvilles de la région parisienne, ceux de Nanterre à la fin des années 50 et de Champigny pendant les années 60, ont abrité jusqu'à 10 000 personnes [2]. A moins que les sans-logis ne squattent les immeubles vides, en bravant la police : à Marseille, ce sont des mères de famille qui reçoivent des coups de matraque sur la tête, en squattant la villa Cordesse et bien d'autres bâtiments qui appartenaient à des personnages importants [3]. « Avec les squattages, nous entrons dans une véritable action révolutionnaire, mettant en cause le droit de propriété », déclare une militante catholique avec une sorte de fierté... Plus de deux cents immeubles ont été conquis de cette manière par environ un millier de familles dans la cité phocéene entre 1946 et 1951.

En février 1954, dans une rue de Paris, un bébé mourut de froid et de misère : l'abbé Pierre cria son indignation sur les ondes, au journal de 13 heures de Radio-Luxembourg. Une

1. Le décret du 21 juillet 1950 a amélioré le financement des anciennes « habitations bon marché » (HBM) et les a rebaptisées « Habitations à loyer modéré » (HLM).

2. Cf. Abdelmalek Sayad, *Un Nanterre algérien, terre de bidonville* en collaboration avec Éliane Dupuy, Autrement, 1995. Et Marie-Christine Volovitch-Tavares, *Les Portugais à Champigny, le temps des baraques*, Autrement 1995.

3. Cf. *Femmes, famille et action ouvrière. Pratiques et responsabilités féminines dans les mouvements familiaux populaires (1935-1958)*, Cahier du GRMF n° 6. Les Cahiers du GRMF (Groupement pour la Recherche sur les Mouvements familiaux), 4 allée du Ternois, 59650 Villeneuve d'Ascq. Cahier n° 6 édité par Geneviève Dermenjian, 1991.

cité d'urgence fut aussitôt aménagée, et la construction des HLM fut accélérée [1].

Dans toutes les grandes villes, nombreux sont alors les ménages qui s'entassent dans les hôtels meublés et les garnis [2]. Installation provisoire, mais le provisoire a parfois duré longtemps. Et quelle école ! Les logeurs et logeuses refusent les enfants (ça fait trop de bruit et de désordre, il faut trop d'eau pour laver leur linge...). Quelques-uns exigent un pas de porte pour accepter les gosses. Tous font pression pour que les parents s'en séparent. Une hôtelière s'est même permis de téléphoner à la maternité où sa locataire était en train d'accoucher pour demander le placement immédiat de l'enfant. Aussi l'avortement est-il, en ces lieux, pratique courante. Telle jeune femme s'injecte par piqûre un produit abortif deux jours après un retard de règles, cela plusieurs fois par an. Telle autre, âgée de 23 ans et mère de deux enfants, absorbe une dose massive de quinine deux fois dans la même année. Entre voisines on s'initie. Les Espagnoles, d'abord réticentes, se convertissent vite ; mais non pas les musulmanes, d'ailleurs encore rares. Celle qui a un bébé le confie, si possible à sa mère, ou à une proche. Les crèches font défaut ou coûtent cher (500 francs par jour) ; les nourrices aussi coûtent cher (36 000 francs par mois). La jeune mère est donc poussée à travailler.

Ultérieurement, la promiscuité pose mille problèmes : la toilette des parents, les maladies éventuelles de l'enfant, ses jeux, ses devoirs scolaires. Les principes éducatifs se réduisent souvent à l'empêcher de faire du bruit. Les mères vivant à l'hôtel apprennent bientôt à utiliser au maximum les services extérieurs : laveries et plats cuisinés, mais aussi cantines scolaires, patronage, colonies de vacances. La socialisation des tâches maternelles progresse vite dans ces conditions.

Celles qui disposent d'un véritable appartement ne sont pas forcément à leur aise ! De nombreuses enquêtes analysent leurs difficultés. La sociologie urbaine connaît alors

1. *Hiver 54* : c'est le titre du film réalisé sur ce sujet par le cinéaste Denis Amar.
2. Andrée Michel, *Famille, industrialisation, logement,* 1959.

une expansion remarquable : avant de construire ou de reconstruire, les différents responsables voudraient connaître les besoins et les désirs des populations [1]. Sociologues, urbanistes, architectes, médecins, travailleurs sociaux sont unanimes pour dénoncer d'abord le fléau du surpeuplement. Au-dessous de 14 mètres carrés par personne, les sujets fragiles « craquent » ; au-dessous de 8 mètres carrés, le pourcentage des cas pathologiques augmente brusquement. En France, le recensement de 1954 révèle qu'un quart de la population souffre du surpeuplement, dont la moitié des ouvriers, le tiers des petits employés et des petits fonctionnaires. 35 % des logements de la région parisienne sont surpeuplés. 50 % des logements n'ont des WC qu'à l'extérieur (sur le palier en général), 21 % n'ont pas l'eau courante, 82 % pas de salle d'eau, 74 % pas de chauffage central, 300 000 sont des taudis.

Les sociologues s'évertuent aussi à calculer « le budget temps de la femme mariée [2] ». Notons au passage que les enquêteurs ne font pas la différence entre la femme mariée et la mère, confusion qui en dit long. Ô surprise ! Les investigations révèlent que les enfants ne coûtent pas seulement de l'argent (les allocations doivent y pourvoir) mais aussi du temps, beaucoup de temps. Un enfant en bas âge impose 2 h 1/2 à 3 heures de travail supplémentaire par jour. Une femme sans enfant effectue en moyenne 35 heures de travail ménager par semaine ; avec un enfant, 18 heures de plus ; avec deux enfants 30 heures de plus ; avec trois enfants 36 heures de plus. Au-delà, la progression est moindre parce qu'on atteint un plafond : les forces humaines ne sont pas sans limites, même pour une mère... Ce qui signifie que plus

1. Paul-Henri Chombart de Lauwe, *La vie quotidienne des familles ouvrières*, thèse, Paris, 1956. Voir aussi Richard Hoggart, *The Uses of Literacy*, Londres, Chatto and Windus 1957, traduction française, *La culture du pauvre*, Éditions de Minuit 1970. Ces deux ouvrages donnent de nombreuses références bibliographiques.

2. Cf. *Revue française du travail*, décembre 1946, p. 809. Voir surtout Jean Stoetzel, « Le budget temps de la femme mariée », *Population* n° 1, 1948. Alain Girard, « Le budget temps de la femme mariée dans les agglomérations urbaines », *Population* n° 4, oct.-déc. 1958, p. 591-618. Alain Girard et Henri Bastide, « Le budget-temps de la femme mariée dans les populations rurales », *Population* n° 2, 1959, p. 252-284.

ses enfants sont nombreux, moins elle a de temps à consacrer à chacun. En bref, la moyenne pour une mère au foyer est d'environ 70 à 80 heures par semaine; celles qui ont plus de trois enfants ou qui travaillent à l'extérieur arrivent à trimer 16 heures par jour, 100 heures par semaine. Le seul *intérêt de l'enfant* exigerait que l'on cherche les moyens de soulager ces mères que guettent le surmenage et la démoralisation [1].

Budget temps : bel euphémisme ! Il faudrait établir le budget peine, le budget fatigue. Le plus pénible c'est la lessive, surtout quand il faut aller chercher l'eau dans la cour et le charbon à la cave. Celle qui a la possibilité de faire laver son gros linge à l'extérieur se perçoit déjà comme une bourgeoise. Mais pour celle qui a des enfants de moins de trois ans, pas de répit : elle a chaque jour une « lessivette » sur le feu pour bouillir les langes.

L'entretien du linge occupe le début de la semaine, le grand ménage est rejeté à la fin : nettoyer les vitres et les sols, récurer la cuisine. Mais c'est là le poste de travail le plus compressible : telle astique sans arrêt, telle autre bâcle sans scrupule... La lecture des manuels d'enseignement ménager [2] est édifiante : en 1950, on astique encore à la mine de plomb les fourneaux à bois ou à charbon; on frotte les carrelages poreux au savon noir; et l'entretien du linge est détaillé en huit opérations. Pour la cuisine, les rythmes anciens s'imposent toujours au début des années 50. En France du moins, le repas de midi réunit encore toute la famille, il faut le prévoir et le préparer. Et toujours des tâches diverses se superposent : il faut repasser le linge tout en surveillant d'un œil le ragoût qui mijote sur le feu, de l'autre le petit dernier qui joue par terre à quatre pattes, et répondre aussi à l'aîné (e) qui fait ses devoirs scolaires. Tel est le travail domestique : exténuant parce qu'il exige l'ubiquité et qu'il n'a jamais de fin.

---

1. Les sociologues s'indignent. La protestation de P.H. Chombart de Lauwe, déjà cité, est relayée quelques années plus tard par Évelyne Sullerot qui appelle à la grève des fourneaux et de la vaisselle. Cf. *Demain les femmes*, Gonthier, 1965, p. 177, 217-221.

2. Voir par exemple dans la Collection des activités ménagères les brochures *Savoir cuisiner, Savoir nettoyer, Savoir laver,* etc., publiées en 1948.

Toutes les enquêtes confirment l'extrême fatigue de ces femmes. « Ce qui nous fatigue ? C'est tout, tout. Il y a trop de choses à faire. » Une militante catholique affirme hautement : « A la femme débordée de travail, il est pratiquement impossible d'être épouse et mère [...] La maternité c'est la tendresse et l'éducation. Ce n'est pas, comme on a trop longtemps cherché à nous le faire croire, les veilles interminables, la lessive, la cuisine [1]. » Les plus fatiguées comparent leur vie à un bagne : elles savent que leur travail, si lourd soit-il, n'est pas valorisant : les membres de la famille le considèrent comme un dû.

Autres enquêtes instructives : celles qui étudient la consommation des ménages, le budget argent. L'Insee publie en 1950 un premier « indice des 213 articles ». De son côté, la CGT calcule un *budget type* permettant de satisfaire les « besoins physiologiques » [2]. Ces indices vieillissent vite, en raison d'une rapide amélioration des conditions de vie. Il apparaît de plus en plus difficile de définir des *besoins* alors que la société d'abondance stimule la consommation. Le besoin ne saurait être limité à sa dimension « physiologique » : sa dimension psychologique se révèle, se traduit en manque, s'épanouit en désirs, s'exprime en demandes pressantes...

Or il devient bientôt évident que le niveau de vie d'une famille diminue à mesure que le nombre des enfants augmente. Et cela en dépit des allocations familiales. Du fait de l'inflation, les prix et les salaires font la course. Mais les allocations familiales ne font pas la course : elles s'essoufflent. En trois ans – 1958-1959-1960 – les prix ont augmenté d'environ 30 % ; les prestations familiales dans leur ensemble ont été majorées de 7 %. Dans toutes les classes sociales, les familles nombreuses sont défavorisées. Mais c'est dans les milieux modestes que l'insuffisance des ressources pèse le plus sur la maîtresse de maison. Pour elle, la meilleure période est le début du mariage : le jeune couple dispose souvent de deux

1. *Femmes, famille et action ouvrière*, *op. cit.*, p. 192-193.
2. L'évaluation de la CGT s'élève à 51 000 (anciens) francs par mois, alors que 65 % des ouvriers gagnent moins de 48 000 francs.

salaires et n'a aucune charge. Quand la progéniture arrive, la mère cesse de travailler : alors les restrictions commencent. Le couple renonce à toute sortie et opère un repli sur le foyer, repli que favorisera la télévision. Le budget se centre sur le loyer et l'alimentation. Encore les dépenses alimentaires connaissent-elles des hauts et des bas : il y a euphorie au moment de la paie ; on fait alors un extra, on achète quelques gâteries pour les petits ; puis « on recommence à s'enfoncer dans le noir jusqu'à la paie suivante [1] ». Il faut compter jour après jour. L'argent nécessaire à la nourriture est pris sur le salaire. Pour les autres dépenses (vêtements, meubles, vacances), on se sert des revenus secondaires : allocations, primes, rappels.

Cette gestion difficile relève de la mère qui tient les cordons de la bourse [2]. Le fait que tout repose sur elle lui donne le sentiment de son importance, de sa responsabilité. Responsabilité qui la conduit à se priver d'abord elle-même en période de vaches maigres : elle renonce aux vêtements à la mode, aux séances chez le coiffeur, au maquillage. Peut-être les nouvelles facilités du crédit lui permettraient-elles d'acheter à tempérament une machine à laver le linge et quelques meubles ? Mais pour les installer il faudrait de la place, un appartement plus grand, donc plus coûteux. Celle qui a pu accéder à une HLM se découvre parfois incapable d'en payer le loyer. Elle subit alors l'humiliation de la tutelle aux prestations sociales : le juge nomme une tutrice qui se substitue à la mère de famille pour gérer les prestations.

La longue période des privations et des soucis ne prend fin que quand les enfants, sortis de l'école, travaillent à leur tour ; mais à partir de 1959 l'école devient obligatoire jusqu'à 16 ans.

Manque de place, manque de temps, manque de ressources. La mère au foyer de milieu modeste peut rarement satisfaire ses aspirations les plus légitimes. La frus-

1. P.H. Chombart de Lauwe, *La vie quotidienne*, *op. cit.*, p. 145.
2. Anne-Marie Sohn, *Chrysalides. Femmes dans la vie privée (XIXe-XXe siècle)*, 2 vol., Publications de la Sorbonne, 1996.

tration freudienne s'ajoute à l'aliénation marxiste. Comment la maternité pourrait-elle épanouir les femmes ?

Les militantes

Toutes ne restent pas passives en attendant que leur sort s'améliore. Pendant les années noires de la guerre et de l'occupation, elles ont appris à *résister* à leur manière : résister à l'angoisse et au découragement, résister aux exactions de l'occupant, faire face à la pénurie. La Libération est apparue comme une victoire de l'énergie et de la persévérance.

Les mal logées se battent ! A côté des militantes de l'UFF, déjà évoquées (chap. I), il faut citer celles du MPF, dont l'action très volontaire a été récemment mise en valeur [1]. Ce sont des mères au foyer de milieu ouvrier, catholiques pratiquantes : chacune agit dans son quartier, comme son mari agit dans son usine. Pour dégager les femmes d'un asservissement ancestral, elles veulent partir des besoins réels et quotidiens, améliorer les conditions matérielles de la vie domestique, faciliter l'exercice de la fonction maternelle. Aux femmes elles-mêmes de prendre leur vie en main et leurs problèmes en charge ; tout doit se faire « entre elles, par elles, pour elles ». Leur militantisme spécifique doit fonctionner à la fois comme une école (elles s'initieront aux questions politiques) et comme une promotion (elles deviendront des agents du changement).

« Mère au foyer, mais pas dans un taudis [2] ! » Elles ont dénoncé avec force la crise du logement et ont participé aux squattages. Elles ont osé subvertir la Fête des mères : « Quand j'ai eu ma fille Françoise, en 1950, on s'était posé la

1. Le MPF, Mouvement populaire des familles, issu de l'action catholique, se déconfessionnalise en 1949. Aujourd'hui disparu, il est à l'origine de plusieurs associations, dont la Confédération syndicale des familles (CSF), toujours bien vivante. Voir *Femmes, famille et action ouvrière, op. cit.*, p. 59. Voir aussi Geneviève Dermenjian, « Militer au féminin dans les quartiers ouvriers (1940-1960) », *Le forum et le harem*, sous la direction de Geneviève Dermenjian et Monique Haicault, à paraître en 1996 aux Presses universitaires de Provence.

2. *Femmes, famille et action ouvrière, op. cit.*, p. 165.

question de savoir si j'acceptais la médaille ou pas. Influencée par les femmes de l'UFF du quartier, j'ai décidé de la prendre mais de faire un discours. Le maire de Villeurbanne et son conseil municipal étaient là... J'ai donné l'exemple d'une mère qui allait être médaillée et qui vivait dans deux pièces, avec les enfants couchés sur des matelas, par terre. Mon discours a porté sur le travail inhumain que les mères faisaient à la maison et sur le fait que ce n'était pas les médailles qui régleraient les problèmes... Il y a eu un froid terrible dans la salle. L'année d'après, le vin d'honneur s'est soldé en dix minutes, de peur que quelqu'un d'autre ne prenne la parole [1]. »

D'autres en 1953 ont installé un calicot au-dessus de l'entrée principale du marché de Petit-Colombes. On pouvait y lire : *Fêter les mères c'est aussi leur donner des logements.* La Fête des mères devint la Journée des mères : les femmes la préparaient en groupes et une délégation remettait aux élus leurs cahiers de doléances. Elles ne craignaient plus de hausser le ton devant un auditoire lettré et hostile ; elles avaient appris à gérer une association, à conduire une manifestation, bref à se défendre.

Par la force des choses, les enfants étaient associés : faute de garderies, ils accompagnaient leurs mères aux réunions, ils y recevaient une éducation précoce à l'action collective. C'est sans doute dans des circonstances semblables que les haltes-garderies ont été inventées, et que le service des aides familiales, bientôt rebaptisées travailleuses familiales, s'est développé [2]. Il s'agissait de permettre aux mères de famille de se reposer et de se soigner, mais aussi de sortir plus librement pour faire leurs courses ou participer à des réunions. De même, des Maisons de vacances, créées dès 1945, accueil-

---

1. *Femmes, familles et action ouvrière*, *op. cit.*, p. 165 et p. 61. Il s'agit de la Médaille de la famille française, attribuée aux mères de familles nombreuses à l'occasion de la Fête des mères. Celle qui parle a sept enfants.

2. Il existait depuis 1920 des associations d'Aide aux mères, fédérées par Mme Viollet. Le MPF développe une institution analogue, créée en 1943 par une mère de sept enfants. La professionnalisation suit bientôt : le décret du 9 mai 1949 précise le financement et la formation d'un corps de « travailleuses familiales » ; cf. *Informations sociales*, 1er novembre 1950.

laient celles qui avaient besoin de détente. Autres initiatives à succès : les machines en location. Les associations familiales ouvrières ont acheté quelques machines à laver le linge, quelques machines à coudre, et les ont louées très bon marché aux mères de famille, à tour de rôle ; les engins circulaient sur de petites remorques et grimpaient les étages des HLM. « La libération de la femme, ça passe par la machine à laver », s'écrie une militante [1]. Des initiatives de ce genre, à ras de terre pourrait-on dire, et dont les avantages étaient immédiatement tangibles, avaient de quoi séduire des femmes débordées de travail et encore peu ouvertes sur le monde extérieur. Ces modestes services permettaient en outre des rencontres, des échanges de recettes et de conseils (pour la gestion du budget par exemple), mais aussi et surtout une prise de conscience des soucis communs, des revendications communes. « On découvrait tout ce qu'on pouvait faire ensemble. » Des leaders se dégageaient : telle qui avait accepté de gérer le service des machines à laver se retrouvait un jour membre, puis présidente, d'un comité de défense des locataires.

Nombre de ces militantes populaires ont pris à cœur l'éducation civique de leurs amies : elles ont multiplié les réunions pour expliquer l'importance du droit de vote, ou le fonctionnement de la Sécurité sociale, ou les réformes scolaires. Pour les femmes communistes, ces « luttes » allaient de soi : on les annonçait par des affichettes, ou des tracts dans les boîtes aux lettres. Pour les femmes des milieux chrétiens traditionnels, la démarche demandait plus d'efforts. Les plus actives ont ensuite fait carrière dans de puissantes associations comme les Udaf, l'Unaf. Les partis politiques, Parti communiste d'un côté, MRP de l'autre, ont propulsé ces femmes courageuses vers des responsabilités politiques au niveau national [2].

---

1. *Femmes, famille et action ouvrière*, *op. cit.*, p. 84.
2. Par exemple, du côté chrétien : Marie-Angèle Charvolin (1902-1991), membre du Conseil national du MRP ; ou Suzanne Norbert, épouse Rollin (1910-1991), mère de six enfants, députée en 1946, membre du Conseil de la République (actuel Sénat) en 1948.

Il faut souligner pour finir les remarquables conversions qui se sont opérées durant les années 50. Les mouvements familiaux populaires (chrétiens) étaient au départ très attachés à l'idéal de la mère au foyer, dévouée aux siens. Pourtant, dès 1951, une militante affirme : « La femme s'appartient. Elle ne vit pas que pour les autres mais pour elle-même ! Il y a en elle quelque chose de plus digne, de plus profond, de plus inaliénable que sa mission : c'est sa personne !... Pourquoi voudrait-on limiter la mission de la femme à son rôle de mère ? La mission de l'homme se réduit-elle à son rôle de père [1] ?... » Un peu plus tard (1959), une autre responsable fait l'éloge du travail. « De tout temps la femme a travaillé. Comment se fait-il qu'à notre époque seulement, de bons apôtres se soient émus et aient lancé de grandes campagnes pour le retour de la femme au foyer, et la glorification des tâches ménagères [2] ?... »

LE NOUVEL HABITAT ET SES CONSÉQUENCES

Au milieu des années 50, faute d'une politique énergique, la crise du logement s'aggravait de façon scandaleuse. « Logement, notre honte », tel était le titre d'une série de sept articles publiés dans *Le Monde* du 11 au 19 avril 1958, sous la plume de Gilbert Mathieu. Certes, les « cités radieuses » de Le Corbusier à Marseille et à Nantes existaient déjà, mais elles passaient pour des exceptions, des curiosités plus ou moins excentriques (« La maison du fada », disaient les Marseillais). En 1954, un Code d'urbanisme vit enfin le jour.

Ses auteurs avaient en tête les principes d'un urbanisme « culturaliste [3] » : le logement ne devait plus comme aupara-

1. Isabelle Verhaeghe, née en 1909, ouvrière d'usine, cinq enfants, membre du Comité national du MPF en 1948. Texte cité dans *Femmes, famille et action ouvrière, op. cit.*, p. 190-191.
2. Madeleine Abric, née en 1925, mère au foyer, quatre enfants. Texte cité, *ibid.*, p. 193-194.
3. Principes énoncés dans la Charte d'Athènes en 1933. Le Corbusier en a donné deux éditions, en 1942 et en 1957.

vant étaler des signes extérieurs de richesse, mais répondre aux besoins quotidiens de ceux qui l'habitaient. Ces besoins, qui les analysait? Qui les énonçait? Des hommes. Les femmes architectes étaient encore rares : en France, par exemple, elles n'étaient que 80 inscrites à l'ordre des architectes en 1963, soit 1 %. Plus nombreuses, il n'est pas certain qu'elles auraient osé avoir un avis original... Les bâtisseurs s'efforçaient d'aménager l'espace urbain selon leur propre conception de l'intérêt des enfants et des femmes, lesquels, c'est bien connu, ont surtout besoin de nature, d'air, de lumière, d'espace et de verdure. Les cités-jardins et autres villes radieuses devaient permettre aux femmes totalement vouées à la vie privée d'élever les enfants dans les meilleures conditions, loin des lieux agités du travail moderne. La construction des pavillons individuels reprenait une tradition de l'entre-deux-guerres. Au contraire, les grands ensembles étaient la marque de l'innovation.

Sarcelles a particulièrement concentré l'attention. Cette ville nouvelle devait loger la population travaillant dans la banlieue nord de Paris, tous milieux sociaux confondus, dans un cadre idéal du Val-d'Oise, tout proche de la forêt de Montmorency. Commencée en 1955, elle verrait s'accroître sa population de 4 000 à 5 000 personnes par an, le total prévu pour 1965 étant de 55 000 à 60 000. La presse a d'abord mis l'accent sur les prouesses techniques : « A Sarcelles le Neuf une ville sort de terre à la cadence de 1 200 logements par an » (*France-Soir*, 15.10.1958). L'étonnement et l'admiration du public s'expriment sous la plume de Christiane Rochefort dans son roman à succès *Les petits enfants du siècle* (1961) [1]. Ensuite, à propos de Sarcelles ou d'autres grands ensembles, les enquêtes et les articles se multiplient, aussi bien dans les quotidiens que dans les hebdomadaires et les mensuels. Les périodiques féminins ne sont pas en reste (*Marie-France, Femmes d'aujourd'hui, Elle, L'Écho de la mode, Heures claires, Jeunes Femmes*).

1. Cf. aussi M. Bernard, *Sarcellopolis*, Flammarion, 1964, et J. Duquesne, *Vivre à Sarcelles*, Éditions Cujas, 1967.

Alors naît le mythe [1]. Le grand ensemble est promu au rang d'objet signifiant. Les admirateurs de sa modernité voient naître avec lui une nouvelle utopie sociale. Là se dissoudraient les différences de classes grâce à un brassage socioprofessionnel soigneusement dosé par les spécialistes des sciences humaines. La classe ouvrière se libérerait d'une partie de ses aliénations; ou bien une nouvelle classe moyenne émergerait, première forme d'une nouvelle société libérale. A l'opposé, certains voient ce bâti comme une mésaventure inquiétante de la modernité, une forme inédite de barbarie. Avec leur gigantisme, leurs façades rigides et monotones, les grands ensembles sont jugés inhumains, accusés de provoquer des troubles psychiques ou névrotiques chez leurs habitants. Les stéréotypes se font accablants : casernes, clapiers, univers concentrationnaire... Des congrès internationaux se penchent sur la question [2].

Nombreux sont ceux qui jugent les femmes, les mères, particulièrement menacées. « Comment vivent les femmes dans les grands ensembles? » se demande *Le Figaro* (12.5.1961). *Le Parisien libéré* s'inquiète de l'ennui qui les guette (30.11.1960), *Libération* évoque « Madame Bovary dans les HLM (26.11.1963). Le débat n'oppose nullement la droite et la gauche : la préoccupation est générale. Chacun sent bien qu'une image traditionnelle de la femme est remise en question. Il est vrai que rien de pareil ne s'était jamais produit : dans ces quartiers neufs, *toutes* les habitantes venaient d'ailleurs, transplantées, coupées de leurs repères, de leurs habitudes, de leurs relations, séparées de leurs mères, belles-mères et grand-mères.

Elles débarquent dans un nouveau monde ! Tout y est clair, neuf, fonctionnel [3].

---

1. Cf. René Kaës, *Vivre dans les grands ensembles*, Les Éditions ouvrières, 1963, et Michèle Huguet, *Les femmes dans les grands ensembles. De la représentation à la mise en scène*, Éditions du CNRS, 1971.
2. En janvier 1960, un colloque de l'Unesco pose la question : « Comment réussir les grands ensembles ? »
3. Outre les ouvrages déjà cités de René Kaës, Michèle Huguet, voir Agnès Pitrou, *La famille dans la vie de tous les jours,* Toulouse, Privat, 1972; *Histoire de la France urbaine,* Le Seuil, 1985, sous la direction de

Dans l'appartement, les corvées ménagères sont réduites au minimum. La cuisine est tout équipée, comme un laboratoire. Sa fonctionnalité transforme en acte technique la préparation des repas. Elle est petite : ses modestes dimensions sont supposées éviter à la ménagère des déplacements fatigants; mais elles interdisent le cumul des tâches, évoqué cidessus. Et, symboliquement, cet espace étroit enlève peut-être quelque chose au prestige de la fonction nourricière. D'ailleurs, désormais on cuisine vite. Grillades et légumes verts : telle est la nouvelle diététique recommandée par les magazines.

Les caisses d'allocations familiales accordent des prêts pour compléter l'équipement : le lave-linge réduit de quatre heures à dix minutes le temps de la lessive; l'aspirateur « abaisse de 10 % le coût physiologique du balayage [1] »; le réfrigérateur évite de faire les courses chaque jour. A quoi s'ajoutent une foule d'instruments mécaniques ou électriques pour moudre le café, hacher la viande, passer les légumes. La firme Moulinex, constituée sous ce nom en 1954, devient au cours des années 60 et 70 le premier producteur français puis européen d'appareils électro-ménagers. Ces objets ont constitué longtemps des cadeaux pour la Fête des mères. Les concours radiophoniques, *Reine d'un jour, Trente-six chandelles*, les ont distribués comme lots.

La romancière Christiane Rochefort, dans *Les petites enfants du siècle*, accuse clairement les banlieusardes relogées en HLM d'utiliser leurs allocations pour se payer ces équipements dernier cri : elles n'enfanteraient que dans ce but, laissant ensuite leurs petits pousser comme des herbes folles. Au

---

Georges Duby, tome 5, *La ville aujourd'hui,* volume dirigé par Marcel Roncayolo, chapitres 4 et 5; *Histoire de la vie privée,* Le Seuil, 1987, sous la direction de Philippe Ariès et Georges Duby, tome 5, *De la première guerre mondiale à nos jours, op. cit.*, chapitre 2. René Kaës propose quelques éléments de filmographie : de René Clair, *Tout l'or du monde;* de Robert Ménégoz, *La millième fenêtre;* de Maurice Pialat, *L'amour existe* (3e séquence). Le théoricien de la vie quotidienne le plus lu est Henri Lefebvre, marxiste, analyste des besoins et des désirs. Il publie sa *Critique de la vie quotidienne* en deux tomes, t. I, 1947, t. II, 1967.

1. Citation empruntée à Menie Grégoire, *Le métier de femme*, Plon, 1966, chap. III.

contraire, le sociologue Olivier Schwartz [1] voit s'éveiller chez des ménagères modestes un vif désir d'ascension sociale qu'elles projettent sur leurs enfants. Leur logis tout neuf les arrache à la condition ouvrière. Elles s'efforcent de maîtriser leur fécondité, et de travailler au moins à temps partiel, pour tenir leurs enfants à l'école le plus longtemps possible.

D'ailleurs, au mépris du natalisme officiel, les logements, souvent exigus, ne sont pas prévus pour des familles nombreuses. Ils ne permettent pas davantage d'accueillir les grands-parents. La mère dispose rarement d'une chambre à soi, mais elle investit fortement la chambre conjugale. La salle de séjour, assez vaste et gaie, rassemble la famille, au moins pour le repas du soir et devant la télé.

La salle de bains est un lieu de jubilation. « *Ma* salle de bains. » Les femmes les plus modestes en avaient si longtemps rêvé ! Entrer dans ce lieu c'est comme entrer dans une nouvelle vie où chacune a enfin le droit et le temps de s'occuper de soi, de soigner son corps, sa beauté, son image. L'hygiène devient plaisir, la toilette incite au narcissisme, à l'hédonisme. La salle de bains donne accès au rêve.

Si les premiers grands ensembles étaient cruellement dépourvus d'équipements collectifs, bientôt sont apparus les centres commerciaux, les centres sociaux, les écoles, les dispensaires.

Les superettes (le mot apparaît en 1959) puis les supermarchés, à partir des années 60, ont complètement transformé la manière d'acheter. Les boutiques rassemblées et le libre-service permettent de faire vite. Mais en même temps les nouvelles techniques de présentation et d'affichage, le renouvellement fréquent des produits et des modèles constituent un spectacle hautement apprécié des clientes, un nouvel élément de la culture féminine. L'ère des grands ensembles coïncide avec l'émergence de la société d'abondance, de consommation, de convoitise ; et ils en accélèrent le développement. On peut acheter « tout fait » : des conserves de

1. Olivier Schwartz, *Le monde privé des ouvriers. Hommes et femmes du Nord*, Puf, 1990.

toutes sortes, des purées en flocons, des pizzas, des surgelés. Pourquoi perdre son temps à mijoter des petits plats, à mitonner des ragoûts ? On trouve aussi de la confection : des gammes variées de « fringues » pour adultes et enfants. Même la layette de bébé existe toute prête chez Prénatal [1], avec des couches jetables. Pourquoi s'obliger à fabriquer des vêtements, ou à raccommoder ceux qui s'usent ? Passe encore de recoudre un bouton ou de faire un ourlet : là se bornent en général les travaux de couture. Les doigts de fée deviennent inutiles.

La modernité entraîne un dépérissement du travail domestique, une perte des savoir-faire ancestraux. Les tâches ménagères ne sont plus écrasantes, mais en même temps elles cessent d'être vitales, elles deviennent ennuyeuses, sans qualité. La transformation de l'habitat crée un vide dans la vie des femmes : métier de femme, métier en peau de chagrin, métier à temps partiel [2]. Les mères au foyer languissent ; beaucoup passent leurs jours en ruminations moroses, développent une boulimie de romans-photos ou de romans policiers [3]. Elles expriment à leur manière l'ambivalence du temps libre, ambivalence que la sociologie des loisirs commence à analyser [4] : le loisir offre au sujet social la chance de trouver une meilleure expression de soi, de s'autoconstruire. Oui, mais qui dispose des moyens intellectuels de s'autoconstruire ? Et pour la mère au foyer cette ambivalence se double d'une autre : son temps libre, le consacrera-t-elle à elle-même, ou bien à ses enfants et à leur père ?

Le centre social du grand ensemble est un autre laboratoire de la modernité. Ses cours d'économie sociale et familiale sont assez fréquentés ; mais les mères au foyer s'y rendent surtout pour sortir de chez elles, passer le temps, voir des amies. En revanche, au dispensaire, les monitrices de l'accouchement sans douleur connaissent un très vif succès. Des

1. La première boutique Prénatal ouvre à Saint-Denis en 1947.
2. C'est là le thème du livre de Menie Grégoire, qui fut la première à souligner l'importance de ce changement. Cf. *Métier de femme, op. cit.*
3. Michèle Huguet, *Les femmes dans les grands ensembles, op. cit.*
4. Joffre Dumazedier, *Vers une civilisation du loisir?* Le Seuil, 1962.

informations sur la contraception s'y transmettent discrètement. A la consultation de nourrissons, on trouve non seulement des médecins et des puéricultrices mais aussi un ou une psychologue capable d'écouter longuement, d'aider la jeune mère à conduire ses relations avec ses enfants. Les magazines féminins, en vulgarisant les savoirs psy, incitaient à ce type de relations, où l'on ose parler de soi.

Autre innovation très appréciée : les crèches familiales, nées à Sarcelles en 1959. Des assistantes sociales ou des bénévoles d'associations ont organisé des sortes d'agences où les mères au foyer et les mères au travail peuvent se rencontrer et s'entendre afin que les premières gardent les enfants des secondes. Le système fonctionne sous le contrôle du service local de PMI qui habilite, forme et surveille régulièrement les gardiennes. Il coûte beaucoup moins cher qu'une crèche ordinaire et il est plus commode pour les mères au travail, en raison des horaires souples acceptés par les gardiennes.

D'un autre côté, la démographie déséquilibrée des grands ensembles est source de difficultés qui précipitent la socialisation des loisirs. A Sarcelles en 1962, la moyenne d'âge de la population est, dit-on, de 12 ans. Dans tel autre grand ensemble, la moitié de la population a moins de 14 ans. Les enfants sont trop souvent mal intégrés dans les cités nouvelles. A l'école les classes sont surchargées, cause de nervosité générale. Dans leurs moments de loisir, les gosses encombrent les escaliers, les entrées. Les mères n'ont pas toujours le temps, ou ne se soucient pas, de les surveiller ; elles ne les retiennent pas dans l'appartement, car elles ne sauraient pas les occuper. S'ils se disputent, ils impliquent leurs mères respectives dans leurs conflits ; les relations de voisinage peuvent en être empoisonnées [1]. Les observateurs reconnaissent que l'état dépressif de quelques jeunes femmes s'explique surtout par l'usure nerveuse due aux enfants.

La demande des femmes est d'ailleurs symptomatique et sans ambiguïté. Partout les habitantes de cités neuves réclament des espaces de jeux, des lieux d'accueil et du personnel

1. René Kaës, *op. cit.*, p. 112.

d'encadrement pour leurs enfants qui grandissent : des clubs, des meutes de scouts, des colonies de vacances. Aussitôt qu'un animateur arrive, il est submergé d'enfants. S'il invite les parents à l'aider, il se heurte le plus souvent à leur passivité. Les pères viennent parfois s'associer aux jeux ou aux promenades, les mères plus rarement. On a souvent noté leur faible disponibilité : elles semblent incapables d'accéder à une vraie détente [1]. A mesure que les spécialistes deviennent performants, les mères semblent s'engourdir : leurs capacités d'observation, de réaction, d'initiative se dévitalisent. « Morne mère [2] »...

Faut-il conclure que les mères au foyer ne songent qu'à « se débarrasser » de leurs gosses ? La vérité, c'est qu'elles ont de moins en moins confiance dans leur propre compétence en matière d'éducation...

D'ailleurs, de plus en plus nombreuses sont celles qui travaillent hors du foyer. Elles accomplissent, sans y penser, une véritable mutation culturelle : elles apprennent à articuler le temps familial en fonction du temps professionnel et des déplacements [3]. On ne fait plus les courses chaque jour à pied dans le quartier : on les fait en voiture (souvent en couple ou en famille) au supermarché, chaque semaine. Cela suppose qu'on ait prévu tous les menus de la semaine, en tenant compte des goûts et des régimes de chacun, du temps disponible pour la préparation, des amis qu'on recevra peut-être. Autre exemple : les levers et les départs du matin, minutés au plus juste [4] : réveil de chaque enfant, passage à tour de rôle dans la salle d'eau, petits déjeuners (que peu d'enfants avalent volontiers), accompagnement de chaque écolier dans des établissement trop souvent dispersés, départ des parents. Et s'il n'y avait que les écoles... Mais il faudra

1. Agnès Pitrou, *op. cit.*, p. 115-119.
2. René Kaës, *op. cit.*, p. 307.
3. Monique Haicault, « Perte de savoirs familiaux, nouvelle professionnalité du travail domestique, quels sont les liens avec le système productif ? », *Recherches féministes*, vol. 7, n° 1, 1994, p. 125-138, université du Québec à Montréal.
4. Monique Haicault, « Les rituels familiaux comme pratiques de socialisation », *Revue de l'Institut de sociologie*, 1993/1-4, université libre de Bruxelles.

aussi mener l'un des enfants au Conservatoire de musique, l'autre au catéchisme, le troisième au judo ; l'un chez le dentiste, l'autre chez l'orthophoniste, le troisième à sa leçon de math... La gestion familiale et ménagère évolue vers le management.

L'ÉDUCATION MATERNELLE EN TRANSITION

En vérité, les mères assument des responsabilités de plus en plus accablantes. Le grand ensemble ne fait qu'aggraver l'absence des pères. De 7 heures à 19 heures, il n'y a pas d'hommes dans les cités et les banlieues. Une ambiance de gynécée peu stimulante pèse sur les journées féminines. « Il m'a mise en cage dans cette maison avec mes deux bébés sur les bras », se plaint un témoin [1]. Le soir, monsieur arrive fatigué, après des heures passées dans des trains bondés ou sur des routes encombrées : il se repose.

Il dépose même souvent toutes ses anciennes prérogatives. Ainsi fait Abel, le héros du *Matrimoine* [2], qui pourtant n'habite pas en banlieue : « Je lui ai donné procuration sur le CCP, le compte en banque, le coffre... (pour qu'elle puisse) se débrouiller dans la paperasserie médicale des consultations, des vaccinations, des fiches de santé, comme de la paperasserie sociale des mille et une cartes, déclarations, certificats... M'allégeant d'un souci, elle m'a aussi peu à peu allégé d'un pouvoir que je m'étais d'abord réservé... Le facteur, les boueux, l'EDF, les commerçants, les assureurs, faute de me rencontrer, ne connaissent qu'elle. » On pourrait ajouter les enseignants, car c'est presque toujours madame qui va les voir, au moins dans les couches moyennes de la population.

1. Michèle Huguet, *op. cit.*, p. 149.
2. Hervé Bazin, *Le Matrimoine*, *op. cit.* Cet excellent roman montre avec beaucoup de réalisme la vie quotidienne d'un jeune couple appartenant à la moyenne bourgeoisie d'Angers, entre 1953 et 1966.

Savoir aimer

Pour ces mères de plus en plus responsables, les problèmes éducatifs se compliquent : ni l'autorité ni l'amour ne vont de soi !

Le dilemme « autorité ou liberté ? » préoccupe alors tous les parents. La Fédération des familles françaises en 1959, les Associations pour la sauvegarde de l'enfance en 1960 tiennent des congrès sur ce sujet. Avant, il fallait qu'un enfant soit « tenu ». Son obéissance et sa franchise (celui qui ment échappe) permettaient de le garder sur le droit chemin. L'autorité restait au père, mais maman régnait par la tendresse : elle s'efforçait de tout contrôler, de combattre les mauvaises habitudes et d'écarter les mauvaises fréquentations. Or, à présent, des doutes minent les anciens principes. Les rubriques spécialisées de la presse féminine répètent qu'à vouloir trop gouverner l'enfant on le rend sournois, à vouloir trop l'intimider on le rend craintif [1]. Les mères commencent à avoir peur des complexes, des traumatismes. Un signe de ce désarroi : l'évolution du martinet [2]. Cet instrument de correction familial connaît une régression : tel grossiste parisien qui en a vendu 12 000 en 1951 n'en vend plus que 6 000 en 1961, à des clients de milieu rural ou populaire. L'objet est de moins en moins utilisé. Pendu à un clou, il menace l'enfant et rassure la mère qui ressent la nécessité de maintenir l'ordre. Mais celle qui s'en sert a peur d'elle-même ; elle sait que son geste, signe d'une relation détériorée, peut conduire l'enfant à la révolte. Chose étrange : les achats de martinet se concentrent avant Noël, le Père Fouettard donnant la main au Père Noël ! Il arrive qu'on mette le martinet dans le soulier de l'enfant, comme un jouet... Le châtiment corporel cède la place à la privation de dessert, ou de télé.

1. Par exemple *Antoinette*, périodique des femmes de la CGT, cité par Antoine Prost, *L'école et la famille dans une société en mutation. L'enseignement et l'éducation en France*, Nouvelle Librairie de France, 1981, p. 122-130.

2. Jean Ormezzano, « Un martinet pour Noël », *L'École des parents*, déc. 1962, p. 21-32.

L'École des parents et des éducateurs (déjà évoquée au chapitre précédent) s'efforce d'accompagner les parents : son but explicite est de favoriser le passage d'un modèle patriarcal de la famille à un modèle démocratique [1]. Elle organise dès 1952 des cercles de parents, lieux de parole et d'échanges qu'anime un spécialiste. Parmi les sujets choisis : l'autorité, l'adolescence, les lectures, la télévision, frères et sœurs, etc. Certains films y deviennent objet de débat parce qu'ils proposent des modèles implicites de vie familiale : *A l'est d'Éden, Les inconnus dans la maison, Marty, La fureur de vivre.* Un bilan des premiers cercles (octobre 1957) s'avère encourageant : les parents les plus réticents se détendent, ils comprennent peu à peu l'importance de leur propre enfance dans leurs comportements éducatifs [2]. Pour atteindre les plus humbles, l'École organise aussi des réunions dans les écoles primaires, dans les centres sociaux, dans certains dispensaires. Viennent surtout des mères vivant dans des conditions difficiles, veuves, divorcées, filles mères : femmes souvent fatiguées, aigries, incapables de dépasser leur cas personnel. Ce qu'elles attendent, c'est qu'on leur dise pourquoi leur enfant n'obéit pas, ne veut pas manger, fait pipi au lit, est jaloux, ou menteur ou paresseux. Il est bien difficile d'amener ces malheureuses à des considérations d'ordre général... Pourtant, divers témoignages mentionnent que même les moins instruites sont toujours très attentives et posent des questions [3].

L'École produit également des émissions radiophoniques, et même des films de court métrage [4] présentant des situations de la vie courante, en vue de favoriser des prises de conscience. L'un des plus diffusés s'intitule *Mensonges* [5] :

1. Voir par exemple les Journées d'études organisées à partir de 1956 en collaboration avec le Centre international d'études pédagogiques de Sèvres (CIEP).
2. Un *Bulletin* des cercles paraît tous les trimestres à partir de 1956 ; en octobre 1958, il s'intitule « Le groupe familial ».
3. Cf. « Les femmes en usine », témoignages, *Esprit*, mai 1961, p. 839.
4. Des subventions sont accordées par le ministère de la Santé à la demande de la Caisse nationale de Sécurité sociale.
5. Réalisation de Pierre Granier sur un scénario de Jean-Paul Le Chanois. Bianka Zazzo en rend compte dans la revue *Enfance*, mars-avril 1958, p. 165-169.

trois séquences mettant en scène des enfants menteurs font comprendre que ces enfants souffrent surtout de solitude affective.

L'idéal, enseigne-t-on aux mères, c'est de fonder l'éducation sur la confiance réciproque : que l'enfant comprenne ce qu'on attend de lui et qu'il y consente.

L'autorité pure et simple est donc dévaluée, soit. Plus difficile à admettre pour les femmes, l'amour pur et simple l'est aussi. *L'amour ne suffit pas*, avertit le psychanalyste Bruno Bettelheim dès 1950. Il faut *savoir aimer* ni trop ni trop peu. L'amour maternel n'est pas un sentiment éthéré mais une passion charnelle, la plus charnelle de toutes, rappelle Rose Vincent [1]. La psychologie supplante la morale dans toute la presse de vulgarisation : elle remplace les anciennes normes par des repères, des références, des compétences. Les mères en réclament. Au cours des enquêtes réalisées par le service *Enfants* de *Elle*, Rose Vincent a observé l'anxiété fréquente des mamans. Une anxiété due au changement rapide des mœurs : à la fin des années 40, les fillettes lisaient encore la comtesse de Ségur et portaient des robes brodées de smocks ; dix ans après, elles lisent *Tintin* et *Tarzan*, et rêvent, comme Zazie, de porter des « bloudjinnzs [2] ».

Avec insistance, les auteurs mettent les mères en garde contre les dangers de la « surprotection ». Dans un roman de Boris Vian, *L'arrache-cœur* (1953), l'héroïne, Clémentine, en arrive à enfermer ses enfants dans une cage pour mieux les protéger. La mère trop prudente limite à tout prix les expériences de son enfant : elle le couve, elle le sur/veille, elle l'étouffe. Cet investissement abusif est sans doute une conséquence du rétrécissement de la famille : la mère est de plus en plus seule face à une progéniture peu nombreuse, et qu'elle voudrait parfaite. Elle s'attache, elle s'accroche à ces enfants qui sont toute sa vie. « La nature avait décrété que l'enfant a besoin de sa mère ; la civilisation a fait que la mère a besoin de son enfant [3]. » Elle ne sait pas consentir aux séparations

1. Rose Vincent, *Le métier de mère, op. cit.*, p. 40.
2. Raymond Queneau, *Zazie dans le métro*, Gallimard, 1959.
3. Rose Vincent, *Le métier de mère, op. cit.*, p. 56.

nécessaires. L'entrée à l'école maternelle d'abord, puis, vers huit, dix ans, les copains, ensuite les loisirs hors de la famille, enfin le premier flirt : tout la fait souffrir. Chaque fois que le lien de dépendance se relâche, elle a le sentiment d'être moins aimée. Si elle ne réagit pas elle se détruit, et elle risque de détruire ses enfants, tout au moins de leur nuire. Ceux-ci le sentent. La mère couveuse est redoutée par les filles autant que par les garçons. Des enfants de 4 à 14 ans à qui on demandait de choisir parmi différents types de mères (active, mondaine, câline, etc.) ont rejeté la couveuse plus que la négligente.

La mère avertie lâche donc la bride, elle consent à « autonomiser » ses enfants, avec la crainte de ne pas trouver le juste milieu. Car l'enfant a désormais bien des moyens de se soustraire au contrôle maternel ; et l'adolescent plus encore. Faut-il, dès 10 ou 12 ans, le laisser s'enfermer dans sa chambre pour lire des *bandes dessinées* que maman juge plus ou moins débiles (même si elles ont l'air d'amuser papa) [1] ? Ou pour écouter, grâce à son *transistor* [2], cette musique rock'n roll qui donne la migraine ? Faut-il lui permettre de s'attarder à la sortie du collège pour bavarder avec ses camarades, et poursuivre ensuite la conversation au téléphone, indéfiniment ? Le bon usage de la télé est tout aussi difficile. La tentation est grande pour la mère fatiguée de s'en servir comme d'une baby-sitter : les enfants sont si sages quand ils la regardent ! A la rubrique *Enfants* des magazines, il est conseillé de limiter les horaires, de choisir les programmes, et de les regarder en compagnie de l'enfant pour en discuter avec lui. Mais quelle mère a le temps ? D'ailleurs, la télé distille des publicités qui incitent au chantage : une bonne mère achète à son enfant chéri tel vêtement à la mode, tel gadget, telle friandise qui donne des forces...

Le cinéma présente d'autres risques. On peut toujours

---

1. Les *comics* et les *movies* américains font école, au grand scandale de la plupart des éducateurs : peu de texte, aucun souci de morale, images de violence et de sexe. Des « pépées » plus ou moins dévêtues assistent sans frémir à des scènes sadiques... Cf. *Informations sociales*, 17-29 avril 1950.

2. Inventé en 1947, l'objet se répand en France au début des années 60.

interdire à un enfant de voir un film. Mais certaines affiches publicitaires sont gênantes pour la pudeur ; elles peuvent provoquer des questions embarrassantes. Les tabous sexuels pèsent encore lourd au cours des années 60. Des parents questionnés à ce sujet [1] répondent qu'ils n'ont donné aucune information d'ordre sexuel à leurs enfants, en ajoutant que ce n'est pas aux parents de le faire. D'ailleurs, affirment-ils, les enfants « savent » : ils apprennent par les copains, par des livres, ou en regardant les animaux. Cette dernière réponse, qu'on pourrait croire campagnarde, a été donnée à Paris...

Les années 50 et 60 ont vu aussi exploser le marché des Vespa et autres Mobylette. Les adolescents les demandent souvent en cadeau quand ils ont été reçus au brevet. Faut-il céder ? Ce sont parfois des engins de mort, les statistiques le signalent. Ce sont surtout des instruments de liberté : sur sa « mob », le jeune part quand il veut, où il veut, avec qui il veut. La mère s'y résigne, surtout si la confiance règne ; elle demande seulement que l'enfant rentre à une heure convenue.

Les années 60 sont aussi celles de l'argent facile. Des parents qui en avaient été privés pendant leur jeunesse se rattrapent en quelque sorte par des libéralités accordées à leurs enfants. Une mère partage entre les siens tout le montant des allocations familiales, « puisque c'est pour eux ! »...

Un point sur lequel la plupart des mères demeurent vigilantes, ce sont les études. Savoir aimer, c'est aussi préparer l'avenir des enfants. Une enquête de l'École des parents révèle qu'une majorité des mères ne souhaitent nullement supprimer les devoirs à la maison. Au contraire, la mère veille à installer l'enfant dans le calme, à ne lui demander aucun service tant qu'il étudie ; elle vérifie le travail après. Pour elle, c'est le moyen de savoir ce que l'enfant apprend à l'école, c'est aussi un moyen de l'aider. Toutes les femmes ne sont pas capables de cet accompagnement, mais toutes, même dans les milieux très modestes, à la campagne comme

1. Michel Fize, *La démocratie familiale*, Presses de la Renaissance, 1990.

à la ville, attachent désormais du prix aux succès scolaires. Quelques-unes cherchent à s'instruire elles-mêmes, à cette occasion :

« Elle a poursuivi son désir d'apprendre à travers moi. Le soir, à table, elle me faisait parler de mon école, de ce qu'on m'enseignait, des professeurs. Elle avait plaisir à employer mes expressions, la “ récré ”, les “ compos ”, ou la “ gym ”. Il lui semblait normal que je la “ reprenne ” quand elle avait dit un “ mot de travers ” [...] Elle m'emmenait voir à Rouen des monuments historiques, et le musée [...]. Elle lisait les livres que je lisais [...] Tout en elle, son autorité, ses désirs, ses ambitions, allait dans le sens de l'école [1]. »

Aux débuts de la Ve République, quand d'importantes réformes scolaires sont entreprises, ce sont les mères, plus que les pères, qui adhèrent à une association de parents d'élèves, pour être au courant de ce qui se passe.

Mères et filles

Pourtant, les succès scolaires de la fille ne vont pas sans poser problème. Le baby-boom et l'idéal de la mère au foyer ont confirmé et renforcé le partage traditionnel des rôles familiaux et sociaux selon le sexe. La mère s'attend à ce que sa fille suive son exemple et vive comme elle-même a vécu. Pourtant, elle n'ose pas lui imposer l'apprentissage de savoir-faire ménagers qui se dévalorisent : elle préfère la voir bien travailler en classe [2]. Or, bientôt, les nouveaux savoirs acquis par la fillette dépassent l'entendement maternel. La perplexité s'installe :

« Maman n'avait que le certificat d'études. Elle était fière de mes succès scolaires, mais elle ne comprenait pas pourquoi sa fille apprenait le latin, la langue des curés ; ça l'inquiétait

1. Annie Ernaux, *Une femme*, Gallimard, 1987, p. 57-58.
2. Jean-Pierre Terrail, *La dynamique des générations*, L'Harmattan, 1995, montre l'importance du soutien maternel qui pendant les années 60 et 70 a permis aux filles de milieu modeste de passer le baccalauréat et de conquérir des emplois qualifiés. Chap. III, « La surscolarisation des filles ».

vaguement, c'était comme un mur entre nous. Un jour je lui ai demandé de m'aider à apprendre les déclinaisons. Elle a eu un recul : “ Mais je ne saurai pas ! ” Puis elle a vu qu'il s'agissait seulement de me faire réciter des mots, elle a dit oui. Ça s'est bien passé, ça nous a rapprochées. Les leçons de latin sont devenues comme un nouveau trait d'union entre elle et moi. C'est peut-être aussi pour ça que j'ai aimé le latin [1] ! »

Oui, mais le décalage s'accuse de jour en jour et la tendresse réciproque ne suffit pas toujours à le compenser. Cet ébranlement de la relation entre mère et fille avait commencé, discrètement, entre les deux guerres : Simone de Beauvoir en témoigne. Il se généralise pendant les années 60, quand les filles se lancent à fond dans les études (en 1965 il y a, pour la première fois plus de filles que de garçons reçues au baccalauréat). La mère est chagrine de voir sa fille, son double, s'aventurer dans des voies inconnues, devenir une cérébrale, au lieu de fonder une famille et de lui donner des petits-enfants. Elle est humiliée de n'avoir pas servi de modèle, d'être en quelque sorte reniée. Pis, elle est consternée de voir croître la distance morale qui la sépare de sa bien-aimée. Souvent, la fille savante s'écarte de la religion maternelle pour s'intéresser à la politique. Elle a d'autres idées, d'autres intérêts, d'autres valeurs. C'est une étrangère.

Annie Ernaux a admirablement analysé ce processus de séparation et la souffrance, inédite, qu'il impose à la mère comme à la fille. « Nous nous adressions l'une à l'autre sur un ton de chamaillerie en toutes circonstances. J'opposais le silence à ses tentatives pour maintenir l'ancienne complicité... A certains moments, elle avait dans sa fille, en face d'elle, une ennemie de classe. »

A cet éloignement s'ajoute ensuite, très souvent, une distance géographique : la jeune diplômée va exercer son métier loin de son foyer d'origine. Si elle se marie, si elle a des enfants, sa mère en « profitera » mal, participera peu à leur

1. Enquête personnelle. Témoin enseignante née en 1939, dont le père est employé de commerce et la mère sans profession, fille de petits commerçants.

éducation. La chaîne des générations se distend, la transmission de mère à fille s'étiole.

Les filles changent aussi par l'effet de la mixité qui se répand dans les écoles et les lycées au cours des années 60. Aucune réflexion méthodique n'avait été conduite pour tenter d'en prévoir les conséquences. Il est vrai que cette réforme pouvait sembler anodine : depuis les années 20, les programmes des filles avaient été assimilés aux programmes des garçons, à tous les niveaux de l'enseignement. Dans la littérature destinée à la jeunesse, fillettes et jeunes filles se différenciaient peu des garçons : elles vivaient les mêmes aventures et jouaient à peu près les mêmes rôles [1]. En vérité, la mixité propose, impose aux filles le modèle masculin. Elles y prennent goût. La liberté d'initiative, l'épanouissement des aptitudes, la conquête des savoirs et des pouvoirs, pourquoi les refuseraient-elles ? Mais alors, plus rien ne les prépare à ces fonctions féminines traditionnelles de mères et de ménagères que pourtant l'idéologie nataliste et familialiste veut toujours leur confier. Personne ne s'inquiète de cette contradiction...

Un autre effet de la mixité fut de favoriser ce que les parents avaient toujours redouté : la rencontre précoce entre adolescents des deux sexes. Allaient-ils se conduire en gentils camarades ? L'assimilation intellectuelle semblait atténuer la différence de sexe. Mais, inversement, la proximité quotidienne la met en évidence parce qu'elle oblige chaque enfant à prendre conscience de son identité sexuelle. Dès avant 3 ans, cette prise de conscience s'affirme. Les mamans et les institutrices d'école maternelle le savent : les fillettes subissent parfois l'assaut des petits garçons qui veulent savoir comment elles font pipi. A la puberté, le désir se précise... Or la libération croissante des mœurs parmi les adultes rend impossible l' « innocence » des adolescents. Affiches, magazines, films mettent le sexe en étalage. Même les films les plus

1. Marie-José Chombart de Lauwe, in *Femmes du xxe siècle*, Semaine de la pensée marxiste, Paris 20-27 janvier 1965, Puf, 1965, p. 193-194. Voir aussi Élisabeth Gerin, *Tout sur la presse enfantine*, Centre de recherche de la Bonne Presse, 1960.

chastes enseignent certaines pratiques : par exemple, le baiser. Dès 1954, Françoise Sagan, dans *Bonjour tristesse*, raconte comment on perd sa virginité sans drame, à 17 ans. Et l'impudeur rayonnante de Brigitte Bardot, modèle identificatoire s'il en fut, fait un pied de nez aux tabous.

Les mères ont-elles pris en charge l'éducation sexuelle de leurs filles ? C'est difficile à dire : les investigations sur ce sujet commencent à peine [1]. L'expression « éducation sexuelle » date du début du siècle. Auparavant, cette initiation était tout empirique : les enfants voyaient les bêtes s'accoupler et les femelles mettre bas ; la promiscuité ancienne leur permettait souvent d'entendre, sinon de voir, des adultes faire l'amour ; le folklore rustique permettait ou même stimulait l'expression du désir sexuel ; les parents toléraient des « fréquentations » assez intimes. Ce mode d'information s'est appauvri dans les villes au XIXe siècle, et rien ne l'a remplacé. Un silence de plomb s'est étalé sur la sexualité. Mais juste avant et juste après la guerre de 1914-1918, de nouveaux fléaux sociaux, comme la syphilis et la dénatalité, ont fait sentir la nécessité d'avertir les filles, de les protéger contre des hommes sans scrupule, de les associer aux nouveaux objectifs patriotiques.

Comment ? Comment les instruire sans éveiller trop leur curiosité ? Et qui se chargerait de composer et de transmettre pareil message ? Des années 20 aux années 60, les initiatives ont été rares et timides. A part quelques progressistes, la population dans sa masse n'était pas prête à regarder en face « ces choses-là ». La plupart des mères semblent s'en être dispensées. Les filles s'en plaignent : « Elle ne m'a jamais rien dit, et je n'aurais pas osé lui demander quoi que ce soit, la curiosité étant déjà considérée comme le début du vice. Mon angoisse, le moment venu, de lui avouer que j'avais mes règles, prononcer pour la première fois le mot devant elle, et

1. Yvonne Knibiehler, « L'éducation sexuelle des filles au XXe siècle », *Clio* n° 4, Presses universitaires du Mirail, 1996. Voir aussi Y. Knibiehler, M. Bernos, E. Ravoux-Rallo, E. Richard, *De la pucelle à la minette. Les jeunes filles de l'âge classique à nos jours*, Messidor/Temps actuels, 1re éd. 1983, 2e éd. 1989.

sa rougeur en me tendant une garniture, sans m'expliquer la façon de la mettre [1]. » En dépit des injonctions répétées des médecins et des prêtres, trop de mères n'avertissent pas leurs filles à propos des menstrues ; et quand la chose arrive elles ne donnent aucune explication physiologique, elles ne mentionnent même pas le risque de grossesse ; elles recommandent seulement de fuir les garçons, et de dissimuler soigneusement – comme si c'était une honte – les malaises et les linges souillés. Rares aussi les mères qui enseignent à se laver correctement. Ce silence infligeait aux victimes une curiosité pleine d'angoisse. Les plus hardies regardaient leur sexe dans un miroir, en se demandant comment la tête du bébé sortirait : leur désir d'amour, leur désir d'enfant, en était parfois empoisonné d'avance. Aucune mère, même parmi les plus modernes, ne semble avoir osé décrire l'acte sexuel lui-même, aucune sans doute n'a jamais mentionné le clitoris, aucune n'a parlé du plaisir ni de la frigidité. Les femmes avaient été élevées dans la honte, la crainte, le mépris de leur sexe. Peut-être redoutaient-elles aussi de livrer à leurs filles une part trop grande de leur propre intimité...

Pourtant, les conseils ne manquaient pas. L'École des parents organisait des séances d'information et des cercles de réflexion sur ce sujet. Dans une conférence du 7 avril 1950, Françoise Dolto déclarait : « La base d'une véritable éducation sexuelle consiste à valoriser le désir pour en assurer la maîtrise. » Le meilleur vulgarisateur fut sans doute le docteur André Berge, psychanalyste, l'un des principaux animateurs de l'École des parents [2]. Dans ses livres, il rappelle l'existence de l'inconscient et de la sexualité infantile, révélés par Freud. Pour lui, l'éducation sexuelle doit baigner dans l'éducation tout court. Elle commence à la naissance avec les soins corporels de la mère à l'enfant : une manière de toucher le corps, d'exprimer la tendresse. Le rôle de la mère reste ensuite essentiel : elle doit parler de ses grossesses, de ses accouchements, avec sérénité, sans dissimuler le côté pénible, mais

1. Annie Ernaux, *Une femme, op. cit.*, p. 60. Voir aussi, entre autres, *Maternité esclave*, ouvrage collectif, Union générale d'édition, 1975.
2. André Berge, *L'éducation sexuelle chez l'enfant*, Puf, 1964.

sans s'y attarder. A sa fille elle donnera toutes les explications physiologiques nécessaires, avec précision, y compris l'acte sexuel. Le garçon recevra les mêmes explications de son père. Pour avertir les enfants des agressions sexuelles possibles on en parlera en général, à propos d'un fait divers.

Ce minimum restait difficile à faire passer. Les mères les plus consciencieuses, celles qui voulaient vraiment aider leur enfant à grandir, cherchaient des relais, des intermédiaires. Dans les milieux populaires, il arrivait que la mère renvoie la fillette vers la maîtresse d'école : « Elle saura mieux t'expliquer. » Les révélations de cette sorte sont en effet peut-être moins troublantes si elles sont faites par une étrangère, dissociées des liens affectifs qui lient la mère et la fille ; tout dépend de leur confiance réciproque. Mais, malgré les efforts de quelques pionnières (l'École émancipée), les enseignants n'étaient ni préparés ni disposés à donner ce genre d'information.

Dans les milieux aisés, maman donnait des livres. Rose Vincent [1] cite : Docteur Arthus, *Les mystères de la vie*, qui élude au lieu d'éclairer. Et Denis Huismans, Jane Bastid, *Comment naissent les bébés* : ici le papa dépose une petite graine, mais on ne sait pas comment. A partir de 1964, les filles peuvent lire un *Guide Marabout de la jeune fille d'aujourd'hui*, rédigé par Floriane Prévot : l'information physiologique y est détaillée, mais surtout à propos de la puberté ; ce Guide conseille encore de s'abstenir des relations sexuelles...

Même dans les milieux les plus favorisés, ces questions posent de graves problèmes. Les dames des beaux quartiers redoutent les mésalliances, à quoi la mixité scolaire pourrait conduire. Pour garder leurs filles, elles ont inventé le rite des rallyes, réunions dansantes. A tour de rôle, et à grands frais, chaque mère réunit des jeunes filles et des jeunes gens soigneusement sélectionnés pour que les coups de foudre restent avouables [2].

---

1. *L'éducation des enfants*, Hachette, 1962, chapitre IX.
2. Michel Pinçon, Monique Pinçon-Charlot, *Dans les beaux quartiers*, Le Seuil, 1989.

Les transformations de la vie matérielle à l'ère du baby-boom ont entraîné une recomposition de l'espace domestique féminin, une recomposition du temps des femmes, un bouleversement des techniques et des savoir-faire. Une culture ménagère encore très vivante entre les deux guerres est entrée en désuétude : or, elle recelait des savoirs empiriques de valeur dans les domaines de la nutrition et de l'hygiène, des pratiques raffinées dans l'ordre du goût. Culture de saveurs et d'odeurs : le civet qui embaume la maison, les confitures de l'été, le coulis de tomates ; les meubles cirés à la cire d'abeille ; l'armoire à linge parfumée avec des sachets de lavande. Artisanat délicat du tricot : point de riz et point de blé, côtes fines et côtes anglaises, diminutions du talon et emmanchures raglan, dentelles au crochet. Layette faite à la main et bavoirs brodés ; patrons modèles et machine à coudre.

Ce qu'elles avaient appris de leurs propres mères, les mères du baby-boom ne l'ont pas transmis à leurs filles ; d'ailleurs, les filles n'en auraient pas voulu. Rupture importante. Le deuxième sexe change de place : il va vers le travail des hommes, où rien n'est prévu pour l'accueillir.

CHAPITRE IV

Le ressentiment

La seconde décennie du baby-boom voit monter le ressentiment.

L'essor économique attire de plus en plus de femmes hors du foyer, vers des activités salariées. Les pouvoirs publics n'y mettent pas obstacle, au contraire. Et pourtant, celles qui ont des enfants constatent le manque d'égards des employeurs. D'ailleurs, pour articuler leur travail et leur vie de famille, il faudrait qu'elles puissent planifier les naissances. Or, de ce côté, les résistances restent très fortes.

Ces phénomènes sont bien connus. Ce qui l'est peut-être moins, c'est la qualité des protestations. De jeunes intellectuelles de talent arrivent à l'âge des responsabilités : elles sont capables d'analyser les situations nouvelles et d'inventer des solutions. Le féminisme couve.

LES INTELLECTUELLES

Les jeunes intellectuelles savent penser librement. Même si elles ont été formées par les idéologies dominantes des années 40 et 50, marxisme ou démocratie chrétienne, elles ne récitent pas des leçons apprises, elles prennent leurs distances. Leur originalité consiste à penser en femmes, à traiter la différence des sexes non plus seulement comme une donnée biologique, immuable par nature, mais comme une donnée sociale, soumise aux pressions de l'environnement. Il faut rendre justice à la sociologie, discipline toute jeune et pleine d'élan : elle a ouvert les yeux des chercheuses, elle leur a fait mieux connaître la discrimination et les injustices dont les femmes étaient victimes.

Dans le domaine théorique, elles citent rarement leurs sources d'inspiration. On peut cependant discerner l'influence de Simone de Beauvoir, *Le deuxième sexe*. Certaines ont sans doute lu aussi en anglais Margaret Mead, dont l'ouvrage *Male and Female* (1948) [1] a connu un grand retentissement. A la lumière de mœurs primitives, observées en Océanie, cette anthropologue américaine remet en question la famille occidentale : les rôles impartis à chaque sexe, la socialisation des enfants et les valeurs qui règlent les comportements quotidiens. Autre ouvrage fondamental (en anglais aussi) : celui d'Alva Myrdal et Viola Klein, *Women's Two Roles, Home and Work* (1956), qui plaide explicitement en faveur de la participation des femmes à la production économique et à la vie publique en général. Le célèbre brûlot de Betty Friedan, *The feminine mystique* (1963), traduit en français sous le titre *La femme mystifiée* (1964), est plus tardif.

Parmi les Françaises les plus brillantes et les plus lues, retenons d'abord Andrée Michel, Menie Grégoire, Évelyne Sullerot. Andrée Michel, alors chargée de recherche au CNRS, a publié *Famille, industrialisation, logement* (1959), ouvrage déjà cité. Elle s'est ensuite associée à Geneviève Texier, agrégée de philosophie, catholique qui prend ses distances avec le magistère et qui se déclare favorable à la contraception [2]. Ensemble elles ont écrit *La condition de la Française aujourd'hui* (1964, 2 vol.), ouvrage qui fit sensation et que certaines lectrices ont jugé aussi important que *Le deuxième sexe*. Ce livre inaugure d'ailleurs la collection

1. La traduction française intitulée *L'un et l'autre sexe* n'a paru qu'en 1966.
2. Sur Geneviève Texier, voir ci-après p. 149.

Femme créée et dirigée par Colette Audry chez Gonthier, collection importante qui a nourri la seconde vague féministe.

Menie Grégoire, journaliste, a fait des études supérieures d'histoire ; ensuite elle est entrée en psychanalyse. C'est la moins audacieuse des trois : son militantisme reste mesuré et conciliant. La revue *Esprit* lui a confié la réalisation d'un numéro spécial, *La femme au travail* (1961). Ensuite elle a réalisé les enquêtes qui ont nourri *Le métier de femme* (Plon, 1965).

Évelyne Sullerot est sociologue de formation. En 1964, elle est professeur à l'Institut français de presse. Sa puissance de travail émerveille : elle publie en 1963 *La presse féminine* (Armand Colin) ; en 1965 deux ouvrages chez Gonthier : *La vie des femmes* et *Demain les femmes* ; en 1968, *Histoire et Sociologie du travail féminin* (Gonthier) ; en 1970, *La femme dans le monde moderne* (Hachette).

Aucune des trois ne se dit féministe, et même Menie Grégoire se défend de l'être ; pourtant, toutes les idées féministes des années 70 mûrissent dans leurs ouvrages. Elles ne mettent pas la maternité en vedette, et même Évelyne Sullerot s'en méfie, car le mot, dit-elle, déclenche toujours des discussions éthiques qui occultent les réalités ; et pourtant elles constatent, avec indignation, que la maternité est bien le principal obstacle à la liberté des femmes.

A ces noms illustres, il faut joindre ceux de chercheuses plus effacées, mais dont les recherches novatrices ont fait école.

Madeleine Guilbert refuse, elle aussi, de se dire féministe [1]. Elle entre en 1945 au Centre d'études et de statistiques du ministère du Travail, Ambroise Croizat étant ministre : celui-ci lance les premières enquêtes sur les femmes et les mères au travail, avec l'aide des comités d'entreprise. En 1950, Madeleine, candidate au CNRS, section sociologie, y propose la première étude sur les

1. *Le féminisme et ses enjeux*, Centre fédéral de la Fen, 1988. Entretien avec Madeleine Guilbert, p. 94-95.

femmes, qui est acceptée; elle commence alors une étroite collaboration avec Viviane Isambert-Jamati; leurs nombreux articles servent de références. Madeleine Guilbert témoigne chaleureusement en faveur de Madeleine Colin, syndicaliste CGT, déjà citée, qui ne fait pas de recherche en sciences humaines, mais qui sait inspirer et stimuler les chercheurs, grâce à son exceptionnelle lucidité. Marie-José Chombart de Lauwe travaille près de son mari déjà cité : elle situe ses recherches au point de rencontre entre la sociologie et la psychologie.

La seule qui se déclare féministe, c'est Marguerite Thibert. Née en 1886, elle a travaillé au Bureau international du travail (BIT) de 1929 à 1957, comme chef de section chargée du travail des femmes et des jeunes. « C'était, dit Colette Audry, une de ces têtes qui ne se satisfont pas d'idées, mais qui veulent des faits. Elle se jetait avec gourmandise sur les Plans économiques lorsqu'ils paraissaient. Elle nous a toutes formées. Et il y en avait besoin. Car les problèmes féminins sont toujours des problèmes ambigus... [1]. » Par sa vitalité et son intelligence, Marguerite a su relier la première vague féministe à la seconde, les militantes de l'entre-deux-guerres à celles des années 70. Elle est morte en 1972.

De leur côté, des femmes écrivains (des écrivaines) ont su avec talent présenter au « grand public » les questions que se posaient les femmes : Célia Bertin *(Le temps des femmes)*, Geneviève Gennari *(Le dossier de la femme)*, Pierrette Sartin *(La femme libérée ?)*, Françoise d'Eaubonne *(Lettre ouverte aux femmes)*, et d'autres que j'oublie.

Grâce à elles toutes, les femmes ont pu dire leurs griefs et formuler leurs exigences. La conjoncture aidant, deux grands débats s'engagent : l'un est centré sur le travail salarié des mères, l'autre sur la contraception.

---

1. *Le féminisme et ses enjeux, op. cit.* Entretien avec Colette Audry, p. 99-109. Marguerite Thibert, philosophe de formation, avait soutenu en 1926 une thèse sur « Le féminisme dans le socialisme français de 1830 à 1850 ».

MATERNITÉ/TRAVAIL SALARIÉ

Conversions

Autour de 1955, une conversion remarquable s'opère chez les dirigeants politiques : ils veulent engager les femmes, mères ou non, dans le travail productif. Soucieux d'expansion économique, ils ressentent le besoin urgent de main-d'œuvre et font feu de tout bois. Le gouvernement de Pierre Mendès France a délibérément programmé le déclin de l'allocation de salaire unique [1]. Au début de la Ve République, le troisième Plan de modernisation et d'équipement (1958-1961) prévoit des mesures pour inciter les femmes à travailler : offre d'emplois à temps partiel, multiplication des crèches et garderies, perspectives de promotion. Le succès ne fut pas convaincant. Déçus, les responsables du quatrième Plan (1962-1965) ont recherché de la main-d'œuvre du côté de l'immigration et des rapatriés d'Algérie.

En vérité, les mères au travail n'étaient pas rares : les familiaux s'inquiètent même de voir croître leur nombre pendant les années 50. Mais les statistiques ne rendent cette progression visible que plus tard. Le nombre total des actives avait diminué entre 1954 et 1962, passant de 6 646 000 à 6 586 000 ; il augmente sensiblement entre 1962 et 1968, passant de 6 586 000 à 7 124 000. Et c'est surtout l'activité des plus jeunes, de 20 à 29 ans, qui progresse [2]. Autre renversement : le taux de natalité se réduit à partir de 1964. Ces deux tendances nouvelles se renforcent ensuite d'une année à l'autre : le modèle idéal de la « famille baby-boom » est fondamentalement remis en question. Sur les graphiques, l'activité féminine a la forme d'une « courbe à deux bosses » : les

1. Le décret du 31 décembre 1954 déconnecte l'allocation de salaire unique de la base de calcul des allocations familiales ; l'évolution de la première sera de plus en plus défavorable. Voir ci-après p. 131.
2. Insee, Recensements.

femmes de 18 à 25 ans sont nombreuses à travailler (première bosse), celles de 25 à 37 ans le sont moins (le creux), puis la courbe remonte et atteint un nouveau sommet entre 45 et 50 ans. Cette seconde bosse est une nouveauté : auparavant, la courbe déclinait sans retour. Ensuite, progressivement, le creux se réduit, en ordonnée et en abscisse : les femmes sont de moins en moins nombreuses à quitter leur travail entre 25 et 37 ans, et elles le quittent de moins en moins longtemps. En 1962, le taux d'activité des mères est de 39,3 % pour celles qui ont un enfant ; 25,6 % pour celles qui en ont deux ; 16,1 % pour celles qui en ont trois et plus. En 1968, ces taux respectifs s'élèvent à 43,9, 29, 17,3.

Où travaillent-elles ? Pendant les années 40 encore, nombre de femmes travaillaient comme aides familiales [1]. Les épouses d'agriculteurs, d'artisans, de commerçants restaient au foyer, ou plus exactement au service du ménage ; elles ne distinguaient pas (personne ne distinguait) entre travail ménager et travail non ménager, puisque tout leur travail était gratuit, non rétribué. Mais à mesure que l'évolution économique fait disparaître les entreprises familiales, les femmes cherchent d'autres activités. Les plus instruites sont attirées par le secteur tertiaire, où apparaissent de nouveaux métiers, proches de la sensibilité maternelle. Les assistantes sociales, les puéricultrices, les infirmières ont déjà été évoquées. Il faut ajouter les enseignantes (car le baby-boom multiplie les postes et l'enseignement se féminise), ainsi que les très nombreuses employées de bureau, dont les tâches et les statuts se diversifient [2]. De plus en plus de femmes sont fonc-

1. En 1906, les femmes d'agriculteurs étaient 3 329 000 ; en 1962, le nombre tombe à 1 272 000. Entre 1954 et 1962, le nombre des agriculteurs diminue de 20 %, celui des agricultrices de 30 %. Entre 1955 et 1970, le nombre des aides familiales diminue de 44 %.

2. Entre 1954 et 1962, dans les emplois de bureau l'accroissement du nombre des hommes est de 1 %, celui des femmes est de 32 %. Le nombre des femmes salariées s'est accru de 600 000 entre les deux dates. Cf. Françoise Guelaud-Léridon, *Le travail des femmes en France, Travaux et documents* de l'Ined, Puf, 1964. Cette synthèse s'appuie en partie sur les nombreuses et excellentes études réalisées par Madeleine Guilbert et Viviane Isambert-Jamati au cours des années 50. Voir aussi *Problèmes du travail féminin*, BIT, 1959.

tionnaires, ce qui signifie : sécurité de l'emploi, promotion régulière, pension de retraite assurée. Le nombre des femmes augmente aussi dans les professions libérales.

Ces travailleuses d'un nouveau type se vouent toujours, disent-elles, au service de la famille : leur salaire doit servir à payer un appartement plus grand où chaque enfant aura sa chambre ; ou bien il permettra aux enfants de poursuivre leurs études. Bien peu, sauf dans les couches supérieures, déclarent qu'elles travaillent par plaisir, qu'elles aiment leur métier ; mais beaucoup reconnaissent leur satisfaction de gagner un salaire, d'échapper à la routine ménagère, d'avoir des relations ou « des copines ». Les plus diplômées, les mieux payées, n'interrompent pas leur carrière, même avec deux ou trois enfants. Elles constituent un modèle identificatoire. Les mères n'aspirent plus à rester chez elles, mais au contraire à en sortir.

Malaises

Ces données agitent l'opinion. Colloques et congrès en débattent [1]. Elles inspirent dans toute la presse périodique des articles à sensation. Articles souvent simplistes, ou provocateurs : les femmes seraient désormais égales aux hommes, puisqu'elles se lancent avec succès dans des métiers autrefois réservés au sexe masculin ; elles leur seraient même supérieures, en un sens, puisqu'elles ont *le choix* de faire carrière ou de rester chez elles, choix refusé aux hommes. Sous ces propos, perce presque toujours un profond malaise : le « malaise clé de notre génération », dit Menie Grégoire [2]. Ce qui choque, ce n'est pas que les femmes ou les mères travaillent, elles ont toujours travaillé ; c'est que leur travail change de nature et de vocation ; il est en effet de plus en plus dissocié du cadre familial. Certes, cette dissociation a commencé au XIXe siècle, avec les ouvrières d'usine ; mais

1. Voir entre autres *Femmes du XXe siècle, op. cit.* Et le congrès de l'UFCS, « La femme et son travail », Dijon, 23-25 avril 1964.
2. Cf. Introduction de « La femme au travail », *Esprit*, mai 1961, p. 722.

alors elle était subie comme un pis-aller, une barbarie provisoire, à éliminer au plus tôt. Tandis que les métiers du tertiaire sont moins rebutants, souvent plaisants. Ils ont attiré successivement les célibataires et les veuves, puis les femmes mariées sans enfants, puis celles qui avaient élevé leurs enfants. Au début des années 60, il devient évident que les mères de jeunes enfants elles-mêmes s'y attachent. Là soudain, le bât blesse. La vérité éclate. Une vérité qui bouscule les certitudes les mieux établies et touche au plus profond des représentations collectives : les rôles masculin et féminin, la place de la femme dans la société, la place de l'enfant sont remis en question.

Mais le malaise a une autre cause que dénoncent les intellectuelles. Les mères qui travaillent ne sont pas reconnues dans leur double fonction : de ce fait, elles subissent des brimades insupportables.

La définition du travail salarié a été élaborée au cours de la révolution industrielle, donc ajustée au travail masculin. Depuis, toute femme qui devient salariée est jetée dans ce moule, celui du « travailleur » : la fiction démocratique de l'égalité assimile la femme à l'homme dans le travail ; mais cette conception de l'égalité consacre en fait l'inégalité, car elle conduit à des injustices que dénoncent *tous* les auteurs. Emportée par sa conviction généreuse, Madeleine Colin [1], secrétaire de la CGT et communiste, cite le pape Jean XXIII (encyclique *Pacem in terris*) qui réclame pour les travailleuses « le droit à des conditions de travail en harmonie avec les exigences de leur sexe, avec leurs droits d'épouse et de mère ». Elle cite aussi l'Office international du travail (OIT) dont la XLVIIIe session a porté sur le travail des femmes dans un monde en évolution et sur la nécessité de tenir compte de leurs obligations familiales. Il faut obtenir, insiste-t-elle, que le patronat, et l'État-patron, reconnaissent non seulement le droit au travail, mais aussi le droit à la maternité. Alors qu'à présent on jette à la tête des travailleuses, comme des injures,

---

1. *Femmes du XXe siècle, op. cit.*, p. 34-42. Voir aussi Madeleine Colin, *Ce n'est pas d'aujourd'hui*, Éditions sociales, 1975.

leurs congés de maternité et leur prétendu absentéisme (si souvent motivé par les enfants). Si bien que beaucoup de femmes renoncent en partie à leur congé de maternité (surtout s'il est payé à demi-salaire) ; les statistiques de la Sécurité sociale révèlent que dans une seule année, plus de 3 millions de journées de congé de maternité n'ont pas été prises.

Absentéisme et discontinuité sont les principaux arguments (très discutables) qu'on emploie pour disqualifier le travail féminin. En conséquence, les femmes se retrouvent dans les emplois les plus humbles, où les tâches sont répétitives et dépourvues d'intérêt, quoique souvent fatigantes [1]. Et leurs salaires sont presque partout largement inférieurs à ceux des hommes. Elles pourraient progresser si leur formation professionnelle était améliorée. Mais qui s'en soucie ? Il est avantageux pour beaucoup d'employeurs, que les filles apprennent toujours les techniques de l'habillement : elles ne trouvent aucun débouché dans ce domaine, mais elles acquièrent une habileté et une vélocité manuelles qui font merveille dans la mécanique fine et l'électricité ; là, on les embauche volontiers pour des salaires infimes, sans tenir compte de leur qualification, et on obtient d'elles une accélération continue des cadences. Tout le monde a bonne conscience : savoir coudre est si utile à une bonne mère de famille !

Menie Grégoire enquête à Sarcelles [2], lieu de tous les espoirs et de toutes les déceptions. Les femmes de Sarcelles sont bien logées et bien équipées. Mais si elles travaillent, « il faut qu'elles partent le matin au train de sept heures. Quand vous avez deux enfants et des écoles ouvrant à huit heures, il faut être levée avant cinq heures du matin, déposer un premier enfant chez une dame qui le gardera jusqu'au moment où elle le mettra en classe ; puis l'autre enfant chez la nourrice... Et quand on revient le soir à sept heures, ayant passé douze heures hors de chez soi, il faut reprendre les enfants

---

1. Sur la condition des ouvrières, cf. deux ouvrages de référence : Madeleine Guilbert, *Fonctions des femmes dans l'industrie*, Mouton, 1966, et Robert Gubbels, *Le travail au féminin*, Marabout, 1967.

2. Voir son débat avec Marie-Claude Vaillant-Couturier, dans *La femme à la recherche d'elle-même*, Semaine de la pensée marxiste, Lyon, 1966, La Palatine, 1966, p. 244-258.

chez l'une, puis chez l'autre, faire le marché et la cuisine. Comment voulez-vous qu'elles s'en tirent ? ».

La double fonction impose la double journée [1]...

Le degré de fatigue dépend évidemment de facteurs multiples : nature du travail professionnel, nombre et âge des enfants, aide disponible. Reste que beaucoup de jeunes femmes sont surmenées et que les médecins s'en inquiètent : pour elles, mais plus encore pour leurs enfants. Dès 1956, de grands congrès se sont penchés sur la question : celui de la Ligue d'hygiène mentale a réuni de nombreux psychiatres à Istanbul ; celui de l'Association internationale des femmes médecins a eu lieu à Burgenstock, en Suède. Le caractère international de ces manifestations confirme que les Françaises ne constituent nullement une exception.

L'École des parents transmet à ses lecteurs les conclusions des experts [2]. Conclusions très discutées dans les congrès mêmes, et très nuancées dans les comptes rendus ! Le professeur Heuyer donne le ton : « Il ne peut être question de demander la suppression du travail de la mère parce qu'elle a un enfant », pose-t-il en principe [3]. Le docteur Suzanne Serin précise : ont une mortalité infantile supérieure à la moyenne les ménages d'artisans et de commerçants, où la mère est aussi une patronne qui s'investit à fond dans l'entreprise familiale ; parmi les employés, le travail de la mère ne fait pas de différence ; en revanche, la mortalité infantile diminue en milieu ouvrier quand la mère travaille, car les revenus du ménage sont alors plus élevés, la mère mieux informée, le contrôle médical mieux assuré. De nombreux médecins signalent aussi l'influence favorable du travail professionnel sur la personnalité de la femme, plus équilibrée, plus ouverte au monde, plus capable de répondre aux questions de ses enfants.

---

1. Rares sont celles qui songent à impliquer le père. Voir Menie Grégoire, *Le métier de femme, op. cit.*, p. 69.

2. Sur l'École des parents, voir chapitres II et III. Le compte rendu des deux congrès est fait par le docteur Suzanne Serin : « Le travail de la mère et ses effets sur l'enfant », n° 7, mai, 1959. Voir aussi « Problèmes posés à la mère qui travaille » par Viviane Isambert-Jamati et le docteur Juliette Favez-Boutonnier, *L'École des parents* n° 8, juin 1959.

3. « Le travail de la mère et ses effets sur l'enfant », *op. cit.*

De leur côté, les sociologues – Marie-José Chombart de Lauwe, Viviane Isambert-Jamati, Madeleine Guilbert – rappellent que s'il y a souffrance, de la mère ou de l'enfant, cette souffrance n'est pas liée au fait que la mère exerce une profession, mais au fait qu'elle subit de mauvaises conditions de travail, qu'elle n'est pas aidée, que rien n'est prévu pour accueillir sa progéniture. Marie-José Chombart de Lauwe [1] exprime avec finesse ses doutes et son inquiétude. Trop de femmes sont harcelées, nerveuses, déçues : dans leur métier, elles ne peuvent pas progresser comme leurs collègues masculins, parce que leur fonction maternelle fait obstacle à leur réussite ; et en même temps elles craignent de négliger leurs enfants. Le conflit entre le rôle familial et le rôle social s'installe dans leur conscience. Conflit spécifiquement féminin : aucun homme n'est confronté à ce dilemme. De leur côté, les femmes au foyer ont « le temps de vivre », mais commencent à se sentir dépendantes, isolées, ou plus ou moins déconsidérées.

Finalement, pour presque toutes les femmes, la double fonction engendre alors un nouveau tourment : la culpabilité.

Palliatifs (?)

A défaut de remèdes immédiats, tous ceux qui se penchent sur ce problème cherchent des solutions pour l'avenir. Menie Grégoire et Évelyne Sullerot décrivent les kibboutz avec un réel enthousiasme [2] ; les communistes vantent l'organisation soviétique. Mais la plupart des auteurs jugent les modèles collectivistes inadaptables en pays capitaliste. Certains palliatifs font l'unanimité, comme la journée continue, l'allongement du congé de maternité et sa rétribution à plein salaire, réclamés par les syndicats, ou encore la réduction du temps de travail pour tous. D'autres solutions déclenchent des débats révélateurs. Voici les principaux.

1. Cf. *Femmes du XXe siècle, op. cit.*, p. 190.
2. *Demain les femmes, op. cit.*, p. 175. *Le métier de femme, op. cit.*, p. 239 à 241.

L'allocation de salaire unique est condamnée à mort, on l'a vu, même si les familiaux mènent encore en sa faveur des combats d'arrière-garde. On l'accuse surtout, non sans raison, de favoriser le travail clandestin : des femmes font des heures de ménage non déclarées pour ne pas perdre l'allocation. On la donne à des femmes sans enfants : est-ce pour qu'elles dorlotent leur mari ? On la donne à l'épouse inactive d'un président-directeur général, et on la supprime à l'épouse d'un ouvrier si celle-ci dépasse un certain nombre d'heures de travail rétribué ! Modeste, la prestation ne compense pas la perte d'un salaire, et donc n'assure nullement le libre choix de celles qui voudraient rester au foyer. Elle a donc perdu toute valeur, même symbolique. Son échec disqualifie le salaire maternel.

Le travail à temps partiel. Ici il faut distinguer. Le travail à temps partiel, sans avoir jamais été nommé ainsi, était pourtant une forme d'activité propre aux mères, depuis le XIXe siècle. Une femme qui élève ses enfants ne peut consacrer que quelques heures par jour à un travail salarié. Si elle est médecin, elle n'ouvre son cabinet que deux ou trois après-midi par semaine. Si elle est ouvrière, elle fait volontiers quelques heures de ménage, de lessive, de repassage chez une « bourgeoise ». Cette dernière pratique est fréquente pendant les années 50 et 60, mais elle reste clandestine, parce que la femme de ménage veut garder l'allocation de salaire unique, et la patronne est complice pour s'épargner les soucis de la « déclaration » et les frais de cotisation. La plupart des femmes ne se font pas un scrupule exagéré de bafouer des lois promulguées par les hommes et mal adaptées à leurs besoins. Patronne et employée s'arrangent entre elles : nombre d'heures, répartition des heures dans la journée et dans la semaine, rétribution. Certes, l'accord n'est pas toujours facile, ni durable ; l'employée reste menacée d'exploitation et d'insécurité ; la patronne peut être « lâchée » du jour au lendemain. Pourtant le système est souple et, dans les meilleurs cas, il donne satisfaction aux deux parties. En somme, le rapport de classes se modifie au sein de la vie domestique. Le temps des bonnes est passé ; lui succède le temps des femmes de ménage. La bonne était sous la coupe d'une bourgeoise inactive; la femme de ménage peut négocier son service avec une patronne le plus souvent active, elle aussi. Ce phénomène social mériterait d'autant plus d'être étudié qu'il se double à cette époque d'une confrontation ethno-culturelle : la femme de ménage est de plus en plus souvent une étrangère, Italienne, Espagnole, Portugaise...

Quand on parle du travail à temps partiel, c'est par référence au modèle masculin et c'est tout autre chose. On a vu que les familiaux lui étaient favorables dès 1945. L'idée est remise à l'ordre du jour en 1960 par le rapport Rueff-Armand, en vue de recruter de la main-d'œuvre féminine [1]. De nombreux pays, parmi les plus évolués – Angleterre, Canada, États-Unis – pratiquaient déjà cette forme d'emploi. La Commission des droits de la femme de l'Onu l'avait proposée en 1957 [2], et ensuite la Commission internationale du travail tenue à Genève en 1964 [3]. En France, deux ou trois entreprises font l'essai (par exemple la Télémécanique électrique de Nanterre). La plupart des associations féminines sont très favorables : l'UFCS, l'Association des femmes médecins, les Françaises diplômées des universités, la JECF, l'Union nationale des femmes. Certains syndicats – CGT-FO et CFTC – admettent le travail à temps partiel à condition qu'il soit choisi, non imposé.

Au contraire, pour l'UFF, pour la CGT, c'est la bête noire. Madeleine Colin et Andrée Michel expliquent pourquoi [4]. Le

1. En novembre 1959, Michel Debré a nommé Jacques Rueff et Louis Armand co-vice-présidents du Comité pour la suppression des obstacles à l'expansion.

2. Cf. « Rapport sur le travail à temps partiel », 2e session des Nations unies, 18 mars-5 avril 1957.

3. Simone Troisgros, secrétaire générale adjointe de la CFTC, y représentait la France; cf. *Le Monde*, 11-12 juillet 1964.

4. Andrée Michel, « Le statut de la travailleuse », *Esprit*, « La femme au travail », *op. cit.*, p. 878-880. Et Andrée Michel et Geneviève Texier, *La condition de la Française aujourd'hui, op. cit.*, tome I, p. 172-173 et 220-221; tome II, p. 158-159. Soulignons ici un aspect de la spécificité française. En France, la baisse de la fécondité est ancienne, la proportion de femmes au travail est élevée depuis longtemps. Les mesures sociales des années 1945-1946 ont favorisé cette tendance, notamment le congé de maternité indemnisé; les mêmes mesures ne sont venues que plus tard au Danemark et en

travail à mi-temps maintiendrait les femmes dans des postes subalternes, donc rendrait inutile leur formation professionnelle ; il permettrait d'éluder tous les problèmes relatifs à la garde des enfants, à l'aide sociale aux mères, à l'aménagement des transports (alors même que ces problèmes subsisteront...) ; il permettrait aussi de refuser la réduction générale du temps de travail ; il occulterait le chômage, puisqu'une travailleuse à mi-temps est comptée comme une travailleuse à part entière ; il perpétuerait la notion de salaire d'appoint, de main-d'œuvre d'appoint. Et dans quelques années, quand la conjoncture économique aura changé, les travailleuses à temps partiel seront les premières licenciées. Le travail à mi-temps écrase la qualification féminine et les salaires féminins : il dénie le principe d'égalité ; il confirme que la maternité est pour les femmes une pénalité.

La situation reste bloquée.

Pendant ce temps, le concept masculin du travail à temps partiel dégrade la condition des agricultrices. Jamais auparavant les paysannes n'avaient séparé leur travail professionnel de leur travail domestique. Elles élevaient des poules dans leur poulailler, elles cultivaient des poireaux dans leur potager : une partie de cette production était vendue au marché, une autre servie sur la table familiale. Or, voilà qu'en 1963 le ministère de l'Agriculture veut prendre la mesure du travail agricole : ses enquêteurs évaluent le temps que les femmes consacrent aux tâches ménagères et le déduisent de leur travail agricole. Du coup, elles deviennent travailleuses à temps partiel, « main-d'œuvre complémentaire ». Cela juste au moment où elles commencent à protester contre la mécanisation qui les renvoie à la maison. Elles se veulent agricultrices à part entière, elles veulent conserver ou plutôt réinventer leur métier. On voit « des fermières, mères de deux à sept enfants, débarquer à Paris, par fournées de cinquante, du fond du Finistère ou du Cantal, pour des stages de formation [1] ! ».

Grande-Bretagne. Il faut aussi tenir compte de l'organisation du système scolaire : âge d'obligation, horaires.

1. Menie Grégoire, *Le métier de femme, op. cit.*, p. 266-267. Alain Girard et Henri Bastide, « Le budget temps de la femme mariée dans les popula-

Les modes de garde. Le grand tourment des mères qui travaillent c'est la garde des enfants. Même celles qui sont contentes de leur travail expriment du chagrin. « Je ne profiterai pas de mon petit. » Leurs exigences commencent à faire apparaître l'insuffisance des solutions en place.

Le métier de nourrice est en pleine transformation. On appelle encore nourrices, bien qu'elles n'allaitent plus, les personnes qui élèvent de jeunes enfants en pension complète. Elles sont en principe déclarées, agréées, et placées sous le contrôle d'une assistante sociale de la PMI ; elles habitent assez souvent la campagne ; elles accueillent des enfants sans parents que leur confie l'Aide sociale à l'enfance, mais aussi des enfants dont les mères travaillent ou logent en garni. La maman vient voir son petit le dimanche, ou quand elle peut : ses relations avec sa « remplaçante » sont assez lointaines.

Mais voilà que les mères du baby-boom ne veulent plus se séparer de leur enfant : la maternité, plus souvent choisie, devient une prérogative et une jouissance. Aussi celle qui travaille cherche-t-elle à placer son bébé pendant la journée seulement : en le reprenant tous les soirs, en le soignant elle-même pendant les week-ends et les congés, elle peut conserver avec lui un lien privilégié. Cette solution est déjà répandue à l'étranger [1]. Les responsables politiques et les travailleurs sociaux la jugent idéale : elle évite à l'enfant de longs déplacements, elle le maintient dans un climat de vie familiale ; il peut être gardé même en cas d'indisposition légère, etc. En France, la demande augmente tant que les Caf s'y intéressent : à Sarcelles, on l'a vu (chapitre III), un réseau de relations se construit, les crèches familiales. Alors émerge le problème de la qualification des gardiennes. Les petits enfants deviennent si précieux qu'on ne saurait les confier à n'importe quelle femme disponible. Pour agréer une gar-

---

tions rurales », *Population,* 1959, n° 2, p. 252-284. Sous la direction de Rose-Marie Lagrave, *Celles de la terre. Agricultrices : l'invention politique d'un métier*, Paris, Éditions de l'EHESS, 1987. *Histoire de la France rurale,* sous la direction de Georges Duby et Armand Wallon, tome IV, *La fin de la France paysanne de 1914 à nos jours* par Michel Gervais, Marcel Jollivet, Yves Tavernier, Seuil, 1976.

1. *Revue internationale du travail,* novembre 1950.

dienne de jour, on enquête sur ses compétences et sa moralité; on pose des conditions. Ces procédures indisposent les candidates éventuelles. D'ailleurs, une gardienne agréée ne plaît pas toujours à la maman à qui on la propose. On est là dans un domaine où domine l'affectivité, où la sympathie compte plus que la compétence... Le plus souvent, mère et gardienne se cherchent, se trouvent, s'accordent en marge des contrôles administratifs : travail au noir, socialisation encore sauvage...

L'Aide sociale à l'enfance a inauguré quelques belles crèches, très bien équipées dans la banlieue parisienne en 1960-1961, quand le troisième Plan essayait d'inciter les mères à travailler. Mais ces établissements, on l'a vu (chap. II), souffrent toujours de l'idéologie familialiste : la mère y est mal accueillie, comme pour la dissuader, la culpabiliser. « Si vous ne pouvez faire autrement... » L'Unaf, l'UFCS demeurent hostiles : elles ne veulent pas dispenser les mères de leur devoir. Leur premier argument officiel est le coût de ces établissements : là, on rémunère *à leur valeur* tous les soins que donne une mère ! Le prix de journée, trop élevé pour les ménages modestes (ceux qui justement ont besoin de faire garder leurs enfants), tombe à la charge de la collectivité. Autre argument : l'UFCS projette dans les centres sociaux les films de René Spitz révélant les méfaits des carences affectives. La psychanalyse est appelée à la rescousse du conservatisme. Les militantes de l'UFCS reçoivent pour consigne de s'opposer à la création de crèches par les conseils municipaux ou les centres sociaux [1].

A l'opposé, les marxistes, les syndicalistes, les sociologues et des mères de plus en plus nombreuses réclament des crèches. La maternité est une fonction sociale, martèle Andrée Michel; la société tout entière doit la prendre en charge et proposer aux mères des équipements collectifs [2].

1. Cf. *Fiches documentaires d'action sociale et civique,* n° 8 : *Les services sociaux*; n° 10 : *La participation des femmes à la vie de la cité.*

2. Le thème de « la maternité fonction sociale » avait fait l'objet d'une vive controverse entre les deux guerres. Pour les communistes et sympathisants, c'était la solution de l'avenir, autorisant toutes les revendications. Pour les féministes modérées, l'idée contenait une menace collectiviste : la

Les édiles font de leur mieux, surtout les édiles communistes. Mais aussi les édiles femmes : par exemple Marcelle Devaud, maire UNR de Colombes (1959-1965) et mère de six enfants; ou Jacqueline Thome-Patenôtre, maire radicale de Rambouillet (1947-1983) et mère de deux enfants. Les Caf s'efforcent de leur côté d'inventer des formules souples de garderies et de jardins d'enfants.

Les écoles maternelles commencent, elles aussi, une mutation. A partir des années 60, leurs effectifs progressent, à cause du baby-boom, mais surtout parce que les élèves rajeunissent : en 1957-1958, la moitié des enfants de 4 ans, le tiers des enfants de 3 ans viennent en classe; en 1980 : tous les enfants de 4 ans et 85 % des enfants de 3 ans. Ce succès s'explique par la réussite d'une pédagogie spéciale qui sait rendre les enfants heureux tout en les préparant à la grande école ! Ici, aucune rivalité, aucun désaccord entre mères et institutrices; au contraire, il y a reconnaissance réciproque. L'école est en passe de relayer les mères, là où on les disait irremplaçables [1].

Tous comptes faits, et malgré les difficultés, la plupart des auteurs proclament leur volonté de maintenir la double fonction. A bas l'antique complémentarité entre homme et femme ! Au plan biologique passe encore, mais au plan social elle est périmée. « Nous parions pour deux sexes forts », écrit Menie Grégoire [2]. Tout être humain est un individu complet [3], affirme Évelyne Sullerot qui s'enthousiasme pour Valentina Terechkova, première femme cosmonaute et future mère. Le travail rémunéré délivre les femmes de leur soumission aveugle aux lois de l'espèce. Lui seul permet leur intégration dans une civilisation avancée, grande productrice et grande consommatrice, et dans une démocratie véritable. Il imposera peu à peu la prise en charge collective de toutes les tâches dites maternelles.

---

maternité, disaient-elles, doit rester une fonction privée, familiale. Certaines redoutaient aussi que la socialisation de la maternité ne conforte « l'égoïsme masculin ». Cf. Anne Cova, thèse citée, p. 476, 685-686.

1. Voir Alain Norvez, *op. cit.*
2. Menie Grégoire, *Esprit*, juin 1966, p. 1281.
3. Évelyne Sullerot, *Demain les femmes, op. cit.*, p. 17.

Telle est au moins la prophétie d'Évelyne Sullerot, la plus combative des intellectuelles.

MATERNITÉ/FÉCONDITÉ

Voici la même Évelyne Sullerot aux prises avec ses quatre petits : elle a vingt-cinq ans... « On perd justement la notion du temps. On ne sait plus quel âge on a. Le manque de sommeil talonne et donne à la suite des jours une allure somnambulique [...] Et puis toute entreprise, toute action, toute conversation est fractionnée, tronçonnée, interrompue mille fois. Il naît de cette impossibilité de faire quoi que ce soit de continu une sensation tout à fait particulière de vertige et de monotonie. Répétitions, recommencements, interruptions. Lavage, biberons, une chose cassée, la cuisine, maman il s'est mouillé, on sonne à la porte, où en étais-je ? l'heure de la maternelle, préparer la voiture. Oh ! qu'est-ce que tu as trouvé là ! viens te laver ! vite. L'organisation et l'autorité naturelle n'y font rien. Celle qui s'en sort le mieux est néanmoins submergée. [...] A force d'être disponible totalement pour ses enfants et les petites choses de la vie domestique, elle perd la faculté de s'absorber dans des tâches ou des réflexions à long terme, qui lui sembleront dès l'abord égoïstes et étrangères à son devoir premier. » Comment retrouver ensuite « l'usage de soi-même » [1] ?

Celles qui ressentent cette aliénation sont de plus en plus nombreuses. Mais personne n'ose rien dire, la maternité est sacrée ! La première à rompre le silence fut une gynécologue, confrontée, il est vrai, aux pires souffrances. Ici aussi, il faut parler de conversion : celle de Marie-Andrée Weill-Hallé (née Lagroua) a fait date [2].

---

1. Cf. *La vie des femmes, op. cit.*, p. 98.
2. Elle a été constamment stimulée et soutenue par son mari, Bernard Weill-Hallé, médecin pédiatre.

« Un tabou est levé [1] »

Étudiante en médecine, elle avait accueilli avec ferveur l'enseignement donné par la conférence Pasteur et la Jeunesse étudiante chrétienne (JEC) : « J'entends sur l'amour des choses merveilleuses [...] Sur la chasteté dans le célibat, sur la continence dans le mariage, le respect de la vie de l'enfant dès la conception, même si la vie de la mère est menacée [...] L'héroïsme de ces principes m'enthousiasme. Rien ne me paraît ni trop grand ni trop dur [2]. » Après quoi, premier choc, elle assiste horrifiée au curetage à vif d'une avortée... En 1947, jeune mariée, elle découvre le *birth control* à New York (dans la clinique créée à l'initiative de Margaret Sanger). Mais, encore conditionnée par son éducation, elle est gênée de voir des médecins aider les femmes à « refuser la maternité ». En peu d'années, sa pratique de gynécologue sape ce conditionnement. On saisit là l'importance de l'entrée des femmes dans les « métiers masculins » : les consultantes parlent plus librement à un médecin femme, et celle-ci les entend mieux ; de nouvelles solidarités peuvent naître.

Que disent les consultantes ? Que la fécondité est devenue une malédiction ! Enceintes, ces malheureuses déclarent avec véhémence que l'enfant à naître est indésirable, qu'il détruirait tout leur avenir. Les raisons matérielles pèsent lourd : logement trop misérable, ressources trop modestes. Les raisons de santé pèsent encore plus. Je n'ai plus la force, je suis toute la nuit debout parce que mes trois enfants ont la coqueluche... J'ai trop de travail, je suis toujours énervée, je ne supporte plus mes enfants... J'ai une maladie grave, le docteur m'a recommandé de ne plus être enceinte, mais il n'a pas voulu me dire comment me protéger, il s'en moque, et si je meurs mes gosses iront à l'Assistance !... Tous les cas ne sont

1. C'est le titre d'un article de Catherine Valabrègue dans *La Nef* n° 5, janv.-mars 1961, p. 108-113.
2. Cf. *La grand-peur d'aimer*, Julliard, 1960, p. 18-19. Préface de Simone de Beauvoir.

pas aussi dramatiques : il y a aussi l'étudiante qui veut obtenir son diplôme, la pharmacienne qui ne peut délaisser son officine, la grande bourgeoise, nantie de sept enfants à 35 ans, et qui perd toute joie de vivre... Les hommes s'impliquent mal. Beaucoup ne supportent ni le condom ni le calendrier Ogino. Tel exige un enfant tous les ans : sa mère en a eu seize et les femmes c'est fait pour ça. Tel autre menace d'aller voir ailleurs si madame est encore enceinte. Tel est jaloux de ses propres gosses : il s'est marié par amour, il veut sa femme pour lui. Certains font l'effort de « se retenir ». Mais l'un devient hargneux, méchant, violent ; l'autre se met à boire ; un autre en arrive à l'impuissance... Les allocations ? C'était bien quand les premiers-nés étaient petits !... Les doléances s'achèvent toujours par la même question : je ne suis sûrement pas la seule ! Comment font les autres ?

La plupart des patientes avouent qu'elles sont décidées à avorter. Quelques-unes n'en sont pas à leur coup d'essai : même des catholiques croyantes et pratiquantes ont avorté une ou plusieurs fois (huit fois, dix fois ou davantage). Pour elles, l'avortement n'est pas un remède à la licence des mœurs : elles sont mariées et fidèles épouses. L'avortement n'exprime pas un refus de maternité : beaucoup sont déjà mères, et heureuses de l'être. Avorter c'est seulement sortir d'une impasse, d'un cauchemar.

Que l'avortement soit pratique courante, tout le monde le savait. Des hommes compétents, démographes, médecins, juristes [1], prenaient minutieusement les mesures de ce fléau social qui battait en brèche le natalisme officiel ; le sort des femmes n'était pour eux qu'un épiphénomène. Quelques romanciers se montraient plus sensibles [2], mais le roman c'est la fiction ! Dans le cabinet de la gynécologue, l'avortement

1. Entre beaucoup d'autres études, signalons : « L'avortement et les moyens anticonceptionnels », in *Famille d'ajourd'hui*, Union nationale des Caisses d'allocations familiales n° 4, 1947. Dr Jean Sutter, « Résultats d'une enquête sur l'avortement dans la région parisienne », *Population* n° 1, 1950. Dr Paul Trillat, *Avortement, fléau social*, Imprimerie nationale, 1951.

2. Par exemple le célèbre *Corps et Ames* de Maxence Van der Meersch, Albin Michel, 1943. Et aussi Jean-Paul Sartre, *L'âge de raison*, 1945. José André Lacour, *Confession interdite*, Julliard, 1955. Suzanne Allen, *La mauvaise conscience*, Gallimard, 1955, etc.

change de définition : non plus fléau social, mais fléau individuel, symptôme lourd d'une souffrance sans issue. Souffrance qui n'épargnait pas totalement les hommes, mais qui frappait bien plus cruellement les femmes : elles venaient seules chez la gynécologue.

L'importance historique de Marie-Andrée Weill-Hallé se situe là, dans l'écroulement de ce tabou. Avant elle, l'avortement était bien, certes, « affaire de femmes », mais chacune pour soi, en silence, en cachette. Après elle, l'avortement devient l'affaire de toutes les femmes qui disent « nous » et non plus seulement « je ».

Pourtant, cette prudente doctoresse n'a jamais parlé de l'avortement, elle a seulement défendu la planification familiale. L'épisode, maintes fois raconté, est archi-connu [1]. Mme Weill-Hallé réussit, en mars 1955, à capter l'attention de l'Académie des sciences morales en présentant le cas d'une jeune femme qui, épuisée, déprimée par cinq grossesses en cinq ans de mariage, avait laissé périr faute de soins sa dernière-née. Pour prévenir de tels drames, la doctoresse préconisait de créer des centres de consultation où les jeunes couples apprendraient à planifier leur famille. Cette intervention mesurée déchaîna dans la docte assemblée un débat passionné auquel la presse fit écho.

Répétons-le : Mme Weill-Hallé n'avait fait aucune allusion à l'avortement. Et pourtant le glissement fut immédiat. *Libération*, quotidien à succès, prit « des risques » et annonça une grande enquête sur l'avortement. Le jeune journaliste Jacques Derogy produisit en octobre et novembre 1955 une série d'articles intitulés : « Les femmes sont-elles coupables [2] ? » De nombreux périodiques suivirent. Quatre pro-

1. Cf. *D'une révolte à une lutte. 25 ans d'histoire du Planning familial*, Éditions Tierce, 1982. Henri Léridon, *La seconde révolution contraceptive. La régulation des naissances en France de 1950 à 1985*, Ined/Puf, 1987. Janine Mossuz-Lavau, *Les lois de l'amour. Les politiques de la sexualité en France 1950-1990*, Payot, 1991.

2. Articles réunis peu après dans un ouvrage intitulé *Des enfants malgré nous ?*, Éditions de Minuit, janvier 1956. A la même époque, la revue de l'Ined, *Population*, multipliait les études savantes sur la prévention des naissances. Voir n° 2/1955, n°s 2 et 3/1956, n° 4/1960 ; notamment A. Girard et R. Samuel, « Une enquête sur l'opinion publique à l'égard de la limitation des naissances », *Population*, 1956, n° 3, p. 481-506.

jets de loi autorisant la contraception furent déposés bureau de l'Assemblée nationale entre février et mai 1956. Mais la vague médiatique retomba rapidement, car d'autres problèmes venaient à la une : drame de la guerre d'Algérie, chute de la IVe République, avènement de la Ve... Du moins le public était-il alerté, le débat éthique était lancé. Associations, partis et groupements de toutes sortes commencent à se situer par rapport à la libre contraception et à ce qu'on attend d'elle. Fera-t-elle reculer l'avortement ? Ou banalisera-t-elle le refus d'enfant au point de légitimer l'avortement lui-même ? Favorisera-t-elle l'union des couples ? Ou bien banalisera-t-elle l'acte sexuel jusqu'à le priver de toute signification morale et affective ? Toute la problématique est déjà formulée avec lucidité au seuil des années 60.

« Maternité heureuse ». Une nouvelle génération d'association féminines

Du côté des femmes, les premières réunions s'organisent. Évelyne Sullerot raconte son enthousiasme en apprenant la démarche de Mme Weill-Hallé ; elle lui écrit, la rencontre : « Nous n'étions que nous deux. Quelques semaines plus tard nous étions ving-cinq et nous fondions dans une semi-clandestinité une association que nous baptisâmes " La maternité heureuse " [...] Nous ne fûmes que des femmes à l'origine pour lutter contre les lois, les démographes, les médecins peureux, les juristes prudents, les religieux indignés, les hommes goguenards [1]. »

L'événement compte en effet. Il marque l'émergence d'une génération tout à fait nouvelle d'associations féminines : celles qui vont oser redéfinir les enjeux de la maternité. Exiger une maternité heureuse c'est indiquer que la maternité ne l'est pas toujours, vérité difficile à imposer. C'est déclarer que les femmes refusent désormais la fatalité, la passivité, qu'elles

1. *La vie des femmes, op. cit.*, p. 67-77. La Maternité heureuse est née le 8 mars 1956.

croient au progrès et veulent le construire. Leur élan s'affirme, invincible, dans les pages du bulletin qu'elles publient, *Maternité heureuse*.

Parmi les premières adhérentes, le Mouvement Jeunes Femmes mérite attention. « Mouvement » (et non pas association), c'est tout un programme. Réunies en 1945-1946 dans un cadre confessionnel (les pionnières étaient femmes de pasteurs), elles ont conquis très tôt leur autonomie. Leurs activités pendant la Résistance avaient développé chez elles le sens et le goût des responsabilités. Leurs convictions religieuses et intellectuelles avaient mûri sous l'influence du théologien suisse Karl Barth, principal inspirateur de la résistance protestante à l'hitlérisme. Au lendemain de la Libération, les mères de famille protestantes ont été invitées à s'occuper des jeunes. Elles ont refusé : nous n'y sommes pas prêtes, nous voulons d'abord nous occuper de nous-mêmes [1] ! Des encouragements et une aide financière leur sont venus de la vaste Young Women Christian Association (YWCA). Peu nombreuses (moins de 5 000 membres jusqu'en 1965), elles ont formé des petits groupes bénévoles, agissant à tout moment comme du levain dans la pâte. Elles étaient favorables à l'accouchement sans douleur, à l'emploi de préservatifs (masculin et féminin), à l'éducation permanente. Leur objectif constant fut « la rencontre d'autrui », notamment la rencontre des femmes, de tous âges et de toutes conditions, pour les aider à devenir des êtres humains à part entière. Qu'est-ce qu'une femme, une fois ôté le manteau de la tradition ?

Autres adhérentes précoces à Maternité heureuse, les franc-maçonnes (notamment l'avocate Anne-Marie Dourlen-Rollier [2]), de nombreuses enseignantes et des syndicalistes. Les clivages politiques chers aux Français – laïcité républi-

---

1. Cf. *Jeunes Femmes* n° 165, nov. 1981, *1946-1981. Trente-cinq ans de vie*, numéro spécial. Par scrupule démocratique, elles n'ont jamais eu de présidente, mais parmi les premières responsables, Francine Dumas, Suzanne Duflo, Janine Grière, Madeleine Tric méritent mention. Je remercie chaleureusement Christiane Delteil et Marianne Loupiac qui ont bien voulu me donner des témoignages personnels et m'aider à connaître leur mouvement. Je remercie également la Faculté de théologie protestante de Montpellier qui a facilité mes recherches.
2. Elle a publié *La vérité sur l'avortement*, Maloine, 1963.

caine contre conservatisme religieux – ne manquent pas de se retrouver au chevet des mères.

Durant les premières années (1956-1961) les membres de Maternité heureuse ont surtout fait des conférences et animé des débats. Les préventions restaient fortes. La presse féminine [1] et les associations non confessionnelles hésitaient à parler du *birth control* de crainte de faire fuir les lectrices et les adhérentes. Leur conversion progresse plus vite à partir de 1960.

Le 13 octobre 1960, la télévision évoque la planification familiale dans le cadre de l'émission *Faire face* d'Igor Barrère et Étienne Lalou. Les questions posées par les téléspectateurs révèlent une vaste ignorance : nombreux sont ceux et celles qui confondent la contraception et l'avortement [2]. Puis la presse féminine se risque à lancer des enquêtes. *Pour vous madame* (novembre 1960) interroge ses lectrices sur la limitation des naissances et reçoit 7 000 réponses, presque toutes favorables. Marcelle Auclair dans *Marie-Claire* pose la question de la contraception en août 1960 et celle de l'avortement en novembre. Bouleversée par la masse et le ton des réponses, elle en tire un ouvrage, *Le livre noir de l'avortement* [3]. « On nous enseigne tout, sauf à vivre et à donner harmonieusement la vie : rien n'est pourtant plus important [...]. Je le savais que des femmes sont malheureuses. Mais je n'imaginais pas que ce fût à ce point. Leur souffrance est la seule au monde qui soit absolument négative, sans autre fruit que le cynisme et le désespoir. » A partir de là, les témoignages se multiplient : véritable musée des horreurs !

L'association des femmes médecins enquête elle aussi (en

---

1. Sur la presse féminine, voir Évelyne Sullerot, *La presse féminine*, Armand Colin, 1963. Et aussi Menie Grégoire, « La presse féminine », *Esprit*, juillet-août 1959. Marcelle Auclair, « La presse féminine », *La Nef*, octobre-décembre 1960.

2. Cf. *D'une révolte à une lutte, op. cit.*, p. 96. Le numéro spécial de *La Pensée* (n° 124, déc. 1965) est dense et précis sur le sujet.

3. Fayard, 1962. Ouvrage réalisé avec le concours de Jeanne Dodeman. En appendice, le livre présente « La lectrice de *Marie-Claire* », femme de 25 à 64 ans, cadre moyen ou employée (23 % d'ouvrières), d'instruction primaire. *Marie-Claire* avait à cette date 3 746 000 lecteurs dont 28 % d'hommes.

1961) parmi 700 de ses adhérentes en région parisienne. Celles-ci sont favorables à la modification de la loi de 1920 ; mais elles demandent que les contraceptifs ne puissent être utilisés que sur prescription médicale. Les Femmes diplômées des universités sont à fond pour la contraception. Mais l'UFCS diffuse des documents hostiles...

En 1958 la Maternité heureuse adhère à la Fédération internationale de planning familial (IPPF) ; en 1960 elle devient le Mouvement français pour le planning familial (MFPF), encore peu connu du grand public.

Passage à l'acte

Les femmes travaillent à la base, les hommes osent les coups d'éclat. C'était déjà le cas de Jacques Derogy. Le second pas décisif est franchi par le docteur Henri Fabre qui, avec l'aide d'une équipe très soudée et très motivée, ouvre en juin 1961 un centre de consultation à Grenoble : en toute illégalité, et en toute impunité [1]. L'homme était audacieux, aventureux (il avait accompagné Paul-Émile Victor dans une exploration au Groenland...), mais aussi prudent et avisé. Pour ne pas tomber sous le coup de la loi de 1920, qui interdisait toute publicité, l'information et les contraceptifs n'étaient délivrés qu'aux membres du MFPF, ce qui eut pour effet de multiplier le nombre des adhérentes. En octobre, un deuxième centre s'ouvrait à Paris. L'exemple fut suivi, ici et là, au gré des initiatives locales : six centres en 1961, vingt-six autres en 1962.

Il ne s'agissait encore que de distribuer des diaphragmes et des spermicides. Or les Françaises ne les ont jamais beaucoup appréciés : à peine 1 % à 2 % d'entre elles en ont utilisé. C'est seulement avec la diffusion de la pilule et du stérilet (fin 1965 en France) que l'efficacité contraceptive des centres MFPF est devenue une réalité. Pourtant, dès 1961, la presse se mobilise pour faire connaître l'initiative grenobloise : *Elle,*

1. *D'une révolte à une lutte, op. cit.*, chapitre VII.

France Observateur, L'Express réagissent les premiers. Le magazine télévisé *Cinq colonnes à la une* programme une séquence (5 novembre 1961) sur le Planning familial.

L'information circule parmi les femmes : elles commencent à venir dans les permanences, à adhérer au MFPF. Le problème est alors de trouver des locaux et des hôtesses d'accueil. Les premières hôtesses ont été des bénévoles, pour la plupart mères de famille, sans profession, sans formation spéciale, mais très motivées. Les unes venaient du Mouvement Jeunes Femmes que soutenait l'Église réformée; les catholiques étaient souvent membres de Vie nouvelle. Elles étaient aussi angoissées que les consultantes. « Je tremblais comme une feuille », avoue l'une d'elles. A côté d'elles, des commissions de réflexion et de recherche se sont bientôt organisées : y venaient des enseignantes progressistes et des médecins.

Cette pratique révolutionnaire invitait les différents pouvoirs à prendre position. Le corps médical s'est divisé. Les docteurs du MFPF, soucieux d'assurer la formation des soignants, constituèrent un Collège médical (janvier 1962). Aussitôt, le Conseil de l'Ordre émit un diktat hautain : le médecin « n'a aucun rôle à jouer » dans la contraception et ne doit en aucune manière cautionner l'activité des centres. Mais le Collège répliqua en invitant *tous* les médecins, et surtout les gynécologues, à étudier les méthodes contraceptives. D'ailleurs, de grands colloques mettaient la question à l'ordre du jour [1], le mot *orthogénie* faisait son apparition. En novembre 1965, trois prix Nobel de médecine devenaient présidents d'honneur du MFPF : André Lwoff, Jacques Monod, François Jacob.

Le magistère catholique n'était pas unanime lui non plus. Le concile Vatican II siégeait alors (de 1962 à 1965 [2]). On prêtait aux saints pères des intentions novatrices; des obser-

1. La Société française de gynécologie en 1962, la Société nationale pour l'étude de la stérilité et de la fécondité en 1963.

2. Première session : 11 oct.- 8 déc. 1962; deuxième session : 29 sept.-4 déc. 1963; troisième session : 14 sept.-21 nov. 1964; quatrième session : 14 sept.-8 déc. 1965.

vateurs laïques étaient invités; même des femmes furent admises (pendant la troisième session). Sur la régulation des naissances, une importante réflexion fut conduite; mais le pape Paul VI préféra confier le sujet à une commission spéciale qui travailla jusqu'en 1966. Pendant ce temps, les ouailles évoluaient : en 1956, 62 % étaient contre la libéralisation de la contraception, 24 % étaient pour; dix ans après les proportions s'étaient inversées [1]. L'Église n'était pas hostile par principe à la réduction des naissances. Le père Stanislas de Lestapis reconnaissait que tous les enfants mis au monde, ou presque, survivent désormais; tout couple est donc exposé à engendrer une famille nombreuse. En conséquence, « un nouveau droit de l'homme et du citoyen vient, semble-t-il, d'émerger à la surface de la conscience humaine : le droit à la limitation des naissances ». Pourtant, le père jésuite maintenait la casuistique des *moyens* : selon qu'ils étaient « naturels » (Ogino, températures), ou « non naturels » (préservatifs), ils respectaient plus ou moins la dimension morale de l'acte sexuel et la dignité des époux [2]. L'Église autoriserait-elle les méthodes nouvelles réputées « non naturelles » ? Jusqu'à l'encyclique *Humanæ vitæ* (1968), l'espoir sembla permis.

Le Parti communiste, lui, s'est discrètement converti. A la Semaine de la pensée marxiste de 1965 (20-27 janvier), des personnalités favorables à la planification de la famille ont été invitées : Francine Dumas du Mouvement jeunes femmes, Andrée Viénot de la Ligue des droits de l'homme, Simone Iff, hôtesse du Planning. Le débat fut vif [3]. Les communistes maintenaient l'amalgame entre malthusianisme et contraception [4]. Réduire les naissances c'est affaiblir le prolétariat, c'est permettre au patronat de ne pas augmenter les salaires. Gil-

1. Enquêtes de l'INED, citées par Henri Léridon, *La seconde révolution contraceptive, op. cit.*, p. 24
2. Cf. La limitation des naissances, 1959. « La régulation des naissances fait des adultes. La contraception prolonge des adolescences », concluait l'auteur, p. 218.
3. Les débats ont été publiés dans *La femme du XXe siècle*, Puf, 1965.
4. Sur le malthusianisme, cf. Francis Ronsin, *La grève des ventres*, Aubier-Montaigne, 1980. Et Roger Henri Guerrand, *La libre maternité*, Casterman, 1971. Cf. aussi Anne Cova, thèse citée.

bert Mury : « Parler de maternité heureuse en oubliant par principe le pouvoir d'achat des allocations familiales – dont la mère dit : *mes* allocations – [...] voilà le paradoxe inacceptable. » Simone Iff : « N'y a-t-il pas de problèmes pour les couples ayant de bonnes conditions de vie ? Quand ils trouvent enfin quelqu'un qui veut bien les écouter plus intimement, ce ne sont jamais les questions économiques qui sont ressenties avec le plus d'angoisse. Trois enfants en quatre ans de mariage, quand on est seulement âgée de 26 ans. Avouez qu'il est normal qu'on ait envie d'une méthode contraceptive efficace [...] J'ai cinq enfants... » Logique féminine contre logique masculine ! Peu après, Gilbert Mury reconnaissait : « Nous avons donc à défendre une double liberté : celle de ne pas avoir d'enfant, et celle d'en avoir [1]. » Telle était la nouvelle ligne.

Les plus conservateurs étaient les démographes. Alfred Sauvy a toujours refusé de participer à des campagnes contre la loi de 1920 [2]. La contraception ne ferait pas disparaître l'avortement, pensait-il, car l'avortement relève d'une simple décision, alors que la contraception exige une tension persévérante. Il martèle d'ailleurs, lui aussi, que la décision des couples dépend surtout de la manière dont la société accueille l'enfant. La distinction entre l'enfant désiré et l'enfant non désiré (donc mal aimé) ne tient pas, dit-il : le dernier-né vient souvent par surprise, et c'est pourtant presque toujours le plus choyé.

Maternité/Sexualité

Parler en public de la contraception était déjà audacieux et bouleversant pour « les petites dames du Planning [3] ». Mais l'émotion qui les étreignait durant leurs permanences était

1. *La femme à la recherche d'elle-même.* Semaine de la pensée marxiste de Lyon, Paris/Genève, La Palatine, 1966, p. 280.
2. La lettre qu'il adresse à Marcelle Auclair est citée dans *Le livre noir de l'avortement, op. cit.*
3. C'est le docteur Chauchard, catholique réactionnaire, qui les désigne ainsi. Cf. *D'une révolte à une lutte, op. cit.*, p. 90.

d'autre nature. Si elles « tremblaient comme des feuilles », c'est en raison de l'épreuve terrible qu'elles s'imposaient. Accueillir une inconnue aux abois, recevoir ses confidences les plus intimes, lui communiquer un savoir considéré comme scabreux, avec démonstrations à l'appui, c'était l'équivalent d'un viol. Il fallait refouler, bafouer, une pudeur millénaire. Hôtesses et consultantes avaient été privées par éducation de tout droit de regard sur leur propre sexe. En apprenant quels gestes il faudrait faire pour placer un diaphragme, certaines consultantes blêmissaient... S'il y eut rupture entre deux générations, elle commence là ! L'examen gynécologique est certes profondément humiliant, mais pendant une grossesse, on le subit à cause de l'enfant. Là, il s'agissait de « frauder »...

Comme pour se disculper, des consultantes disaient : « Au moins mon mari prendra son plaisir. – Mais vous aussi, répliquait l'hôtesse. – Oh ! moi, je n'y crois plus, il y a si longtemps que je fais semblant... » « A travers la demande de contraception, on pataugeait dans la sexualité [1]. » Tout ressortait, les peurs, les tabous, l'incroyable ignorance des femmes à propos de leur corps, la honte et la misère quotidienne du deuxième sexe. Les hôtesses avaient à cœur de combattre la résignation, la passivité, elles se muaient en monitrices de jouissance. Toutes les enquêtes confirmaient [2] qu'une contraception efficace faisait reculer non seulement l'avortement clandestin mais aussi la frigidité féminine. Au temps de *La garçonne* [3], certains avaient craint que la sexualité féminine ne supplante la maternité ; le risque était alors imaginaire. Mais au temps du MFPF, les jeunes femmes de moins de 30 ans, plus exigeantes que leurs mères, considéraient la satisfaction sexuelle comme un élément essentiel de l'entente conjugale.

Au total, le MFPF a joué un rôle qu'il n'avait ni prévu ni

1. *Ibid.*, p. 112.
2. Cf. M.-A. Weill-Hallé, *Contraception orale ou contraception locale*, Maloine, 1962.
3. *La garçonne*, titre du célèbre roman de Victor Margueritte (1922). Toutes les études conduites sur ce thème confirment que la « garçonne » fut une figure littéraire, non pas une figure sociale. Cf. Anne-Marie Sohn, « La garçonne face à l'opinion publique : type littéraire ou type social des années 20 ? », *Le Mouvement social*, 7 sept. 1972, p. 3-29.

voulu : il a enseigné la sexualité aux bonnes mères de famille, il a stimulé leur imaginaire érotique. La maternité heureuse a servi de véhicule à des propos subversifs...

En vérité, le discours sur la sexualité se banalise partout durant les années 50. Le fameux rapport du docteur Kinsey, aussitôt traduit en français (*Le comportement sexuel de l'homme*, 1948, *Le comportement sexuel de la femme*, 1954), a donné des lettres de noblesse à la sexologie, science toute jeune, mal vue des psychanalystes. La description réaliste de l'acte sexuel déborde alors la littérature pornographique, on la trouve dans des romans écrits par des femmes : *Les mandarins* (1954) de Simone de Beauvoir, *Le repos du guerrier* (1959) de Christiane Rochefort. Au cinéma s'imposent les « symboles sexuels » : Brigitte Bardot, Marilyn Monroe. Le film de Louis Malle, *Les amants* (1959), montre l'amour physique comme instrument de réhabilitation : l'héroïne, en se livrant tout entière aux sensations voluptueuses, accède à une sorte de pureté, d'authenticité ; elle échappe à un milieu mesquin, menteur, délétère, qui l'avilissait ; elle laisse mari et enfant... La comédienne en charge de ce rôle, Jeanne Moreau, a choqué surtout par la sincérité et la dignité de son jeu.

Geneviève Texier, agrégée de philosophie, catholique progressiste favorable à la contraception, a conduit une réflexion approfondie sur le rapport maternité-sexualité [1]. Elle s'inspire à la fois d'Emmanuel Mounier et de Simone de Beauvoir. Les hommes, dit-elle, ont toujours imposé aux femmes une séparation entre la sexualité, affaire de prostituées, et la maternité, vocation des chastes épouses, ce qui impliquait une double morale et la domination d'un sexe sur l'autre. Les méthodes contraceptives permettent désormais d'imaginer

---

1. Membre du conseil d'administration du MFPF, elle a signé plusieurs articles dans *Maternité heureuse* ; dans l'important numéro spécial que la revue *Esprit* a consacré à *La sexualité* (nov. 1960) sous la direction de Paul Ricœur, elle a écrit « Sexualité féminine et maternité », p. 1921-1929 ; dans le numéro spécial de la revue *La Nef* intitulé *La Française et l'amour* (janv.-mars 1961), elle a écrit « Virilité et féminité, pseudo-concepts », p. 81-93. Elle a collaboré à plusieurs reprises avec Andrée Michel, notamment pour *La condition de la Française aujourd'hui*, *op. cit.*

une tout autre relation. La vulgate psychanalytique est donc à repenser : il n'est pas vrai que la sexualité féminine trouve sa véritable expression dans l'enfantement. Pourquoi dénoncer comme « virile » une femme qui limite sa fécondité ? L'instinct maternel peut connaître la saturation ; il peut même y avoir incompatibilité entre le sentiment maternel et une famille nombreuse non souhaitée. Quant aux concepts de virilité et de féminité, ils ont été construits, au fil du temps, par une société à présent disparue ; ce ne sont plus que des stéréotypes surannés.

La Maternité heureuse a aussi stimulé la conscience « de genre ».

Mais les propos de Geneviève Texier en inquiètent plus d'une. Ainsi, Menie Grégoire redoute cette « religion du sexe » qui attire tant de nouveaux convertis [1]. Elle admet que désormais « la sexualité fait partie de la culture », que « la connaissance du corps, sa maîtrise, son épanouissement sont aussi essentiels que ceux de l'esprit ». Mais pour une femme « normale », l'Amour – amour de l'homme, amour de l'enfant – comptera toujours infiniment plus que le plaisir du corps !

N'en doutons pas : les femmes dans leur majorité sont encore en 1960 plus proches de Menie Grégoire que de Geneviève Texier. Le Courrier du cœur le confirme. Marcelle Segal gère cette rubrique dans *Elle* [2] : en quatorze ans elle a lu, dit-elle, 200 000 lettres. Pour celles qui écrivent, la virginité, l'amour et le mariage restent des « valeurs or ». Les jeunes filles ont beau pester contre la double morale, elles ont peur de sauter le pas. De leur côté, les « vierges folles » ne sont pas heureuses, elles croient leur vie gâchée, elles redoutent le mépris de leur partenaire. Celles qui vivent en union libre ne songent qu'à convoler. Et toutes veulent des enfants, plusieurs enfants : seul l'amour maternel peut faire contrepoids aux déceptions que procure l'amour tout court.

---

1. La conclusion du numéro spécial d'*Esprit* consacré à *La sexualité* lui a été confiée. Elle l'a intitulée : « Un dernier mot sur l'amour », p. 1949-1962. Voir aussi ses enquêtes exploitées dans *Le métier de femme*, *op. cit.*

2. Cf. « Ce qu'enseigne le Courrier du cœur », *La Nef*, numéro spécial, *La Française et l'amour*, janv.-mars 1961, p. 46-52.

Comme le répètent à l'envi les psychologues : la femme ne vit pas pour elle-même, son centre de gravité est dans les autres !...

Une hôtesse du MFPF fait un bilan de sa pratique après un an d'exercice, en 1966 [1]. Elle observe la différence entre les aînées et les jeunes. Les aînées ont peur et honte : elles appellent au secours pour qu'on les aide enfin à ne plus être enceintes. Les jeunes demandent seulement des moyens de prévention, et elles sourient à l'avenir. Deux générations.

Il est sans doute vrai, comme le dit Andrée Michel, que les femmes enterrent « les cadavres décomposés des vieux mythes », qu'elles sont « en train de conquérir leur vie [2] ». Mais la conquête est difficile parce que l'enjeu fondamental en est la maternité.

1. Maximilienne Jacques, « La femme et la liberté de conception », *Esprit*, juin 1966, p. 1287-1293.
2. *Esprit* (nov. 1960), *La sexualité*, p. 1772. Elle emprunte ces citations à Henri Lefebvre.

DEUXIÈME PARTIE

LA GÉNÉRATION DU REFUS

CHAPITRE V

La liberté au féminin

Les trois principes de la formule républicaine – Liberté. Égalité. Fraternité – ont, dans l'abstrait, valeur universelle. Vécus au quotidien, ils sont sexués. Il existe notamment une *liberté universelle* propre aux femmes et commune à elles toutes : c'est le droit de refuser l'enfantement, grossesse et parturition. Droit qui leur avait toujours été reconnu dans la société occidentale chrétienne, mais sous condition : celle qui ne voulait pas enfanter devait rester vierge, ou chaste. Le rejet de cette condition est désormais une composante essentielle du *refus*. La nouvelle liberté féminine dissocie la maternité de la sexualité.

Elle est difficile à réclamer, parce que la revendication suppose une liberté de pensée et de parole dont la plupart des femmes ne disposent pas. Elle est difficile à obtenir, parce qu'elle met en jeu non seulement le renouvellement des générations, mais aussi et surtout la suprématie masculine en matière de procréation. Elle est difficile à mettre en œuvre et à conserver.

Entre 1965 et 1975, les Françaises ont franchi ces étapes décisives dans la conquête de *leur* liberté. Avec des chronologies différentielles, la même révolution a eu lieu dans tout l'Occident.

LA LIBERTÉ D'EXPRESSION

La deuxième vague féministe a bénéficié d'un contexte favorable : l'élan économique et le progrès technique des Trente Glorieuses, l'essor de l'audiovisuel, la tempête de 68, l'élection du président de la République au suffrage universel, etc. Autant de facteurs qui ont pesé, chacun à sa manière, sur la forme des revendications, sur l'orientation des réformes et sur leurs effets.

Les médias

Le rôle des médias fut assurément décisif. Grâce aux transistors, les radios ont beaucoup développé leur audience au cours des années 60. « J'emporte mon poste à l'étable pour vous écouter en trayant les vaches », écrit en substance une auditrice de Menie Grégoire [1]. Les émetteurs périphériques comme Radio-Luxembourg et Europe n° 1 échappent au contrôle centralisé de l'ORTF (créé en 1964) : ils organisent librement des débats, des tribunes. En 1967 les Français disposent de 15 millions de récepteurs ; en 1978 ils en ont 36 millions, y compris 7 millions d'autoradios [2]. Les progrès sont comparables du côté de la télévision. En 1967 : 167 postes pour 1 000 habitants ; en 1980 : 295 (en Grande-Bretagne, 335 ; en RFA, 325). La concurrence des radios périphériques oblige l'ORTF à évoluer vers la libéralisation ; les journalistes exercent d'ailleurs une pression constante dans ce sens. Les antennes sont peu à peu envahies par des sujets d'actualité [3].

---

1. Cf. *Telle que je suis*, coédition Robert Laffont/Opera Mundi, 1976, p. 270.
2. Cf. Pierre Albert et André-Jean Tudesq, *Histoire de la radio-télévision*, Que sais-je ? n° 1904, 1981.
3. Pour les sujets concernant la famille et les femmes, cf. Marie-Françoise Levy, « Famille et télévision, 1950-1986 », *Réseaux* n° 72-73, CNET, 1995.

L'émission de Menie Grégoire est comparable à un raz de marée. Lancée un peu au hasard, début 1967, sur Radio-Luxembourg, elle était quotidienne, de 15 heures à 15 h 30. Un jour l'animatrice lut et commenta à l'antenne une lettre reçue au courrier de *Elle*, en invitant les auditrices éventuelles à donner leur avis. « Dans la semaine une pluie de lettres et d'appels téléphoniques est tombée, comme si [...] j'avais percé un trou dans un tonneau. C'était celui des Danaïdes : il coule toujours [1]. » Elle reçut, en effet, jusqu'à cinq mille lettres par semaine, et des milliers d'appels téléphoniques. Son auditoire représentait 40 % du marché à la radio. Submergée, épouvantée, se demandant ce qu'on attendait d'elle, elle retourna chez la psychanalyste qui l'avait aidée pendant plus de cinq années. En même temps, elle sut s'entourer d'un état-major solide et efficace (psychologue, psychanalyste, sexologue, médecin, puéricultrice), et elle fit front.

« J'avais inventé, sans le savoir, sans le vouloir, un étrange métier, unique en son genre. Car je ne " conseille " pas, comme les dames du courrier du cœur. Je n'absous pas comme les confesseurs. Je ne dépanne pas comme les services sociaux. Je témoigne, ou plutôt je fais témoigner de cette inquiétude qui monte vers moi [...]. Je crois que seule une femme pouvait l'entendre [2]. » Sa méthode est maïeutique. « Jamais expliquer, étiqueter, prononcer de grands mots. Simplement observer et faire observer [...] refuser de répondre à une question autrement que par une autre question. C'est-à-dire frustrer, décevoir la demande et renvoyer le sujet à lui-même... [3]. » Dans ce flot d'angoisse, elle choisit certains cas : ceux qui permettront à d'autres de parler de ce qui les étouffe. Des filles qui haïssent leur mère, des enfants inconsolables d'avoir été abandonnés, des mères qui battent leurs

1. *Telle que je suis, op. cit.*, p. 250.
2. *Ibid.*, p. 251. Sur la nouveauté de son propos, cf. Nicole Benoit, Edgar Morin, Bernard Paillard, *La femme majeure. Nouvelle féminité. Nouveau féminisme*, Club de l'observatoire et Seuil, 1973, p. 76-82.
3. Cf. *Les cris de la vie*, Tchou, 1971, p. 18. Cité par Dominique Cardon et Smaïn Laacher, « Les confidences des Françaises à Menie Grégoire », *Sciences humaines* n° 53, août-septembre 1995.

enfants, des femmes frigides, violées dès l'enfance, des homosexuelles, des prostituées, des épouses martyres qui n'osent divorcer. « Menie, mon ami qui est jaloux ne veut pas que je prenne la pilule, ce qui m'oblige à avorter à répétition. Que faire ? » 90 % des lettres sont envoyées par des femmes, et 80 % des appels téléphonés. « Plus ce monde intérieur a été refoulé, plus il pue quand il jaillit. J'en ai eu parfois la nausée », dit Menie. Les réactions provoquées dès 1967 par ses émissions sur la contraception en disent long. Une dame a peur que sa fille ne devienne une « traînée » : moi je n'ai pas eu de contraception, alors pourquoi elle ? Un monsieur narquois s'étonne qu'une femme veuille « augmenter le cheptel à la disposition de l'homme ». Elle reçut beaucoup de lettres d'injures, certaines d'une violence incroyable.

Elle a tenu bon. « La maternité, déclare-t-elle, a été ce qu'il y a eu de meilleur et de plus important dans ma vie. » Ce qui ne l'empêche pas de considérer la contraception comme « le plus grand événement de notre époque ». « Donnez aux femmes toutes les égalités juridiques et financières, si vous ne leur donnez pas la possession d'elles-mêmes, elles se sentiront toujours inférieures. » Avec la contraception, « on pensait femme pour la première fois ». Elle a voulu pousser « inlassablement les progrès de la contraception dans la conscience des Français ». Plus réticente à propos de l'avortement, elle s'y est ralliée à force d'entendre les plaintes des femmes, et de constater l'ignominie de tant de médecins.

Sœur, amie, confidente de plusieurs générations de femmes (c'est en ces termes qu'on s'adresse à elle), elle a fait éclore une parole féminine [1]. Chaque auditrice a pu exposer sa vie intime, et découvrir que sa souffrance, loin d'être singulière, se trouvait partagée par la plupart des femmes. Chacune a appris à analyser son mal-être, à s'indigner des violences subies, à refuser toute résignation. Le discours sur soi devenait légitime, de nouvelles pratiques d'introspection se développaient, le vocabulaire psy devenait la propriété de cha-

1. Des études statistiques permettent de suivre l'évolution des thèmes abordés. Cf. Menie Grégoire, *Les cris de la vie, op. cit.*

cune. Et croissait en même temps l'exigence de relations mieux maîtrisées, plus équilibrées, plus heureuses, entre conjoints, entre parents et enfants. De nouvelles normes familiales, orchestrées ensuite par les magazines féminins, soutenues par des thérapies spécifiques, se sont installées peu à peu. L'émission a facilité le passage du privé au public, puis du public au social, c'est-à-dire au féminisme, vécu comme une revendication de portée générale [1]. Elle a profondément contribué à l'évolution de la culture féminine de masse. « Entre ce que m'écrivaient l'ensemble des femmes en 1967 et ce qu'elles m'écrivent en 1976, j'ai parfois l'impression d'avoir changé de monde. »

L'émission a battu des records de longévité : plus de quatorze ans, de 1967 à 1981 [2].

Autre « lieu de mémoire » : la série télévisée *Les Femmes aussi*, que dirige Éliane Victor : soixante-douze documentaires, réalisés par différents auteurs, presque tous de sexe masculin, diffusés entre 1964 et 1973, sur la première chaîne, à 9 h 30. Ces images rompent avec celles, brillantes et futiles, des magazines féminins des années 50. Ici, la reine est nue. Les personnes montrées ne sont ni des victimes, ni des héroïnes, ni des stéréotypes, mais des êtres ordinaires, saisis à la fois dans leur banalité et dans leur singularité. Le talent des réalisateurs consiste à choisir, dans la journée d'une femme, les moments et les gestes significatifs, à souligner certains silences, certains regards. La succession des expériences individuelles compose, au fil des séquences, une vue d'ensemble sur la vie des femmes. Quelques exemples.

24 avril 1967. La romancière Françoise Mallet-Joris accompagne Micheline, trente ans, mère de six enfants, qui habite une cité HLM à Nanterre : rythme de vie trépidant,

1. Cf. Dominique Cardon et Smaïn Laacher, « Les confidences des Françaises à Menie Grégoire », *Sciences humaines, op. cit.* L'émission et la personnalité de Menie Grégoire ont été contestées par les féministes après 1968.

2. Le matériel rassemblé (environ 150 000 lettres, plus les bandes sonores) a été archivé : il constitue une source incomparable pour ce que sociologues et historiens appellent « les territoires de l'intime ». Archives départementales d'Indre-et-Loire, à Tours.

mais gaieté tonique. 6 novembre 1967. A 4 heures du matin, la caméra suit la foule féminine des « nettoyeuses » qui entretiennent les bureaux, les magasins, les gares, les usines. Presque toutes sont mères de famille, beaucoup sont veuves ou étrangères ; l'une a 76 ans, elle fait quatre kilomètres à pied pour aller travailler et gagne 3 francs de l'heure, 300 francs par mois. 4 mars 1968. Karin, 28 ans, divorcée, élève seule sa fille de 7 ans. Elle a choisi d'être médecin de campagne, pour elle c'est une véritable vocation. Elle aime les rapports directs avec les malades, la responsabilité morale, l'engagement total qui la détourne de la vie privée. 7 mars 1969. De mère en fille : quatre générations de femmes (l'arrière-grand-mère, la grand-mère, la mère et la fille) vivent ensemble dans un village minier du Nord. Ce témoignage sur leur vie quotidienne illustre l'évolution très lente des rôles féminins dans les familles de ce milieu. 13 mai 1970. Marie et Bernadette sont deux mères célibataires. Marie, ouvrière en usine, suit des cours pour devenir secrétaire ; son fils de 12 ans est interne dans une institution ; elle est accablée par sa condition. Bernadette, infirmière, mère d'un garçon de 6 ans, déclare, elle, n'avoir aucun problème. Les deux femmes souffrent pourtant de solitude affective. 11 février 1970. Deux époux travaillent l'un et l'autre. En perpétuel va-et-vient entre leur domicile et celui de la nourrice qui garde leur premier enfant, ils ont décidé de « se priver » d'un second enfant. Etc.

L'impression générale est celle de la résignation. Ces femmes se débattent au service de valeurs familiales toujours dominantes, leurs problèmes majeurs étant l'emploi du temps, l'organisation des diverses tâches, la gestion du budget, l'éducation des enfants. Cependant, quelques individualités s'affirment ; des soucis nouveaux – divorce, avortement – apparaissent, surtout après 68.

Les effets sociaux de l'audiovisuel sont difficiles à évaluer. La presse écrite prend le relais des émissions, notamment la presse féminine [1]. *Marie-Claire* se hâte de recruter Menie

1. Cf. François A. Isambert et Paul Ladrière, *Contraception et Avortement. 10 ans de débat dans la presse. 1965-1974*, ATP n° 31, Éditions du

Grégoire. *Elle* opère une transformation importante. A partir de 1967, elle publie, sous le titre *Encyclopédie. La femme cette inconnue*, des cahiers d'information, bardés de statistiques, avec bilans historiques et témoignages. Ces dossiers accompagnent les revendications féminines : « Tout sur la pilule » (21 avril 1968), « La vie secrète de votre corps » (4 novembre 1968), « Faut-il changer la loi sur l'avortement » (27 avril 1970) ; et encore « Vos maladies », « Le travail des femmes », etc. Mais la grande entreprise de *Elle*, ce fut l'organisation d'*États généraux de la femme* qui se sont déroulés les 20, 21, 22 novembre 1970 dans dix-neuf villes de province, et d'un sondage d'opinion auprès de 14 000 personnes. Parmi les cent cinq orateurs, on comptait plusieurs féministes, des parlementaires, les dirigeants des partis politiques, des syndicats, des associations, ainsi que des personnalités du milieu médical, des sciences humaines, du journalisme... Les États généraux fonctionnèrent comme une chambre d'écho. Les féministes les plus militantes y firent une intervention très applaudie [1] !... Manifestement, la demande d'émancipation se radicalisait. Sans se détacher des valeurs familiales, la culture de masse féminine s'ouvrait au féminisme.

Les associations

A dire vrai, elle s'ouvrait lentement : on le constate dès qu'on regarde du côté des associations. Au seuil des années 70, elles traversent une période de désarroi.

L'UFCS se déconfessionnalise en 1965 : rupture difficile, qui lui fait perdre beaucoup d'adhérentes [2]. Celles qui restent à l'UFCS veulent « apprendre à penser par elles-mêmes ».

CNRS, 1979. Cette étude porte sur *L'Aurore, France-Soir, La Croix, Le Figaro, L'Humanité, Le Monde*. Et Nicole Benoit, Edgar Morin, Bernard Paillard, *La femme majeure. Nouvelle féminité, nouveau féminisme, op. cit.*

1. Le tout a donné lieu à publication. Cf. Jean Mauduit, *La révolte des femmes. Elle : États généraux de la femme*, Fayard, 1971.

2. De même, en novembre 1964, au prix d'une scission douloureuse, la Confédération française démocratique du travail (CFDT) s'était détachée de la Confédération française des travailleurs chrétiens (CFTC) : la sécularisation se généralisait.

Elles osent enfin mettre sur le tapis la régulation des naissances. Mais elles ont peur d'une loi qui autoriserait la pilule : « légiférer c'est favoriser ». En 1970, l'UFCS fait campagne contre une loi qui autoriserait l'avortement. Cependant, les nouvelles recrues, d'ailleurs peu nombreuses, expriment des motivations inédites : avoir une identité (et non plus être « la femme de... »), « oser être, oser dire, oser faire ». Bon nombre d'entre elles ont fait des études supérieures et sont décidées à sortir du cadre familial une fois leurs enfants élevés. Leurs choix politiques se diversifient. Le respect du pluralisme conduit l'association à ne plus discuter de ce qui divise : avortement, travail à temps partiel, prestations sociales. L'UFCS évolue vers la défense du consommateur et la formation civique des nouvelles élues : manière, somme toute, élégante de rester fidèle à ses engagements initiaux, sans se poser trop de questions.

Le Mouvement Jeunes Femmes hésitera longtemps à se déclarer féministe : il ne s'y décide qu'en 1975 au congrès d'Annecy. Ces dames se réfèrent surtout aux ouvrages de Mariella Righini *(Écoute ma différence)* et d'Annie Leclerc *(Parole de femme)*, qui expriment un féminisme fondé sur la spécificité [1]...

De leur côté, les associations professionnelles – femmes médecins, femmes avocats, femmes chefs d'entreprise – voient leurs effectifs augmenter, mais ne brillent pas par leur avant-gardisme. Bien des femmes préfèrent vivoter sans souci, plutôt que de se poser des questions ; d'autres (ou les mêmes) ont peur de se brouiller avec les hommes. Et quelques-unes restent passionnément conservatrices.

Les politiques

Il peut paraître absurde d'établir un lien entre le féminisme, la maternité et l'élection du président de la République. Pourtant, le lien est direct. Par le référendum du

1. Sur Mariella Righini et Annie Leclerc, voir chapitre suivant.

28 octobre 1962, les Français se sont prononcés en faveur de l'élection du président de la République au suffrage universel. Aussitôt, les candidats éventuels à la présidence se sont avisés que 52 % des électeurs étaient des électrices. Pour conquérir les voix féminines, il fallait écouter les revendications spécifiques du sexe faible. Ce n'est pas un hasard si les grandes lois émancipatrices sont votées et promulguées entre 1965 et 1975 : il y eut durant cette décennie trois élections présidentielles, en décembre 1965, en juin 1969 et en mai 1974. Une forte pression médiatique a donné beaucoup d'éclat aux questions débattues ; elle a favorisé la diffusion des thèses les plus audacieuses ; elle a contraint les responsables politiques à des concessions au moins verbales. François Mitterrand, candidat contre de Gaulle en 1965, a pris publiquement position en faveur de la contraception ; il s'est prononcé en faveur d'un congé de maternité de quatorze semaines, remboursé à plein salaire par la Sécurité sociale, et il a promis un vaste programme de crèches et d'équipements collectifs [1] ; il écoutait alors les conseils de Marie-Thérèse Eyquem, fondatrice du Mouvement démocratique féminin (MDF). Valéry Giscard d'Estaing, candidat favori en 1974, a promis une loi sur l'avortement et une loi sur le divorce ; élu, il a tenu parole.

Pendant ce temps, de nouvelles institutions apparaissent, où les femmes peuvent s'exprimer et exercer une influence politique. Le Comité du travail féminin, créé en 1965, eut pour première présidente Marcelle Devaud [2]. Personnalité généreuse, efficace, tenace, elle n'a jamais cessé au cours de

1. Il n'a pourtant recueilli que 39 % de votes féminins et 51 % de votes masculins. Sur sa prise de position, voir Janine Mossuz-Lavau, *Les lois de l'amour. Les politiques de la sexualité en France 1950-1990*, *op. cit.* Et Jane Jenson, Mariette Sineau, *Mitterrand et les Françaises. Un rendez-vous manqué*, Presses de la FNSP, 1995.

2. Sur elle, outre le *Who's who*, on peut lire *Révolutionnaires silencieuses au XXe siècle* par Andrée Dore-Audibert et Annie Morzelle, Kerdoré, 1991. Marcelle Devaud, née à Constantine, mère de six enfants, a été sénateur (1946-1958), vice-président du Sénat (1959-1962), député UNR de la Seine (1958-1962), maire de Colombes (1959-1965), membre du Conseil supérieur de la Sécurité sociale depuis 1946, cofondatrice et vice-présidente du Comité de liaison des associations féminines (Claf). Elle a représenté la France aux Nations unies.

sa longue carrière de défendre les intérêts féminins. Le Comité du travail féminin a été un tremplin pour des femmes qui avaient construit leur notoriété sur leur compétence, comme Madeleine Guilbert et Évelyne Sullerot, sociologues, ou sur leur activité syndicale, comme Madeleine Colin et Christiane Gilles (CGT), Jeannette Laot (CFDT), Paulette Hofman (CGT-FO). Le Conseil économique et social voit augmenter son influence : Marcelle Devaud y siège aussi, bientôt rejointe par Évelyne Sullerot et Marie-José Chombart de Lauwe pour ne citer que les plus connues. Le Conseil supérieur de l'information sexuelle, de la régulation des naissances et de l'éducation familiale (CSIS), réclamé dès 1967 par Lucien Neuwirth, créé en 1973, rassemblait des médecins (Marie-Andrée Weill-Hallé), des journalistes (Menie Grégoire), des responsables d'associations (MFPF, AFCCC).

Ces divers « conseils » sont des lieux de rencontre, où les idées bouillonnent, où les décisions se préparent. Une étude de leur féminisation, une analyse de leur travail quotidien, de leurs relations, de leur influence, éclairerait utilement l'histoire des femmes. Là, un nouveau discours sur la famille s'est élaboré, démodant celui de l'Unaf [1].

D'ailleurs, la crise de 68 entraîne un renouvellement des responsables politiques et des hauts fonctionnaires qui assumaient la politique familiale. Jacques Chaban-Delmas, Premier ministre de juin 1969 à juillet 1972, dut affronter la vague féministe. Il a tenté de définir un programme de « nouvelle société », fondé sur le réformisme et la concertation. Son principal conseiller, Jacques Delors, « ingénieur social », était depuis 1962 chef du service des affaires sociales du Commissariat général au plan, service qui a joué, après 68, un rôle croissant de club de réflexion [2].

Au cours des années 60, un climat nouveau s'était établi, de nouvelles revendications devenaient possibles.

1. L'Unaf a perdu, au cours des années 60, sa position dominante. Rappelons que le MRP, qui avait été le soutien politique de l'Unaf, se saborde en 1967.

2. Cf. Pierre Bourdieu et Luc Boltanski, « La production de l'idéologie dominante », *Actes de la recherche en sciences sociales* n° 2-3, 1976, p. 4-73.

LA LIBERTÉ DU CORPS

Habeas corpus. Possède ton corps. La formule a peut-être un sens juridique trop précis – et trop britannique – pour pouvoir être employée ici. Et pourtant elle a le mérite de situer concrètement *dans le corps* la liberté originelle de tout être humain. Le mérite aussi – justement parce qu'elle paraît ici inadéquate – de faire sentir que cette liberté individuelle, ancrée dans le corps, n'a pas le même sens pour une femme que pour un homme.

Ce qui se produit, entre 1965 et 1975, c'est un renversement juridique et éthique de première importance : la communauté française accepte un *habeas corpus* spécifique pour les femmes. Mais, soulignons-le, aucun législateur n'a jamais consenti à proclamer la liberté du corps féminin. Simone Veil, en 1974, juge encore cette idée « invendable » aux députés qui vont voter la loi sur l'avortement [1]. On parle de responsabilité plutôt que de liberté. La liberté fait craindre un individualisme excessif, la responsabilité suppose un civisme de bon aloi. En vérité, le législateur n'est jamais certain que le civisme l'emportera sur l'individualisme ; il multiplie les précautions et les réticences, au point de provoquer une radicalisation des revendications féminines [2].

Résistances et déceptions

Les femmes étaient peu nombreuses au Parlement : sept sénatrices, huit députées, dociles aux consignes de leurs par-

1. Cf. Maurice Szafran, *Simone Veil. Destin*, Flammarion, 1994, p. 200-201.

2. Voir notamment Janine Mossuz-Lavau, *Les lois de l'amour. Les politiques de la sexualité en France (1950-1980), op. cit.* ; *D'une révolte à une lutte. 25 ans d'histoire du planning familial, op. cit.* ; François Picq, *Libération des femmes. Les années-mouvement*, Seuil, 1993. Et l'excellent ouvrage publié par la Fédération de l'éducation nationale (Fen), *Le féminisme et ses enjeux*, 1988.

tis. Interrogées par *Elle* en 1966, trois femmes députées s'étaient déclarées favorables à l'abrogation de la loi de 1920 : deux communistes (Gisèle Moreau, Jeannette Prin) et une radicale (Jacqueline Thome-Patenôtre); cinq voulaient défendre « la vocation naturelle de la femme », ou bien elles attendaient les directives pontificales. Les conservateurs résistaient à coups d'arguments démographiques : le taux de natalité baissait depuis 1964; et d'arguments médicaux : la pilule, d'usage récent, était-elle sans danger ? Mais les arguments moraux dominaient : on redoutait « une flambée d'érotisme » qui ébranlerait les assises de la famille; on réprouvait la liberté toute « masculine » dont disposeraient les femmes, et le pouvoir absolu qu'elles détiendraient en matière de reproduction.

Aussi la loi Neuwirth, votée le 28 décembre 1967, fut-elle décevante. Les contraceptifs autorisés ne pouvaient être vendus qu'en pharmacie sur ordonnance médicale, la cliente étant inscrite sur un registre. Aucun remboursement n'était prévu, la publicité demeurait interdite, et les mineures de 18 ans devaient avoir l'autorisation de leurs parents. L'effet dissuasif de ces mesures fut aggravé par les lenteurs administratives qui bloquaient les décrets d'application : Lucien Neuwirth [1] parla de sabotage... Il fallut cinq ans pour qu'un dernier décret, en avril 1972, précise enfin les conditions d'agrément et de fonctionnement des Centres d'information et de planification. Ajoutons qu'en 1968, l'encyclique *Humanæ Vitæ*, prônant une « paternité responsable », interdit aux catholiques toutes les méthodes « artificielles » de contraception. On comprend que la pratique contraceptive des Françaises ne se soit modernisée que lentement [2], ce qui n'a pas empêché leur taux de fécondité de s'effondrer...

Autre déception : le comportement des médecins. La plu-

---

1. Député UDR, libéral, il s'était dépensé sans compter. Il a lui-même raconté ses tribulations dans *Le dossier de la pilule*, Éditions de la Pensée moderne, 1967.

2. En 1970, 6 % à 7 % des femmes de 20 à 44 ans utilisent la pilule; elles sont 12 % à 13 % en 1973, et 24 à 25 % en 1975. Les procédés traditionnels restaient en usage, y compris l'avortement clandestin. Cf. Henri Léridon, *La seconde révolution contraceptive*, *op. cit.*

part n'étaient pas préparés aux consultations de contraception qui bouleversent les rites du « colloque singulier » : la consultante ici n'est pas malade, elle sait ce qu'elle veut (« faire l'amour sans risque ») et indique elle-même la prescription qui lui convient. Le désarroi de nombreux médecins explique bien des échecs. D'ailleurs les premières pilules, surdosées, étaient parfois mal supportées (nausées, prise de poids, douleurs aux seins). Et, bien que la fécondabilité ne dure que quelques jours au cours de chaque cycle, la patiente doit se droguer en permanence, sans répit. Elle s'en plaint. Pour tout autre médicament, on eût parlé d'intolérance ; là, on a parlé de résistance, résistance psychologique, liée à une culpabilité inconsciente, ou encore à la fameuse ambivalence féminine (le désir d'enfant étant réputé incoercible même chez celle qui n'en veut pas).

En outre, les médecins étaient encore, en majorité, de sexe masculin (10 % de médecins femmes en 1962, 29 % en 1989). Le pouvoir discrétionnaire sur le corps des femmes passait des maris aux médecins, mais restait entre les mains des hommes. Les militantes du MFPF ont alors passionnément dénoncé le pouvoir médical. Dans les centres de consultation qui se mettaient en place, elles étaient traitées en personnel subalterne, dessaisies de toute responsabilité importante. Bénévoles, elles voyaient les médecins et les pharmaciens tirer de confortables revenus du travail de base qu'elles accomplissaient. Quelques pionnières se sont alors retirées, dont Marie-Andrée Weill-Hallé, qui s'est tournée vers la recherche. De nouvelles leaders se sont imposées, plus contestataires, plus audacieuses, notamment Simone Iff ; elles étaient prêtes à l'action.

L'effet 68

La crise de 68 a bouleversé les patientes « filles de Marianne [1] », en leur révélant que la révolte pouvait être

1. Christine Bard, *Les filles de Marianne, op. cit.*

payante. Le « droit à l'avortement » devient alors le symbole de cette révolte : « C'est, disent les Chimères, qu'il représente l'aspect le plus évident et le plus scandaleux de la façon dont on nous contraint de vivre la maternité. La maternité [...] est au centre de la condition qui nous est faite. C'est par elle que passe essentiellement notre oppression [1]. »

Les manifestations de cette « seconde vague » féministe sont archiconnues :

Août 1970, naissance du Mouvement de libération des femmes (MLF). Avril 1971, manifeste des 343 « salopes » qui se vantent d'avoir avorté. Novembre 1971, marche internationale de 4 000 femmes arborant des calicots : « Ils ne décideront plus pour nous. » « Un enfant si je veux quand je veux. » Octobre 1972, procès de Bobigny, hypermédiatisé, où Gisèle Halimi défend Marie-Claire et ses « complices » inculpées d'avortement. Avril 1973, constitution du Mlac, Mouvement pour la libération de l'avortement et de la contraception, qui commence à pratiquer des avortements (illégaux) dans les centres d'orthogénie ouverts depuis la loi Neuwirth [2]. La même année 1973, le film *Histoire d'A.*, réalisé par Marielle Issartel et Charles Belmont, narguait une police impotente : interdit, pourchassé, il connut pourtant, pendant plusieurs mois, une diffusion intense. Il montrait un avortement par la méthode Karman (technique nouvelle, simple et sûre, par aspiration). Chaque projection était l'occasion de débats véhéments dénonçant le pouvoir médical et la société patriarcale. Moments de solidarité intense, de « sororité » chaleureuse.

Les militantes des années 1970-1975 étaient agressives, virulentes, scandaleuses – leurs adversaires disaient hysté-

---

1. Cf. *Maternité esclave*, *op. cit.*, Introduction. Ce livre a été écrit entre 1971 et 1973 par une dizaine de militantes féministes qui signent les Chimères.

2. Les militantes du Mlac parlaient d'ouvrir de tels centres dans tous les quartiers des grandes villes et d'en faire les bases d'un mouvement de masse féminin. Cf. Jeannette Laot, *Stratégie pour les femmes*, Stock, 1977. Jeannette Laot, secrétaire nationale de la CFDT depuis 1970, s'est beaucoup investie dans cette entreprise. Or la CFDT, quoique déconfessionnalisée depuis 1965, rassemblait encore beaucoup de syndicalistes chrétiens.

riques. Leurs armes favorites, c'était l'humour, la dérision, l'ironie mordante. Elles se déchaînaient en violences verbales, en gestes choquants : par exemple celles qui ont jeté du mou de veau – représentant un placenta – sur le bureau d'un professeur de médecine. Elles se nommaient chimères, pétroleuses, sorcières. Elles se réclamaient de Lilith, première épouse d'Adam, pétrie de la même argile ; selon ce mythe (plus ou moins interprété), Lilith avait voulu être l'égale de l'homme, non sa docile compagne ; une légende populaire l'accusait de faire périr les nouveau-nés. « Nous sommes toutes des Lilith [1] ! » Figures démoniaques, Lilith et les sorcières bafouent brutalement les anges du foyer, les fées du logis, mythes fondateurs de la culture féminine bourgeoise, exaltés encore durant le baby-boom. La pression sociale qui, depuis les Lumières, idéalisait l'amour maternel et la tendresse entre mère et fille, est soudain rejetée : la vérité des sentiments s'exprime avec rudesse. Les féministes les plus ardentes étaient pour la plupart des femmes jeunes, entre 20 et 30 ans, célibataires et sans enfants. La maternité restait hors de leur expérience propre : elles la pensaient en *filles* [2]. Elles ont conspué la Fête des mères, instituée par les représentants du patriarcat pour masquer, disaient-elles, l'exploitation quotidienne des femmes.

Au début du mouvement, dans l'enthousiasme initial, le sentiment de « sororité » traversait le fossé des générations. « Maman libère-toi, tu es d'abord une femme. » « Tu n'es pas née mère, tu l'es devenue [3]. » La mère est invitée à séparer sa personnalité de femme de sa fonction maternelle, à retrouver son identité personnelle au sein de l'identité collective. Quelques mères, d'abord choquées, puis perplexes, se sont laissé peu à peu séduire, entraîner, elles ont suivi leurs filles dans les « manif ». Marie Cardinal analyse fort bien le mélange subtil de gêne et de délivrance qui étreint Simone (héroïne de

1. Cf. Michèle Bitton, « Lilith ou la première Ève. Un mythe juif tardif », in *Archives de sciences sociales des religions* n° 71, 1990, p. 113-136. Et Jacques Brel, *Lilith ou la mère obscure*, Payot, 1981.

2. Sabine Fortino, « Féminisme et contre-projet éducatif », maîtrise de sociologie, université de Paris X, Nanterre, 1992, Dir. Claude Zaidman.

3. *Le livre de l'oppression des femmes*, Belfond, 1972.

Une vie pour deux [1]), au moment de lever le poing, presque malgré elle, portée par une foule ardente.

Mais bientôt, dans les groupes de conscience où les femmes se retrouvent pour penser leur condition, fusent des cris de rage et de haine : anathèmes contre la mère, complice de toutes les oppressions,

> mère-ma-mort
> voici ma vie
> l'ombre sur ses paupières bleues
> et ce n'est pas cela que tu m'avais donné
> toi mon bourreau
> tapie au fond de moi
> guettant au fond de moi l'instant où s'éveiller
> non
> la vie n'était pas entre nous
> mère-ma-mort [2]

la mère :

> Du premier jour où tu es née en moi
> je n'ai cessé de t'enseigner
> la mort
> la résignation
> le silence
> la douce mort blanche de nos pays
> et j'ai rogné tes ailes avec tendresse
> et je t'ai dévorée des yeux
> pour que tu n'aies plus peur [3]

L'œuvre de mort, c'est la violence faite aux filles pendant l'éducation : « J'ai été nourrie dès le berceau de l'idée que les femmes souffrent et c'est comme ça la vie, il n'y a rien à faire [...] Un être humain élevé dans l'idée que la vie sera une tar-

1. Grasset, 1978.
2. Anonyme, *Les femmes s'entêtent*, Gallimard, 1975, p. 397.
3. Anonyme, *Le torchon brûle* n° 5, p. 7.

tine de merde, une suite de misères fatales et inévitables... il a d'avance le dos courbé [1]. »

Tant de souffrance révèle l'immense pouvoir de la mère sur l'enfant. C'est le seul pouvoir qu'on laisse à la femme : elle prend possession de son gosse ; elle et l'enfant sont ligotés par leur dépendance réciproque.

Cependant, le rôle de la mère est ensuite analysé à la lumière du concept d'aliénation : si elle aliène, c'est parce qu'elle est elle-même aliénée. Dans le *Livre de l'oppression des femmes*, déjà cité, un chapitre est intitulé : « Les mères comme courroie de transmission de l'oppression. » Et, dans un *Cahier du Grif* (Groupe de recherche et d'information féministe), on lit :

« La mère est une invention du père [...] la mère (comme mater) est mise en place par le patriarcat pour assurer sa pérennité : c'est une *mpère*. Dans la mère, la femme est bâillonnée, réduite au silence, rendue inoffensive. On lui ferme la bouche avec un pénis ou un enfant. Puis on la fait parler en ventriloque un langage qui n'est pas le sien [2]... »

« ... femme, que dressent-ils entre nous pour que nous ne nous reconnaissions pas ?

Ils dressent le mot mère
Comme un phallus
Comme un mur
Comme un champ de barbelés.
Entre nous qui pourrions nous aimer.
Car nous le pourrions s'ils ne t'avaient pas brisée [3]. »

Chacune a peur, si elle devient mère, d'être à son tour happée par le système. Comment sortir de ce cercle infernal ? « La seule attitude cohérente, quand on a vraiment pris conscience de ce que notre société a fait de la maternité, c'est de la refuser [4]. »

---

1. Yolande Béthune-Trolle, « La fée et la sorcière », in *Les Cahiers du Grif* n° 17-18, sept. 1977, p. 42-45.
2. *Les Cahiers du Grif* n° 17-18, sept. 1977, p. 34-35, Françoise Collin, « Des enfants de femmes ou assez momifié ».
3. *Le livre de l'oppression des femmes, op. cit.*, p. 84.

La société patriarcale aurait-elle « dénaturé » les mères ?

En conséquence, au MLF on accueillait plutôt mal celles qui étaient déjà mères (T'as fait un môme, t'es plus qu'un bide...). On leur enjoignait de laisser au vestiaire « la merde des gosses » (T'as un Jules, il peut te le garder). Cette attitude a, dans un premier temps, privé le MLF de toute réflexion constructive sur le désir d'enfant, sur la relation mère-enfant, sur l'éducation maternelle. En revanche, elle plaçait haut la responsabilité féminine : on n'enfante pas au hasard, dans n'importe quelles conditions ; on peut, on doit poser des exigences sociales. Ces néo-féministes ne prêchaient pas « la grève des ventres » comme Nelly Roussel, mais *elles la faisaient* et bon nombre de Françaises aussi : c'est entre 1971 et 1975 que la fécondité tombe au plus bas.

Paradoxalement, les filles mères deviennent l'objet de la sollicitude féministe.

Elles entrent soudain dans l'orbite du féminisme en décembre 1971 : les pensionnaires hébergées dans les maisons maternelles d'Orléans et du Plessis-Robinson font grève et se révoltent contre les disciplines qu'on leur impose : elles obtiennent une considérable amélioration de leur sort. En d'autres temps, cet épisode aurait fait peu de bruit. Mais le mouvement des femmes lui donne un important retentissement : les filles mères sont promues mères célibataires, la « maternité sauvage » est mise à l'honneur.

Les maisons maternelles en question étaient des établissements fondés durant les années 20 dans le cadre de la lutte contre la mortalité infantile. Là, on accueillait des filles enceintes, souvent mineures, sans appui, rejetées par leur famille, pour éviter qu'elles n'abandonnent leur enfant, et pour essayer d'en faire de « bonnes mères ». Des règlements rigoureux y faisaient régner une ambiance quasi carcérale : sorties limitées, emploi du temps minuté par des tâches matérielles. Les notions de faute, de secret, de honte, d'abandon hantaient la mémoire de ces institutions où les psy n'avaient pas encore droit de cité.

---

4. *Maternité esclave*, *op. cit.*, p. 16.

Les grèves de 1971 ont provoqué une mutation. De nouveaux lieux d'accueil ont été créés par des psy militants [1] qui débordaient d'enthousiasme et de générosité. A des mineures mal aimées, ils voulaient apprendre les joies de la communication, de l'amitié, de la fête, du corps à corps avec l'enfant. A des femmes humiliées, ils voulaient rendre la dignité, la confiance en soi. Ouvrir largement les portes aux pères, aux familles, aux bénévoles. Ouvrir l'avenir. Ils ont fait face à toutes les critiques et tenu bon plusieurs années [2].

Toutes les filles mères n'étaient pas des mineures en détresse. Certaines, adultes et autonomes, avaient réfléchi sur leur situation. Aux Journées de dénonciation des crimes contre les femmes, tenues au palais de la Mutualité les 14 et 15 mai 1972, l'une d'elles a donné un témoignage audacieux, qui légitimait la maternité sauvage. La maternité sauvage, dit-elle en substance, c'est une chance qu'il ne faut pas perdre. C'est le début d'un combat de longue haleine. Il faut la situer sur le plan politique. Dans la société patriarcale, la femme et l'enfant n'occupent que les places qu'on veut bien leur laisser. Mais la mère doit défendre ses droits et ceux de son enfant. Pour cela, les femmes disposent d'un moyen simple et parfaitement légal : refuser le mariage et la reconnaissance paternelle. « Il nous suffit de choisir ce qu'on nous a appris à considérer comme une disgrâce, comme une déchéance. Choisir notre sort et non plus nous y résigner, c'est passer de l'état de victime à celui de révolutionnaire. C'est affirmer notre volonté d'indépendance pour nous et pour nos enfants. »

Refuser la maternité, disent les Chimères. Refuser le père, dit la mère célibataire. La réflexion féministe sur la maternité est, dans un premier temps, surtout négative. C'est que la lutte pour l'avortement submerge tout.

---

1. Voir le récit de Françoise Bompart, « Le malaise du professionnel », *Accueil mère-enfant. L'écho d'un mal-être*, Anpase, t. II, mai 1986, p. 114-134.

2. Après quoi, ils ont dû reconnaître que les femmes accueillies les mettaient à rude épreuve ; ils ont avoué leurs désillusions et adapté leurs méthodes. Cf. chapitre VIII.

Une nouvelle éthique

On avait cru que la contraception permettrait d'éliminer l'avortement. Au contraire, l'avortement est bientôt apparu comme le complément indispensable de la contraception. Pourquoi ?

En dépit des déceptions initiales, les femmes ont acquis peu à peu la maîtrise de leur fécondité. Quand un ras-le-bol rejetait la pilule, le stérilet prenait la relève, ou d'autres procédés, car tous ont été conservés et perfectionnés. Chacune a pu trouver une contraception à sa mesure. Cette maîtrise a permis l'affirmation de la responsabilité féminine. Dépassant la simple régulation des naissances, les femmes avaient désormais les moyens d'organiser leur existence, de refuser le destin. Leur relation à la maternité et à l'enfant en a été profondément transformée. La fonction biologique est désormais le fruit d'une décision : ce n'est plus une *reproduction* passive, fatale, animale, c'est une *procréation* humaine où interviennent la raison, l'affectivité, la volonté. *Choisir de donner la vie*[1] ! En vérité, la possibilité du choix conduit à un véritable retournement éthique : avant, la femme n'avait pas le droit de refuser une naissance, à présent elle n'a plus le droit de faire naître un enfant non désiré. « Il ne faut pas être un enfant dont la mère a pleuré la naissance[2]. » Le droit d'être aimé est désormais opposable au droit de vivre. Cette exigence morale dépassait la contraception : elle légitimait l'avortement dans tous les cas où la contraception échouait, dans tous les cas où un événement imprévu compromettait un projet d'enfantement.

L'association *Laissez-les vivre*, créée en 1970, voulait inter-

1. *Choisir* est le nom de l'association fondée par Gisèle Halimi, association qui a joué un rôle déterminant dans les luttes des femmes. Parmi les principaux ouvrages publiés : *La cause des femmes* (1re édition 1973), *Le programme commun des femmes* (Grasset, 1978), *Choisir de donner la vie* (Gallimard, 1979).

2. Cf. Françoise Giroud, *Si je mens...*, Stock, 1972, p. 69. Françoise Giroud elle-même a mis au monde, pendant l'occupation, un enfant non désiré qui a vécu peu de temps.

dire l'avortement, au nom de la « légitime défense » du fœtus. Bien que composée en grande partie de catholiques, elle n'invoque plus l'âme du fœtus, ni son droit au baptême et au salut éternel [1]. Signe des temps et de la médicalisation : on s'en tient au biologique, au droit à la vie. La question centrale devient : quand commence la vie ? Selon le professeur François Jacob (prix Nobel), elle ne commence jamais, elle continue, l'embryon n'est pas plus vivant que l'ovule ou le spermatozoïde. Quand commence sa vie autonome ? Il n'est viable qu'au sixième mois de gestation : jusque-là il n'est donc qu'un fragment du corps de sa mère. Quand commence sa vie humaine ? « Laissez-les vivre » soutient qu'il est humain dès qu'il est conçu. Doctrine récente : l'Église n'a jamais autorisé et n'autorise toujours pas les obsèques d'un fœtus. Selon ceux qui acceptent l'avortement, l'humanisation de l'embryon est liée au désir de la mère. « Être humain, c'est être accueilli », écrit Gisèle Halimi. Le désir, l'amour de la mère, est la première relation humaine. C'est aussi la meilleure chance de survie d'un embryon, d'un fœtus, d'un enfant. Le débat dépasse la seule libération des femmes, il s'élève jusqu'à l'ontologie et la métaphysique. Il est inépuisable et ne peut guère donner lieu qu'à des dialogues de sourds de plus en plus excessifs : les féministes les plus radicales dénoncent l'embryon comme un « agresseur [2] », et l'avortement devient la « légitime défense » des femmes.

En vérité, dans le mouvement des femmes, si divers, si complexe, aucune tendance ne prend l'avortement à la légère : toutes dénoncent sa violence, et la vive souffrance physique et morale qu'il inflige aux femmes. Quelques groupes, à Paris et en province, ont conduit une réflexion systématique sur cette souffrance [3]. Ils affirment qu'avorter est

---

1. Il y a là une évolution notable par rapport aux grandes controverses qui aux XVIIe et XVIIIe siècles ont eu pour objet l'opération césarienne.

2. C'est ce qu'exprime Brigitte Bardot dans ses Mémoires, *Initiales BB*, Grasset, 1996, p. 254.

3. A Paris, une coordination « Avortement et vie quotidienne » a réuni de décembre 1973 à juin 1974 des groupes Mlac de quartier. De même à Lille, Roubaix, Dunkerque et Rouen. Cf. *Vivre autrement dès maintenant. Deux ans de pratique du Mlac à Rouen*, Maspero, 1976.

une expérience d'aliénation : aucun aménagement hygiénique ou anesthésique ne peut atténuer cette impression accablante. Le Mlac s'irrite de voir les hommes gauchistes traiter le droit à l'avortement comme un moyen d'agitation parmi d'autres. Ses militantes s'indignent à l'idée que l'avortement pourrait être imposé aux femmes, pour servir à la régulation démographique ou au contrôle social. Ce qu'il faut promouvoir, c'est une société de femmes heureuses et d'enfants heureux. L'avortement, non plus d'ailleurs que la contraception, n'est un moyen suffisant de libération pour les femmes ; l'un et l'autre peuvent être au contraire des formes de mystification. Les hommes, gauchistes aussi bien que bourgeois, n'hésitent guère à « chosifier » le corps des femmes, « tous partisans d'une sexualité modernisée et normalisée, où l'on aménage notre utérus comme on aménage le territoire... » [1]. « On nous demande... d'être toujours offertes au désir des hommes. Mystification, car la vague de pseudo-libération sexuelle implique toujours les mêmes rôles entre les hommes et les femmes [2]. »

Fallait-il une loi ? Les féministes étaient divisées. Les plus radicales ne voulaient d'aucune loi, chaque femme devant disposer d'une entière liberté ; les plus prudentes redoutaient que, faute de loi, trop de femmes soient victimes de charlatans que personne ne pourrait poursuivre. De vifs affrontements entre Simone Iff (présidente du MFPF, vice-présidente du Mlac), et Gisèle Halimi (présidente de *Choisir*) ont mis en évidence la vraie dimension de ce problème : où passe la frontière entre le privé et le public ? Quand « tout est politique », la femme, la mère échappent de plus en plus à la vie privée.

Pendant ce temps, l'apostolat du Mlac rendait urgente une décision politique : on avortait un peu partout. Michel Poniatowski, installant Simone Veil au ministère de la Santé,

1. Cf. *Le torchon brûle* (périodique du MLF) n° 5, « Avortement, contraception, réformisme », et *L'Alternative. Libérer nos corps ou libérer l'avortement*, Paris, Éditions des Femmes, 1973.

2. Cf. *Pétroleuses* n° 2 (supplément), « Maternité/sexualité/libération/politique », novembre 1974.

l'invita à faire vite ; sinon, dit-il en substance, nous aurons bientôt des avortements dans les couloirs du ministère ! On sait de quel héroïsme, le mot n'est pas trop fort, dut faire preuve Simone Veil pour qu'aboutisse son projet, au milieu des injures les plus ignobles et des attaques les plus viles. Il faut pourtant souligner la faiblesse réelle de ses adversaires. Les familiaux, les médecins, les catholiques ne se sont pas mobilisés. L'Unaf n'a rien dit, rien fait. L'ordre des médecins a battu assez vite en retraite. Mgr Marty, archevêque de Paris, a publié un communiqué rappelant que l'avortement est œuvre de mort : pouvait-il faire moins, vu l'intransigeance du pape ? Mais aucune déclaration collective des évêques n'a fait écho et l'ACGF (Action catholique générale féminine), puissante de deux millions et demi de sympathisantes, ne s'est jamais manifestée. Les prêtres expliquaient à ces dames qu'une loi était indispensable pour remplacer l'inapplicable loi de 1920, et qu'on pourrait ensuite en surveiller l'application. D'ailleurs, beaucoup de catholiques partageaient les sentiments du professeur Milliez [1] : opposés à l'avortement au nom de la morale, ils l'acceptaient pour des raisons sociales, pour mettre fin à l'horreur de l'avortement clandestin.

Simone Veil a su mettre au point un compromis acceptable [2]. L'avortement reste en principe interdit, sauf dans des conditions définies par la loi. Mais toute responsabilité reste à la femme : en situation de détresse, elle peut demander une interruption de grossesse ; la notion de détresse vague à souhait permet de contourner tout contrôle. Pourtant l'IVG ne pouvait pas être banalisée, car les obstacles dissuasifs étaient nombreux. L'opération doit avoir lieu pendant les dix premières semaines de la grossesse ; elle est obligatoirement médicalisée, précédée d'un entretien d'information et de conseil, ainsi que d'un délai de réflexion. C'est une loi de liberté : tout médecin peut refuser son concours, pour clause

1. Ce professeur de médecine, catholique pratiquant, avait accepté de témoigner au procès de Bobigny pour défendre les accusées.
2. Pour toutes précisions, voir Maurice Szafran, *Simone Veil. Destin, op. cit.*, chap. 14 et 15 ; Michèle Ferrand, Maryse Jaspard, *L'interruption volontaire de grossesse*, Que sais-je ? n° 2382, p. 32-48. Françoise Picq, *Libération des femmes. Les années mouvement, op. cit.*, p. 164.

de conscience. La loi Veil a été promulguée le 15 janvier 1975. Parmi les femmes parlementaires, les sept sénatrices ont voté pour, et sur les huit femmes députées, six ont voté pour, deux contre.

La loi Veil n'était applicable que durant cinq ans : elle fut donc remise en discussion en 1979. Les mouvements de femmes étaient alors essoufflés. Pourtant, en octobre 1979, cinquante mille femmes défilèrent dans les rues de Paris pour obtenir la confirmation de l'acquis. Rien de pareil n'avait jamais eu lieu en France, depuis la Révolution [1].

LA LIBERTÉ LA PLUS DIFFICILE

La liberté féminine d'enfanter ou non ne ressemble à aucune autre. Elle donne au deuxième sexe « droit de vie et de mort sur les sociétés occidentales », dit Louis Roussel [2]. Elle remet en question la relation entre l'homme et la femme. Elle oblige les femmes à prendre conscience de leurs désirs les plus enfouis, ceux mêmes qu'elles préféreraient ignorer.

Les enjeux sociaux

Tant que les hautes instances du pouvoir – politique, économique, scientifique – appartiennent aux hommes, les libertés féminines restent fragiles. La liberté n'est sûre que parmi des égaux.

La liberté féminine de ne pas enfanter contient une menace que tous les responsables politiques apprennent à redouter.

---

1. Pour la géographie et la sociologie de la contraception et de l'avortement en France, voir les ouvrages déjà cités de Michèle Ferrand et Maryse Jaspard, *L'interruption volontaire de grossesse*, *op. cit.*, et Henri Léridon, *La seconde révolution contraceptive*, *op. cit.*

2. Le préservatif avait donné le même pouvoir au sexe fort dès le début du XIXe siècle sans que personne s'en inquiète. Il est vrai que le taux des naissances était encore très élevé.

Certes, depuis le recul de la mortalité, un taux de natalité exubérant serait périlleux. Mais l'effondrement des naissances priverait le pays de forces vives et compromettrait une expansion économique jugée de plus en plus indispensable. Tous les dirigeants de gauche comme de droite se réveillent un jour natalistes et même familialistes, parce que la famille leur apparaît comme le moyen le plus sûr et le moins coûteux d'élever des enfants. Aussi la loi Veil ne prévoyait-elle pas le remboursement de l'IVG. Ce non-remboursement constituait aux yeux des socialistes une grave injustice : il contraignait les femmes pauvres à recourir aux faiseuses d'anges. Mais, une fois au pouvoir, les socialistes ont eu beaucoup de peine à trouver un accord. Le président Mitterrand, hostile au remboursement qui « banaliserait » l'avortement, imposa un compromis : l'IVG ne serait pas financée par la Sécurité sociale comme un acte médical ordinaire, mais par une allocation spéciale, qui n'impliquerait aucun droit et pourrait être aisément supprimée. D'ailleurs, pendant qu'Yvette Roudy assume le ministère des Droits de la femme, Georgina Dufoix, mère de quatre enfants, se voit confier le secrétariat d'État à la famille [1]...

La médicalisation est une autre manière de contrôler la liberté du corps féminin.

Les militantes du Mlac ont fort bien exprimé leurs sentiments de liberté, de profonde solidarité, de chaleur humaine au temps où elles pratiquaient des avortements sans contrôle : « C'était un moment fort de douleur et de joie partagées, où rien n'était interdit, caché, refoulé. Larmes et rires, parole et silence [2]. » Elles ont mal supporté l'intrusion des médecins. Les uns, censeurs vertueux, émetteurs de morale, cherchaient à culpabiliser, à infantiliser l' « irresponsable » qui n'avait pas su éviter une grossesse non désirée. Les autres, hygiénistes consciencieux, ne parlaient que technique

1. Jane Jenson, Mariette Sineau, *Mitterrand et les Françaises*, *op. cit.*, p. 201 et 247.
2. Nicole Grand, « Un enfant quand je veux », *Le Groupe familial* n° 135, avril-juin 1992, p. 15-23.

et faisaient barrage à toute émotion. A Aix-en-Provence, le Mlac a poursuivi sa pratique malgré la loi jusqu'au procès qui l'a condamné, le 10 mars 1977 : ce jour-là, sur la place du palais, des femmes venues de toute la France ont chanté, dansé, lu des télégrammes de soutien. Le verdict fut clément, mais quand même il fallut céder. Ces militantes ont réalisé un film, *Regarde, elle a les yeux grands ouverts*, qu'elles ont visionné mille fois, avec nostalgie, pour revivre « l'expérience bouleversante de ce que peuvent la tendresse partagée, l'amitié, l'absence de soumission des unes aux autres, la volonté commune de transformer la réalité ».

Pourtant, les centres d'orthogénie qui s'ouvraient peu à peu dans les hôpitaux n'étaient pas tous rébarbatifs. Certes, quelques patrons ont fait de l'obstruction. Mais des équipes pluridisciplinaires se sont constituées; les membres, tous volontaires, tous zélés, se sentaient investis d'une mission libératrice.

Une nouvelle profession féminine a pris son essor dans ce cadre : les *conseillères conjugales et familiales*, dotées désormais d'une formation spécifique et d'une (modeste) rétribution; elles assuraient l'entretien imposé par la loi avant tout avortement. Beaucoup d'hôtesses du MFPF ont trouvé là un engagement. Les milieux plus conservateurs, notamment catholiques, ont également formé un personnel spécialisé [1]. Ces conseillères se préparaient à l'accueil, à l'écoute, par l'acquisition de quelques connaissances de base en psychologie et psychanalyse. On a pu reprocher à certaines d'entre elles d'interpréter abusivement les propos des candidates à l'avortement [2]. Ces dernières parlaient beaucoup au début : elles éprouvaient le besoin de s'expliquer, de se justifier; elles indiquaient leurs motivations sociales : logement trop exigu, absence de crèche, ressources insuffisantes, avenir trop incertain pour accepter un enfant (ou un enfant de plus). Mais alors, répondaient les conseillères, pourquoi avoir « raté » la contraception ? A la lumière de leur savoir psy tout neuf,

1. Association française de consultation de conseil conjugal : AFCCC.
2. Anne-Marie Devreux, « Pour un petit bout de papier », *Autrement*, « Un enfant ? » n° 35, novembre 1981, p. 182-199.

elles affirmaient que toute grossesse exprime un désir d'enfant, désir inconscient, non dit, refoulé, peut-être sous l'influence d'un mari, ou d'une mère, ou de la mode. Après l'intervention, la consultante, nantie d'une information complète sur tous les moyens de contraception, était fermement avertie de ne pas récidiver.

Il est sans doute vrai qu'à la fin des années 70, la vulgate psy pouvait servir à intimider la demande d'avortement et à masquer, involontairement, des besoins sociaux évidents. Mais par la suite l'avortement a perdu peu à peu son *aura* dramatique et l'entretien préalable s'est réduit à un échange de banalités.

Les conseillères ont alors aidé d'autres femmes. D'une part les plus démunies : des immigrées récentes, des analphabètes qu'il fallait apprivoiser à l'idée même de contraception, et ensuite accompagner patiemment en répondant à leurs demandes spécifiques. D'autre part les jeunes filles qui venaient de plus en plus nombreuses, et de plus en plus jeunes, dans les centres d'information : presque toujours, il fallait assurer leur éducation sexuelle. Les conseillères intervenaient aussi dans les lycées et les collèges à la demande des chefs d'établissement, pour des conversations libres, dont les élèves gardaient l'initiative.

Métier de femme : métier mal défini, mal reconnu, mal payé ! Les conseillères conjugales et familiales ont assuré, assurent encore, avec abnégation, une transition délicate, une socialisation de la réduction des naissances en milieu féminin.

En même temps, les lois libérales ont marqué une accélération décisive de la mainmise médicale sur le corps des femmes. Depuis le début de la puberté jusque bien au-delà de la ménopause, et dans tous les milieux, ce corps est devenu objet de soins, pour le meilleur et pour le pire. Pour le meilleur, puisque cette surveillance a permis le dépistage et l'étude approfondie des maladies féminines. Mais aussi pour le pire. Car la santé des femmes a servi de prétexte à un formidable marketing, où tout abus devient possible. Cependant, la contraception aidant, le nombre des femmes gynécologues a augmenté. Pour dévoiler leurs problèmes intimes, les consultantes se sentent plus à l'aise avec une femme qu'avec un homme [1]. Ce type d'alliance entre patiente et médecin n'a pas d'équivalent parmi les hommes. Peut-être qu'une nouvelle solidarité féminine a pris naissance dans cette relation.

Les enjeux pour le couple

Les ennemis de la pilule redoutaient le double pouvoir qu'elle conférait à la femme : priver l'homme de progéniture ; et/ou « lui faire un enfant dans le dos » (les « mères célibataires volontaires » affichaient un tel dessein). Il est vrai que la *puissance maritale* et la *puissance paternelle* étaient ébranlées. Pourtant les hommes n'ont pas massivement réagi contre ces menaces. Leur domination dans le couple leur paraissait fondée en nature, tant elle était inscrite dans la forme même de l'acte sexuel. Ils ont au contraire apprécié le confort nouveau qui leur était offert : retrouver une partenaire toujours détendue et disponible, n'avoir plus à « se retenir », quelle chance ! La flambée d'érotisme annoncée par les puritains ne les effrayait pas tous...

Les féministes les plus militantes ont vite pris conscience de la situation. La pilule libérait l'homme plus qu'elle ne libérait la femme, car lui, il restait indemne, alors qu'elle avalait chaque jour des drogues parfois mal supportées et dont les effets à longue échéance demeuraient incertains. Fière de répondre seule de sa fécondité, oui, mais déçue d'être seule à assumer le confort du couple ! Pendant les années 70, des hommes ont accompagné leurs partenaires aux consultations de contraception ; mais la mode a vite passé. Et pour l'IVG, ils ne se sont pratiquement jamais impliqués [2], même ceux qui contraignaient leur compagne à avorter. Cette opération, somme toute bénigne, n'était aux yeux du mari ou de l'amant

---

1. Le collège de gynécologie de Marseille rassemble plus de 150 adhérentes et une vingtaine d'adhérents. Les hommes qui sont chirurgiens adhèrent avec l'espoir que leurs consœurs leur adresseront des patientes.
2. Despina Naziri, « L'implication de l'homme dans l'expérience de l'avortement et la dynamique du couple ». Communication au IVe congrès européen de psychologie, Athènes, 2-7 juillet 1995. A paraître.

qu'un accident de parcours sans conséquence : il l'oubliait vite, il ignorait, consciemment ou non, le traumatisme physique et moral subi par la femme, plus seule que jamais. Décidément l'égalité des sexes n'était pas au rendez-vous.

Reste que le sperme perdait peu à peu son pouvoir magique, et le géniteur son prestige. Responsable de la maternité, la femme l'était aussi de la paternité [1].

Comment faire face à des révélations aussi violentes et aussi contradictoires ?

Les enjeux pour la femme

La génération des filles nées entre 1960 et 1965 a connu l'euphorie de la pilule : « A quinze ans, donc, tout nous était déjà possible. Nous avons fréquenté très vite les salles d'attente des gynécologues pour les unes, les centres de planning familial pour les autres. Nous avons souvent inauguré notre entrée dans la vie sexuelle adulte avec la pilule. Au-delà de son effet contraceptif, elle avait valeur de symbole. Nous étions fières de la prendre, comme nous avions été fières d'avoir nos règles. Elle signifiait que nous étions devenues responsables. C'était grisant de prendre notre corps en charge. Nous n'avions pas de doute sur son efficacité. La pilule, c'était précisément pour ne pas avoir d'enfants. De toute façon, avoir un enfant était une proposition sans signification réelle. Tout juste une idée avec laquelle on pouvait jouer [2]. »

Jouer. A ces jouvencelles, maman, ou une aînée, avait dit : « On ne couche pas sans pilule. » Toute réflexion sur la maternité était judicieusement remise à plus tard. Mais, à la différence des anciennes pratiques, la pilule est inscrite dans la durée : coït ou pas, il faut la prendre tous les jours, et cette obligation finit par lasser. D'ailleurs, la pilule peut cacher une

1. Marie-Madeleine Chastel, *Malaise dans la procréation*, Albin Michel, 1993.
2. Catherine Valabrègue, Sandrine Treiner, *La pilule et après ? Deux générations face au contrôle des naissances*, Stock, 1996, p. 188.

éventuelle stérilité : si je suis stérile pourquoi me droguer ? La vérification se traduit par un début de grossesse : l'angoisse d'être enceinte succède à l'angoisse d'être stérile. Pour que tout rentre dans l'ordre, il faut avorter, en affrontant parfois la réprobation de l'entourage, en découvrant surtout la forte présence du corps fécond...

Pourquoi une jeune femme veut-elle vérifier sa fécondité ? Presque toujours, c'est pour s'assurer qu'elle est bien une femme, une « vraie femme », selon la définition originelle.

Suis-je une femme ? Mais d'abord : qu'est-ce qu'une femme ? La pilule, manipulation biologique, rend-elle les femmes plus ou moins féminines ? Moins, parce que moins vouées aux maternités, moins disponibles pour l'enfant ? Plus, parce que plus libres pour le plaisir et l'amour, donc plus disponibles pour l'homme ? Comment situer la féminité entre l'homme et l'enfant ? En vérité, les lois nouvelles et la libération des mœurs ont remis en question l'identité féminine : viennent désormais au premier plan la jouissance et la séduction. Être une femme c'est savoir séduire, savoir baiser, savoir jouir. La féminité se pose en face de la virilité. La pilule ne risque pas de porter atteinte à la féminité. Au contraire elle conserve soigneusement le vécu féminin, le sang, le cycle ; on a voulu que les femmes continuent à se sentir femmes, différentes, donc toujours désirables, toujours désirantes. Le plaisir sexuel, exalté, mythifié, supplante la vocation maternelle. La grossesse, l'accouchement ne réduiraient-ils pas les jeux de l'amour ?

D'un autre côté, la jeune femme veut être active, acquérir des compétences, un emploi intéressant, une totale indépendance économique. La venue précoce d'un bébé compromettrait ce projet. Et ensuite, la carrière une fois commencée, serait-il prudent de l'interrompre pour enfanter ? La famille a cessé d'être pour les femmes le meilleur moyen d'intégration sociale ; pour elles, comme pour les hommes, c'est désormais le travail qui qualifie.

La vulgate psychanalytique, de plus en plus répandue, augmente encore l'appréhension, en dévoilant les zones obscures du psychisme féminin. La procréation humaine a perdu toute clarté, le désir d'enfant se charge de significations inconscientes. Est-ce bien pour l'aimer et l'élever qu'une femme veut un enfant ? C'est peut-être seulement pour s'égaler à sa propre mère, ou pour retenir son partenaire. Le désir d'enfant est trop souvent l'alibi d'un désir de soi : il peut viser à combler un manque, une absence de perspective personnelle, une misère relationnelle et affective. La mère en attend alors un attachement plus intense que tous ceux éprouvés jusque-là. Mais dans cet investissement trop privilégié, la liberté de la mère et plus tard celle de l'enfant risquent de sombrer. Les jeunes femmes les plus cultivées peuvent en être intimidées.

D'ailleurs, vouloir un enfant pour lui-même fait surgir une autre inquiétude. « Donner la vie, oui, mais à quels enfants et dans quel monde ? » écrit Gisèle Halimi. Le concept de qualité de la vie s'est imposé en même temps que le militantisme écologique. A l'enfant qui naîtra le meilleur est dû. Quand on a le choix de lui donner – ou non – le jour, la responsabilité grandit jusqu'à l'angoisse : quelle mère est sûre de l'avenir ?

Toutes les hésitations qui freinent le premier enfantement ressurgiront à l'occasion du deuxième. Quant au troisième enfant, il devient, on peut le dire, une affaire d'État.

Arrêter la pilule ou ôter le stérilet, c'est provoquer une suite de réactions en chaîne dont les effets sont imprévisibles. Décision effrayante. La maîtrise de la contraception invite à décider rationnellement ce qui échappe à toute raison.

« Je croyais naïvement qu'on voulait des enfants ou qu'on n'en voulait pas [...] La contraception agit comme un révélateur : le désir d'enfant ne va pas de soi. » C'est ce que constate Catherine Valabrègue dès 1978 dans un livre qui fit sensation : *Des enfants pourquoi ?* Nul, nulle ne peut en effet désormais échapper à cette interrogation qui retentit comme un écho au tournant de la décennie. *Choisir de donner la vie. La liberté des libertés* : tel est le thème central d'un colloque international organisé par Gisèle Halimi et l'association *Choisir*. « Un enfant ? » questionne la revue *Autrement*. Une équipe scientifique réunie autour du professeur Félix Charvet réfléchit sur le thème *Désir d'enfant, refus d'enfant* [1]. Un célèbre album de Claire Bretécher, *Les mères* (1982), tourne en dérision les tourments des jeunes femmes qui ont envie d'être mères et n'arrivent pas à s'y décider. Certaines consultent longuement leur psychanalyste à ce sujet. Les psy ont beau jeu de dénoncer l'ambivalence des femmes face à la maternité.

En chaque fille d'Ève, la femme et la mère entrent un jour en conflit. Ce n'est pas nouveau, dira-t-on, Freud l'avait déjà observé. Mais la pilule a rendu pleinement conscient ce qui auparavant demeurait implicite. Si la femme « libérée » échappe à sa « nature », elle est aux prises avec sa liberté.

La plupart des jeunes femmes libérées ont accepté finalement de mettre au monde un ou deux enfants. Mais c'était avec le ferme propos d'inventer une pratique non aliénante de la maternité.

---

1. Catherine Valabrègue, *Des enfants pourquoi?* Stock/Femmes, 1978. *Choisir de donner la vie. La liberté des libertés*, Actes du colloque international, 5, 6, 7 octobre 1979, Idées/Gallimard, 1979, « Un enfant? », *Autrement* n° 35, 1981, sous la direction d'Élisabeth Lambert. *Désir d'enfant. Refus d'enfant*, sous la direction du professeur Charvet, Stock/Pernoud, 1980.

CHAPITRE VI

De filles en mères

Au cours de la même année 1974, paraissent en librairie trois best-sellers : *Parole de femme* d'Annie Leclerc, *Pour une naissance sans violence* de Frederick Leboyer, et *Du côté des petites filles* d'Elena Gianini-Belotti [1]. Ensemble, mais chacun à sa manière, ils marquent un seuil. Les historiennes, unanimes, constatent d'ailleurs une inflexion dans le mouvement des femmes, après la loi Veil. La maternité y rentre en force. Retour du refoulé ? La revue *Sorcières* consacre son numéro 3 au thème : *Enceintes, porter, accoucher* (1976). Les *Cahiers du Grif* présentent un numéro spécial : *Mères/Femmes* (1977). *La Revue d'en face* ouvre une rubrique « Ma fille et moi ». On est loin des luttes sociales : les filles en révolte deviennent mères. Elles avaient refusé la maternité-institution, elles vivent intensément la maternité-expérience, sans renoncer au militantisme [2].

MATERNITUDE

Ce mot, inspiré de *féminitude* (Luce Irigaray) et de *négritude* (Léopold Sedar Senghor), est employé par Sabine

1. *Parole de femme*, Grasset, *Pour une naissance sans violence*, Le Seuil, *Du côté des petites filles*, traduit de l'italien aux Éditions des Femmes.
2. Dans le monde anglo-saxon, Ann Oakley fait la même observation, *Becoming a Mother*, Oxford, Martin Robertson, 1979.

Fortino[1] pour désigner ce sursaut d'amour maternel, avec toutes les conséquences qu'il entraîne. On s'immerge dans le charnel, le sensible, l'affectif.

Les auteurs de *Maternité esclave* le reconnaissent : « Si on refuse la maternité... on se refuse alors à une expérience humaine importante[2]. » Un autre groupe de réflexion tient des propos qui se passent de commentaires[3] :

« Si je me prive du plaisir d'avoir un enfant, alors je peux dire que je me supprime. L'espoir, le principal de tous nos maux, moi je l'ai. Le malheur est partout, mais à partir du moment où tu parles mômes, il y a espoir [...].

– Non négation du côté animal. Réappropriation de ce que c'est que d'être femme [...]

– Refusant à la fois les lois naturelles et les lois sociales – la maternité comme une fatalité biologique, la maternité comme un devoir social – j'ai longtemps triché avec mon désir d'enfant [...] Après le premier vinrent les avortements. Cinq ou six ou plus. Je n'en sais plus le nombre [...] J'eus Niki et je me laissai envahir par lui. Tout changea. Ma perception du temps, mon sens des autres et ma morale de travail. Je vivais au présent, j'étais moins pressée, j'avais un arrivisme de mère de famille et je passai du marxisme-léninisme à une hypothétique politique de la vie quotidienne et affective. J'en vins à me demander si j'avais été seule à vouloir tuer la mère en moi, si ce n'était pas la caractéristique principale de l'Occident prométhéen, œdipien, judéo-chrétien, marxiste-freudien [...]

– J'ai désiré mon fils à m'en faire mal, tant j'avais peur d'avoir été rendue stérile par ce premier avortement à la sonde et ces cuvettes de sang au retour des règles [...] J'ai épousé mon fils dès qu'il a été conçu. C'est chouette de se fabriquer dans soi, pour soi, au chaud et toute seule, un homme sur mesure [...]

---

1. Dans son mémoire sur « Féminisme et contre-projet éducatif », déjà cité, p. 83-90.
2. *Maternité esclave, op. cit.*, p. 16.
3. « Variations sur le désir d'enfant et le rôle maternel », *Les femmes s'entêtent, op. cit.*, p. 349-396.

Le bouleversement intérieur dû à l'arrivée de l'enfant avait stoppé chez moi tout militantisme. Pour la première fois je devais reconnaître que je me sentais femme parmi les femmes, prenant la relève de la chaîne sans fin des mères, toujours pressée, toujours affairée [...]

– Enfant neuf, nouveau moi, qui retrouve soudain dans les chemins de la maternité des fleurs jadis piétinées... Je suis mieux dans mon corps. Plus calme à présent, je promène, apprivoisée et libre, une affectivité vibrante qui naguère me faisait peur [...]

– Les examens réussis, les réunions syndicales, ça ne fait pas jouir, mais les mômes, là, c'est du terrain sûr, le seul qui permet de me rendre utile, aimée ! [...]

– Pour l'instant, le petit et moi, nous ne sommes jamais séparés. Même si je le quitte. Il n'y a pas de solution de continuité. Encore pleine de lui et lui plein de moi... On a des idées bien courtes sur les liens affectifs ; le mythe moderne de l'autonomie et de l'indépendance chancelle. Comme si tout attachement était une dépendance, donc une mutilation de l'intégrité de la personne. Quand on sait par ailleurs que tout seul on n'est rien [...]

– Enfant de mes entrailles tu m'as fait naître.

Force délivrée par ta nuissance, dureté, inexpugnabilité.

Décision irrévocable de lutte à mort pour ta vie.

Lutte absolue pour, avec, enfoncée dans.

Plus d'hésitations, un but clair et précis : le bonheur malgré les autres pour/par l'enfant avec la jouissance de tout notre corps [...]

Qu'on redevienne des bêtes, les mères farouches, on serait à l'écoute et dressées contre tout ce qui peut atteindre et éteindre l'enfant, tout ce qui est néfaste, fatal. On vivrait non pas dans l'œdipe, ni dans l'anti-œdipe mais toujours avant l'œdipe et on n'en aurait pas besoin [...]

Redevenir louve, bête féroce... »

Une sensibilité comparable, passionnée, lyrique, habite le livre d'Annie Leclerc qui exalte le bonheur d'être femme, d'être mère dans son corps, jouissances dont les hommes sont privés. La grossesse et l'accouchement lui-même sont décrits là comme plaisir et création. Même exaltation chez Mariella Righini [1]. « Quand je chante les jouissances incomparables de la maternité, les bonheurs intenses de mon corps en métamorphose, singulier et pluriel à la fois, les délices indicibles de cette force qui m'habite, qui me comble, qui me remplit toute, qui bouge en moi, qui me secoue avec la violence d'un séisme, qui explose, primitive et folle, qui m'écartèle, me fend pour laisser glisser – volupté ! éblouissement – la vie entre mes cuisses, je t'en supplie, tais-toi, et écoute... »

Certes, beaucoup de féministes réprouvaient cette célébration de la différence des sexes [2]. Il n'empêche. La féminité, la maternité retrouvaient une dimension positive qui invitait à l'action.

On est tenté de rapprocher de cette sensibilité nouvelle le succès rapide de nouveaux magazines comme *Parents* et *Enfants-Magazine* [3]. Le premier, fondé en 1969, n'a vraiment conquis son public qu'entre 1972 et 1976, lorsqu'il s'est concentré sur la naissance, la petite enfance, la sexualité, la contraception. Il s'adresse au couple, et quelques articles sont spécialement destinés aux pères ; mais il est lu surtout par des femmes, appartenant au milieu des cadres moyens et des employés. *Enfants-magazine*, créé en 1976, est lu dans les couches supérieures ; les problèmes d'éducation y tiennent plus de place. Cautionnées par des médecins et des psy notoires, les informations diffusées dans ces périodiques sont reçues avec le plus vif intérêt, comme en témoignent de nombreuses lettres de lectrices. Sous cette influence, l'image de la maternité évolue ; elle est perçue de moins en moins comme un instinct, de plus en plus comme un ensemble de savoirs et de compétences. En même temps les magazines font une très large place aux annonces publicitaires : ces ressources leur permettent une présentation luxueuse, avec de magnifiques

1. Mariella Righini, *Écoute ma différence*, Grasset, 1978.
2. La plus vive réaction est celle de Christine Delphy, « Protoféminisme et antiféminisme », *Les Temps modernes* n° 346, mai 1975, p. 1469-1500.
3. Noëlle Gérôme, « Les formules du bonheur : *Parents* 1969-1976, l'information des familles par la grande presse » ; *Le Mouvement social* n° 129, oct.-déc. 1984, p. 89-115.

illustrations sur papier glacé. Ils donnent de la image hédoniste qui rejoint et conforte la « r Notons aussi que leur seule apparition dissoci maternité : dans les magazines féminins, les rubriques consacrées aux enfants s'étiolent puis disparaissent.

DES FILLES FÉMINISTES DEVIENNENT MÈRES

Le désir d'enfant et l'amour maternel redécouverts ne brisent pas le militantisme féministe : ils le déplacent. Les jeunes mères s'attachent à reconquérir, à reconvertir l'accouchement, l'allaitement, le maternage. Elles y réussissent assez bien. La génération du refus ne refuse pas la médicalisation, elle la veut à son service. Elle réclame toujours plus de soins et de sécurité, mais aussi toujours plus d'égards et de respect. Elle impulse des innovations remarquables.

L'accouchement au gré des femmes

A propos de l'accouchement, c'est l'ouvrage du docteur Frederick Leboyer, *Pour une naissance sans violence* (1974), qui a mis le feu aux poudres de la contestation. Par une sorte d'incantation, l'auteur cherche à traduire la souffrance de l'enfant qui naît. Supplice, calvaire, cris, « massacre d'un innocent ». Alors qu'il faudrait parler d'amour, trouver le langage d'avant les mots, d'avant Babel : les caresses, le contact, le silence, la pénombre... Leboyer ignore la mère, il la nie [1], il s'empare littéralement du nouveau-né. Pourtant, son lyrisme touche les femmes parce que, à partir de données discutables, cet accoucheur poète soulève un sujet crucial, celui de la violence autour de la naissance, violence dont les femmes souffrent tellement.

1. Ce que confirme le film *Naissance* tourné sous la direction de F. Leboyer. Commentaires dans *Le Monde* du 4 août 1976.

Les médecins d'ailleurs n'ont pas été les derniers à réagir. Serge Lebovici a consacré un colloque aux « Violences institutionnelles en néonatalogie ». L'illustre pédiatre Alexandre Minkowski, dans des colloques, dans ses livres, mène la croisade *Pour un nouveau-né sans risque* [1] ; il déplore l'insécurité des petites maternités mal équipées (un décret du 21 février 1972 a fixé des normes de sécurité qui ne sont guère respectées). Il dénonce surtout « ces maternités rigides où les bébés crient, où les mères sont dépressives », parce que dépossédées de leur nouveau-né. Il préconise une meilleure utilisation des sages-femmes. La naissance, dit-il, c'est l'affaire de tous, c'est un critère de civilisation : affaire de science oui, mais aussi affaire de politique, et plus encore affaire de cœur.

L'émotion de Leboyer a été récupérée d'une autre manière par certains accoucheurs : Michel Odent à l'hôpital de Pithiviers, Pierre Boutin à la maternité des Lilas, Pierre Bertrand à l'hôpital de Saint-Cloud. A Pithiviers, on veut retrouver « l'homme écologique », le primitif, l'archaïque ; la femme est invitée à accoucher nue et accroupie, dans la « salle sauvage », après un passage dans la piscine. Aux Lilas, on recourt à la « végétothérapie » pour permettre une « régression » et pour « briser la cuirasse » qui paralyse le corps des femmes. A Saint-Cloud règne la « sophro-relaxation ». Etc. Ces idéologies militantes réagissent à la fois contre les rigueurs pasteuriennes et contre la récente invasion des techniques (le *monitoring* entre autres), invasion qui s'accompagne d'une diminution de la présence physique des sages-femmes auprès des parturientes. Certains médecins dénoncent aussi l'arrogance d'une « pensée scientiste » qu'ils comparent à la pensée magique. Ils veulent renouer avec « la nature » [2].

La mode nouvelle séduit les sages-femmes qui trouvent là

1. Stock, collection Laurence Pernoud, 1976. Voir aussi du même auteur *La Maternité*, Fayard, 1982.

2. Voir les ouvrages de Bernard This, *Naître*, Aubier-Montaigne, 1972 : *Naître et sourire*, *id.*, 1975. Ceux de Michel Odent, dont *Bien naître*, 1976. Les articles de Monique Bydlowski, dont « Essai sur les coutumes entourant l'accouchement », *Revue de médecine psychosomatique et de psychologie médicale*, 1976, 18, p. 9-17. Le livre de Marie-José Jaubert, *Ces hommes qui nous accouchent*, Stock, 1982, est très critique.

un renouvellement, un enrichissement de leur pratique. Elle séduit encore plus les femmes en couches parce qu'elle respecte mieux leur liberté. Hortense Dufour, venue à Pithiviers pour un deuxième accouchement, apprécie la gentillesse des soignants qui se plient à ses fantaisies avec une patience inaltérable [1]. Toutes celles qui ont accouché aux Lilas témoignent dans le même sens. En ces lieux, on échappe aux contraintes : la femme retrouve le droit de crier pour libérer son angoisse, le droit de bouger comme elle veut, d'avoir auprès d'elle qui elle veut, le droit de garder son nouveau-né avec elle...

Certaines féministes sonnent la charge. Fini le silence et la soumission des accouchées. Marie-José Jaubert, dans *Les bateliers du mal joli* (1979), récapitule les brutalités et les humiliations subies au temps du baby-boom, quand les hôpitaux tenaient les parturientes « dans leurs griffes ». Elle n'est pas la seule : dans tous les colloques on entend désormais des plaintes vives, des reproches amers [2]. C'est alors que sont dénoncés certains abus, vrais ou supposés : des césariennes, des épisiotomies injustifiées, des accouchements provoqués ou précipités, le tout pour la seule commodité des accoucheurs. Pour tenter d'échapper au « pouvoir médical », certaines, certains ont tenté de remettre en honneur l'accouchement à domicile.

D'ailleurs, toute une population de hippies, de baba-cool, échappe délibérément aux cliniques médicalisées. La « maternité sauvage » pratiquée dans ces milieux est une forme de contestation qui va bien au-delà de l'accouchement.

« J'ai rejoint la Commune [3] en 1976. Quel souvenir chaleureux ! Nous voulions construire une nouvelle famille, de nouveaux rapports entre hommes et femmes, entre parents et enfants, et tout commençait à la naissance. On y croyait, on avait la foi, une foi à soulever des montagnes. J'aimais surtout la solidarité entre femmes : des liens très très forts se sont noués, ils durent encore. C'était une maison de femmes,

1. Cf. Hortense Dufour, *La guenon qui pleure*, *op. cit.*.
2. Voir par exemple *Choisir de donner la vie*, *op. cit.*, p. 95-97.
3. Il s'agit d'une grande maison rurale située aux Granettes, près d'Aix-en-Provence.

avant tout. Il y avait des hommes, trotskistes, maoïstes, prêts à toutes les expériences; ils n'avaient aucun pouvoir de décision. Le soir chaque fille pouvait choisir son partenaire (le seul malheur c'est que trop souvent plusieurs filles voulaient le même...). C'était stimulant, mais assez artificiel, je l'ai vite compris. Par contre pour la maternité c'était merveilleux. La maternité cessait d'être égoïste, personnelle : on voulait un enfant non pour soi, mais pour la commune, pour le monde. On récitait les poèmes de Khalil Gibran [1]. En pratique nous voulions apprendre le maximum sur nos propres corps. Nous détestions l'idée de consulter un gynécologue ! On se servait d'un spéculum en plastique pour se voir soi-même (dans un miroir) et pour voir les autres. C'était une découverte bouleversante. Les contacts physiques étaient recherchés : le massage, les bains à deux. On se plongeait aussi dans des lectures orientales, dans la macrobiotique. On accouchait hors institution, à la Commune même ou chez une amie sympathisante : on voulait être entourée d'amour et de joie, faire don de l'enfant aux autres, au monde. Mais on ne renonçait pas à la sécurité : on appelait toujours un médecin ou une sage-femme, sympathisants si possible. Ces malheureux mouraient d'inquiétude, mais il n'est jamais rien arrivé de fâcheux, au contraire, un grand bonheur à chaque naissance. L'enfant était toujours reçu par un membre de la commune. Ainsi mon compagnon a accueilli le bébé d'une amie : il rêvait depuis longtemps de faire naître un enfant, il en a éprouvé une joie intense, et nous tous avec lui ! Le nouveau-né était l'enfant de tous, les autres enfants le recevaient comme un petit frère, ou une petite sœur. On ressuscitait la grande famille d'autrefois, sans les liens du sang. Les enfants grandissaient ensemble, très librement, ils étaient tous très choyés. Peut-être trop ? Quand il leur a fallu réintégrer le système ordinaire (l'école), ils ont souffert. Ma propre fille a été catastrophée quand j'ai dû quitter la Commune. On m'a priée d'en partir parce que

1. Poète libanais auteur de *Le prophète* (Casterman, 1977). « Vos enfants ne sont pas vos enfants. Ils sont les fils et les filles de l'appel de la vie à elle-même. Ils viennent à travers vous, mais non de vous. Et bien qu'ils soient avec vous ils ne vous appartiennent pas ! »

j'étais trop attachée au père de ma fille, nous formions un couple trop stable. Le gauchisme avait lui aussi ses côtés autoritaires [1]. »

Ces « marginales » reflètent, comme un miroir grossissant, quelques aspirations communes à toutes celles qui veulent des enfants. « Vivre est heureux. Être enceinte, être citadelle, hautement et rondement close sur la vie qui pousse et se dilate au-dedans, est heureux. Mais accoucher c'est vivre aussi intensément qu'il est possible de vivre. C'est le somptueux paroxysme de la fête. Expérience nue, entière de la vie. Accoucher est plus que tout heureux [2]. » Celles qui attendaient cet acmé avec ferveur ont été parfois déçues. Reste le culte du corps, de son épanouissement, de ses jubilations. L'accouchement devient un thème littéraire : Marie Cardinal en donne un récit fort et sensible dans *Une vie pour deux* [3].

Les innovations les plus solides, les plus riches d'avenir sont dues aux femmes médecins. Les batailles pour la contraception et l'avortement avaient secoué bon nombre d'entre elles. La rencontre avec le Mlac, dit l'une, « m'a pour la première fois donné l'occasion de faire coïncider, d'une façon moralement satisfaisante, et en tout cas complète, les deux faces de ce que j'étais, c'est-à-dire la femme et le médecin... cela m'a permis de faire craquer cette espèce de gangue qu'avait mis la médecine autour de moi, et d'aller vers les autres... J'avais vraiment ouvert les yeux sur ce à quoi j'avais servi avant et sur ce que je désirais personnellement [4] ». Elle est venue travailler comme anesthésiste à la maternité des Lilas.

Modeste, discrète, l'expérience conduite à la maternité de Pertuis [5] a valeur d'exemple. Le colloque *Choisir de donner la*

---

1. Témoignage de Michèle Bitton, que je remercie chaleureusement de son aide.
2. Annie Leclerc, *op. cit.*, p. 48-49.
3. Grasset, 1978.
4. Jeanne Weiss-Rouannet, « Alliée, ennemie, la douleur », catalogue de l'exposition *L'heureux événement*, musée de l'Assistance publique, Hôpitaux de Paris, avril 1995, p. 166.
5. Petite ville du Vaucluse. Voir Françoise Simon Jean, « Contribution d'une maternité rurale au progrès de la périnatalité », thèse de médecine, Marseille, 1982.

vie (1979) la révèle au grand public. Le professeur Alexandre Minkowski, dans un vibrant éloge, souligne que c'est l'œuvre d'une *femme chef de service.* La jeune gynécologue accoucheuse Catherine Baret, nommée à Pertuis en 1977, décide de donner d'abord et toujours la parole aux femmes, aux usagers. A leur écoute, elle conçoit des modifications importantes du fonctionnement de la maternité, et les réalise avec l'aide d'une équipe très motivée. Elle décloisonne les trois consultations de la clinique : le centre d'accouchement, le centre d'IVG, le centre d'information sur la contraception. Toutes les consultantes sont accueillies par les mêmes personnes et dans les mêmes lieux, quelle que soit leur demande. Le savoir leur est transmis au maximum : les grands panneaux explicatifs qui ornent la salle d'attente ont été réalisés avec les usagères, dans le but de faciliter les questions et les réponses. On les aide aussi à découvrir leur corps et ses expériences prochaines, en proposant des rencontres entre femmes enceintes et femmes récemment accouchées : le dialogue est toujours riche. De son côté, le personnel soignant s'habitue à traiter chaque naissance comme un événement unique, ce qu'elle est pour les parents. Personne ne promet à la gestante de lui épargner la douleur et la violence; en revanche, sa liberté est toujours respectée quand elle demande une péridurale; ce qui impose que le médecin de garde soit présent sur place en permanence. Chaque femme accouche comme elle veut, dans la position qui lui convient, entourée de ceux qu'elle a choisis. Le nouveau-né est laissé à sa mère qui l'allaite et le soigne elle-même à sa guise, avec les conseils de la puéricultrice. Le rôle de la puéricultrice est ici complètement transformé : elle ne *fait* pas le travail, elle surveille et accompagne. Le père est toujours le bienvenu. L'un a souhaité « sortir » lui-même son enfant, on le lui a permis, « en jouant avec lui à quatre mains »... Chaque couple vit ensuite à son rythme : il peut célébrer les rites qui lui sont chers, rites musulmans ou bouddhistes à l'occasion.

Catherine Baret et son équipe ont fait école [1]. Progressive-

1. Catherine Baret a été tuée dans un accident de la circulation en Espagne en juillet 1992. La maternité de Pertuis porte à présent son nom.

ment, au cours des années 80, les grands patrons de l'obstétrique se sont convertis à ces principes : ils ont construit leur réputation non plus seulement sur la sécurité de leur clinique, mais aussi sur la qualité de l'accueil [1].

Deux débats nouveaux prennent alors de plus en plus d'importance. Quelle place accorder à l'anesthésie péridurale ? Comment traiter la dépression post-partum ? Souffrance physique et souffrance psychologique sont-elles dissociables ? La péridurale commence à peine à se répandre en France en 1976-1977, nous la retrouverons [2]. La dépression post-partum place sous un jour nouveau la relation mère-enfant. Relation qui ne va pas de soi ! On la savait déjà beaucoup plus complexe et beaucoup plus aléatoire que l'instinct animal, mais l'idéalisation de la maternité voilait cette réalité inquiétante. Le féminisme a brisé l'idéalisation. A-t-il du même coup aggravé le dysfonctionnement ? De leur côté, les psychanalystes recevaient de plus en plus de bébés et de mères en consultation. Après la publication d'un ouvrage de Winnicott [3], des observations jusque-là confidentielles commencent à envahir les périodiques, notamment les *Dossiers de l'obstétrique*, lus par de nombreux soignants.

En France, le docteur Paul-Claude Racamier est le premier à s'être penché attentivement sur la « psychose puerpérale » durant les années 60 et 70 [4]. Devenir mère, dit-il, ce n'est pas seulement accoucher : le processus biologique s'accompagne de processus psycho-affectifs qui constituent la *maternalité*. Si les processus psychiques s'enclenchent mal, il y a « menace d'avortement de la maternalité ». Menace d'autant plus fréquente que la clinique actuelle se détourne de la mère aussitôt que l'enfant est né ; aucune préparation à l'accouchement ne s'étend aux jours qui suivent. Or mettre au monde un

1. Monique Dagnaud, Dominique Mehl, *Merlin l'enfanteur*, Ramsay, 1987.
2. Voir notamment *Le Monde* du 4 août 1976. Sur l'anesthésie péridurale, voir chapitre VIII.
3. D .W. Winnicott, *De la pédiatrie à la psychanalyse*, 1re édition 1969, 2e édition, Payot, 1972.
4. « La maternité psychotique » (1961), in *De psychanalyse en psychiatrie*, Payot, 1979. « A propos des psychoses sur la maternalité », in M. Soulé et coll., *Mère meurtrière, mère mortifère, mère mortifiée*, ESF, 1978.

enfant est une expérience, une crise tellement traumatisante que les femmes les plus vulnérables la surmontent mal, surtout si on les laisse à elles-mêmes.

De son côté, Claude Revault d'Allonnes [1] scrute les facteurs qui compromettent le processus de maternalité. Tous dérivent, dit-elle, d'une identification conflictuelle à la mère, ambivalence d'amour et de haine. Elle n'a jamais rencontré de femmes qui aient une bonne image de leur mère. Les historiennes devraient bien se demander si c'est là une constante dans la civilisation occidentale, ou si cette tension entre mère et fille marque une phase de transition.

En tout cas, durant les années 70, l'attention de tous les soignants se concentre sur la mère. Les transformations de la PMI s'opèrent dans ce sens. On peut citer comme exemplaire l'action du docteur Jacqueline de Chambrun, responsable du service PMI dans le département de Seine-Saint-Denis de 1962 à 1986. Chose remarquable : elle se place sous le signe du *civisme*. Elle a voulu faire de ses mille cinq cents collaborateurs (collaboratrices) « des *fonctionnaires citoyens* motivés et responsables ». C'est-à-dire avant tout *disponibles*, au service de toute consultante de 8 heures à 20 heures chaque jour ; capables aussi de recueillir et de diffuser une information de qualité [2].

L'allaitement plaisir

L'allaitement maternel, comme l'accouchement, est au cœur de la féminité. Mais il peut être accepté ou refusé, ce qui place chaque jeune mère face à un choix, rendu souvent difficile par les pressions contradictoires qu'elle subit. Or, au cours des années 70, les pressions changent ; les arguments pour ou contre sont chambardés par l'intervention de fac-

1. Déjà citée, voir chapitre II. Voir aussi son dernier ouvrage, *Être, faire, avoir un enfant*, Plon, 1991, Payot (poche), 1994.
2. « La qualité du service public », entretien avec Jacqueline de Chambrun, *Informations sociales. PMI Actualités* n° 10, février-mars 1991, p. 20-22.

teurs nouveaux : le féminisme certes, mais aussi l'écologisme, l'érotisme. L'allaitement est un curieux analyseur des tensions qui travaillent le mouvement des femmes.

La plupart des féministes militent pour la liberté des individus et pour l'égalité des sexes : tout ce qui confirme la dissymétrie entre les sexes est à rejeter. L'allaitement maternel est une composante de la « maternité esclave »; il assujettit la femme au service de l'enfant, sans égard pour ce qu'elle est en dehors de la fonction maternelle. Déjà Évelyne Sullerot dans *Demain des femmes* (1965) faisait l'éloge du biberon, qui a sauvé la vie de tant de bébés. Les Chimères, auteurs de *Maternité esclave*, tiennent en 1975 un raisonnement analogue. Le biberon libère la mère puisqu'il peut être donné par n'importe qui. Il libère aussi le bébé, en le protégeant contre l'emprise d'une mère étouffante. Il peut être donné par le père : excellente manière d'impliquer ce dernier dans le maternage, ou le « paternage » (le mot apparaît à la fin des années 70). Ainsi recule l'insupportable inégalité sociale entre les sexes; ainsi s'épanouit l'amour paternel chez le « nouveau père », et l'amour du bébé pour son père.

En sens inverse, le courant favorable à l'allaitement maternel se nourrit alors de deux idéologies nouvelles. L'écologisme d'abord, qui prend un essor soudain à la fin de 1971 à propos du Larzac. Rappelons que le ministère de la Défense avait décidé cette année-là de sextupler la superficie du camp militaire situé entre Millau et Lodève, pour expérimenter des armes modernes. Aussitôt s'élève la double protestation des pacifistes d'une part, et des défenseurs de la nature d'autre part. Dès lors, le mot écologie désigne non pas seulement une discipline scientifique, mais un mouvement idéologique puissant, une sorte de contre-culture. Les « écolos » prêchent passionnément le retour à la nature, au naturel, sans que le contenu de ces notions soit jamais clairement défini. Grâce aux écolos, l'acupuncture et l'homéopathie connaissent un boom en 1974-1975. Pour ce qui est de l'enfantement, le naturel c'est l'accouchement peu médicalisé et l'allaitement au sein...

Que l'allaitement puisse provoquer une jouissance parfois

fort vive, les mères l'ont toujours éprouvé bien sûr. Et les médecins du temps jadis l'avaient observé, comme en témoigne, entre autres, Ambroise Paré. Mais les sévères praticiens de l'ère pasteurienne n'en voulaient rien savoir ; et les femmes se taisaient, par pudeur peut-être, ou pour ne pas susciter la jalousie de leurs maris. Il a fallu que les années 70 libèrent le discours sur la sexualité, pour que la dimension érotique de l'allaitement puisse être reconnue. Des femmes en parlent, à mots encore discrets : Mariella Righini dans *Écoute ma différence* (1978) et Annie Leclerc dans *Parole de femme* (1974). Les manuels et les magazines à l'usage des jeunes mères s'ornent d'illustrations de plus en plus suggestives : de beaux seins nus offerts à une bouche vorace. Des chercheurs se penchent avec curiosité sur ce phénomène. Les « réflexions » du docteur Claude Émile Tourné sont particulièrement intéressantes [1]. Les femmes, dit-il, hésitent d'abord à dévoiler une si personnelle et si profonde intimité. Puis, mises en confiance, elles admettent avoir éprouvé un plaisir charnel assimilable, dans les meilleurs cas, à l'orgasme génital. Rien d'étonnant à cela, explique le docteur : nécessaire à la perpétuation de l'espèce, le sein est conçu pour procurer à la mère des sensations agréables, l'acte d'allaitement prolongeant en quelque sorte l'acte sexuel. Le nourrisson, lui, trouve son compte d'amour et de tendresse dans la vive satisfaction qu'il procure à sa mère. Mais notre culture pleine d'interdits culpabilise le désir et refoule le plaisir. Elle a tort. Une bonne préparation à l'accouchement devrait lever de telles inhibitions et déculpabiliser les joies de l'allaitement. Reste que le sein dans l'espèce humaine est ambivalent, à la fois érotique et nourricier : devant le couple mère-nourrisson, il arrive que le père se sente frustré. Pourquoi ne pas l'associer ? Le mamelon, si fragile, doit être préparé à la succion. Les caresses du père et les jeux érotiques qu'il inventera peuvent assurer cette préparation. A terme, le sein sera donné, ou « prêté », au nouveau-né par le père nourricier.

Il faut saluer ce souci très nouveau : ne plus centrer l'enfan-

1. *Génitif*, nov.-déc. 1979, p. 13-17.

tement sur le seul nouveau-né, mais être attentif aux sensations, aux sentiments de la mère, et du père. La psychanalyse convertit les accoucheurs et les pédiatres. Que ces suggestions aient été suivies ou non, l'allaitement au sein regagne rapidement du terrain vers la fin des années 70, notamment parmi les mères appartenant aux milieux cultivés. Et dans les cliniques d'accouchement les pratiques évoluent [1] : on met le nouveau-né sur le ventre de sa mère pour qu'il puisse lui-même trouver le sein, on supprime le carcan des horaires et des pesées. Tous les pédiatres se félicitent de cette victoire et les journalistes célèbrent à qui mieux mieux la redécouverte de l'allaitement maternel. Les mères qui travaillent allaitent au moins pendant le congé de maternité (porté à seize semaines dont douze après la naissance par la loi du 18 juillet 1978). D'autres font durer le plaisir, par exemple Marielle Issartel, co-auteur du film *Histoire d'A.*, qui a nourri sa fille pendant onze mois ; son témoignage est particulièrement émouvant [2].

Féminisme de l'égalité, féminisme de la différence, dit-on [3]. Celle qui choisit librement d'allaiter au sein penche, semble-t-il vers un féminisme de la différence. Car l'allaitement, bien plus encore que l'accouchement, bien plus que la bagatelle, suppose un engagement charnel et affectif volontaire, spécifique et privilégié.

La crèche revue et corrigée

Si les féministes ont contribué à la révolution des crèches, ce ne fut pas de propos délibéré, mais par la force des choses. Que faire des bébés pendant les manif et les assemblées générales ? Des « camions-crèches » accompagnaient parfois les manif. Et pendant les interminables débats quotidiens, une

1. *D'amour et de lait*, ouvrage collectif, *Les Cahiers du nouveau-né*, Stock, 1979.
2. Voir *Les enfants de la chance*, Denoël, 1988, et « Allaiter, dit-elle », dans *Mémoires lactées, Autrement*, mars 1994, p. 171-180.
3. Voir chapitre suivant.

ou deux personne dévouées trouvaient un local et gardaient les tout-petits : crèches improvisées, « crèches sauvages » qui, bien sûr, dédaignaient les règlements de la PMI. Ensuite des mères, des parents, inspirés par une idéologie communautaire et autogestionnaire, se sont organisés pour gérer collectivement, à tour de rôle, un espace d'accueil. Par exemple, la crèche du centre universitaire Censier née en mai 68 et décrite dans *Le torchon brûle* (nº 3) : elle est autogérée, sans subvention, mais la Fac a fourni l'équipement de base. Les parents, eux, paient trois francs par jour et par enfant, ce qui permet de bien nourrir les enfants et de leur assurer tous les soins ; les parents participent à la garde et aux soins par roulement, à raison d'une demi-journée par semaine ; il y a au minimum trois permanents pour 15 ou 20 enfants. Ce système exclut les enfants dont les deux parents travaillent à plein temps : c'est voulu, il s'agit de dénoncer une société marâtre qui refuse aux travailleurs, hommes et femmes, le temps de s'occuper de leurs enfants. C'est voulu aussi pour « contredire l'éducation bourgeoise à l'irresponsabilité » : en effet, dans les crèches de PMI, les travailleurs « se déchargent de leurs gosses », alors qu'à Censier les parents restent pleinement impliqués. La crèche de Vincennes est ouverte de 7 heures du matin à minuit et ses responsables voudraient l'ouvrir 24 heures sur 24. La garde y est décloisonnée : on ne sépare pas les petits selon leur âge, on laisse jouer les affinités ; des psychologues de la petite enfance sont invités comme observateurs.

Les mères gauchistes, soucieuses de ne pas « faire le jeu des anticrèches », n'ont jamais critiqué les établissements de PMI. Pourtant, elles ont provoqué ou soutenu une importante transformation des idées et des pratiques institutionnelles. A cause d'elles, à leur service, la crèche change de fonction. Les nouvelles usagères ne sont pas des prolétaires misérables et humiliées, ce sont des jeunes femmes instruites, pourvues d'un bon métier : elles n'ont pas l'intention d'abandonner leur travail pour élever leur enfant, mais elles n'ont pas davantage l'intention d'abdiquer leur responsabilité maternelle. Elles sont mères par choix et avec conscience ; elles lisent des livres de puériculture, de psychologie, de psychanalyse. Elles confient leur enfant, mais elles veulent savoir comment il sera traité. Elles ne se laissent intimider ni par la directrice, ni même par le médecin : elles dialoguent d'égale à égal avec tout le personnel.

Un autre facteur concourt puissamment à la transformation des crèches : la diffusion des connaissances concernant le petit enfant. Le bébé n'est plus seulement un tube digestif à protéger des microbes : c'est, dès les premiers jours, un être sociable, en éveil, avide de relations et d'expériences. Un film d'Irène Lezine montre des bébés de moins de 6 mois posés sur un tapis, en train de s'observer, d'amorcer des échanges. Les puéricultrices et leurs auxiliaires apprennent à stimuler le tout-petit, à lui parler, à accompagner ses activités et ses découvertes. La crèche, naguère simple lieu de garde, devient un lieu d'éducation, prélude à l'école maternelle. Ce n'est plus une institution d'assistance liée au paupérisme, c'est un équipement social réclamé par des parents de plus en plus nombreux et de moins en moins pauvres. Cette mutation la valorise : les chercheurs en sociologie et en psychologie commencent à démontrer ses bienfaits.

Mais alors, pour la mère, une autre ambivalence s'installe : elle ne se sent plus coupable de mettre son petit à la crèche, mais elle peut souffrir de constater, justement, qu'il y est bien, mieux qu'auprès d'elle. Le fait est que la fonction maternelle est de plus en plus grignotée par les institutions : d'abord l'école, l'école maternelle, à présent la crèche sont devenues performantes, et d'aucuns prétendent que c'est tout avantage pour l'enfant. Alors, à quoi sert la mère ? Comment la redéfinir ? La contraception a donné aux femmes *le choix* d'enfanter ou non. Et celle qui choisit d'avoir un enfant se retrouve aussitôt devant une nouvelle alternative : l'élever elle-même ou le faire élever par d'autres ?

En vérité, à la fin des années 70, la crèche s'ouvre et sa nouvelle vocation se dessine : lieu de rencontre, voire de formation, pour les mères et aussi pour les pères, elle leur propose un sérieux appui tout en les rendant plus disponibles [1].

1. Voir *Semaine de la pensée marxiste*, 29 janvier-4 février 1975, Éditions

C'est une composante indispensable de ce que les féministes appellent la « maternité légère ». Elle ne remplace ni ne supplante les mères, elle pallie leur isolement, elle les sort de leur foyer, les aide à rencontrer d'autres mères, d'autres éducatrices de jeunes enfants ; elle les socialise.

LA CONTRE-ÉDUCATION [1]

Le livre d'Elena Gianini-Belotti, *Du côté des petites filles*, a produit un choc violent. Non que son contenu soit vraiment nouveau. Simone de Beauvoir avait déjà dénoncé la malédiction qui pèse sur les filles, assujetties par leurs mères. les féministes avaient repris ce thème : le *Livre de l'oppression des femmes* (1972) lui consacrait tout un chapitre intitulé : « Les mères comme courroie de transmission de l'oppression ». Elena Belotti argumente le message. Elle analyse minutieusement la discrimination qui dès la naissance (et même avant...) pèse sur l'enfant fille : on lui accorde moins de valeur, et on lui inflige une éducation qui la maintient en position d'infériorité, de subordination. Alors que le garçon est laissé libre d'exprimer son énergie vitale et ses dons naturels, on s'efforce de conformer la fille à un stéréotype de la féminité qui la veut docile, dévouée, dépourvue d'imagination et d'ambition, en un mot « castrée ». Les mères sont complices. Elena Belotti dessine toute une galerie de portraits accablants : mères rigides, tatillonnes, frustrées, maniaques, répressives. Les institutrices ne valent pas mieux. Les filles, hélas, s'identifient à ces modèles. Comment sortir de cette chaîne infernale ?

---

sociales 1975, p. 218-226. Dr Françoise Lazard-Levaillant, *Le petit enfant ce méconnu*, Éditions sociales, 1975. *Nouveaux regards sur la crèche : lieu de vie, lieu de rencontre*, Cahiers du CERM (Centre d'études et de recherche marxistes) n° 152, 1978. Voir aussi Liane Mozère, Pierre Bachelet, « Crèches : état des lieux », *Autrement, Un enfant* ?, 1981, n° 35, p. 215-231.

1. Ce paragraphe s'inspire encore de Sabine Fortino, *op. cit.*, de témoignages recueillis personnellement et d'autres empruntés à *Petites filles en éducation*, et à *Les femmes s'entêtent, op. cit.*

Ce livre, assez misogyne, a eu un effet salubre : il a renforcé la rage contre le « sexisme ordinaire [1] »; il a surtout inspiré aux mères féministes le désir de révolutionner les objectifs et les méthodes d'éducation. Les plus intellectuelles, les enseignantes, ont lu aussi A.S. Neill *(Libres enfants de Summerhill)*, Bruno Bettelheim *(Dialogues avec les mères, Les enfants du rêve)* [2], et quelques autres ouvrages théoriques. Mais certaines n'ont rien voulu lire afin de découvrir par elles-mêmes et de gérer sans a priori la relation mère-enfant.

En fait, il y eut parmi elles une infinie variété d'options et d'attitudes. Il faudrait distinguer un noyau dur de féministes extrêmes et des zones concentriques où l'on trouverait mille nuances : parisiennes et provinciales, chrétiennes de gauche, marxistes, écolos, et même des « pas féministes mais... ». Un des témoignages les plus forts est celui de Danielle Flamant-Paparatti. Elle tient un journal de l'enfance de sa fille : elle y propose un nouveau modèle d'éducation des filles, « l'histoire d'une mutante [3] ».

Principes et pratiques

Deux passions les animent toutes : celle de la liberté (liberté de la mère, liberté de l'enfant) et celle de l'égalité entre les sexes [4].

Le concept d'aliénation, emprunté aux marxistes, est central, on l'a vu, dans le discours féministe. Enfanter pourrait être une forme de puissance. Mais la société aliène la femme en la réduisant à son rôle de mère : le seul pouvoir qu'on lui laisse est celui qu'elle exerce sur ses enfants; elle a tendance à en abuser : plus elle « aime », plus elle est possessive, fée et

---

1. Rubrique qui apparaît dans *Les Temps modernes* à partir de décembre 1973. Les articles ont été recueillis en volume et publiés au Seuil en 1979.
2. Neill, Maspero, 1970; Bettelheim, Gallimard, 1972.
3. Danielle Flamant-Paparatti, *Emmanuelle ou l'enfance au féminin*, Denoël-Gonthier, 1979.
4. Madeleine Pelletier avait conduit une réflexion approfondie sur ce sujet dans *L'éducation féministe des filles* (1914), Syros, 1978, présentation de Claude Maignien.

sorcière à la fois [1]. Si bien qu'à son tour elle aliène ses enfants.

La seule issue c'est que les mères apprennent à se désinvestir, au moins partiellement, de la maternité, à trouver d'autres centres d'intérêt. Aussi les féministes les plus déterminées refusent-elles de « se faire chier avec les mômes », de renoncer à quoi que ce soit à cause d'eux. Elles emmènent les plus petits partout, dans les manif et les réunions (« ils dormaient sous la table »), chez les copains et dans la nature. Les plus grands « se débrouillent », « s'autogèrent » : on les laisse très tôt préparer seuls leur nourriture, ranger leurs vêtements, faire seuls leurs devoirs en rentrant de l'école, se coucher quand ils ont sommeil... Trop souvent la scolarité en a souffert : ces mères « libérées » reconnaissent à présent leur « aberration ». Pourtant elles ne croient pas avoir « bousillé » leurs gosses : elles expliquaient tout, négociaient tout. Par la vertu du dialogue, elles « gardaient le contact », elles établissaient des relations de confiance et d'égalité. « Tu es plus libre, je ne suis pas sur ton dos. Entre nous il n'y aura pas de dette : je ne me sacrifie pas pour toi, je ne te demanderai pas de te sacrifier pour moi. »

Les moins doctrinaires cherchaient des solutions collectives : elles constituaient un groupe solide de copains, chaque couple gardant les enfants des autres, en service réciproque [2]. Ainsi les plus petits pouvaient-ils « se décoller » de leur mère sans être laissés seuls, et sans aller dans une crèche anonyme. Les pères s'impliquaient : ils langeaient, berçaient, biberonnaient. Les enfants appelaient les parents par leurs prénoms. On voulait construire de nouvelles relations entre conjoints, entre parents et enfants, une famille différente. La formule excluait la mobilité professionnelle des copains, au moins pendant les années d'enfantement.

Autre rupture : certains couples catholiques ont renoncé à

---

1. Yolande Béthune-Trolle, « La fée et la sorcière », *Les Cahiers du Grif n° 17-18, Mères-Femmes*, sept. 1977, p. 42-45.

2. Catherine Valabrègue cite l'exemple d'un collectif de sept familles qui fonctionne à Rouen, dans un HLM. Cf. *Des enfants pourquoi?*, Stock, 1978, p. 159-160.

faire baptiser leurs enfants. Ce n'était pas par esprit de révolte, disent-ils, mais par souci de vérité : « Nous étions en recherche spirituelle, et notre démarche n'était pas achevée. » Ils organisaient quand même une cérémonie de « non-baptême » afin d'apaiser leurs parents ; ils désignaient d'ailleurs des parrains et marraines pour leurs bébés.

Cette exigence de liberté, ce refus de toute convention et de toute hypocrisie, a trouvé bientôt des limites : par exemple, à propos de la politesse [1]. Les filles révoltées des années 70 cultivaient, on l'a vu, la violence verbale : elles disaient merde à leurs professeurs, et aux adultes en général. C'était une manière de faire entendre leur révolte, de contester les hiérarchies et les autorités, de secouer un code petit-bourgeois qui nuisait, croyaient-elles, à la sincérité des relations. Elles ont d'abord interdit à leurs filles de dire bonjour quand elles n'en avaient pas envie. Mais bientôt « les enfants nous ont fait redevenir polis »... « A partir du moment où je fais des enfants, il est normal que je leur apprenne à me respecter. C'est mon boulot de mère. Je ne suis pas leur copine, je suis là pour leur apprendre la vie. » On ne peut pas vivre sans les autres. Or la politesse, respect de l'autre, est une éthique de la vie en société.

Les mères qui ont joué le jeu de la liberté totale ont été bientôt débordées. Marie Cardinal donne une idée de cette dérive dans un roman en grande partie autobiographique, *La clé sur la porte* [2].

De même l'égalité des sexes est un beau principe, mais dans la pratique, il s'agit d'élever des filles et des garçons. Comment préparer l'égalité des sexes par l'éducation ? Chaque mère rêve de détourner son fils de la violence : elle écarte fermement les jouets guerriers. Mais le jour où le grand-père offre une carabine, elle ne peut que constater, à regret, l'enthousiasme du petit mâle. Si elle requiert l'aide du gamin pour les travaux domestiques, il obtempère gentiment. Mais est-ce une assurance pour l'avenir ? Il intègre les tâches

1. Danièle Laufer, « Sous les pavés, les bonnes manières », *Autrement, La politesse*, février 1991, p. 200-201.
2. Grasset et Fasquelle, 1972.

ménagères dans son rôle social d'enfant, pas forcément dans son rôle social d'homme adulte... Toutes les mères avouent un embarras et un trouble que Michèle Fitoussi analyse avec finesse dans sa *Lettre à mon fils* [1]. « Avec toi, mon attitude est des plus ambiguës... J'oscille entre la crainte de te voir devenir macho et la terreur que tu ne t'identifies pas, ou mal, à ton sexe... » Cette terreur n'était pas vaine, beaucoup de jeunes hommes ont souffert de voir l'identité masculine remise en question [2].

Tout compte fait, c'est auprès de leurs filles que les mères féministes ont déployé avec le plus de passion les ambitions de la contre-éducation. « Non, le vieux rêve narcissique n'est pas écarté... faire qu'elle soit tout ce que j'aime en moi, et faire d'elle, aussi, tout ce que je ne suis pas. Oh ! Comment ne pas haïr, en elle, tout ce qui, moi, me met en position d'échec ? »

L'éducation des filles

A sa fille, une mère féministe donne les mêmes jouets qu'à son fils. Avec un succès inégal. Si la fille aime les poupées, ce serait la brimer que de les lui refuser. Mais alors maman s'évertue à détourner l'usage et la signification du jouet. « Ce n'est pas parce qu'on joue à la poupée qu'on est obligée plus tard d'élever des enfants », précise-t-elle. Que la poupée soit sexuée ou non (elle l'est souvent désormais), la mère attire l'attention de l'enfant sur cette partie du corps et précise les différences entre les sexes. Certaines mères disent avoir mis la poupée entre leurs jambes pour mimer l'accouchement, avoir expliqué comment la tête du bébé franchit la fente étroite. De même pour les vêtements. Aucune mère féministe n'a jamais osé mettre des robes à son fils, mais toutes ont mis des pantalons à leur fille. Quelques-unes ont « bagarré » pour faire accepter les filles en pantalon dans les établissements

1. Calmann-Lévy, 1991.
2. Élisabeth Badinter, *XY. De l'identité masculine*, Odile Jacob, 1992.

scolaires. La jouvencelle n'en était pas forcément ravie : « Je voulais des jupes, j'avais des jeans et des clarks. Je voulais des cheveux longs, elle me les coupait. » Et pendant ce temps, les mères non féministes se désolaient de ne plus pouvoir mettre des robes à leurs filles qui réclamaient des jeans.

D'une certaine manière, l'adoption du pantalon qui vise à effacer la différence entre les sexes remet aussi en question la volonté de séduire, et les moyens de la séduction. Les féministes brûlaient leur soutien-gorge et jetaient leur tube de rouge à lèvres : elles ne voulaient plus être des « objets sexuels », elles voulaient empêcher leurs filles de le devenir. Il n'y a pourtant pas là refus de la sexualité : toutes les militantes proclament leur désir de libre jouissance. Ce qui s'exprime, c'est le souci d'être aimée pour d'autres qualités que celles du corps, de s'affirmer sujet humain. En outre, le jean est supposé défendre la fille, la femme, contre une concupiscence à sens unique, celle de l'homme. Pourquoi se résigner à être choisie ? Le jean c'est l'unisexe. Rappelons qu'il a été bientôt récupéré : les jeans moulants, *sexy*, ont très vite envahi le marché. La culture de la séduction est hypersexuée, elle impose envers et contre tout la différence des sexes.

Bientôt après venait l'instruction concernant les règles. Maman fait savoir qu'elle-même perd du sang tous les mois, elle présente la toilette intime comme allant de soi. Elle montre les protections qu'elle utilise, et les fait essayer, par jeu, à la fillette. Les nouveaux tampons, vantés par la publicité, effacent d'ailleurs les incommodités anciennes. Aucun risque de tache ni d'odeur, on peut tout oublier. Mais placer cet objet dans le vagin d'une pucelle, n'est-ce pas la déflorer ? Peu importe : la plupart des mères féministes ne sont pas arrêtées par cette considération. Fi de l'hymen et de toute sa symbolique ! Non seulement on dédramatise, mais on valorise l'anatomie et la physiologie féminines : la vulve est un joli « coquillage » (l'argot dit « la moule ») ; à l'intérieur, bien protégés, se cachent les organes aussi importants que le zizi du garçon. Pas de « manque », donc pas d' « envie du pénis » ! La réaction contre Freud s'intensifie et se généralise [1] : elle se diffusait, grâce aux groupes de femmes et aux « groupes de conscience », parmi celles qui ne lisaient pas les livres savants. Le sang qui s'écoule n'est pas une souillure, il n'est pas sale, il ne doit inspirer aucun dégoût. Et ce n'est pas une « perte », c'est une promesse de fécondité. Or c'est un insigne privilège que de pouvoir enfanter, même si plus tard on a le droit de s'en abstenir. Quelques mères ont tenté d'inventer un rite, de célébrer les premières règles de leur fille par une petite fête familiale, un joli dîner avec un beau gâteau : « Tu es une grande, tu es une femme ! » L'usage ne s'est pas installé. Mais du moins la honte et la malédiction étaient écartées : les féministes ont su ressusciter le bonheur d'être femme ; leurs filles ont appris à aimer leur sexe, à en être fières.

Un point noir subsistait : la dissymétrie des sexes se traduit notamment par le fait que les hommes peuvent violer les femmes et les filles, alors que la réciproque n'est pas vraie. Les féministes réprouvent le viol avec horreur : pour celles qui refusent la différence des sexes, le viol est le scandale suprême, abominable. Les mères ont une conscience aiguë du danger dès lors qu'on laisse aux filles toute liberté de mouvement, qu'on renonce à contrôler leurs sorties et leurs relations. L'adoption du pantalon prend tout son sens, au cœur de cette inquiétude.

A l'inverse, comment faire savoir que les relations sexuelles procurent un plaisir très vif, accompagné, dans les meilleurs cas, d'un bonheur affectif intense ? La révélation du plaisir physique pouvait être spontanée du fait de la masturbation, qu'aucune mère féministe n'a jamais réprimée (du moins le disent-elles). Il fallait réhabiliter le clitoris, abattre là aussi le discours de Freud : les filles et les femmes doivent pouvoir explorer toutes les possibilités de leur corps. C'est mieux que de coucher sans désir avec un garçon pour avoir l'air libérée. Certaines militantes s'irritent de voir la levée des tabous profiter aux hommes et trop souvent à eux seuls. « Il faut coucher et en plus il faut jouir à tout prix. C'est l'obses-

1. Plusieurs essais de Karen Horney avaient encouragé la réaction contre Freud. Cf. Janet Sayers, *Les mères de la psychanalyse*, ouvrage cité au chapitre II.

sion. Avant nous n'avions pas le droit de jouir, maintenant nous avons le devoir de jouir... »

On fit aussi à cette époque un usage nouveau de la nudité. « On se promenait à poil dans la maison, parents et enfants. On se douchait ensemble. » Si des questions fusaient, les adultes en profitaient pour se lancer dans de grandes explications – qui ne passaient pas... Les questions ne fusaient pas toujours. Nombreuses sont les mères qui, le jour où elles se sont décidées à informer pleinement leurs grandes filles, ont été prises de court. « Non, non, maman, c'est pas la peine, je sais tout ! » D'autres, qui ont été écoutées, ont vu leur fille stupéfaite, bouleversée, fondre en larmes et trembler comme une feuille. On découvrait que ce type d'information peut faire effraction dans l'intimité d'une adolescente. Gérer soi-même sa sexualité, c'est peut-être le seuil essentiel du passage à l'âge adulte. La mère veut libérer le deuxième sexe, la fille veut se libérer de sa mère. Plus que n'importe quel autre savoir, le savoir sur le sexe est l'objet d'une conquête personnelle, un acte de liberté.

Pour achever l'éducation sexuelle d'une jeune fille farouche, on pouvait lui donner des livres à lire. En 1971, Maguelonne Toussaint Samat et Thérèse Roche publient *Virginie a 14 ans ou le Nouvel art de vivre*, qui met les filles en garde contre les relations éphémères. Mais l'ouvrage le plus lu à la fin des années 70 était *Notre corps-nous-même* « écrit par des femmes pour les femmes [1] ».

Une autre solution, alors souvent adoptée, fut de conduire la jeune fille dès les premiers signes de puberté chez une gynécologue : à charge pour celle-ci de donner progressivement toute la lumière nécessaire sur le risque de viol, sur les maladies sexuellement transmissibles, et sur la contraception.

La fille : « Tu sais, ton féminisme, ton truc ringard, là... Rien à faire, moi les mecs ne me gênent pas. Je fais ce que je veux, si je veux, quand je veux. » La mère : « Camille, ma fille, ma belle... Quelle fête que ta colère, quelle joie que tes

1. Ouvrage réalisé à Boston par le *Collectif pour la santé des femmes*. Adaptation française chez Albin Michel, 1977.

insultes... Sais-tu que quelques soirs, ce n'est qu'en prononçant ton prénom que j'ai trouvé la force de ne pas capituler... Continue à croire que tu es libre, et moi je continuerai à me battre pour que tu le sois vraiment... C'est pour toi et par toi que je me bats [1]. »

Les images

La contre-éducation féministe a provoqué aussi de profonds remaniements dans la presse destinée aux enfants, pour y changer l'image de la mère.

A peine nommée secrétaire d'État aux Droits des femmes, Françoise Giroud demande des recherches sur les manuels scolaires des écoles primaires ; on y trouve en effet une image « anachronique et dévalorisante » de la femme et de la vie au foyer [2]. Les élèves, même si leur mère travaille, gardent en tête le stéréotype de maman qui cuisine et repasse le linge. Il est urgent de réagir. Ainsi donc, en 1974, l'idéologie du temps du baby-boom est complètement renversée. Il faut souligner aussi la mobilisation des institutrices, et plus largement des enseignantes : l'éducation antisexiste est relayée par l'institution scolaire [3], mais il faut compter avec la force d'inertie de celle-ci. De nouveaux manuels sont lentement mis en chantier.

Les albums d'images destinés aux petits enfants subissent aussi d'importantes transformations sous l'influence des psychologues de la petite enfance. Un éditeur, François Rey-Vidal (Grasset Jeunesse), s'est fait remarquer dès 1972 en

---

1. Béatrice Retbi, « Camille, ma fille », *Bief* n° 20-21, 1989, p. 129-130.
2. L'Institut national de recherche et de développement pédagogique (INRDP) fait aussitôt réaliser une enquête que publie *L'Éducation* n° 241, 10 avril 1975. Enquête commentée dans *Les Temps modernes*, nov. 1974 : « Le sexisme des manuels scolaires » ; dans *Libération*, 28 novembre 1974, « Le sexisme à l'école » ; dans *Les Temps modernes*, mai 1976, *Petites filles en éducation*, p. 1988-2013, Martine Storti, « Les institutrices au lieu des petites filles ». Voir aussi Annie Decroux Masson, *Papa lit et maman coud*, Denoël/Gonthier, 1979.
3. « Fille ou garçon. Pour une éducation non sexiste », colloque organisé par Catherine Valabrègue les 17 et 18 octobre 1984.

refusant de distinguer l'enfant de l'adulte : la littérature pour enfants, dit-il, s'adresse aussi aux adultes, à ce qu'il y a d'enfantin chez tout adulte [1]. Parmi les nombreuses innovations de cette époque, les Éditions des Femmes inaugurent la ligne féministe : le plus célèbre de leurs albums, Rose Bonbonne, raconte l'histoire d'une petite éléphante grise emprisonnée dans un pré où elle doit s'efforcer de devenir rose, mais elle préfère rester grise, se libérer. Symbole transparent. Tous les autres récits sont bâtis selon ce schéma. Ils ne détrônent ni Blanche-Neige ni Cendrillon, relancées d'ailleurs par Walt Disney. Les mamans féministes s'évertuent à expliquer qu'il vaut mieux ne pas tout attendre du prince charmant. Quant aux mères méchantes et jalouses, les vieux contes les avaient déjà disqualifiées : ce ne sont pas de vraies mères, mais des marâtres.

Dans les romans proposés aux enfants de 8 à 14 ans, les héroïnes valorisées ressemblent aux garçons (Fantomette, Fifi Brindacier) ; elles évoluent vers l'unisexe plutôt que vers l'égalité des sexes. Aucune préparation à l'âge adulte : les aventures, « déréalisées », sont des évasions hors de la vie quotidienne, en marge de la famille [2]. Aucune figure féminine adulte, aucune mère ne prend de relief. Les enfants lecteurs apprécient ces récits, les parents les leur achètent. A vrai dire, on ignore quelle peut être leur influence sur les convictions et les comportements.

LA MORT DE LA MÈRE. LES RÉPARATIONS SYMBOLIQUES

Le séisme qui secoue les relations mère-fille a marqué la littérature. La fin de la mère, son vieillissement, sa dégrada-

1. Sur ces questions, voir Jean-Claude Chamboredon, Jean-Louis Fabiani, « Les albums pour enfants », in *Actes de la Recherche en sciences sociales* n° 13, février 1977, p. 60-79.
2. Marie-José Chombart de Lauwe, « L'image de sexes véhiculée par les

tion, son décès ébranlent violemment la fille jadis révoltée. Le deuil ne peut se faire sans une réparation symbolique, qui prend la forme d'un récit d'agonie, d'un « roman » autobiographique, d'un poème, comme s'il fallait à tout prix surmonter, dépasser, effacer des conflits anciens.

Simone de Beauvoir, pionnière encore une fois, avait ouvert la voie en publiant, *Une mort très douce* (1963). « Pourquoi la mort de ma mère m'a-t-elle si vivement secouée ? Depuis que j'avais quitté la maison elle ne m'avait inspiré que peu d'élans [...]. Comment étais-je retombée sous sa coupe ? Notre relation ancienne survivait donc en moi sous sa double figure : une dépendance chérie et détestée [...]. La " petite maman chérie " de mes dix ans ne se distingue plus de la femme hostile qui opprime mon adolescence ; je les ai pleurées toutes les deux en pleurant ma vieille mère. La tristesse de notre échec dont je croyais avoir pris mon parti m'est revenue au cœur... Sa défaite m'a terrassée. »

Parmi les best-sellers des années 70, on ne peut oublier *Les mots pour le dire* de Marie Cardinal (1976). L'amour-haine qui s'exprime dans cette plainte déchirante va bien au-delà du discours banal de l'aliénation : c'est un vertige de douleur et d'angoisse. Ce thème de l'amour-échec, de l'amour-haine, est repris par d'autres auteurs : Menie Grégoire (*Telle que je suis*, 1976) ; Anne-Marie de Vilaine (*La mère intérieure*, 1982) ; Pierrette Sartin (*Souvenirs d'une jeune fille mal rangée*, 1982) ; Brigitte Lozerec'h (*L'intérimaire*, 1982) ; Annie Ernaux (*Une femme*, 1987). Et aussi Thérèse qui écrit dans *La Revue d'en face* [1] ; Yolande Béthune-Trolle qui s'exprime dans le Grif [2] ; Mariella qui intervient au colloque *Choisir de donner la vie* (1979). A quoi il faut joindre, un peu à part, le poème en prose de Luce Irigaray (*Et l'une ne bouge pas sans l'autre*, 1979). La liste n'est pas exhaustive.

« Je ne suis pas encore guérie de la maternité, ni de la mienne, ni de celle de ma mère, surtout de celle de la mère »,

---

médias », in « Fille ou garçon. Pour une éducation non sexiste », colloque cité.

1. *La Revue d'en face*, février 1978, « Il y a toujours maman », p. 29-31.
2. *Les Cahiers du Grif*, n° 17, 18 septembre 1977, p. 42-45.

écrit Yolande. Ces femmes ont souffert : plusieurs (Menie Grégoire, Anne-Marie de Vilaine) ont traversé des années de psychanalyse. Elles ont aussi fait souffrir. Bouleversées par la déchéance, l'agonie, la disparition de leur mère, elles revivent le passé comme une suite désolante de conflits, de griefs, d'incompréhension. Mais elles n'accusent pas, ne condamnent pas, et leur chagrin se teinte de remords.

Aucune n'analyse les raison de l'échec. Pourtant, d'un livre à l'autre, des raisons apparaissent. Le père a pesé parfois : certaines filles (Menie, Anne-Marie) adorent leur père et jouent les favorites, excitant inconsciemment (?) la jalousie de leur mère, qui reporte alors son affection sur un autre de ses enfants. L'hostilité de la fille ressemble quelquefois à une répugnance physique : « J'avais haï ton pas, ta coiffure, ton corps, le son de ta voix, ton écriture, tes gestes. J'avais honte de toi » (Anne-Marie). Cette répulsion exprime surtout la peur d'être envahie, asphyxiée. « La poussière de mère saupoudre mon quotidien... sa fonction c'est de m'empêcher de vivre » (Thérèse). Plusieurs auteurs citent Kate Millett *(En vol)*. « Mère, j'ai passé ma vie entière à te fuir. A m'efforcer de ne pas te copier, de ne pas être toi. Et c'est pourtant ce que je suis. » Luce Irigaray : « Je te ressemble, tu me ressembles. Je me regarde en toi, tu te regardes en moi [...]. Je suis sortie de toi, et là, sous tes yeux, je suis une autre toi vivante [...]. Toi, moi s'échangeant sans fin et demeurant chacune. Miroirs vivants... Je veux m'en aller de cette prison... Je partirai hors de nous. »

Cette peur de rester rivée à la mère tourne à la panique au moment de l'enfantement. Mariella : « Je ne supportais pas d'être enceinte devant ma mère, je ne voulais pas faire un enfant pour ma mère [...]. Elle avait acheté le trousseau pour le bébé [...] elle m'accablait de mots, de lettres, de coups de téléphone [...]. Elle voulait s'approprier le bébé, mon corps et jusqu'à mes sentiments. Je la haïssais, je la voulais morte [...]. La fin de tout cela a été un accouchement atroce qui s'est terminé en césarienne. » Brigitte, de son côté, ne supporte pas que sa mère assiste à son accouchement ; n'osant pas la chasser, elle feint le délire et hurle : « Faites-la sortir ! Faites-la sortir ! » « Accoucher est chose trop intime et trop belle pour la vivre en présence de ma mère. »

Être le miroir, le double de maman n'était pas autrefois un tourment, au contraire : aux bonnes petites filles on faisait un mérite de se conformer au modèle maternel. A mesure que les filles se sont lancées dans les études, un fossé, puis un abîme, s'est creusé : au cours des années 70, la rupture culturelle éclate au grand jour. Les filles qui écrivent se perçoivent comme plus cultivées, et même plus intelligentes que leurs mères (Anne-Marie, Annie) ; évoluant dans le monde de l'esprit, de la pensée, elles regardent avec mépris (Anne-Marie), ou du moins avec condescendance (Annie), la ménagère ensevelie dans sa routine quotidienne.

La plupart des jeunes femmes s'engagent dans des activités professionnelles. Les mères s'en accommodent tant que la fille n'a pas d'enfant ; mais elles s'indignent de voir celle-ci mesurer le temps qu'elle consacre à sa progéniture. Appelées, en tant que grand-mères, à garder les petits, la divergence des principes éducatifs provoquera de nouveaux affrontements.

De leur côté, les filles apprécient hautement l'indépendance économique que procure le travail salarié. La dépendance consentie de leur mère les choque profondément. « Je ne suis rien. Je suis à la disposition des autres. Je suis là pour servir si l'on veut de moi. » Ainsi parle « la reine morte », mère de Menie. Au juste, de quoi se plaint une femme au foyer ? De n'avoir jamais pu faire ce qu'elle voulait ? « Elle n'avait qu'à prendre sa vie en main au lieu de la subir [...]. Combien de fois ai-je dit à ma mère de divorcer ! » (Brigitte). Le pire est que la mère modèle, qui s'est immolée dans la maternité, se sent dépréciée, humiliée par les échecs de ses enfants. « C'était insupportable d'avoir le rôle de faire-valoir et de mal le remplir » (Brigitte).

Autre sujet de désaccord : la religion. Simone de Beauvoir s'étonne que sa pieuse mère, aux portes du tombeau, mais pleinement lucide, refuse la visite d'un prêtre. Cette mourante aimait passionnément la vie et s'y accrochait. Faut-il en conclure que sa dévotion avait été de pur conformisme ? Ce serait trop simple. Elle avait écrit à une amie : « Bien sûr je voudrais aller au ciel : mais pas toute seule, pas sans mes filles. » Sa religion ne prenait sens qu'en tant que communion avec ses proches et les êtres chers ; c'était beaucoup plus qu'un ensemble de rites et de mythes : un partage d'amour et d'espérance. La fille qui rejette tout cela épouvante et consterne sa mère.

La réprobation réciproque n'a été nulle part aussi dure que dans le domaine de la sexualité. Les filles reprochent aux mères à la fois un silence de plomb, des brimades répétées, une inquisition insupportable. « A l'adolescence, je me suis détachée d'elle, et il n'y a plus eu que la lutte entre nous deux. Dans le monde où elle avait été jeune, l'idée même de la liberté des filles ne se posait pas, sauf en termes de perdition [...]. Elle n'a pas aimé me voir grandir. Lorsqu'elle me voyait déshabillée, mon corps semblait la dégoûter » (Annie). Mais, chose curieuse, les filles s'indignent encore plus des humiliations que leurs mères ont acceptées. « Elle en était presque fière ma mère d'être frigide [...]. Quand ma mère et ses sœurs allaient se coucher, elles avaient une formule toute faite pour dire bonsoir à la cantonade : “ Bonsoir ! Je vais à l'austère devoir pieusement fidèle. ” Cela me suffoquait de rage, de colère et de tristesse » (Brigitte). Ces femmes transmettaient en effet une image ignoble du deuxième sexe. Mais il y a pire. Certaines mères avaient refusé furieusement leur maternité ; elles avaient multiplié les tentatives d'avortement. L'une, citée par Brigitte, cirait l'escalier quand elle avait un retard de règles et s'arrangeait pour dégringoler. Cruauté suprême : Marie Cardinal, encore enfant, a appris de sa propre mère tous les efforts tentés pour l'empêcher de naître. De quoi nourrir à jamais la haine, ou la folie.

Malgré tout, cette mère (la mère de Marie), belle, active, généreuse, a su se faire aimer. Mais c'est seulement après sa déchéance, son agonie et sa mort que l'amour a pu se dire : « Que c'était bon de l'aimer enfin dans la lumière, dans le printemps, ouvertement, après la bataille terrible que nous nous étions livrée ! [...] Quels coups elle m'avait assenés, quel venin j'avais distillé ! Quelle sauvagerie, quel massacre ! » Brigitte Lozerec'h se remémore de précieux moments d'intimité. « Le temps du sommeil des petites sœurs, j'avais connu un bonheur ineffable [...] oui elle m'aimait, oui nous nous entendions à ravir toutes deux, non elle ne pouvait pas regretter de m'avoir donné le jour. » Menie Grégoire trouve un mot qui surmonte l'échec : « Oui, je suis *réconciliée* [...]. Mon seul regret c'est de n'avoir pas pu la prendre dans mes bras pour la rassurer, lui expliquer, la convaincre qu'elle était une chère petite fille, et mère, et sœur, tout à la fois. » Anne-Marie de Vilaine s'interroge, éperdue : « De qui suis-je en deuil ? D'une femme que je n'ai pas su aimer, que j'ai toujours repoussée, écartée de ma vie, de mes joies, de mes peines ? Ou bien suis-je en deuil d'une partie de moi-même que j'accepte enfin, trop tard [...]. »

Faut-il évoquer Électre ? Les filles féministes sont, comme Électre, des passionnées qui refusent tout compromis. Comme Électre elles s'identifient à des valeurs supérieures : la liberté et la dignité du deuxième sexe. Elles résistent aux puissances qui ont brimé leurs mères, elles résistent aussi à leurs mères elles-mêmes, qui baissaient la tête et se laissaient humilier. Mais, chez Sophocle, Électre fait mourir sa mère, puis elle meurt, adolescente rigide éprise d'absolu. Alors que les filles féministes ne meurent pas, elles n'ont pas à tuer la mère, il leur suffit de devenir mère à leur tour, puis de reconstruire le lien mère-fille, pour de nouvelles transmissions.

CHAPITRE VII

La dénonciation du patriarcat

La génération du refus a su donner à sa révolte des fondements théoriques et philosophiques.

Les militantes des années 60 se bornaient au constat : elles décrivaient les difficultés accablantes qui s'abattent sur les femmes dès qu'elles ont des enfants. Les causes, elles les voyaient surtout dans la conjoncture immédiate : contraception encore interdite, double journée, insuffisance des équipements, tant sociaux que ménagers. Les militantes des années 70 vont plus loin : elles s'efforcent de mettre au jour des racines profondes, structurelles, de cette misère ; elles les découvrent dans ce système originel d'oppression qu'elles appellent « patriarcat », domination des pères sur les mères et les enfants.

Ce nouveau sens du mot patriarcat s'est forgé, on le sait, au début du siècle, dans le sillage de l'anthropologie marxiste [1]. Mais les nouvelles intellectuelles féministes ne s'en tiennent pas au marxisme. Outre Simone de Beauvoir, référence toujours inépuisable, elles s'inspirent de Michel Foucault et du structuralisme, des recherches anthropologiques les plus récentes [2], des travaux historiques de Philippe Ariès et

1. Cf. F. Engels, *L'origine de la famille, de la propriété privée et de l'État*, 1884.
2. Georges Balandier, *Anthropologiques*, Claude Lévi-Strauss, *Mythologiques, Anthropologie structurale II*, 4 vol., Plon 1985.

d'Edouard Shorter [1]. Bon nombre d'entre elles lisent aussi l'abondante littérature américaine issue du *Women's Lib*, notamment Kate Millett (*La politique du mâle*), Shulamith Firestone (*La dialectique du sexe*), Germaine Greer (*La femme eunuque*). Leur compétence autant que leur conviction nourrissent un débat de haute portée, qui donne le départ aux « recherches femmes » dans les universités et au CNRS. Même si leurs textes, parfois arides, ne sont pas tous lus du grand public, le contenu en est diffusé par des conférences et des rencontres, ainsi que par la presse, grâce à des femmes journalistes cultivées et motivées. Si bien que la dénonciation du patriarcat est devenue bientôt un lieu commun dans toute la galaxie féministe.

LES THÉORICIENNES

A côté d'Évelyne Sullerot et d'Andrée Michel, toujours infatigables, de nouvelles étoiles se lèvent : Christine Delphy, Nicole Claude Mathieu, Élisabeth Badinter, Christiane Olivier.

Le propos le plus ambitieux fut aussi le plus mal reçu. Évelyne Sullerot décida en 1975 de reprendre à la base, en termes scientifiques, la question posée par Simone de Beauvoir : Qu'est-ce que le deuxième sexe ? Qu'est-ce qu'une femme [2] ? Avec le soutien actif de la biologiste Odette Thibault et de Jacques Monod (prix Nobel), elle organisa un grand colloque international et interdisciplinaire qui se tint à Paris à l'Espace Cardin, en septembre 1976. Communications et discussions

1. Philippe Ariès, *L'enfant et la vie familiale sous l'Ancien Régime*, Le Seuil, 1973 ; Edouard Shorter, *The Making of the Modern Family*, Naissance de la famille moderne, Le Seuil, 1977.

2. Les Éditions du Seuil avaient publié en 1974 un gros ouvrage collectif intitulé *L'unité de l'homme : invariants biologiques et universaux culturels*, dont Edgar Morin rend compte dans *Le Monde* du 11 octobre 1974, p. 25. Cette entreprise traduit l'utopie d'une anthropologie globale, fondamentale : elle a pu inspirer Évelyne Sullerot.

ont été publiées en 1978 chez Fayard sous le titre *Le fait féminin.* « Tel qu'il est, écrit Évelyne Sullerot, ce livre ne ressemble à aucun autre livre sur la femme. Il est à la fois beaucoup plus modeste et beaucoup plus ambitieux. Beaucoup plus modeste, car il ne prétend pas imposer une théorie explicative globale du phénomène féminin. Beaucoup plus ambitieux, car il a quelque prétention à prendre place dorénavant comme ouvrage de référence indispensable sur le sujet. Libre à chacun désormais de tenter sa théorie de la féminité, du destin féminin, de la condition féminine : mais il lui faudra auparavant avoir lu et assimilé *Le fait féminin.* »

L'injonction déplut, le sujet aussi. Pourquoi le fait féminin et pas le fait masculin [1] ? Pourquoi, parmi les trente-six communicants, compte-t-on seulement dix femmes ? Pourquoi dix-huit médecins ou biologistes ? L'entreprise semblait relever d'un scientisme androcentrique. Un seul exemple : aucun effort, dans ce livre, pour conceptualiser la maternité. Le mot même n'apparaît pas du tout dans la table des matières (pourtant détaillée). Et dans les chapitres, il est question de fécondité, d'endocrinologie, de femelles animales, d'investissement parental... La conclusion démentait Simone de Beauvoir : « On naît bel et bien femme, avec un destin physique programmé différent de celui de l'homme et toutes les conséquences psychologiques et sociales attachées à ces différences. Mais on peut modifier ce destin. » De telles allégations étaient, en 1978, irrecevables [2]...

Rien ne montre mieux l'ambivalence de la science : son statut est élevé devant l'opinion, mais ses conclusions ne s'imposent que quand elles servent des intérêts dominants. Chacun le sent : la science n'est la science que si elle se remet constamment en question. Sinon elle devient dogme ; la

---

1. G. Falconnet et N. Lefaucheur avaient publié en 1975 *La fabrication des mâles*, Seuil. Mais leur ouvrage est plutôt un miroir de celui d'Elena Belotti *(Du côté des petits filles)* qu'une tentative d'anthropologie globale.

2. Parmi critiques les plus vives : Emmanuelle de Lesseps, « Le fait féminin. Et moi ? », *Questions féministes* n° 5, éd. Tierce, 1979. Éliane Navarro, « Questions d'une obscurantiste féministe à des savants éclairés », *La Revue d'en face* n° 4, 1979. Catherine Crachat, « Le sexisme ordinaire », *Les Temps modernes*, Seuil, 1979.

science de demain peut démentir celle d'aujourd'hui ; nul n'a atteint, nul n'atteindra jamais un état définitif du savoir. L'organisation de la vie sociale ne relève pas de la science mais de la politique. D'ailleurs, Évelyne Sullerot ne l'ignore pas ! Depuis 1974, elle met en place l'association Retravailler pour aider les femmes qui veulent retourner dans la vie active après avoir eu des enfants. Là, elle obtient un succès total, en France et à l'étranger.

Pendant les années 70, Andrée Michel confirme son engagement. Sans relâche, elle stimule l'expression et développe l'audience de la pensée féministe. Ses étudiantes comptent parmi les fondatrices du MLF. Des équipes se rassemblent autour d'elle pour tenir des colloques, ou pour écrire des ouvrages en collaboration. Elle a délibérément renoncé à fonder elle-même une famille ; c'est d'ailleurs à la « Crise de la famille », à la transformation des rôles parentaux, plus spécialement du rôle maternel, qu'elle consacre l'essentiel de sa recherche [1]. Son argumentation s'appuie sur les apports récents de la « sociologie empirique » et sur les études de terrain. La famille est désormais considérée comme un phénomène social global, inséparable du reste de la société : on ne peut plus parler de *la* famille en général, mais *des* familles, différentes selon les régions, les classes, les groupes. Andrée excelle à rassembler et à organiser des données venues du monde entier, à les comparer, à dégager des significations : l'ampleur de son savoir est toujours impressionnante.

De ce vaste ensemble, on retiendra surtout, pour éclairer l'histoire des mères, la critique systématique dirigée contre Talcott Parsons et Robert Bales [2] dont les thèses faisaient encore autorité. Ces sociologues américains affirmaient que si *la* famille avait perdu son rôle dans la production économique, elle conservait des fonctions essentielles non seule-

1. *Sociologie de la famille*, Mouton, 1970. *Sociologie de la famille et du mariage*, Puf, 1972, réédition revue et augmentée en 1978.
2. Talcott Parsons, Robert Bales, *Family, Socialization and Interaction Process*, Glencoe, Free Press, 1955. La critique d'Andrée Michel se trouve dans *Sociologie de la famille et du mariage*, éd. de 1978, p. 77-90, 100-113, 143-155.

ment comme unité de procréation et d'identification, mais aussi pour la socialisation primaire des enfants et pour la stabilisation des adultes; ces fonctions ne peuvent s'accomplir que grâce à la différenciation des rôles masculin et féminin, le père assumant le rôle *instrumental* de gagne-pain et de lien avec la société, la mère jouant le rôle *expressif* et affectif parce qu'elle est plus proche des enfants; la place de la mère est donc au foyer tant que ses enfants ont besoin d'elle, ensuite elle peut se consacrer à des activités sociales bénévoles.

Andrée Michel se livre à une démolition en règle de cette théorie. De nombreuses études, dit-elle, montrent qu'en réalité les rôles parentaux sont divers et complexes. Le père est trop souvent absent. Quand la mère travaille hors du foyer, il s'avère que les enfants réussissent mieux dans leurs études, les filles ont plus d'ambition, l'égalité des sexes est mieux assurée, le planning familial réussit mieux... La famille parsonienne n'est rien d'autre que l'idéalisation de la famille bourgeoise à un certain moment de l'histoire. La théorie de Parsons, écrasée sous une avalanche de preuves, apparaît comme une idéologie caduque, et la mère au foyer comme une figure éphémère, sinon imaginaire. De nouveaux modèles de famille sont en cours d'élaboration, ainsi que de nouveaux rôles parentaux, en conformité avec les formes complexes de la société actuelle. On y observe une grande flexibilité d'organisation, des contraintes minimales, des normes variables selon les étapes du cycle familial, un haut degré de communication entre les membres, de riches interactions entre le groupe familial et l'environnement.

Andrée Michel multiplie les contacts non seulement entre chercheurs français et étrangers, mais aussi entre spécialistes de disciplines différentes : anthropologie, psychologie sociale, écologie humaine, économie. Elle pousse l'Association internationale de sociologie à reconnaître officiellement la dimension sociale des rapports de sexe [1]. Elle

1. En 1973, l'Association a créé un Comité international de recherche sur le rôle des sexes. Le premier « congrès mondial de ce comité s'est tenu à Toronto en août 1974 : les communications sont publiées en français dans *Femmes, sexisme, société*, Puf, 1977.

publie en 1977 *Femmes, sexisme, société*, en 1978 *Les femmes dans la société marchande*[1], ouvrages sur lesquels nous reviendrons.

Christine Delphy, chercheur en sociologie au CNRS, s'est fait connaître en 1970 par un article coup de poing, intitulé « L'ennemi principal[2] », où elle démontre avec une rigueur quasi irréfutable : 1) que le travail domestique est *productif*; 2) que ce travail est *extorqué gratuitement* aux femmes dans le cadre du mariage; 3) que cette exploitation, commune à toutes les femmes, les constitue en *classe*, au sens marxiste du terme, la classe des femmes étant donc antagoniste de la classe des hommes. Conclusion : l'ennemi principal des femmes c'est le système patriarcal, bien plus que le système capitaliste. Révélation fracassante. Jusque-là régnait le dogme marxiste selon lequel l'oppression de la femme dans la famille était une conséquence secondaire de l'exploitation capitaliste et disparaîtrait avec elle. Christine affirmait au contraire que la famille est le lieu d'une exploitation économique spécifique ! Les réactions furent violentes.

La résistance qu'elle rencontrait n'a fait que stimuler Christine qui a développé ses arguments avec force, dans divers articles[3] et dans la revue qu'elle a créée[4]. Ele est revenue maintes et maintes fois sur ce sujet[5]. Moins encyclopédiques que ceux d'Andrée Michel, ses propos se caractérisent par une lucidité décapante et une argumentation très serrée. Elle a illuminé et subjugué la plupart des intellectuelles féministes.

1. Les deux ouvrages ont paru aux Presses universitaires de France.
2. Christine Dupon (Christine Delphy), « L'ennemi principal », revue *Partisan. Libération des femmes années zéro*, numéro spécial, octobre 1970.
3. « Maternité fonction sociale », *Les femmes s'entêtent*, *op. cit.*, p. 176-180 ; « Mariage et divorce », *ibid.*, p. 128-146 ; et « Pour un féminisme matérialiste » in *L'Arc, Simone de Beauvoir et la lutte des femmes* n° 61, 1975, p. 61-67.
4. *Questions féministes* n° 1, novembre 1977, qui devient *Nouvelles Questions féministes* n° 1, mars 1981.
5. « Travail ménager ou travail domestique », *Les femmes dans la société marchande, op. cit.*, p. 39-54.

L'anthropologue Nicole Claude Mathieu est peut-être celle qui a fait le plus d'efforts pour conceptualiser la maternité. Intéressée par les « catégories de sexe », elle s'indigne de voir la catégorie féminine rattachée à la nature dans de nombreux discours « scientifiques », alors qu'on laisse aux hommes « la plénitude culturelle [1] ». Ce parti pris, dit-elle [2], est particulièrement évident à propos de la procréation. L'évidence « naturelle » de la maternité rejette les femmes vers le biologique : le lien biologique entre mère et enfant occulte tous les autres liens. Le père est reconnu sujet social, la mère non : le véritable sujet social de la maternité c'est l'enfant ; la mère est objet, non pas sujet de la maternité. Et pourtant, l'avortement exprime bien le caractère social et culturel de la maternité : il ne suffit pas d'être enceinte pour être mère, le processus biologique entamé peut être refusé (de même en cas d'infanticide) ; la maternité n'est nullement une donnée immédiate de la féminité ; d'ailleurs, les activités de maternage sont culturelles.

Nicole Claude Mathieu a dirigé la réalisation d'un ouvrage collectif intitulé *L'arraisonnement des femmes* [3] où les rapports entre maternité, féminité et liberté sont examinés de manière originale. Nous y reviendrons.

Ce bouillonnement d'idées, s'il excitait les intellectuelles, restait pourtant assez confidentiel. Tout change avec *L'amour en plus* [4], le best-seller d'Élisabeth Badinter (laquelle il est vrai n'appartient pas au même monde). Ce livre conteste la maternité dans son essence affective : non seulement l'instinct maternel n'existe pas, mais l'amour maternel lui-même ne va pas de soi ; il n'est ni naturel ni spontané, en dépit des préjugés ordinaires ; c'est un *sentiment*,

1. N. C. Mathieu, « Homme culture et femme nature ? », *L'Homme*, juillet-septembre 1973. Article reproduit dans l'*Anatomie politique*, éditions Côté femmes, 1991, p. 43-61.
2. N. C. Mathieu, « Paternité biologique, maternité sociale », *Femmes, sexisme et sociétés*, *op. cit.*, 1977. Reproduit dans l'*Anatomie politique*, *op. cit.*, p. 63-73.
3. *L'arraisonnement des femmes. Essai en anthropologie des sexes*, Éditions des Hautes études en sciences sociales, 1985.
4. *L'Amour en plus. Histoire de l'amour maternel, XVIIe-XXe siècle*, Flammarion, 1980.

fruit d'une éducation, et valorisé seulement depuis l'âge des Lumières. L'argument essentiel de la démonstration consistait à évoquer la mise en nourrice en France sous l'Ancien Régime : cette pratique assez générale entraînait une effrayante mortalité infantile dont les mères n'avaient nul souci ; et personne ne leur reprochait leur indifférence. Rousseau et les médecins philosophes ont réagi : ils sont à l'origine d'une moralisation qui vise à consacrer les mères à leurs petits et qui triomphe au cours du XIXe siècle. L'invention de l'amour maternel est donc un fait culturel récent, une manière douce de vouer les femmes à la vie privée. Ces faits étaient connus, mais ils n'avaient jamais été interprétés de cette manière.

Le propos iconoclaste d'Élisabeth Badinter a suscité des protestations indignées. Les historien(ne)s y ont découvert de multiples erreurs d'interprétation. Mais peu importait : le succès, immense, passa les mers et les frontières. Il faut le comprendre : ce livre utilisait l'histoire comme levain d'espérance. Les philosophes du XVIIIe siècle avaient élaboré une certaine représentation de la « nature féminine » pour les besoins de leur temps : cette image est devenue caduque face à des besoins nouveaux. La pensée féministe du XXe siècle peut, et même *doit*, déconstruire ce que la pensée des Lumières avait construit.

En même temps qu'Élisabeth Badinter bouscule les historiens, Christiane Olivier bouscule les psychanalystes, avec autant de vigueur et autant de succès. « Si au départ la psychanalyse a été écrite au masculin, le moment n'est-il pas venu de la lire au féminin ? écrit-elle dans *Les enfants de Jocaste* [1]. Le Nom du Père je le leur laisse, c'est leur affaire ; à moi l'Ombre de la mère. » Elle se distingue nettement des autres « mères de la psychanalyse [2] » par ses considérations sur le rôle du père. Celui-ci abandonne les soins et l'éducation des jeunes enfants à sa femme et il se fait lui-même materner. De cette première éducation où le père disparaît

1. Denoël Gonthier, 1980.
2. Janet Sayers, *Les mères de la psychanalyse*, *op. cit.* (cf. chap. II).

au profit d'une mère toute-puissante, nous sortons tous très meurtris. Le fait que la même mère, de sexe féminin, s'occupe du garçon et de la fille fait apparaître une dissymétrie fondamentale entre les sexes. L'absence du père est redoublée par la présence continue de la mère. La fille privée des soins d'un homme devient une éternelle insatisfaite ; le fils, dominé par une femme, devient misogyne. Le nouvel homme réclamé par les féministes, celui qui ne refusera plus de paterner ses enfants, engendrera un nouveau fils, et aussi une nouvelle fille. En acceptant d'élever seules leurs petits, les femmes forgent elles-mêmes leur prison. Leur proposer un salaire maternel c'est confirmer leur enfermement et toutes ses conséquences.

NOUVEAUX CONCEPTS

En général, les intellectuelles féministes se préoccupent davantage de la différence des sexes que de la maternité. Mais ces deux phénomènes se révèlent absolument indissociables. Les trois principaux débats théoriques des années 70 en témoignent abondamment.

Le « matriarcat », mythe des origines

Le concept de matriarcat connaît, au cours des années 70, une popularité remarquable. C'est une résurrection. Le mot, calqué sur patriarcat, était apparu à la fin du XIXe siècle en même temps que s'enflait la première vague féministe. Pourtant, les savants et les philosophes qui cherchaient alors à expliquer l'avènement du patriarcat – à savoir Bachofen, Engels, Morgan, Briffault – n'avaient jamais postulé l'existence d'une forme antérieure de civilisation où les mères auraient détenu le pouvoir (et d'ailleurs quel pouvoir ?) ; ils évoquaient seulement une société de *droit maternel* où les enfants étaient rattachés à la lignée maternelle, où régnait le culte des déesses mères, où les femmes n'étaient pas encore étroitement subordonnées aux hommes [1]. Au contraire pour les féministes de la Belle Époque, l'idée que, dans un lointain passé, les mères aient pu dominer la famille et la société était fort stimulante. Des militantes aussi connues qu'Hubertine Auclert et Hélène Brion appelaient de leurs vœux « le retour au matriarcat ». L'histoire (ou plutôt la préhistoire) autorisait, ici encore, l'utopie : « phénomène historique et non naturel, l'asservissement des femmes était réversible [2] ».

Au cours des années 70, ce sont des Américaines, E. Gould Davis et Evelyn Reed entre autres [3], qui ont ressuscité le mythe. Elles s'en servent pour réagir contre les propos récents de certains ethnologues [4] : contre ceux qui expliquent l'avènement du patriarcat par la supériorité des hommes chasseurs sur les femmes sédentaires ; contre Lévi-Strauss qui, en dévoilant l'universalité de l'interdit de l'inceste, a réduit les femmes au rôle d'objets d'échange. Les Américaines prétendent démontrer la supériorité morale originelle des femmes (E. Gould Davis s'appuie sur les mythes antiques de tout le bassin méditerranéen), et aussi leur supériorité technique (selon Evelyn Reed, les femmes ont inventé l'agriculture, l'élevage, la poterie, l'utilisation du feu...). Ces « mères sociales » ont donc permis le progrès de l'humanité.

Les féministes françaises sont plus prudentes. A l'exception de Françoise d'Eaubonne et de Suzanne Blaise [5], elles s'évertuent à dégonfler le mythe du matriarcat qu'aucune recherche savante n'a jamais pu confirmer. Mais, ce faisant,

1. Cf. Françoise Picq, « Sur la théorie du droit maternel, discours anthropologiques et discours socialistes », thèse pour le doctorat d'État en sciences politiques, novembre 1979, université de Paris IX.

2. Cf. Françoise Picq, « Le mythe du matriarcat », *Pénélope* n° 4, printemps 1981, p. 47-50.

3. E. Gould Davis, *The First Sex*, 1971 ; Evelyn Reed, *Woman's Evolution,* 1975 (traduction française *Féminisme et anthropologie*, Denoël/Gonthier, 1979).

4. Cf. Catherine Gossez, « Les femmes des ethnologues », *Nouvelles Questions féministes* n° 3, avril 1982, p. 3-35.

5. Françoise d'Eaubonne, *Les femmes avant le patriarcat*, 1976. Ultérieurement, Suzanne Blaise reviendra sur la question dans *Le rapt des origines ou le meurtre de la mère,* édité par l'auteur, 1989.

elles sont bien obligées de constater qu'il reste populaire dans les « groupes-femmes ». Sans doute cet attachement exprime-t-il un manque : manque de présence sociale, d'identité, de pouvoir, de liberté. Comme si un passé mythique pouvait compenser un présent rabougri.

L'Année internationale de la femme, décrétée par l'ONU en 1975, fut d'ailleurs l'occasion de mettre sur le tapis le pouvoir des femmes et des mères. « L'organisation de la famille, la gestion des finances, de la nourriture, de la maison, l'éducation des enfants ont de tout temps constitué des pouvoirs, écrit Dominique Wolton [1]. Qu'ils soient ou non la contrepartie de la domination sociale masculine, ces pouvoirs ne sont pas secondaires, même s'ils sont silencieux : ils organisent toute la vie quotidienne. » La maîtrise de la reproduction renforce ce pouvoir dont les enfants sont l'enjeu : plus que jamais, ceux-ci deviennent la propriété de leur mère.

Les hommes semblent craindre que le matriarcat, mythe des origines, n'enfante un projet d'avenir, une prise de pouvoir des mères sur les enfants.

Le travail domestique, travail invisible

Si le matriarcat est un mythe, par contre le travail domestique est une dure réalité, qui au cours des années 70 envahit le discours savant [2]. Alors que les militantes des années 60 se penchaient plutôt sur le travail salarié des mères, les militantes des années 70 focalisent sur le travail domestique [3]. Haro sur lui ! Fini le temps où il passait pour une preuve d'amour ! *Le torchon brûle* [4] détaille minutieusement l'emploi du temps d'une journée pour une femme au foyer, avant de

1. Dominique Wolton, « Paroles d'hommes », *Le Monde*, 23-24 novembre 1975, p. 20.
2. Les féministes de la première vague le dénonçaient déjà. En 1900, Pauline Kergomard demandait que le travail de la femme à la maison soit évalué. Cf. Anne Cova, thèse citée, p. 195.
3. Jan Windebank, « Comment expliquer le rapport des femmes au foyer et à la famille ? Les débats français autour du travail domestique », *Nouvelles Questions féministes,* vol. 15, n° 1, 1994.
4. N° 1, 1971.

conclure : « 70 heures (par semaine). On n'appelle pas ça du travail ! Si c'est ça l'amour, si c'est ça la famille, changeons-les ! L'amour ne doit pas être un esclavage. » De même dans *maternité esclave*[1] : « Les nobles tâches de la maternité consistent à torcher, biberonner, cuisiner, descendre, monter, baigner, lessiver, crier, surveiller... " Cela va tout seul, ce n'est pas beaucoup, et l'on n'est pas enceinte, pas de maux de cœur ; enfin le jeudi et le dimanche c'est le pire car ils sont là toute la journée "[2]. » De même Marie Cardinal dans *Les mots pour le dire* : « Je sais ce que c'est que d'être une femme ! », et d'étaler sur cinq ou six pages l'accumulation des tâches qu'elle accomplit chaque jour (elle a trois enfants). De même enfin (on n'en finirait pas de citer des exemples), l'étude non polémique de Françoise Villiers qui représente l'Unaf au Comité du travail féminin[3] : elle insiste sur la valeur *sociale* des soins donnés par la mère aux enfants bien portants comme aux enfants malades. Car le travail invisible des femmes est valorisé par les familiaux les plus conservateurs autant que par les féministes les plus agressives. Et si toutes les femmes faisaient la grève du travail domestique ? Des Américaines l'ont faite le 26 août 1970 sous prétexte de célébrer le cinquantième anniversaire du suffrage féminin aux États-Unis.

L'année de la femme (1975) a favorisé l'expression de cette rancune. On peut comprendre l'irritation des féministes : la plupart n'ont pas été dressées au ménage car on a privilégié leurs études ; devenues maîtresses de maison et mères de famille, elles ont découvert avec horreur l'accablante routine quotidienne.

Au-delà des polémiques, l'intérêt de ces récriminations, c'est qu'elles posent pour la première fois dans l'histoire le travail ménager comme problème théorique. Christine Delphy interpelle les économistes. Faut-il refuser toute *valeur* au

1. *Maternité esclave, op. cit.*, p. 99.
2. *Maternité esclave* cite *Psychologie des mères* de Béatrice Marbeau-Claerens.
3. Citée dans *La femme aujourd'hui, demain*, Semaine de la pensée marxiste, 29 janvier-4 février 1975, Éditions sociales, 1975, p. 86-99.

travail de la ménagère sous prétexte qu'il ne produit que des biens d'usage, non pas des biens déchange ? Mais, objecte Christine, le même bien consommé dans la famille pourrait être porté sur le marché ; et s'il n'était pas autoproduit, il faudrait l'acheter. Pour que les services d'une mère de famille acquièrent une valeur d'échange, il suffirait que chacune soit embauchée par son voisin [1].

Des études quantitatives ont tenté d'évaluer ces services. En 1971, la Cnaf fait réaliser une enquête auprès de 2 003 bénéficiaires des allocations familiales. On en retire d'abord l'idée que la définition du travail domestique n'est ni stable ni claire : ce travail se transforme au cours du cycle de la vie familiale ; et d'une mère qui surveille son enfant en tricotant peut-on dire qu'elle travaille ? En dépit de ces incertitudes, les statistiques révèlent que le travail domestique occupe plus d'heures que le travail professionnel (48 milliards d'heures contre 40 milliards) ; en France sa valeur se chiffre entre 500 et 900 milliards, soit entre 50 % et 75 % du produit intérieur brut [2]. En 1973-1974, l'UFCS estimait à 3 500 francs par mois la valeur de la production domestique d'une mère de deux enfants.

Or, ce travail n'est pas rétribué ! Il est vrai que d'aucuns nient sa gratuité : la mère de famille, disent-ils, est entretenue à vie par le chef de famille. Christine Delphy répond que les femmes salariées s'entretiennent toutes seules et n'en exécutent pas moins le travail domestique. Curieux travail, d'ailleurs : tout salarié vend sa force de travail contre un salaire qui dépend des prestations fournies, alors que les prestations de la femme mariée ne sont pas précisées et ne sont pas rémunérées selon un barème fixe ; son entretien ne dépend pas du travail effectué, mais de la richesse et de la bonne volonté de son mari ; elle ne peut pas améliorer ses services pour accroître son niveau de vie. Selon Claude Meillassoux, la ménagère est une sorte d'enclave archaïque, reliquat d'un mode de production antérieur ; elle reste fixée dans le statut

1. *Les femmes dans la société marchande, op. cit.*, p. 59.
2. Cf. Anne Fouquet, « Le grand absent de la science économique : le travail domestique », *Pénélope* n° 4, printemps 1981.

économique et social des sociétés pré-industrielles parce que la production des enfants ne peut pas être industrialisée [1]. Elle perd de deux côtés à la fois : non seulement son travail domestique n'est pas rétribué, mais il compromet sa carrière professionnelle, et il l'écarte aussi des activités politiques.

En cas de divorce [2], les enfants sont le plus souvent confiés à la mère. La charge financière est officiellement partagée, mais on sait que beaucoup de pensions ne sont pas payées, ou pas régulièrement. Et surtout la charge de travail n'est pas partagée. Ce qui confirme que l'élevage des enfants doit être assumé gratuitement par la mère. Souvent, la misère accable le couple mère enfant : non par accident ou par injustice, mais pour imposer le mariage ou le remariage.

Évoquera-t-on l'amour ? Mais il ne saurait y avoir de sentiment authentique entre deux personnes si l'une contrôle et exploite l'autre. L'amour n'est peut-être qu'un moyen d'extorquer aux femmes un travail gratuit ! En vérité, un conditionnement millénaire fait croire à la femme que ce travail est partie intégrante de la féminité : « Ces tâches sont considérées comme étant le lot naturel de son sexe [3]. » Le travail domestique a été traité comme une caractéristique sexuelle secondaire de la femme, au lieu d'être considéré comme une catégorie économique. Mais les rôles de sexe ne sont ni donnés ni naturels, protestent les féministes : ils résultent d'une division du travail selon le « genre ».

Comment corriger des erreurs si flagrantes ? Comment intégrer le travail domestique dans le monde de la valeur ? Certaines (notamment les féministes italiennes) pensent qu'il faudrait le rétribuer. Développer l'esprit de compte dans la jeunesse féminine l'empêcherait de se consacrer sans compter au service domestique pour le seul profit des maris et de la société marchande. Mais la majorité des féministes refusent le salaire maternel. Donner un salaire à la femme pour sa pro-

---

1. Claude Meillassoux, *Femmes, greniers, capitaux,* Maspero, 1975.
2. Cf. Christine Delphy, « Mariage et divorce », *Les femmes s'entêtent, op. cit.,* p. 176-180.
3. Propos de l'économiste Galbraith cité par Andrée Michel dans *Les femmes et la société marchande, op. cit.*

duction domestique, écrit Andrée Michel, ce serait l'enfermer pour toujours dans son rôle traditionnel, sans espoir pour elle d'aucun épanouissement en dehors du foyer, sans espoir d'un partage équitable des tâches domestiques avec le conjoint.

Ce refus parut à certaines trop dogmatique et mal justifié. Diverses associations, dont l'Unaf, l'UFCS, la Confédération nationale des familles rurales, inscrivirent le salaire maternel parmi leurs revendications. Depuis, ledit salaire maternel est resté une pomme de discorde parmi les femmes.

Andrée Michel indiquait d'autres solutions pour revaloriser le statut de la femme dans la famille. Avant tout, il fallait inclure la production-consommation domestique non marchande dans les indicateurs de production et de consommation : on dévoilerait ainsi la contribution économique de la femme au bien-être de la famille, on rééquilibrerait les rôles masculin et féminin dans le couple et dans l'économie, on réviserait le mode de calcul des impôts, des pensions, des assurances. Comptées comme *actives*, les femmes au foyer pourraient cotiser à la Sécurité sociale, donc disposer de *droits propres*, et par exemple d'une pension de retraite. Du même coup, on rendrait la sociologie et l'économie de la famille plus vraies, plus proches des réalités quotidiennes [1].

Féminisme et maternité : le féminisme de l'égalité

Le noyau dur, la justification originelle du travail domestique ce sont les soins aux enfants. Refuser de repasser les chemises et de laver les chaussettes du conjoint, même par amour, c'est possible. Mais refuser de nourrir et de torcher les mômes ? Question essentielle ! Il s'agit en effet de préciser les liens entre une fonction biologique (mettre au monde) et

1. Pour finir sur un sourire, il faudrait relire un petit chef-d'œuvre d'humour : « La valeur de ma soupe » de Christiane Souriau. Texte publié dans le *Bief* n° 12, *Les femmes et l'argent,* mai 1983, et dans *Hommage à Christiane Souriau* n° 19, décembre 1986. Christiane Souriau, cofondatrice et « secrétaire générale » (en fait présidente) du Centre d'études féminines de l'université de Provence, est décédée le 16 septembre 1985. Elle avait cinq enfants.

une fonction sociale (élever l'enfant). Sur ce grave sujet, les féministes se divisent en deux grandes tendances : les féministes de l'égalité (on dit aussi radicales, ou universalistes) et les féministes de la différence (on dit aussi dualistes ou essentialistes). Égalité et différence par rapport aux hommes bien sûr. Elles ne devraient pas s'opposer, car le contraire de l'égalité c'est l'inégalité, et le contraire de la différence c'est la ressemblance. On peut concevoir les hommes et les femmes comme égaux *et* différents. Pourtant, il s'avère difficile de penser, et plus encore de réaliser, l'égalité entre gens non semblables. La dissemblance la plus irrécusable, c'est le rôle joué par chacun des deux sexes dans la reproduction. La maternité diffère de la paternité. Oui, mais jusqu'où ?

Les féministes de l'égalité n'admettent pas que la procréation impose aux femmes la totale prise en charge des enfants. D'abord parce que le désir de maternité n'est pas libre, en dépit de la contraception. En tant qu'il est utilisé par la société, le choix ne peut être qu'aliéné, affirme Christine Delphy [1]; il répond à des contraintes : incitation au mariage, pénalisation du célibat, reconnaissance sociale de la femme dans le seul rôle de mère. Il est en outre suspect de compenser des frustrations affectives ou une absence d'identité. Serait-il non aliéné, il resterait aliénant, car la société nous mobilise dans la maternité sachant qu'elle pourra ensuite nous immobiliser dans la maternité, c'est-à-dire nous réduire à un seul de nos possibles.

Que les femmes soient contraintes, les auteurs de *L'arraisonnement des femmes* [2] le confirment de manière accablante. Nicole Claude Mathieu réplique avec véhémence à Maurice Godelier. Celui-ci, observant l'assujettissement et les humiliations infligées aux femmes baruyas [3], concluait qu'une telle société ne peut se maintenir que grâce au « consentement »

1. Mano, Claude, Christine, « La maternité fonction sociale », *Les femmes s'entêtent, op. cit.*
2. Sous la direction de Nicole Claude Mathieu, *L'arraisonnement des femmes, op. cit.*
3. Cf. Maurice Godelier, *La production des grands hommes : pouvoir et domination masculine chez les Baruyas de Nouvelle-Guinée,* Fayard, 1982.

des femmes baruyas. Ce mot « consentement » indigne Nicole. Non, réplique-t-elle, les femmes baruyas ne consentent pas. Accablées par la répétition incessante du labeur quotidien et des tâches maternelles, elles ne peuvent prendre aucun recul et n'accèdent même pas à la conscience de la domination qu'elles subissent. Le seul critère du consentement serait de pouvoir exprimer le dissentiment...

Paola Tabet, dans un article intitulé « Fertilité naturelle, reproduction forcée », démontre que les femmes sont contraintes à procréer, non point par leur constitution biologique, mais par l'organisation sociale. Du fait que la femelle humaine ne connaît pas de rut, il est difficile de repérer les moments où elle est fécondable ; pour avoir le maximum de chances, il faut assurer la régularité et la fréquence du coït ; c'est le but de l'institution du mariage. Dans la plupart des sociétés, les femmes sont poussées au mariage, de gré ou de force, leur sexualité est canalisée en vue de la procréation (le plaisir solitaire, l'homosexualité féminine sont réprimés) et le viol conjugal n'est pas considéré comme une violence. Dans cette perspective, la mortalité infantile trouve une sorte d'utilité : elle oblige les femmes à multiplier les grossesses pour combler les pertes. Les gestations, les accouchements répétés, les soins aux petits enfants les occupent en permanence : les hommes en tirent argument pour leur refuser les outils et les moyens de toute activité organisée, réfléchie, rémunératrice.

D'autres anthropologues observent dans certaines ethnies une hiérarchie entre les femmes : celles qui sont le plus proches du statut masculin (admises aux cérémonies religieuses masculines, ou aux assemblées délibératives) sont celles qui n'ont pas d'enfant, qu'elles soient stériles, ou vierges, ou ménopausées. Tout se passe comme s'il y avait incompatibilité absolue entre la maternité et un quelconque pouvoir dans la cité, entre le fait d'élever des enfants et toute autre activité.

La conclusion des sociologues et des anthropologues féministes, c'est qu'il faut absolument dissocier la procréation de la prise en charge des enfants. C'est la condition majeure d'un choix libre pour les femmes.

Mais la prise en charge n'est-elle pas l'expression de l'instinct maternel ? On entend ici un écho de la vieille controverse sur l'inné et l'acquis, réactivée au cours des années 70. Les comportements maternels sont-ils génétiquement programmés, ou culturellement inculqués ? C'est le cœur du débat.

Dès 1975, les Chimères sont sûres de la réponse [1]. « Certaines d'entre nous ne ressentent jamais le fameux instinct maternel, d'autres le perdent en route, quelques autres le renient [...] mille exemples montrent que la société ne se prive pas de culpabiliser celles qui ne l'ont pas, ce qui rend [...] cette notion d'instinct fort suspecte. » Ce n'est qu'une « grosse blague » pour persuader les femmes de faire le sale boulot !

Les pouvoirs publics, eux, veulent croire à l'instinct maternel. Car la crise économique produit du chômage, le taux de natalité décline : on voudrait en haut lieu renvoyer les femmes à la maison, au prix de quelques concessions. Sur ce sujet, une confrontation très intéressante a lieu durant la Semaine de la pensée marxiste (29 janvier-4 février 1975) [2], entre plusieurs spécialistes de haute notoriété. Le professeur Robert Debré, illustre « puériculteur », déploie toute son éloquence au service de « cet instinct maternel qui vient du fond de notre animalité, et que, comme tous les instincts, l'espèce humaine a sublimé. Rien n'est plus puissant que cet instinct, rien n'est plus utile que son épanouissement, à la fois pour la mère et pour l'enfant ». Heureux les petits Africains qui ont leur mère à eux ! Puisqu'il ne peut plus être question d'écarter les femmes du travail salarié, cherchons des formules nouvelles, dit le professeur. Le contact étroit entre mère et enfant est nécessaire pendant deux ans ; mettons la mère en congé ; au-delà, elle pourra prendre un emploi à temps partiel, l'enfant allant à la crèche. Mais, répond René Zazzo [3], si une

1. *Maternité esclave, op. cit.*, p. 74-110. Les auteurs citent abondamment Philippe Ariès et Béatrice Marbeau-Claerens, *Psychologie des mères, op. cit.*

2. Actes publiés sous le titre *La femme aujourd'hui, demain, op. cit.*

3. René Zazzo, directeur du laboratoire de psychologie de l'enfant de l'École pratique des hautes études.

femme a plusieurs enfants, elle restera trop longtemps écartée de son travail. Ne mythifions pas le lien mère-enfant. Les travaux scientifiques récents ont dissipé bien des préjugés : la voix du sang n'existe pas, le petit enfant séparé de sa mère ne subit pas de dommages irréparables (comme on le croyait encore en 1945) ; il peut s'attacher à deux ou trois personnes. D'ailleurs on ne doit pas considérer le rapport mère-enfant dans l'absolu : sa qualité dépend beaucoup du lien conjugal et des conditions de vie de la mère. Jacques Beauvais [1] rappelle que la maternité relève à présent d'un choix, elle est donc affaire de *motivation* ; or la situation sociale actuelle ne donne guère envie d'élever des enfants. Marie-Thérèse Goutmann [2] rappelle que le cadre familial n'est pas toujours idéal pour l'enfant : dans les milieux défavorisés, les jeunes mères manquent trop souvent des informations les plus élémentaires. Pourquoi ne pas développer les structures d'accueil, de prévention, d'éducation, non pas pour les *substituer* aux parents, mais pour coordonner, pour construire une collaboration harmonieuse entre les familles et les personnels spécialisés ? Une autre revendication s'exprime par la voix de Michel Manciaux [3] : la PMI, dit-il, a trop insisté sur « le couple mère-enfant », il faut absolument réinsérer le père. Soulignons cette dernière proposition, qui devient populaire.

C'est alors que l'*Amour en plus* provoque un mouvement d'opinion décisif. Les jeunes femmes de milieu aisé, celles qui exerçaient un métier à leur goût découvraient avec humeur la dissymétrie entre maternité et paternité. Elles ne voulaient pas renoncer à leurs projets personnels, mais la terrible exigence des petits les accablait. Comment préserver sa carrière sans choquer l'entourage, sans être jugée « mauvaise mère », égoïste, sans amour ? L'étude historique d'Élisabeth Badinter rassurait ces jeunes femmes : elles n'étaient pas plus mauvaises mères que les innombrables mères des siècles passés

---

1. Jacques Beauvais, directeur adjoint du Centre de formation des enseignants spécialisés de Beaumont-sur-Oise.
2. Marie-Thérèse Goutmann, sénateur, membre du comité central du Parti communiste.
3. Michel Manciaux, directeur général du Centre international de l'enfance.

qui avaient mis leurs enfants en nourrice et en pension sans encourir aucun blâme. En outre, le livre invitait les pères à tout partager, le travail et les soucis, comme les plaisirs et la fierté. Il dessinait une utopie intimiste qui reflétait bien le déclin de la suprématie paternelle et le resserrement du noyau familial : quand on « programme » seulement une ou deux naissances, la maternité se réduit à un bref épisode qui tient peu de place dans la vie d'une femme ; la fonction sociale s'estompe au profit du vécu personnel et du bonheur privé. Impliquer le jeune papa dans les obligations du paternage est une idée séduisante. Dans *Les enfants de Jocaste*, Christiane Olivier l'affirmait aussi.

Féminisme et maternité : le féminisme de la différence

Quant aux féministes de la différence, elles ne se situent pas sur le terrain de la vie quotidienne : elles évoluent dans le monde des symboles. Deux axes dominent leurs propos : le refus de l'identification à l'homme, et l'invention du féminin comme essence.

La tendance essentialiste est apparue dès 1972, autour d'Antoinette Fouque, dans le groupe Psychepo [1] ; à partir de 1977, ce groupe édite un luxueux magazine, *Des femmes en mouvement*, qui exalte volontiers la capacité procréatrice des femmes. Mais le thème de la différence a été surtout brillamment illustré par Hélène Cixous et Luce Irigaray.

« Le " Continent noir " n'est ni noir ni inexplorable, écrit Hélène Cixous [2]. Il n'est encore inexploré que parce qu'on nous a fait croire qu'il était trop noir pour être explorable. Et parce qu'on veut nous faire croire que ce qui nous intéresse, c'est le continent blanc, avec ses monuments au Manque. [...] Nous n'avancerons plus à reculons ; nous n'allons pas refouler quelque chose d'aussi simple que l'envie de vie. Pulsion orale,

1. Cf. Françoise Picq, *Libération des femmes, les années mouvement, op. cit.*
2. « Le rire de la méduse », *L'Arc. Simone de Beauvoir et la lutte des femmes* n° 61, juin 1975, p. 39-54.

pulsion anale, pulsion vocale, toutes les pulsions sont nos bonnes forces, et parmi elles la pulsion de gestation – tout comme l'envie d'écrire : une envie de se vivre dedans, une envie du ventre, de la langue, du sang. Nous n'avons pas, si cela nous chante, à nous refuser les délices d'une grossesse ; toujours d'ailleurs dramatisée ou escamotée, où maudite, dans les textes classiques. Car s'il y a un refoulé particulier, c'est bien là qu'on le trouve : tabou de la femme enceinte, qui en dit long sur la puissance dont elle paraît alors investie ; c'est qu'on soupçonne depuis toujours qu'enceinte, la femme non seulement double sa valeur marchande, mais surtout *se* valorise en tant que *femme* à ses propres yeux, et prend corps et sexe indéniablement.

« Il y a mille façons de vivre une grossesse ; d'avoir ou pas avec cet autre encore invisible une relation d'une autre intensité. Et si tu n'as pas cette envie-là, cela ne signifie pas que tu en manques. Décide pour toi de ta position dans l'espace des contradictions où plaisir et réalité s'étreignent. Mets l'autre en vie ! [...] »

Les textes de Luce Irigaray sont plus théoriques, et aussi hélas, plus hermétiques [1]. Elle a des clefs pour repenser la culture occidentale : la pensée masculine est prisonnière du lien homosexuel qui est à la base de tout contrat social ; la culture patriarcale a interdit toute expression du féminin ; elle a nié la sexualité féminine et refoulé le maternel. Ainsi Freud fait de l'anatomie un destin, et pour lui toute libido est masculine. Mais les femmes, nées d'un être de même sexe, ont une libido propre qu'il faut révéler. Elles peuvent casser le ressort social du patriarcat en jouant le jeu de la féminité, en se ressaisissant à partir de leur différence. La pratique de la différence sexuelle comme relation entre femmes permet de récupérer le lien originel à la mère [2]. On pourrait fonder un pouvoir collectif des femmes sur le « matriciel », ou du moins rechercher une expression collective de « l'être femme ». Le

1. *Speculum de l'autre femme,* Éditions de Minuit, 1974 ; *Ce sexe qui n'en est pas un, ibid.,* 1977.
2. Le poème *Et l'une ne bouge pas sans l'autre* évoque ce lien. Des fragments ont été cités au chapitre précédent.

féminisme de l'égalité risque de conduire à une impasse parce qu'il tend à dévaloriser la différence des sexes.

Ces textes ont suscité bien des objections. L'essentialisme se base sur le corps sexué ; mais le corps n'est pas seulement un objet naturel, c'est aussi une construction culturelle. Ce n'est pas parce qu'une femme a un corps de femme qu'elle va penser et parler en femme (elle a été colonisée par la culture patriarcale) : alors, comment réveiller en elle un être femme authentique ? D'ailleurs, la pratique de la différence sexuelle évacue un peu vite les contingences : qu'advient-il des enfants ? de l'exploitation domestique [1] ?

La valorisation de la différence avait pourtant le mérite de répondre à tous ceux – médecins, anthropologues, psychanalystes – qui avaient forgé le mythe du handicap biologique des femmes ; à tous ceux qui avaient stigmatisé la nature féminine comme sexe faible [2]. Aussi a-t-elle séduit les intellectuelles qui se sentaient en perte d'identité parce qu'elles ne pouvaient ni ne voulaient s'assimiler aux hommes [3].

Reste qu'au début des années 80, il devenait difficile de concilier féminisme et maternité. Cette mère féministe caricature à peine : « Les mères se trouvaient prises entre deux feux. Chez les " radicales " il était difficile de faire entendre qu'on désirait des enfants, qu'on pouponnait avec jubilation, qu'on vivait le maternage comme une idylle : on était aussitôt classée parmi les complices conscientes ou inconscientes du conditionnement patriarcal. Chez les essentialistes, il était difficile de faire admettre que les menstrues pouvaient être incommodes, la grossesse pénible, l'accouchement douloureux, l'allaitement fatigant : c'était bafouer le privilège exaltant de celles qui donnent la vie. Langue de bois. Dialogue de sourdes. »

En fait, c'était aussi une question d'âge. Bon nombre de

1. Luce Irigaray proposera des réponses dans *Le temps de la différence. Pour une révolution pacifique*, Librairie générale française, Le Livre de poche, 1989.

2. Cf. Evelyn Reed, « La biologie détermine-t-elle le destin de la femme ? », *L'Arc* n° 61, *op. cit.*

3. A la même tendance se rattache Julia Kristeva qui publie *Histoires d'amour,* Denoël, 1983.

femmes sont passées d'une tendance à l'autre. Celles qui, à 25 ans, avaient refusé la maternité patriarcale, réclamaient à 35 ans la maternité privilège. La même qui était allée à Amsterdam pour avorter en 1972 y retournait pour une insémination artificielle en 1984. Il ne faut voir là ni légèreté, ni contradiction, pas même un revirement. Ces comportements confirmaient qu'une femme n'est pas une nature, mais un être vivant, en perpétuelle transformation, et capable de gouverner sa vie.

Féministes de l'égalité et féministes de la différence tombaient au moins d'accord pour combattre et éliminer le patriarcat. Et le législateur leur donnait raison.

MÈRES MAJEURES ?

Le droit de la famille opère, entre 1965 et 1980, une véritable conversion. C'est peu de dire que les mères deviennent majeures, elles semblent passer du rien au tout ! La réalité est moins simple...

Du patriarcat...

En matière de droit civil, l'impulsion décisive fut donnée par quelques grands juristes, au premier rang desquels le doyen Jean Carbonnier. Il voulait « démocratiser » les relations familiales, remplacer l'autocratie du mari-père par l'autonomie des différents membres, accorder la loi avec les mœurs [1].

La loi du 13 juillet 1965 qui modifie les régimes matrimo-

1. Cf. Jean Carbonnier, *Flexible droit. Pour une sociologie du droit sans rigueur,* 6e édition, Paris, Librairie générale de droit et de jurisprudence, 1988, p. 139-155 ; *Droit civil,* tome II, *La famille. Les incapacités,* 11e édition, Puf, collection Thémis, 1983 ; *Essais sur les lois,* Defrenoy, 1979. Et Jacqueline Rubellin-Devichi, *L'évolution du statut civil de la famille depuis 1945,* CNRS, 1983.

niaux était en chantier depuis avant la guerre. Elle permet à l'épouse de gérer ses biens propres et de travailler sans l'autorisation de son mari ; mais, la loi le précise, l'épouse « doit assumer ses obligations familiales » (c'est-à-dire, pour parler féministe, fournir gratuitement le travail domestique et maternel : à elle de se débrouiller). Le mari garde le titre de « chef de famille », la gestion des biens communs, l'autorité sur les enfants. Il faut attendre 1985 pour que la gestion des biens soit entièrement partagée [1].

La loi du 4 juin 1970 va beaucoup plus loin : elle anéantit les principes napoléoniens (rappelés au chapitre I). Elle remplace la puissance paternelle par l'autorité parentale. La mère devient l'égale du père ; si un désaccord survient entre eux, le père n'a plus le dernier mot, la mère peut faire appel au juge. La loi substitue donc le pouvoir du juge au pouvoir du père (ce que confirmera la loi sur le divorce). Le père continue pourtant à transmettre son nom : c'est sa manière de « marquer » l'enfant, de rendre la filiation bien visible.

Autre article de la loi de juin 1970 : dans le cas d'un enfant naturel, même reconnu par son père, l'autorité parentale appartient à la mère. Cette disposition d'abord peu remarquée se révéla de grande conséquence dans la mesure où le nombre des enfants naturels (et celui des filles mères) augmenta au cours des années 70 par l'effet du déclin du mariage. Ici encore la loi privilégie la mère, comme si le père non marié à la mère était indigne de confiance.

Deux lois opèrent une refonte des règles de la filiation. Celle du 11 juillet 1966 concerne la filiation adoptive. Elle permet l'adoption par une seule personne, mariée (avec l'accord du conjoint), ou célibataire. L'adoption plénière étant calquée sur la filiation légitime, une femme peut devenir mère avec le seul concours de la loi.

Quant à la loi du 3 janvier 1972, deux traits la caractérisent.

---

1. Voir les commentaires critiques d'Andrée Michel, *La condition de la Française aujourd'hui, op. cit.*, et de Pierrette Sartin, *La femme libérée ?*, Stock, 1968. Cet auteur rappelle que la loi fut votée par huit députés seulement. C'était samedi, il faisait chaud, Jacqueline Thome-Patenôtre et Marie-Claude Vaillant-Couturier avaient présenté et défendu vaillamment une trentaine d'amendements qui furent tous repoussés.

D'abord, par souci de justice, elle institue l'égalité entre enfants légitimes et enfants naturels ; elle confirme donc la disqualification du mariage qui était auparavant la caution essentielle de la légitimité. Ensuite, elle fonde la filiation sur la vérité biologique, que des techniques nouvelles permettent d'établir du côté paternel avec une certitude croissante. Cette priorité donnée au biologique honore en somme la filiation maternelle, qui devient le modèle de la filiation. La loi semble renoncer au caractère social de la filiation paternelle. Une femme adultère qui a eu un enfant d'un amant peut contester la paternité de son mari, même s'il a élevé cet enfant.

Enfin, la loi du 11 juillet 1975 modernise le divorce. Autre réforme réclamée depuis longtemps par les femmes, car la procédure, à peine modifiée depuis 1884, donnait lieu à des abus scandaleux. Le législateur de 1975 s'appuie sur d'importantes recherches sociologiques pour trouver un compromis acceptable, avec le souci majeur de dédramatiser, de déculpabiliser. A la notion de divorce-sanction, il juxtapose la notion de divorce-remède. L'innovation la plus appréciée fut l'institution du divorce « sur demande conjointe », c'est-à-dire par consentement mutuel : appel à la responsabilité et à la modération de chacun. Quant aux enfants, la nouveauté consiste à ne plus lier le droit de garde à l'innocence ou à la faute de l'un ou l'autre parent : seul commande l'intérêt de l'enfant, laissé à l'appréciation du juge. Cette notion d'intérêt de l'enfant reste vague et subjective, même si le juge fait procéder à une enquête sociale [1] ; le pouvoir de ce dernier, ici encore, remplace celui du père. Le patriarcat ne s'efface pas : exclu du foyer, il émigre chez le juge ; à un patriarcat familial succède un patriarcat d'État [2]. Notons que certaines femmes, après divorce, gardent le nom du père de leurs enfants. A

1. Cf. Irène Théry, « La référence à l'intérêt de l'enfant », in O. Bourguignon, C. Rellu et Irène Théry, *Du divorce et des enfants*, Puf, Cahiers de l'Ined, 1985.

2. Cf. Jacques Donzelot, *La police des familles*, Éditions de Minuit, 1979, p. 97-98. Rappelons que le décret du 7 janvier 1959, créant l'assistance éducative, avait déjà apporté des restrictions importantes aux droits des parents.

défaut de rester l'épouse d'un homme, elles restent mère de ses enfants.

Le parent non gardien dispose d'un droit de visite et d'hébergement ; il verse une pension alimentaire proportionnée à ses ressources. En pratique, après comme avant 1975, les juges ont attribué le droit de garde à la mère, dans 80 % des cas : persistance, disent certaines, d'une représentation ancienne des rôles parentaux. Le consentement mutuel semble même avoir avantagé les mères : en 1965, 15 % des enfants étaient confiés au père ; en 1985, seulement 7 %. Mais, objectent les féministes, l'enfant est aussi une charge, parfois très lourde, surtout quand la pension alimentaire reste impayée !...

La loi sur le divorce a d'ailleurs servi de révélateur à l'évolution des rôles parentaux. Tant que le divorce était resté rare et mal vu, la plupart des pères, plus ou moins culpabilisés, avaient accepté d'être séparés de leur(s) enfant(s). Mais le nombre des divorces augmente à partir de 1964. En dix ans (1972-1982), le taux passe de 11 % à 30 % des mariages. L'initiative vient des femmes, de plus en plus souvent (60 % des cas) : elle émane surtout des épouses actives, dont le statut socioprofessionnel est élevé (cadres supérieurs, professions libérales). Une évidence éclate : l'attitude des femmes à l'égard du mariage et de l'institution familiale se modifie à mesure que leur autonomie économique s'accroît. En conséquence, les hommes divorcés se déculpabilisent : l'ex-épouse s'échappe, elle refuse le rôle, la fonction, les tâches que lui signifiait le mariage. Est-elle encore une bonne mère ? Faut-il lui livrer l'enfant ? Lui payer une pension pour qu'elle l'élève à sa manière ? Pour qu'elle s'en fasse aimer au détriment du père ? Les composantes affectives de la paternité, jusque-là discrètes, contenues par le stéréotype millénaire de la « puissance », commencent à se manifester avec exigence. C'est un des effets du « démariage [1] ».

Il faut noter aussi que l'autorité parentale s'exprime de moins en moins en termes de pouvoir, de plus en plus en

1. Irène Théry, *Le démariage*, Odile Jacob, 1993.

termes de devoir ; le code la définit comme « l'obligation de nourrir, entretenir et élever les enfants ». La mère qui l'exerce prend en charge, jour après jour, les tâches maternelles et les responsabilités éducatives : sous contrôle, car le père (ou sa famille) peut toujours demander un aménagement du droit de garde à son profit. Françoise Dolto, souvent prise comme oracle, voulait qu'on remplace l'expression « autorité parentale » par « responsabilité parentale ».

La majorité accordée aux mères n'est, en fin de compte, pas très riche de substance, pas si avantageuse qu'on aurait pu croire. Le droit est parfois hypocrite : il accorde des libertés et des prérogatives lorsqu'elles ont perdu presque toute leur vigueur opératoire. On ne peut pas dire que la mère a acquis le pouvoir dans la famille ; on peut seulement dire que le père a perdu le sien. En ce sens, un nouvel équilibre s'est construit entre le pôle paternel et le pôle maternel, et c'est ce qui donne l'illusion de l'égalité entre les sexes ou même d'un avantage pour la mère. En réalité, ce qui progresse, c'est le « droit de l'enfant ».

... au paternalisme

Du côté des droits sociaux, l'ambiguïté est aussi forte.

La politique familiale des années 40 arrive en bout de course. Le modèle qui l'inspirait – couple légitime, mère au foyer, trois ou quatre enfants – perd de son prestige. Les épouses travaillent, prennent la pilule, ne veulent plus que deux enfants ; la cohabitation et les familles monoparentales sont de mieux en mieux acceptées.

En décembre 1977, la revue *Droit social* s'en prend soudain à « l'épouse au foyer, charge injustifiée pour la collectivité [1] » : les prestations qu'elle reçoit sont assurées grâce aux

1. Article de Rolande Cuvillier. Peu après, dans *Le Monde* du 23 décembre, Jean-Jacques Dupeyroux pose la même question en termes provocateurs : « Qui entretient la femme entretenue ? ». Sur tout cela, voir Antoine Prost, « L'évolution de la politique familiale en France de 1938 à 1981 », *Le Mouvement social* n° 129, oct-déc. 1984, p. 7-28.

cotisations de celles qui travaillent et qui sont souvent beaucoup plus pauvres qu'elle. Son mari, par le jeu du quotient familial, bénéficie d'avantages fiscaux d'autant plus importants que ses revenus sont plus élevés. Par conséquent, la politique familiale profite surtout aux riches.

La loi protège donc, de préférence, la mère qui travaille. La loi du 11 juillet 1975 interdit à tout employeur de chercher à savoir si une femme est enceinte pour refuser de l'embaucher, pour la licencier pendant une période d'essai, ou pour la changer de poste sans son accord. Bien. Mais comment résoudre le problème de la preuve ? La femme enceinte refusée à l'embauche pourra-t-elle prouver que cette décision est liée à son état ? La même loi invite les patrons à réserver des postes peu fatigants aux femmes enceintes, mais celles-ci osent rarement se prévaloir de cette disposition. Le congé de maternité est étendu de 6 à 8 semaines avant l'accouchement, et de 8 à 10 ou même 12 semaines après. La jeune mère retrouvera son poste ou un poste équivalent.

En même temps la politique familiale change d'inspiration : elle devient un instrument de la politique sociale. Le pouvoir laisse dépérir les allocations familiales (40 % des dépenses de la Sécurité sociale en 1946, 28,8 % en 1960, 17,9 % en 1970, 14,7 % en 1975). A côté, il crée de nouvelles prestations soumises à des critères de ressources et destinées aux populations démunies [1] : allocation d'orphelin, allocation de mineur handicapé, allocation pour frais de garde, allocation de rentrée scolaire, allocation d'éducation spéciale, allocation de parent isolé... Ce qu'on attend de la mère, ce n'est plus qu'elle reproduise le modèle familial du baby-boom, c'est qu'elle gère au mieux les sommes transférées. En fait, la cible c'est l'enfant : il n'est plus seulement une bouche à nourrir mais un objet de soins onéreux et un futur citoyen à cultiver. Les économistes ont découvert que « si l'enfant n'a pas de prix il a un coût », qu'on s'efforce de chiffrer.

---

1. Telle est la politique des conseillers de Jacques Chaban-Delmas au temps du président Pompidou : Jacques Delors, René Lenoir, Jean-Jacques Dupeyroux. Mais les mêmes principes inspirent les ministres du président Giscard d'Estaing.

Parmi ces allocations, deux offrent matière à réflexion :

L'allocation pour frais de garde, offerte à toutes les femmes, joue la neutralité vis-à-vis du travail de la mère. En réalité, quand le chômage augmente (la crise économique est sensible dès 1975), le gouvernement, quel qu'il soit, rêve de renvoyer les femmes au foyer et caresse l'idée d'un salaire maternel, le plus modeste possible. En 1977, l'allocation pour frais de garde et l'allocation de salaire unique sont fusionnées et remplacées par le « complément familial », lequel est soumis à des conditions de ressources qui pénalisent les couples à deux salaires et favorisent les femmes au foyer. Pour une mère, travailler peut coûter cher

L'allocation de parent isolé (API, 1976) qui remplace l'allocation d'orphelin (1970) joue la neutralité vis-à-vis des normes morales puisqu'elle semble reconnaître les familles monoparentales. Elle est destinée, sous condition de ressources, aux personnes élevant un enfant de moins de 3 ans : des femmes en écrasante majorité, célibataires, veuves, divorcées. Certaines sociologues jugent cette allocation « explosive [1] » parce qu'elle est détachée à la fois du cadre familial et de l'obligation de travailler. Elle vise à retenir la mère auprès de son enfant (comme si celle-ci était la meilleure éducatrice possible), sans lui imposer aucune activité, même de formation. La maternité est donc valorisée comme contribution civique, comme lien social, au même titre qu'un travail quelconque. Mais l'ambivalence des décideurs se marque dans le fait que la prestation n'est prévue que pour trois ans, sans aucune réinsertion en perspective. Un contrat de durée déterminée, en somme... La contribution du père n'étant pas recherchée, la Cnaf était invitée à se substituer à lui. Elle résista quelque temps : ses agents voyaient là une mesure d'assistance relevant de l'aide sociale ; en outre, la notion d'isolement était aussi difficile à contrôler que celle de détresse. De leur côté, certains travailleurs sociaux dénonçaient les effets pervers et les fraudes : une femme pouvait renoncer à épouser le père de son enfant, ou à reconnaître

1. Agnès Pitrou, *Les politiques familiales*, Syros, 1994, chapitre III.

son concubin, ou à accepter un travail par crainte de perdre l'allocation... Au total, ladite allocation n'a touché qu'environ 100 000 personnes presque toutes filles mères.

Émerge aussi, grâce à la loi du 12 juillet 1977, la notion quelque peu hypocrite de *congé parental d'éducation.* « Parental », dit-on, pour ménager la susceptibilité des féministes, de plus en plus attachées à la symétrie des fonctions parentales, mais c'est bien d'un congé de maternité qu'il s'agit. A la naissance d'un enfant, la mère en priorité (ou le père...) peut bénéficier d'un congé de deux ans et retrouver ensuite son emploi, ou un emploi équivalent [1]. Mais les conditions étaient très restrictives : pour avoir droit à ce congé, il fallait travailler depuis au moins un an dans une entreprise d'au moins deux cents salariés ; le congé n'était pas rémunéré et ne donnait pas droit à la Sécurité sociale. Le nombre des bénéficiaires ne pouvait que rester dérisoire.

Certaines observatrices se sont indignées : la société est une marâtre, qui s'organise « contre l'enfant [2] ». Mais les féministes redoutaient toujours la protection de l'État : toute protection est à double tranchant pour les femmes, puisqu'elle accuse une discrimination qu'il faut au contraire effacer.

Au cours de l'hiver 1977-1978, un état-major d'intellectuelles féministes, sous l'impulsion de Gisèle Halimi et Andrée Michel, a élaboré un *Programme commun des femmes* [3], après consultation d'un grand nombre de femmes de tous milieux. Il s'agissait de tenter une percée politique : à défaut de constituer un parti de femmes, on voulait faire pression sur les candidats aux élections législatives de mars 1978 (les partis de gauche s'étaient donné un *programme commun* en vue des élections précédentes : mars 1973). On préparait la tâche d'un féminisme d'État, assumé par une ministre ou une secrétaire d'État à la Condition féminine.

---

1. Mesure proposée, on l'a vu, par le professeur Robert Debré, et réclamée par Françoise Giroud dans *Cent mesures pour les femmes*, La Documentation française, 1976.
2. Cf. Carole Sandrel, *La société contre l'enfant*, Stock, 1977.
3. *Le programme commun des femmes*, publié par l'association *Choisir, La Cause des femmes*, Grasset, 1978.

Ce *Programme commun des femmes* exprime, à propos de la maternité et dans le prolongement des luttes et des débats récents, deux grandes séries d'exigences, les unes concernant la fécondité, les autres le travail :

Il faut organiser l'information des femmes sur tous les sujets qui les concernent, notamment une information sexuelle commencée dès l'école. Il faut créer un corps de conseillères conjugales pour démédicaliser la sexualité, et donner à ce personnel un statut honorable. Il faut obtenir la gratuité de la contraception et de l'avortement, et leur libre accès pour les mineures.

Il faut réduire la journée de travail *pour les hommes comme pour les femmes.* Un congé parental d'éducation de deux ans, après le congé de maternité, sera *partagé entre le père et la mère*, en alternant trois mois chacun, et sera rétribué (le modèle suédois commence à acquérir du prestige [1] !). Un corps d'assistantes maternelles sera créé et pourvu d'un statut honorable.

Tel était donc le bilan, tout provisoire, de dix années de luttes. La génération du refus découvrait que la liberté ne consiste pas seulement à briser les entraves : il faut ensuite construire. « Nous, femmes, devons être porteuses d'un projet global de société », écrit avec élan Gisèle Halimi. Ce projet, le mouvement des femmes est désormais capable de le concevoir. Mais comment le mettre au monde ?

1. En Suède, des lois nouvelles promulguées en 1974 ont institué à l'occasion de chaque naissance un congé parental de sept mois payé à 90 % du salaire, à répartir au choix entre le père et la mère. De plus, dix jours de congé par an et par enfant peuvent être pris par le père ou la mère pour soigner un enfant malade. Le but déclaré est de renforcer le rôle familial du père et de revaloriser le statut professionnel de la mère.

TROISIÈME PARTIE

LA GÉNÉRATION DU DÉSIR

Introduction

La génération du désir ne s'oppose pas à la génération du refus : elle en hérite et elle s'efforce de mettre l'héritage en valeur, tout en découvrant ses limites.

Les limites du *féminisme de l'égalité* sont bientôt apparues. Ses théoriciennes ont étudié surtout les inégalités de sexe dans le travail. A partir de là elles ont élaboré le concept de *gender*, qui analyse assez bien les rapports sociaux de sexe, mais qui reste insuffisant pour analyser la maternité. Selon cette logique, l'enfant est un produit, le produit du travail gratuit imposé à la mère. Certes, c'est bien vrai, surtout depuis le triomphe de la société industrielle. Mais ce point de vue néglige le fait que la maternité s'enracine aussi dans le corps et dans le psychisme, qu'elle est charnelle et affective en même temps que *sociale*, qu'elle relève autant du désir que de la volonté, de la passion que de la raison. L'enfant n'est pas une production industrielle. Il n'est pas davantage une production artisanale. L'artisan fabrique avec soin, parfois avec amour, un *objet passif*, qui se laisse modeler. L'enfant est un humain, *sujet* dès sa naissance (et même avant, disent certains) : il s'impose à sa mère avec une force irrésistible, il la modifie à son usage. Il s'impose aussi à son père. Mais pour l'heure, dans l'état actuel de notre culture et sans préjuger de l'avenir, le père est impliqué de manière moins directe et moins contraignante ; il garde mieux sa distance. Et d'ailleurs, le nombre des femmes qui élèvent seules leurs enfants est en phase de croissance.

Le « gender » a ignoré ou dénié le désir d'enfant. Et ce désir s'est réveillé avec véhémence au cours des années 80, provoquant de redoutables dérives.

Le *féminisme de la différence* demeurait minoritaire. Certaines de ses adeptes ont connu elles aussi des surprises et des déceptions. Elles avaient cru échapper au patriarcat en accueillant la maternité comme un privilège féminin, comme une jouissance intime et personnelle, privatisée, individualisée. C'était oublier les pères, qui se sont eux aussi réveillés. C'était sous-estimer les implications sociales, culturelles, politiques de la reproduction. La maternité tisse autour des femmes une foule de liens sociaux, de relations plus ou moins privilégiées, qu'elles doivent apprendre à gérer.

Construire la citoyenneté féminine, c'est prendre en considération tous ces éléments.

CHAPITRE VIII

Désir d'enfant

Le désir d'enfant, c'est la grande force et la grande faiblesse des femmes. Moteur puissant, il impose aux femmes et, par elles, à tout le corps social, sa dynamique originale. Mais, accessible aux sollicitations et aux manipulations, il rend les femmes, les jeunes femmes, constamment vulnérables.

Le désir d'enfant n'a jamais pu et ne pourra jamais s'exprimer librement : il est trop subjectif, et ses implications sociales sont trop importantes. Autrefois, il était orienté, surveillé par les pères et les maris, au sein des familles. Que ces cadres anciens s'effacent à présent ne doit pas créer l'illusion d'une émancipation, car d'autres contrôles s'établissent de plus en plus solidement. Par l'effet de la médicalisation surtout, la gestion de la procréation échappe aux familles pour passer entre les mains de spécialistes qui ont le prestige et l'autorité de la science. Leur intervention est toujours ambivalente, on l'a déjà vu. Au cours des années 80, années inquiètes, cette ambivalence se manifeste à travers des techniques, innovantes, fascinantes, mais capables d'aliéner le désir féminin. L'information, la vigilance deviennent plus que jamais les remparts indispensables de la liberté.

D'ailleurs, face aux spécialistes, toutes les femmes ne sont pas sur le même plan. L'expression du désir d'enfant, les pressions qu'il subit varient selon les milieux sociaux.

LA DEMANDE

L'intensité du désir féminin a toujours étonné et choqué les hommes : ils ont cherché à en percer le mystère et à en assurer la régulation. Pour saint Augustin, le péché originel n'est rien d'autre que cette impulsion du désir que la volonté ne peut dompter. Le sexe, qui nous oblige à nous reproduire, contient aussi la promesse de notre mort. Les Pères de l'Église en éprouvaient une telle angoisse qu'ils ont placé la chasteté et la virginité au premier rang des vertus chrétiennes. De leur côté, les médecins ont longtemps décrit la matrice comme « un animal dans l'animal », affamé de sperme et de fœtus. Les savants modernes (biologistes, généticiens, éthologues et autres) ont quelque peu sophistiqué cette explication. L'instinct de reproduction, disent-ils, organisé en vue de la survie de l'espèce, est traduit en programme génétique au niveau de l'individu ; ce programme se manifeste notamment à travers le système endocrinien : il produit des pulsions sexuelles et dicte les comportements. Dans l'espèce humaine, l'instinct devient désir : il se charge de motivations inconscientes et d'ambivalence. Non pas désir altruiste d'aider un enfant à grandir, mais désir pour soi : envie de sortir de l'enfance et d'être prise au sérieux, de s'égaler à sa mère ou de retenir un amant, de nouer des liens affectifs nouveaux et plus intenses, de défier la mort.

Pourtant, il y a toujours eu des femmes qui refusaient d'enfanter. Autrefois, elles entraient souvent en religion. A l'heure de la pilule, c'est Simone de Beauvoir qui sert de modèle. Quelques jeunes femmes disent avec assurance qu'elles veulent rester « nullipare ». L'une parce qu'elle a trouvé dans son conjoint l'interlocuteur privilégié dont elle avait besoin [1]. L'autre au contraire parce qu'elle redouterait

1. Nicole Avril, « Nullipare », *Choisir de donner la vie, op. cit.*, p. 104-106.

de s'encombrer d'un homme, père de son enfant ; et rien ne lui est plus étranger qu'un nourrisson [1]. Telles sont du moins les raisons qu'elles donnent.

Beaucoup d'autres diffèrent longtemps la décision d'enfanter parce qu'elles veulent asseoir leur carrière ou profiter de leur jeunesse (voir chapitre V). Pendant les années 70, l'âge moyen de la mère à la première naissance est passé de 24 à 27 ans.

Maternités tardives

Or, voilà que par décision de l'Onu, 1979 est *l'année de l'enfant*. Les médias focalisent sur lui et diffusent une suite ininterrompue d'images et d'informations [2]. Les chantres de l'amour maternel se font plus lyriques et plus sensuels que jamais : « Je sais, mon corps et mon cœur me l'ont dit, qu'il existe au plus profond de la femme une soif incommensurable de jouissance maternelle... de voir, de toucher, d'entendre les mots de l'enfant, de le nourrir, de le porter... [3]. » La tentation gagne celles qui refusaient depuis douze ou quinze ans l'expérience de la maternité. Au début des années 80, les « maternités tardives » célébrées comme des victoires envahissent les médias.

Au temps des familles nombreuses, bien des mères enfantaient après 40 ans, mais elles n'en était pas fières, leurs maris non plus. Alors que des femmes brillantes, comme Ursula Andress et Marlène Jobert (puis Mia Farrow, Claudia Cardinale, Christine Ockrent), vedettes médiatiques, modèles identificatoires, exhibent leur bonheur de « primipare » de plus de 40 ans. Elles nient le vieillissement, elles transgressent triomphalement les lois biologiques et les convenances sociales, elles paraissent capables de modifier l'espèce pour la confor-

1. « Radiographie d'une nullipare », anonyme, *Autrement. Un enfant ? op. cit.*, p. 21-22.
2. Henri Léridon, *Les enfants du désir*, Julliard, 1995.
3. Francine Lemay, *Maternité castrée*, Éditions Parti Pris, Montréal, 1979.

mer au projet d'égalité des sexes ! Les féministes applaudissent [1].

En vérité, la maternité tardive est pleine d'avantages : les choix de vie sont affirmés, les ressources assurées, les logements spacieux et confortables ; et, surtout, la femme encore jeune parvient aux rives de la sagesse, de la sérénité ; sa décision est mûre. Les mères de 40 ans traduisent en termes originaux le conflit qui affecte alors tant de femmes : pour enfanter plus tôt, elles auraient dû sacrifier une part essentielle de leur personnalité. La nouvelle culture féminine conduit les femmes les plus douées à procréer le plus tard possible.

Le risque est alors d'avoir trop attendu, d'avoir passé l'âge. La contraception a donné aux femmes l'illusion d'une maîtrise totale : « un enfant si je veux, quand je veux ». Oui, mais si, « quand je veux », l'enfant ne vient pas, la déception est terrible : au fil des mois, l'anxiété grandit et tourne à la panique. Autre effet pervers de la contraception : en libérant la sexualité, elle a favorisé la diffusion de maladies sexuellement transmissibles. La plupart ne sont pas graves et peuvent être guéries grâce aux antibiotiques (sauf le sida). Mais si elles ne menacent pas sérieusement la santé des femmes, elles peuvent réduire leur fertilité. Et des avortements réitérés ont parfois le même effet. Mauvaises surprises jamais étalées au grand jour. Comment accepter pareille frustration ? La liberté d'aimer et de jouir, faudrait-il la payer à ce prix ? Non !

Les nouvelles techniques de reproduction

Les victimes de la société contraceptive exigent réparation ! Elles passent du désir d'enfant à une demande de plus en plus pressante. Autrefois on consolait les femmes stériles en alléguant la volonté divine. Au contraire, pendant les années 80, le corps médical vole à leur secours. Grâce à lui, le désir

1. A. Langevin, C. Valabrègue, C. Berger Forestier, *Ces maternités que l'on dit tardives*, Robert Laffont, 1982.

d'enfant est promu au rang d'une exigence sacrée : oui, c'est bien de vouloir un enfant, de tout faire pour l'avoir, de souffrir s'il le faut, de dépenser beaucoup d'argent s'il le faut. De nouvelles techniques de reproduction (NTR) permettent de pallier la stérilité d'un couple, quelle qu'en soit l'origine. Les médias, en 1982-1983, s'emplissent d'un immense bourdonnement...

L'insémination artificielle, connue depuis longtemps, était passée du monde animal à l'espèce humaine sans qu'on le crie sur les toits [1]. C'est sans doute parce que l'insémination avec donneur (IAD) palliait une stérilité masculine toujours inavouable. La fécondation in vitro (Fiv) qui, à ses débuts du moins, palliait la stérilité féminine, a fait l'objet d'une prodigieuse valorisation médiatique. C'était aussi une prouesse technique remarquable. Tout commence avec la naissance de Louise Brown à Londres en 1978. Ensuite la naissance d'Amandine en 1982, à l'hôpital Antoine-Beclère, alerte l'opinion en France. Un espoir fou, l'espoir de la dernière chance, réveille les femmes stériles : les services hospitaliers stupéfaits se voient envahis « de centaines de candidates éperdues du désir de procréer, à n'importe quel prix ; les listes d'attente s'allongeaient démesurément, imposant des délais de plusieurs années [2] ». L'émotion augmente encore quand d'éminents spécialistes prennent parti [3]. Les responsables politiques eux-mêmes – président de la République et ministres – se mobilisent à l'occasion du colloque *Génétique, procréation et droit* (12-19 janvier 1985) [4]. Peu après, l'asso-

1. *L'insémination artificielle*, Actes du XXXVe congrès international de médecine légale et de médecine sociale, Dijon, 11-14 mai 1977, Masson, 1977.

2. Dominique Grange, « De la procréation artificielle à l'adoption », *Autrement* n° 96, février 1988. *Abandon et adoption*, dirigé par Brigitte Trillat, p. 188-191.

3. Geneviève Delaisi de Parseval et Alain Janaud, *L'enfant à tout prix*, Seuil, 1983. Jacques Testart, *De l'éprouvette au bébé spectacle*, Éditions Complexes, 1984. Robert Clarke, *Les enfants de la science*, Stock, 1984.

4. Publication chez Actes Sud/Hubert Nyssen, 1985. Voir aussi « Les procréations artificielles », *Rapport au Premier ministre*, La Documentation française, 1986. Et Simone Novaes, *Circulation extra-corporelle des gamètes : pratiques institutionnelles et références éthiques*, École des hautes études et centre national de la recherche scientifique, Mission interministérielle de Recherche et Expérimentation (Mire), Paris, juin 1990.

ciation Alma Mater, créée en 1985, organise officiellement des « prêts d'utérus ». Les problèmes éthiques deviennent envahissants...

Ce qui surprend d'abord, c'est l'incroyable acharnement de celles qui s'engagent dans le processus des Procréations médicalement assistées (PMA). Leur désir d'enfant est présenté comme une détresse comparable à celle qui justifie l'avortement. Une femme médecin cite une patiente qui en était à sa vingt-deuxième tentative d'insémination [1] ! Même pour une intervention lourde, risquée, aléatoire, comme la fécondation in vitro, certaines ne veulent entendre aucun avertissement. « Même si je n'ai que 0,5 % de chances, je veux tenter l'expérience. Je la tenterais même si l'on me disait que je n'ai aucune chance. Au moins j'aurai tout essayé, je n'aurai pas de regret. Vous qui avez des enfants, taisez-vous, vous ne pouvez pas me comprendre. » Mais les NTR empêchent le deuil de la stérilité, le deuil de l'enfant ; et le risque d'échec qui augmente avec l'âge aggrave la déréliction.

Le désir s'exprime bientôt comme un « droit à l'enfant » ; « enfant prothèse, enfant greffe [2] », enfant objet pour la mère, enfant possédé plutôt que désiré. Revendication de plus en plus individuelle, de plus en plus subjective. Dans de tels cas, « le sperme évince le père ». Des demandes émanent de femmes célibataires, vierges, homosexuelles, ménopausées. Demandes qui ont été, ici ou là, satisfaites. Pourquoi pas ? disent les unes. Horreur, disent les autres... Mais où sont les critères, les principes, les références ? Le désir d'enfant des femmes ne connaît plus aucune limite, et plonge en plein désarroi les sages des comités d'éthique.

Navrantes sont parfois les conséquences subies par la progéniture. Les enfants conçus par Fiv naissent souvent prématurés. Les soins intensifs qu'ils reçoivent dans les services de

---

Simone Novaes, *Les passeurs de gamètes*, Presses universitaires de Nancy, 1994.

1. *Désir d'enfant. Refus d'enfant, op. cit.*, p. 215. A la 23e tentative, un enfant est né...

2. Geneviève Delaisi de Parseval, « Enfants prothèses ou enfants greffes », *Autrement* n° 72, *Objectif bébé*, septembre 1985, p. 70-77.

néonatalogie coûtent jusqu'à 7 000 francs par jour (payés par la Sécurité sociale). Et les chances de survie sont réduites : le professesur Relier, chef de service de néonatalogie à la maternité de Port-Royal, s'est indigné d'avoir en 1988 « jeté à la poubelle » cinq bébés Fiv [1] ! De leur côté, des embryons dits surnuméraires sont congelés, oubliés quelque temps ; ensuite, l'un sera peut-être implanté dans l'utérus de sa mère génétique, un autre donné à une inconnue, d'autres seront détruits... Qui racontera cette histoire à ceux qui naîtront ?

Autre problème : la stimulation ovarienne induit souvent des naissances multiples. Désirer un enfant et mettre au monde des triplés ou des quintuplés, c'est une surprise éprouvante : celle qui croyait vivre l'idylle maman-bébé se convertit en directrice de pouponnière. A moins qu'on ne fasse avorter un ou deux fœtus : opération affligeante, et non sans risques.

Parmi les usagères de NTR, les réactions divergent selon les résultats. Dominique Grange, qui a subi deux échecs de la Fiv, exprime sa déception avec amertume. Après « la violence d'un tel échec », elle renonce à cette médicalisation qui la dépossède de son désir, après l'avoir « robotisée jusqu'au tréfonds de [ses] abysses hypophysaires ». Elle s'indigne qu'une presse euphorique taise les échecs nombreux et entretienne des illusions dangereuses. Ses avertissements ne sont pas entendus, et son livre, *L'enfant derrière la vitre* [2], tombe aux oubliettes. Au contraire, Marielle Issartel, féministe militante, co-auteur du film *Histoire d'A*, doit sa fille à la Fiv : elle crie sa joie et sa gratitude [3].

Les féministes, sidérées et perplexes, tardent à réagir. Quelques-unes s'enthousiasment : les procréations médicalement assistées guérissent une souffrance réputée insoutenable et mettent au service des femmes une « médecine du désir ». D'autres s'irritent de voir les femmes confirmées dans leur « vocation maternelle ». Mais bientôt des colloques se

1. Cf. conférence internationale, « L'éprouvette éprouvée », 28-29 juin 1991, Grande Arche de la Défense.
2. Stock/Laurence Pernoud, 1985.
3. *Les enfants de la chance*, Denoël, 1988.

réunissent : *Maternité en mouvement* (1986) [1], puis *L'ovaire-dose* (1988) [2]. La réflexion mûrit.

Alors, les féministes prennent la défense des femmes avec vigueur et lucidité. Elles exigent l'évaluation rigoureuse de ces techniques aventureuses qui connaissaient, au début, 80 % d'échecs, et qui constituaient donc un leurre pour la plupart des patientes. Elles dénoncent l'occultation des effets nocifs qu'une expérimentation audacieuse fait subir aux femmes [3] : stimulation ovarienne, anesthésie, cœlioscopie, grossesses multiples et avortements, médication de soutien à forte dose... Expérimenter sur des guenons aurait été plus prudent, mais trop long et trop coûteux. Car les guenons, il faut les acheter, les nourrir ; elles ne comprennent rien et ne collaborent pas. Les féministes ont aussi mis au jour les enjeux réels de ces techniques. Ceux qui cherchent à les maîtriser en attendent souvent des profits personnels : argent et notoriété. Les plus désintéressés plaident pour le progrès de la Science, justification irréfutable...

Les NTR ont jeté une lumière crue, cruelle, sur un désir sauvage, aveugle, passionné, sur la folie de certaines femmes, éternelles complices de leur propre sujétion. Mais les NTR ont permis aussi une prise de conscience et des réactions salutaires. Les féministes savent désormais qu'on doit compter avec l'irrationnel, qu'on doit parfois défendre les femmes contre elles-mêmes. Depuis, les PMA ont largement débordé le désir d'enfant et l'histoire de la maternité. C'est toute la reproduction humaine qui entre dans une ère nouvelle, avec, en perspective un eugénisme vertigineux.

---

1. Organisé par Anne-Marie de Vilaine, Laurence Gavarini, Michèle Le Coadic, Actes publiés par les Presses universitaires de Grenoble et les Éditions Saint-Martin de Montréal, 1986.

2. *L'ovaire-dose. Les nouvelles méthodes de procréation*, colloque organisé par le Mouvement français pour le planning familial. Textes réunis et présentés par Catherine Lesterp et Gatienne Doat, Syros/Alternatives, 1989.

3. Françoise Laborie, « De quelques faces cachées des nouvelles techniques de procréation », *L'ovaire-dose, op. cit.*, p. 89-114. « Les intérim-mères (à propos des mères porteuses) », *Objectif bébé, Autrement* n° 72, septembre 1985, p. 210-219.

Pour rester du côté des mères, il faut dire enfin que les NTR leur posent de troublantes questions d'identité. Autrefois la mère était désignée par la grossesse et l'accouchement ; seul le père restait incertain. Pendant les années 80, la situation se renverse : le père peut être identifié grâce aux empreintes génétiques. Mais désormais qui est la mère ? Celle qui donne un ovocyte, ou un embryon ? Celle qui prête son utérus, porte et accouche ? Celle qui nourrit ? Celle qui éduque ? Le mythe de la bonne mère a toujours occulté une réalité déconcertante : la maternité comporte une suite de séquences qui ne s'enchaînent pas nécessairement et que les femmes peuvent se partager [1]... Pourquoi une jeune femme sujette aux fausses couches ne demanderait-elle pas à sa sœur ou à sa propre mère de porter son enfant ?

L'adoption

Qui est la mère ? Qu'est-ce qu'une mère ? La question se pose aussi à propos de celles qui veulent adopter : leur nombre n'a cessé de croître depuis 1950. Les femmes ne sont pas seules concernées, mais tout indique qu'elles s'impliquent plus que les hommes. « L'adoption est un bel accouchement », écrit le professeur Ajuriaguerra. Elle pallie l'infécondité et l'échec des NTR. Ce que demandent les adoptants c'est presque toujours un bébé, le plus jeune possible, un *infans* délicieux à materner. Et tous les psy confirment l'intensité du désir maternel chez celle qui adopte [2]. Au cours d'une recherche sur l'allaitement, Catherine Bonnet, pédopsychiatre, a vu des mères adoptives reconstruire l'expérience fusionnelle de la tétée en augmentant les contacts intimes et

1. Marie-Josèphe Dhavernas, « Du bon usage des palliatifs médicaux de la stérilité », *L'ovaire-dose, op. cit.*, p. 223-239 (plus spécialement p. 226-228).
2. Voir C. Launay, M. Soulé, S. Veil, *L'adoption : données médicales, psychologiques et sociales*, ESF, 1978. Pierre Verdier, *L'adoption aujourd'hui*, Le Centurion, 1985 (3ᵉ édition). Professeur Jean-François Mattéi, *Enfant d'ici, enfant d'ailleurs. L'adoption sans frontière*, rapport au Premier ministre, La Documentation française, 1995. *Abandon et adoption, lien de sang, liens d'amour, Autrement* n° 96, février 1988.

les caresses. « Leurs fantasmes sur l'allaitement sont les mêmes que ceux des femmes qui procréent et accouchent [1]. »

C'est bien pourquoi le législateur a tenu à préciser qui est la mère. La loi du 11 juillet 1966 a confirmé la rupture définitive de l'enfant adopté avec sa famille originelle [2]. L'adoption, déjà en progrès, a connu alors une expansion encore plus rapide. On a prétendu que cette loi changeait le principe de l'adoption : il ne s'agira plus de donner un enfant à une famille, mais de donner une famille à un enfant. C'est là une vue de l'esprit juridique. Une femme qui adopte veut qu'on lui donne un enfant, même si elle en a déjà.

Pourtant, des obstacles subsistaient. Les enfants sans parents devenaient rares : parce que la contraception avait réduit le nombre des naissances non désirées ; parce que toute une gamme d'allocations procurait des ressources aux mères en détresse. Et aussi parce que l'opinion admettait mal l'abandon : les administrations cherchaient toujours à préserver les droits de la génitrice. La rareté des enfants adoptables a eu pour première conséquence d'imposer une sélection parmi les demandeurs, qui ont dû motiver leur demande. Les célibataires ont alors été écarté(e)s au mépris de leurs qualités les plus évidentes.

La seconde conséquence fut de promouvoir l'adoption internationale : c'est la grande révolution des années 80. Dans les pays pauvres, ravagés par la guerre et la misère, on trouve beaucoup d'enfants orphelins, ou délaissés. Dominique Grange relate sa propre expérience avec beaucoup d'émotion : *Je t'ai trouvé au bout du monde* [3]. Ce phénomène a définitivement fait sortir l'adoption de l'ombre et du tabou. Pendant les années 60 encore, on évitait de dire à l'enfant adopté la vérité sur ses origines : les mères craignaient d'être moins aimées. Mais les origines d'un petit Asiatique ou d'un petit

1. Catherine Bonnet, « Seins sans lait », *Lieux de l'enfance*, n° 6-7, juin-septembre 1986. Et aussi *Les enfants du secret*, Odile Jacob, 1992.
2. Peu auparavant, un procès de huit années avait opposé une mère adoptive, Mme Novack, aux géniteurs de son fils Didier. La presse avait donné un grand retentissement à cette affaire qui avait beaucoup ému le public.
3. Stock/Laurence Pernoud, 1987.

Africain sont visibles : il faut alors tout lui expliquer, y compris la stérilité de ses parents adoptifs. C'est l'occasion de lui dire à quel point il a été désiré, attendu, aimé.

On a aussi longtemps refusé d'admettre l'échec : un acte aussi généreux, aussi bienfaisant, aussi admirable que l'adoption ne pouvait pas échouer, c'était impensable, inavouable. Mais quand un enfant venu de loin demande à retourner dans son pays [1] ? Quand il ne peut plus souffrir sa mère ? Quand le bébé tant choyé devient un adolescent fugueur, hargneux, haineux ? Certes, les parents naturels sont exposés aux mêmes épreuves. Mais l'adopté découvre qu'on a fait de lui un privilégié sans qu'il ait pu donner son accord : on lui a, en somme, ôté le droit de se plaindre de ses généreux parents. Son hostilité se tourne presque toujours contre sa mère adoptive.

Les progrès extraordinaires de l'adoption signalent une profonde révolution des mœurs et du droit.

On commence à se demander jusqu'où ira cette révolution. Grâce au réseau Internet, on peut à présent choisir et adopter un enfant sur catalogue. Le réseau donne des listes d'associations qui procurent des enfants, et aussi des listes d'enfants « disponibles », « en stock », avec indication de leur âge, de leur sexe, de leur race, parfois avec leur portrait – et le prix. C'est la loi de l'offre et de la demande. Le désir d'enfant transforme l'enfant en denrée négociable, en marchandise du grand commerce international [2]...

LES DOULEURS

Revenons à celle qui écoute son désir d'enfant.

Lorsqu'elle se trouve enceinte, l'émotion et la joie

---

1. Dominique Grange, *Victor, l'enfant qui refusait d'être adopté*, Stock/Laurence Pernoud, 1993.
2. Jean-François Mattéi, « Adoption sur catalogue : le danger d'Internet », *Le Monde*, samedi 1er juin 1996, p. 13.

l'étreignent. Pour réussir cette œuvre unique, son enfant, elle a envie de tout savoir, de tout prévoir, de tout bien faire, son investissement intellectuel et affectif est impressionnant. A elle les séances d'information, les stages, les régimes alimentaires adaptés, la gymnastique prénatale. Et surtout, les lectures. Que de livres ! Que de revues ! Que de magazines ! Cette littérature connaît toujours le succès [1].

En même temps, elle entre en relation suivie avec des spécialistes qui lui révèlent les nouvelles techniques, très sophistiquées, d'investigation et de surveillance. Expérience éprouvante.

La gestation

L'échographie s'est diffusée en France entre 1977 et 1983 [2]. Elle inspire un tel enthousiasme aux gestantes et aux médecins que, devant sa prolifération, le ministère des Affaires sociales pose des bornes fin 1983 [3] : la surveillance des femmes enceintes devenait par trop onéreuse.

L'échographie, nouveau rite de passage, transforme le vécu de la grossesse. Voir soudain l'autre, lové dans la matrice, ce n'est plus être enceinte, c'est déjà être deux. La fusion originelle cesse dès que l'écran individualise le fœtus. Ce premier cliché inaugurera l'album de photos. L'examen est subi dans une grande intensité émotionnelle : « Je n'étais plus la même. » Mais le trouble n'est pas toujours positif : « On m'a volé quelque chose. » « Mon bébé n'est plus à moi, il est au médecin ! » Il est vrai qu'au début, certains spécialistes œuvraient en silence, centrés sur le fœtus, traitant la gestante comme un simple contenant. Vrai aussi que l'image

---

1. A côté du livre de Laurence Pernoud, sans cesse remis à jour et réédité, trois titres parmi cent autres : Marie-Claude Delahaye, *Le Livre de bord de la future maman*, Marabout/Presses Pocket, 1988. Maïté Jacquet, Mathilde Nobecourt, *Une année dans la vie d'une femme*, Albin Michel, 1987. R. Frydmann et Jean Cohen-Solal, *Ma grossesse, mon enfant*, Odile Jacob, 1990.
2. Michèle Fellous, *La première image*, Nathan, 1991.
3. Les actes remboursables ont été cotés et leur nombre a été limité à deux par grossesse.

déconcerte les profanes : peu lisible, elle inspire souvent plus d'inquiétude que de jubilation. La vision imagée et scientifique dévalorise les perceptions de la mère, la rend aveugle à elle-même. En même temps, la vision bouscule une temporalité spécifique et délicate : toute femme enceinte, surtout une primipare, vit un « temps intérieur », une maturation psychique qui lui est propre. Le professeur Michel Soulé redoute cette « interruption volontaire de fantasme [1] ». La mère a besoin de rêver. D'ailleurs, dès que l'enfant bouge, elle retrouve avec bonheur ses repères intérieurs, intimes. Beaucoup refusent de savoir le sexe de leur enfant avant qu'il naisse.

L'échographie a permis et induit des découvertes sensationnelles. Le fœtus s'est révélé doué de sensibilité et de compétences : il entend et reconnaîtra à la naissance la voix de sa mère, celle de son père, et même une mélodie souvent répétée ; il discerne le goût de ce que mange sa mère ; il perçoit les contacts et vient au rendez-vous de la main qui l'appelle. Ces observations ont ébloui, bouleversé les médecins [2]. Elles ont invité les parents à nouer des relations avec leur futur enfant : lui parler, chanter pour lui, le toucher « avec des mains où l'on met son cœur ». *L'haptonomie* commence à faire des adeptes : véritable langage psychotactile, elle permet, dit-on, de recouvrer une dimension atrophiée de la sensibilité, de développer des perceptions d'ordre cénesthésique, et surtout de jouer déjà au papa et à la maman. La naissance n'est plus alors un commencement mais un tournant dans la relation d'attachement.

Reste que l'exploration échographique se révèle terriblement ambivalente. Elle peut tantôt légitimer l'avortement, tantôt le criminaliser. Le légitimer quand elle permet le diagnostic d'une anomalie du fœtus, comme le mongolisme. Le rendre criminel quand elle personnalise le fœtus. C'est ce que tente un document vidéo, *Le cri silencieux*, réalisé aux États-

---

1. « L'enfant dans la tête, l'enfant imaginaire », *La dynamique du nourrisson*, ESF, 1982. Voir aussi Danielle Rapoport, *Corps de mère, corps d'enfant, Cahiers du nouveau-né* n° 4, Collectif, Stock, 1980.
2. Boris Cyrulnik, *Sous le signe du lien*, Hachette, 1989, p. 33.

Unis, diffusé en France à partir d'octobre 1985 [1] : on y voit un fœtus de dix semaines, de forme déjà enfantine, petite créature au cœur battant, étrangement active. Le statut de l'embryon est remis en question : les adversaires de l'avortement, retrouvant leur agressivité, voudraient appliquer au fœtus la législation sur les enfants maltraités, interdire à la future mère de boire de l'alcool, de se droguer, de fumer, de mener une vie « désordonnée » ; bref, la priver de tout pouvoir sur l'enfant à naître, et sur elle-même, qui porte l'enfant.

En même temps, les médecins découvrent le diagnostic prénatal (DPN), la médecine prénatale, la chirurgie prénatale. Leurs succès les couvrent de gloire ! Du coup, quelques femmes développent des obsessions : puisqu'on peut tout dépister, tout contrôler, tout soigner, elles exigent un enfant parfait. Une étude de l'Inserm à Marseille révèle que près d'une femme sur deux serait favorable à l'euthanasie des nouveau-nés malformés [2]. Mais qui fixera les critères de « malformation » ? Pour certaines femmes, un orteil en plus ou en moins est une tare justifiant l'avortement. L'angoisse du handicap : autre forme de détresse ? L'eugénisme n'est plus le projet social de quelques savants, il s'insinue dans le désir intime des individus, et notamment de toute mère.

La naissance

Au total, rien ne prouve que les neuf mois de grossesse jouent un rôle capital dans la construction du lien mère-enfant. La vraie rencontre, c'est la naissance.

Autrefois, on faisait peur aux jeunes femmes en leur racontant les douleurs de l'accouchement. La génération du désir, au contraire, très protégée, n'est pas toujours assez prévenue. Du coup, au grand moment, la souffrance physique

1. La projection a été organisée, sous la présidence du professeur Jérôme Lejeune, par un groupe d'associations hostiles à l'avortement.
2. Une maternité catholique de Marseille, réalisant 8 % des accouchements de l'agglomération, a refusé de participer à l'enquête. Cf. *Le Monde*, 21 août 1993.

épouvante, scandalise, révolte la future mère – et souvent aussi le futur père !

Le principal palliatif, c'est désormais l'anesthésie péridurale [1] qui a progressé dès la fin des années 70 ; à la fin des années 80, elle concerne environ 30 à 40 % des accouchements. Elle n'a jamais fait l'unanimité, ni chez les soignants ni chez les parturientes. Parmi ces dernières, l'une dit : « C'est merveilleux, je n'ai rien senti, j'ai vu sortir mon bébé, je riais ! » L'autre : « La péridurale c'est moi qui l'ai voulue mais je le regrette. C'est horrible, j'étais paralysée, je ne sentais plus mon corps. Et j'ai été flouée, je n'ai pas vécu mon accouchement. C'est comme si j'avais adopté mon petit au lieu de le faire moi-même... » Ces réactions renvoient chacune à son histoire personnelle. Mais elles reflètent aussi les partis pris des soignants. Certains voudraient rester maîtres de la situation, poser eux-mêmes l'indication de l'anesthésie. D'autres, qui demeurent à l'écoute des patientes, se montrent perplexes. Telle cette anesthésiste : « ... lorsqu'on s'est précipité trop tôt sur l'abolition de la souffrance physique, on s'est retrouvé avec des femmes qui souffraient encore, ne pouvant plus exprimer ce dont elles souffraient... Une pleurait silencieusement, à grosses larmes [2]. » La péridurale, si elle masque une détresse grave, devient un piège. L'accouchement est un moment de vérité absolue, qu'il vaut mieux affronter ; si quelque chose est occulté, la relation mère-enfant en souffrira. Bref, disent les spécialistes, il faut résister aux pressions sociales et familiales, et considérer chaque cas dans sa particularité...

Mêmes réserves à propos de la césarienne. En 1984, déplorent ses adversaires [3], il se fait, en France, 100 000 césariennes par an : sept sur dix sont inutiles. L'opération, dite bénigne, évite aux accoucheurs l'apprentissage artisanal d'une discipline contraignante ; elle permet d'envisager une

1. Hélène Cardin, Dr M. T. Moisson-Tardieu, Pr Michel Tournaire, *La péridurale*, Balland, 1985.
2. Jeanne Weiss-Rouannet, « Alliée, ennemie, la douleur », *L'heureux événement*, *op. cit.*
3. Cl. Racinet, M. Favier, *La césarienne*, Masson, 1984.

programmation de la naissance à date fixe pour la commodité de tous. (Même sans césarienne, d'ailleurs, la tendance à programmer l'accouchement semble en progrès continu.)

Certains soignants suggèrent qu'il y a relation entre monitoring et taux de césarienne. L'idéal de l'obstétrique a été de tout contrôler, de tout maîtriser ; mais plus on contrôle, plus on impressionne la parturiente, plus on la gêne. L'orthodoxie actuelle est « post-électronique ». Chaque pays adapte ses hôpitaux. Les Anglais ont à présent de petites salles de naissance sans équipement pour les cas normaux. Les Allemands organisent, à côté des hôpitaux, des centres de naissance indépendants tenus par des sages-femmes (Francfort à l'ouest de l'Allemagne, Halle à l'est). Les Hollandais restent les champions du « naturel » : 33 % des accouchements ont toujours lieu à la maison ; le taux de mortalité reste le plus bas du monde, le taux de césariennes aussi. Mais imposer en France une telle solution exigerait une conversion totale des médecins français : elle ne se fera pas en un jour !

La réaction contre « une médicalisation inutile » s'est renforcée d'ailleurs à la fin des années 80. Le Parlement européen a voté en juillet 1988 une résolution dans ce sens [1] : elle s'intitule solennellement *Charte des droits de la parturiente.*

Après la naissance

La *dépression post-partum* qui semble devenir de plus en plus fréquente pose d'autres questions, tout aussi existentielles. Une jeune mère doit être heureuse. Celle qui déprime, qui ne s'adapte pas à ses nouvelles tâches, est forcément malade. Ici renaît la querelle à propos des l' « instinct [2] ». Comme toute femelle mammifère, la femme qui enfante subit un intense remue-ménage endocrinien qui la dispose à accueillir son petit, à le protéger, à le nourrir. Le petit de son

1. Document B2-712-86, Strasbourg, 1988. Publié par les *Dossiers de l'obstétrique* n° 211, novembre 1993.
2. Jacques Cosnier, « Le point de vue de l'éthologue sur l' " instinct " paternel et maternel », in *Désir d'enfant. Refus d'enfant, op. cit.*, p. 63-70.

côté a besoin de chaleur et de nourriture, il émet des signaux auxquels sa mère répond ; il y a entre eux une interaction sensorielle qui déclenche l'attachement réciproque. La femelle animale lèche son petit, la femelle humaine le couvre de baisers. L'enfant « maternalise » la femme : non seulement il la mobilise à son service, mais il obtient son amour, sa tendresse vigilante et infiniment dévouée. Bien des féministes nient, on l'a vu, la spontanéité de cette conversion de la mère : l'amour maternel, disent-elles, est un comportement acquis, inculqué, sous l'effet d'une pression sociale constante. C'est vrai aussi : la pression sociale crée une seconde nature. D'ailleurs, comment décider de ce qui est inné et de ce qui est acquis ? Chez l'être humain, l'inné est devenu insaisissable : la nature ne peut s'exprimer qu'à travers la culture.

Or, justement, le lien réputé naturel entre la mère et l'enfant ne s'établit pas toujours, et la dépression post-partum révèle ce dysfonctionnement. L'enfantement devient une expérience rare et tardive pour les femmes. Très attendu, très idéalisé, il est souvent décevant : on n'avertit pas assez la jeune femme de la violence du vécu. Et il n'existe toujours aucune préparation à l'après-naissance.

Trois sortes d'interprétations sont avancées. Les naturalistes ne voient que les causes physiologiques : le remue-ménage hormonal, le taux de potassium trop bas, une déficience thyroïdienne. L'école psy, déjà évoquée, rappelle que la grossesse et l'accouchement provoquent un ébranlement psychique redoutable pour les personnes fragiles ; des conflits anciens, non résolus, peuvent ressurgir ; l'hypermédicalisation altère et appauvrit l'événement [1]... En tout cas, le désarroi de la femme, sa phobie de l'enfant induisent une relation pauvre, vide : ou bien la mère sombre dans l'inertie, ou bien elle fuit vers son métier, ses études, la sexualité [2]. Cette crise intéresse

1. Dr A. P. Herbinet, « L'obstétrique contemporaine à la recherche d'une équilibre », *L'heureux événement, op. cit.*, p. 147-150. Dr Serge Bizieau, « L'accouchement », *La maternité aujourd'hui. Un état des lieux.* Journées d'étude et de réflexions de l'unité de formation et de recherche de la Fondation pour l'enfance, 5 décembre 1994, Unesco, Paris.

2. Dr Michel Soulé, « L'enfant imaginaire, l'enfant dans la tête », *Objectif bébé, Autrement* n° 72, *op. cit.* Voir aussi *Environnement de la naissance,*

tout spécialement les chercheurs préoccupés par la psychogenèse de la maternité. En 1984-1985, le docteur Jean-Marie Delassus, psychanalyste et philosophe, a fondé au sein du CHS de Saint-Cyr-l'École une unité de « maternologie », consacrée aux soins et à la recherche concernant les mères « atteintes par la maternité ».

A leur tour, les femmes sociologues explorent le phénomène [1] (fin des années 80) : elles l'expliquent par la modification des rapports conjugaux et des rôles parentaux. La maternité est de plus en plus difficile à vivre parce que le couple égalitaire cesse de l'être quand l'enfant paraît. Le bébé exige une vigilance continue qu'on attend toujours de la mère. La charge de travail de celle-ci s'alourdit, son temps libre se rétrécit, son sommeil est en miettes. L'anxiété gagne : je ne tiendrai jamais le coup, je ne suis pas capable. Et l'avenir s'assombrit : je ne pourrai pas reprendre mon travail, je serai dépendante. Celle qui déprime se sent seule, seule responsable, seule moralement. Les plus solides sont celles qui peuvent compter sur la solidarité de leur compagnon, ou sur l'environnement familial...

Autour de la naissance et de l'après-naissance, le rôle des sages-femmes se recompose avec l'approbation des médecins. Aux médecins la technique, aux femmes sages la culture, disent-elles [2]. Grossesse, accouchement, *post-partum* : moments essentiels où s'impose une culture féminine spécifique. Le devenir mère s'appuie sur un savoir archaïque, intime, confidentiel, un savoir du corps pétri d'humilité et de patience, mais aussi de force et d'allégresse. Les compétences féminines ont été abusivement dévalorisées, alors qu'elles sont fondamentales. A peine 15 à 20 % des accouchements sont pathologiques. Pour tous les autres, l'accueil, l'écoute, la

---

G. Lévy et M. Tournaire éd., Collège national des gynécologues et obstétriciens français, Paris, Diffusion Vigot, 1985.

1. Patrizia Romito, *La naissance du premier enfant. Étude psychosociale de l'expérience de la maternité et de la dépression post-partum*, Lausanne et Paris, Delachaux/Niestlé, 1990. Compte rendu par Christine Delphy dans *Nouvelles questions féministes* n° 2, vol. 13, 1992.

2. Chantal Berman, « Sagesse des femmes », *L'heureux événement, op. cit.*

confiance assurent une heureuse issue. Le mouvement faveur de l'accouchement à domicile se confirme. Un colloque interdisciplinaire s'est réuni à Montpellier en mars 1980 sur le thème *Naître aussi à la maison* [1]. Celles et ceux qui se méfient de la médicalisation insistent sur la primauté des liens affectifs : *Les Cahiers du nouveau-né* expriment cette tendance, très forte au début des années 80 [2].

LE DESTIN

Une énigme tourmente celles et ceux qui diffusent la contraception : pourquoi à l'ère de la pilule des femmes sans ressources enfantent-elles au hasard ? On a cru d'abord à leur manque d'information. Mais il a fallu peu à peu se rendre à l'évidence : pour certaines, l'information demeure inaudible, irrecevable, parce que la fonction maternelle reste leur unique et véritable destin. On peut distinguer trois catégories.

Les immigrées

Les immigrées ont imposé leur différence, leur décalage culturel [3]. Pendant les années 70 et 80, elles sont venues du tiers monde, au titre du regroupement familial. Campagnardes ou citadines, analphabètes ou non, musulmanes ou non, ces nouvelles venues placent la maternité au centre de l'identité féminine. Elles n'enfantent pas pour le seul plaisir

---

1. Voir Joëlle Le Goff-Roubault, « Naître à la maison », *Maternité en mouvement*, sous la direction de A.M. de Vilaine, L. Gavarini, M. Le Coadic, Presses universitaires de Grenoble. Éditions Saint-Martin de Montréal, 1986.
2. *Les Cahiers du nouveau-né*, n° 1-2, *Naître et ensuite*, Stock, 1978 ; n° 3, *D'amour et de lait*, 1979 ; n° 4, *Corps de mère, corps d'enfant*, Stock, 1980 ; n° 5, *L'aube des sens*, Stock, 1981 ; n° 6, *Un enfant prématurément*, Stock, 1983
3. *Immigration et maternité*, Collectif sous la direction d'Odile Reveyrand, Presses universitaires du Mirail, 1993.

de pouponner. Les maris et les familles attachent du prix à leur fécondité. Et surtout, dans leur culture la maternité est reconnue comme une fonction sociale essentielle, la seule fonction qui définisse le statut des femmes et qui assure leur pouvoir [1]. On l'a dit cent fois et toutes les études récentes le confirment [2] : la mère est le pilier de la famille, elle conserve et transmet les valeurs ancestrales; c'est elle qui élève les enfants, et elle prend sur eux – sur ses fils autant et plus que sur ses filles – une influence décisive, définitive. D'aucuns le déplorent, notamment les jeunes chercheurs partisans de la modernité : un anthropologue d'origine maghrébine, Malek Chebel, a forgé le terme *manternel,* « fusion entre l'image dévoratrice de la mante religieuse et le sentiment maternel [3] », pour dénoncer la malfaisance d'un tel pouvoir. Mais comment y renoncer ? Même celles qui voudraient s'intégrer hésitent au seuil de la culture occidentale. Les unes refusent carrément la contraception; les autres multiplient les actes manqués, elles oublient la pilule, ou bien le stérilet leur donne des coliques. Toutes gardent la nostalgie de la naissance. L'une, qui a consenti à la contraception après trois naissances, s'écroule en pleurs dans les bras de « son » assistante sociale. « J'arrive de chez Unetelle : c'était la fête, elle a eu un bébé ! Chez moi ce n'est plus jamais la fête ! » D'ailleurs, la sollicitude du pays d'accueil, et notamment les allocations, ne peut que renforcer le désir d'enfant : la misère n'est plus à craindre; certains considèrent l'enfantement comme une rente.

Faire suivre la grossesse, accoucher en maternité, elles y

1. Camille Lacoste-Dujardin, *Des mères contre les femmes*, 2e éd., La Découverte, 1996.

2. De nombreux psychologues, psychothérapeutes et ethnopsychiatres étudient à présent le désir d'enfant et les interactions mère-enfant quand il y a rupture dans le système des représentations culturelles. Voir surtout Abdessalem Yahyiaoui, *Destins de femmes, réalités de l'exil. Interactions mère enfant*, Grenoble, La Pensée sauvage, 1993. Zolira Guerraoui, *Immigration et maternité*. Je remercie vivement Mireille Paris qui m'a signalé ces ouvrages.

3. Malek Chebel, *L'imaginaire arabo-musulman*, Puf, 1993. Mireille Paris, *Le symbolique mis en question : état des lieux à partir d'une documentation psychologique et anthropologique*, Les Cahiers de l'université de Provence, sous presse.

consentent, à condition que leurs rites soient acceptés. L'une mange de la terre parce que la terre est féconde comme la femme. L'autre refuse d'ôter le tchador qui masque son visage pendant l'accouchement. Une autre ne peut accoucher qu'après avoir bu un liquide où ont macéré des sourates du Coran. Une autre encore exige un morceau de placenta qui, séché, portera bonheur à l'enfant. Etc. A ce moment fort de leur vie, toutes s'accrochent à des symboles qui les rassurent parce qu'ils sauvegardent leur identité, parce qu'ils les rattachent à leur peuple, à leur lignée féminine et maternelle. Elles acceptent l'accouchement standardisé, laïcisé, de l'Occident, mais elles surimposent des signes qui intègrent leurs mythes et rétablissent le sacré. Seule la tradition peut donner tout son sens à une naissance. Et ces rites les aident efficacement, les soignants le constatent.

Les services de PMI approuvent eux aussi certaines pratiques, comme le port du bébé sur le dos. Ils observent également que les migrantes sont rarement isolées : elles sont au contraire bien insérées dans des communautés où jouent des solidarités familiales et tribales qui assurent l'entraide en cas de besoin.

En revanche, un usage horrifie les Occidentaux : c'est l'excision infligée aux filles. L'excision n'a pas seulement fait scandale, elle a ouvert brusquement un abîme de questions sur l'agressivité et la cruauté maternelles, sur la violence de la relation mère-fille, violence dont les immigrées n'ont certes pas le monopole [1]. Des associations féminines et féministes se sont mobilisées pour obtenir des pouvoirs publics qu'ils combattent fermement cette pratique [2]. En vingt ans la situation a évolué, au moins pour ce qui est du discours. En 1975, à la conférence internationale de Mexico, il avait été impossible de débattre sur ce sujet : les Africaines défendaient leur culture et renvoyaient les Européennes balayer devant leur

---

1. Entre autres ouvrages, cf. Françoise Couchard, *Emprise et violence maternelles*, Dunod, 1991.
2. Voir entre autres la brochure diffusée par la Préfecture d'Ile-de-France, Délégation régionale aux droits des femmes, *Nous protégeons nos petites filles*.

porte. En 1985, à Copenhague, ce fut encore difficile. En 1995, à Pékin, la nécessité d'abolir progressivement l'excision a été reconnue.

La relation mère-fille est d'ailleurs une des clefs de l'intégration des migrants dans la société d'accueil. La mère élève sa fille et gouverne sa bru : si elles ne sont pas d'accord à propos des traditions, les déchirements les plus dramatiques menacent la famille. Mais souvent, les adolescentes tentées par l'émancipation s'efforcent de rallier leur mère : celles qui fréquentent régulièrement un centre social de quartier demandent bientôt qu'on propose aussi des activités à leurs mères ; alors les deux générations évoluent ensemble. Parmi ces immigrées qui veulent s'adapter, émergent bientôt quelques militantes (les travailleurs sociaux les désignent comme « femmes relais ») : elles entreprennent d'améliorer la communication entre les générations et entre les communautés en organisant des réunions d'information sur la santé, la sécurité, la prévention, la gestion du budget, la gestion du temps [1]. Elles réclament comme un droit l'alphabétisation gratuite en français. Quelques-unes parviennent à ouvrir et à gérer des lieux d'accueil pour leurs enfants. Et elles valorisent leur propre culture en transmettant des contes, des chants, des savoir-faire.

Elles recomposent la fonction maternelle en conservant son importance.

Les sous-prolétaires

La crise économique a fait réapparaître la grande pauvreté : à la fin des années 80, 5 % de la population française – soit 2,5 à 3 millions de personnes – ont un revenu égal ou inférieur au quart du Smic. En outre, la pauvreté n'est plus

1. Cf. *L'intégration au féminin, Espaces et familles* n° 16, rapport pour la Cnaf, 1989. Isabelle Mahiou, Dominique Poggi, *Femmes et insertion dans les quartiers en développement social. Étude-bilan 1982-1989*, La Documentation française, 1990. A Marseille, les associations sont particulièrement actives : par exemple l'association Arc-en-ciel, ou l'AFDTO (Association femmes de toutes origines).

définie par les seuls critères économiques : les « exclus [1] » ne manquent pas seulement d'argent, mais aussi de soins, de considération, de participation à la vie collective. Or il y a une spécificité féminine de la pauvreté dès qu'une femme porte un bébé dans son ventre ou sur son bras. Pour les mères démunies, diverses allocations les empêchent de mourir de faim et d'être séparées de leurs enfants. On découvre alors que cette prise en charge occulte leur véritable misère.

Certaines, mariées ou non, ont procréé une famille nombreuse, en subsistant grâce aux allocations et à l'assistance. Pour la plupart, elles appartiennent à ce qu'on appelle le quart monde, ou le sous-prolétariat : leur dénuement est total, elles n'ont ni métier ni formation, elles s'abritent dans un taudis sans eau, sans chauffage, sans meubles.

Le regard porté sur elles a beaucoup évolué en dix ans (années 80). L'idéologie politique y est peut-être pour quelque chose : la gauche qui arrive au pouvoir en 1981 est plutôt malthusienne ; ensuite, de 1986 à 1988 le gouvernement de droite est plutôt familialiste. Le discours des chercheurs s'en ressent [2]. Ces mères (trop) prolifiques, d'aucuns les avaient crues débiles, incapables d'accéder à l'idée même de contraception. Erreur totale. Ce n'est nullement par inconscience qu'elles enfantent. Elles sont très attachées à leurs enfants, charnellement et affectivement. « Les enfants c'est de l'or... Si je les ai c'est que je les veux, et j'en veux encore, et personne ne peut m'empêcher d'en avoir. » Nées elles-mêmes en milieu

1. René Lenoir, *Les exclus*, Seuil, 1974.

2. A Paris, la psychologue Marie-Catherine Ribeaud, après enquêtes dans un hôpital de la banlieue parisienne, a publié *Les enfants des exclus*, Stock, 1976, puis *La maternité en milieu sous-prolétaire*, Stock, 1979.

A Nancy, voir Claude Colin, *Maternité et extrême pauvreté*, thèse de médecine, Nancy, 1980. Sous le même titre, le professeur de Santé publique Jean-Pierre Deschamps, le docteur Geneviève Deschamps et la sociologue Michèle Baumann ont publié des études sur les relations entre les mères démunies et les personnels de santé. Voir *Contraception, fertilité, sexualité*, 1987, vol. 15, n° 11 et n° 12. *Revue d'Action sociale*, 1988 n° 1 et *Cahiers de sociologie et démographie médicales*, XXVIIIe année, n° 1, janvier-mars 1988.

A Lyon, voir *Événement naissance, et familles en situation de grande pauvreté et précarité*, ouvrage collectif. Service de la Protection maternelle et infantile, Conseil général des Bouches-du-Rhône (1988). Je remercie vivement Monique Chateau qui a bien voulu me procurer ces documents.

pauvre, elles ont grandi dans une famille nombreuse et reproduisent le seul modèle féminin qu'elles connaissent, celui de leur propre mère. Et les enfants, l'un après l'autre, leur apportent une chaleur affective, une joie, un espoir que personne d'autre, apparemment, n'a su leur donner. Les hommes qui partagent leur vie restent à l'arrière-plan : la plupart sans travail, sans ressources, ils ne se font que rarement une vraie place entre la mère et ses petits.

Face aux travailleurs sociaux et médicaux, ces femmes restent souvent obstinément muettes : elles redoutent les questions. Elles savent bien que leurs conditions de vie sont inacceptables : l'une baigne son dernier-né dans une poubelle, faute de mieux ; l'autre lave rarement ses enfants parce qu'il fait trop froid... Mais si on découvre leur misère, on leur retirera peut-être leurs enfants : « Qu'ils s'amusent pas à ça, ou je les zigouille tous ! » Accablées de travail domestique, elles ignorent évidemment le congé de maternité ; elles pourraient bénéficier d'une aide à domicile, mais elles ne connaissent pas toujours leurs droits, ou ne songent pas à s'en prévaloir. Aussi les fausses couches, les accouchements prématurés sont-ils fréquents, ainsi que l'extrême fatigue, la déprime. Elles ne font même pas suivre leurs grossesses, parce que l'accueil du personnel soignant est souvent distant, voire méprisant. « C'est rare de bien tomber, sur quelqu'un qui écoute et qui explique. » « Je ne pouvais pas remplir un dossier parce que j'y vois mal et je n'ai pas d'argent pour acheter des lunettes. Ils ont dit que je ne savais pas lire... » La mère prolifique est traitée en irresponsable : quelle que soit sa demande, on y répond par une information sur la pilule ; or c'est un sujet qu'elle ne veut pas aborder. Alors, ses difficultés sont mises sur le compte d'une organisation psychique défaillante...

Pourtant, les associations qui s'intéressent au quart monde sont formelles : ces femmes sans instruction ne manquent ni de zèle ni d'aptitude. Leur soif d'apprendre – notamment sur la santé et les soins aux enfants – frappe les formateurs. Celles qui osent commencer une formation professionnelle – d'aide ménagère ou d'aide-soignante le plus souvent –

montrent une assiduité au-dessus de tout éloge, voulant toujours en faire plus. Elles apprennent vite à s'exprimer oralement, à dire avec véhémence ce qu'elles ont sur le cœur. Elles voudraient qu'on entende leurs avis, leurs suggestions. Repliées sur le rôle de mère, elles constatent qu'il n'est pas reconnu et elles en souffrent, dévoilant ainsi l'une des contradictions les plus troublantes d'une société à la fois contraceptive et nataliste.

Les adolescentes

Le nombre des « mères adolescentes [1] » – celles qui ont moins de 18 ans (et parfois moins de 15) – augmente partout dans le monde pendant les années 80. L'explication qu'on en donne a très vite évolué. On a cru d'abord ici aussi au manque d'information. L'âge de la puberté s'abaisse, la libération sexuelle autorise des relations de plus en plus précoces, la très jeune fille « se fait avoir ». Mais les campagnes d'information n'ont rien changé, au contraire, pourrait-on dire. Alors les psy ont évoqué le désir inconscient : le désir de grossesse, en effet, traduit « une résurgence œdipienne propre à l'adolescence, le fantasme de l'enfant du père s'inscrivant dans une rivalité à la mère ». Au milieu des années 80, il a fallu se rendre à l'évidence : le désir d'enfant des adolescentes est bel et bien conscient. L'adolescence s'étire aujourd'hui en longueur, les jeunes n'ont ni statut, ni fonction, ni rôle social pour se valoriser. Trop souvent, ils, elles, n'ont aucun projet d'avenir, leur vie est vide, dépourvue de sens. Or, mettre au monde et élever un enfant, c'est un rôle social que la société ne peut ni permettre ni interdire, c'est une liberté, c'est un projet. Même mineure, une mère dispose de l'autorité paren-

1. R. Ramzi Geadah, *Les mères célibataires*, Recherche UNIOPSS, 1979. J.P. Deschamps, *Grossesse et Maternité chez l'adolescente*, Le Centurion, 1976. *Maternités adolescentes*, rapport réalisé par Jacqueline Patureau, Laurence Baudillon, Élise Donval, pour le ministère de la Solidarité, de la Santé et de la Protection sociale. Édité par le Centre national d'information et de documentation des femmes et des familles, 7, rue du Jura, 75013 Paris, 1990.

tale. Enfanter, c'est accéder à l'âge adulte, celui des responsabilités ; c'est mériter les égards et la considération d'autrui. La contraception est dédaignée parce qu'elle irait à l'opposé de cette perspective. Enceinte, la jeune fille refuse fermement d'avorter, et quand l'enfant est né, elle ne veut pas l'abandonner. A ceux qui le leur suggèrent, certaines répondent : « Si je n'avais pas ce petit, je pourrais aussi bien me laisser mourir. »

Les enquêtes établissent d'ailleurs que ces adolescentes ont grandi pour la plupart dans des conditions sociales défavorables : enfance perturbée, famille instable où personne ne parle, séjour à la DDASS ou en famille d'accueil : rejets, ruptures, abandons, traumatismes. La maternité est désirée comme réparation de blessures narcissiques et de nombreux échecs, scolaires, professionnels, affectifs. Je ne vaux rien, disent-elles, je ne suis bonne à rien, personne ne m'aime. Au moins, mon bébé sera à moi, je l'aimerai, il m'aimera, je montrerai que je suis capable de l'élever.

Ce qui a aussi évolué très vite, c'est l'environnement. Le père d'abord. Il arrive encore que la fille ait été séduite ou forcée par un homme beaucoup plus âgé, qui s'est éclipsé. Et l'inceste n'a jamais été exceptionnel. Mais, de plus en plus, le partenaire est un jeune garçon, un peu paumé lui aussi ; la fréquentation fonctionne comme un maternage mutuel, que la naissance risque de briser. Le clan féminin comptait beaucoup récemment encore. L'influence de la mère était décisive (ou celle de la grand-mère, d'une sœur aînée, d'une tante) : la solidarité entre femmes se substituait à celle du couple au point de créer des dynasties de filles mères, de familles matricentrées.

Et puis, peu à peu, les futures mères ont pris l'habitude de frapper à la porte des établissements d'accueil. Ces centres – ou foyers – maternels sont bien plus accueillants que les anciennes maisons maternelles [1]. Ils ne visent plus à la rédemption morale d'une pécheresse, mais à l'insertion

1. La loi du 6 janvier 1986 a transformé les anciennes maisons maternelles en centres maternels. Les règlements ont été changés pour favoriser l'insertion sociale des pensionnaires.

sociale d'une femme avec son enfant. Leur mission est d'assurer, en trois ans (le temps de l'API, l'Allocation de parent isolé), la transition entre une éducation familiale défectueuse et l'accès à l'autonomie : l'autonomie consistant à avoir un emploi et un logement... Que de déceptions ! En fait, bien des filles sont venues au centre pour échapper à toute responsabilité. Avant la naissance, elles pensaient au bébé comme à un jouet, une poupée. Après, elles sont effarées par ses exigences, déçues d'avoir à lui consacrer tant de temps. Les tâches maternelles les accablent, les détournent des efforts nécessaires pour acquérir une formation. Bientôt, tous leurs rêves s'écroulent. Plus d'une sur deux confient l'enfant à l'Aide sociale dans la quatrième années qui suit la naissance, mais sans consentir à ce qu'il soit adopté, car elles conservent l'espoir de le reprendre.

Les sociétés anciennes, qui pratiquaient le mariage pubertaire, n'essayaient pas d'« autonomiser » une très jeune mère, mais au contraire de l'entourer étroitement, parfois de la contraindre aussi longtemps que nécessaire. Les centres maternels ont le défaut de n'être qu'un palliatif provisoire. « Miroirs aux mères », « groupe matrice » [1] ils remplacent très mal la famille parce qu'ils effacent la succession des générations. On découvre qu'en fait ils freinent l'émancipation qu'ils voudraient favoriser. Celles qui s'y réfugient manifestent en quelque sorte leur « droit à la dépendance », alors qu'on cherche à leur inculquer un droit à l'indépendance. Pourquoi ce malentendu et comment en sortir ? Les psy qui se penchent sur ces misères ont admis peu à peu qu'au lieu de chercher à resserrer le lien mère-enfant, il vaut peut-être mieux organiser une « séparation constructive », afin que la mère puisse dire : « J'ai une vie qui me plaît en dehors de toi, mais je t'aime et je suis contente de te retrouver. » Une fonction maternelle ouverte, souple, modulable à l'infini.

---

1. Voir Dominique Favre, « Le miroir aux mères », in *Accueil mère enfant, L'écho d'un mal-être, op. cit.* « Elle a fait son bébé toute seule », *Autrement* n° 134, janvier 1993, *Parents au singulier*, p. 142-152.

L'abandon

Les adolescentes ne sont pas les seules mères empêchées de construire des relations heureuses avec leur enfant. Les « accouchées soux X », les mères maltraitantes sont dans le même cas. Que faire d'elles et de leurs enfants ? Problème fondamental que l'on retrouve dans les débats relatifs à l'abandon...

La dépénalisation de l'avortement a modifié la signification de l'abandon. Depuis la loi Veil en effet, toute femme peut se débarrasser bien avant la naissance d'une progéniture qu'elle ne souhaite pas élever. Comment comprendre celle qui mène sa grossesse à terme pour ensuite refuser l'enfant ?

Cette conduite surprenante a fait l'objet d'études récentes. Le cas le plus simple, en apparence, c'est « l'accouchement sous X », que la loi française autorise depuis 1945 : une femme au terme de sa gestation se présente seule à l'hôpital sans décliner son identité, accouche, et repart aussitôt, sans voir l'enfant. Difficile de demander leurs motivations à ces fugitives murées dans le silence et la solitude. Catherine Bonnet, médecin et psychanalyste, a su pourtant, à force d'empathie, engager un dialogue avec elles [1]. Issues de milieux divers, beaucoup déclarent n'avoir pas eu conscience d'être enceintes, en dépit des signes biologiques les plus évidents. Ce déni de grossesse est suivi d'un déni de naissance : la parturienne réclame une anesthésie totale, elle ne veut rien voir, rien savoir ; quelques-unes avouent leur haine de l'enfant qu'elles ont peur de maltraiter, voire de tuer. L'investigation psychanalytique met au jour des traumatismes datant de la petite enfance, des souffrances enfouies dans l'inconscient. L'abandon, dans ce cas, est donc un geste d'amour, qui laisse au nouveau-né la chance d'être adopté et élevé par une vraie famille.

Marseille a accueilli pendant les années 80 bon nombre de jeunes Maghrébines qui venaient accoucher sous X et repar-

1. Catherine Bonnet, *Geste d'amour*, Odile Jacob, 1990.

taient aussitôt. Leur culture leur interdisait tout enfantement hors mariage. Elles se font plus rares à mesure qu'elles ont accès à la contraception. Elles aussi laissent l'enfant pour l'adoption.

Tout autre est la situation de celles, les plus nombreuses, qui hésitent à abandonner. L'une a été « plaquée » par son partenaire, alors que la grossesse, voulue pour le retenir, était déjà trop avancée pour permettre l'avortement. Telle autre, au contraire, a soudain pris conscience qu'elle ne voulait pas se lier à un partenaire de hasard, mal aimé. Dans tous les cas, la décision de donner un enfant pour adoption se révèle étrangement difficile à prendre [1].

Les sociétés anciennes admettaient l'abandon. Jusqu'aux années 1860, les « tours » des hospices ont permis le dépôt anonyme des nouveau-nés. On savait que ces enfants étaient pour la plupart des « bâtards »; que la fille mère était plus souvent victime que coupable; que l'amour maternel avait peu de chances de s'épanouir. Comment une fille « déchue » pourrait-elle s'attacher à ce produit du péché, à ce signe vivant de son déshonneur ? L'abandon lui donnait une chance d'effacer sa « faute » et de retrouver une liberté que le père, lui, n'avait jamais perdue. Cette rude sagesse a été peu à peu balayée au cours du XIXe siècle par l'exaltation de l'amour maternel. La mythification, l'idéalisation de la maternité pèsent encore : celle qui tient dans ses bras son nouveau-né est piégée par son entourage, y compris les soignants et les travailleurs sociaux, qui la félicite, en assurant que la maternité est le meilleur rôle pour une femme. Elle a honte de penser à l'abandon, à cause de la réprobation qu'il encourt. Pour garder l'estime de soi et des autres, elle s'occupe quelque temps de l'enfant, mécaniquement. Puis elle finit par le confier à l'Aide sociale, provisoirement, dit-elle, ce qui interdit de le proposer pour adoption; elle ne le reprend que par intermittence; le reste du temps, il est « placé » de famille d'accueil en famille d'accueil.

1. Nicole Peltier, *Les mères de l'ombre. Faire adopter son enfant*, Éditions du Cerf, 1995.

Il existe des centres de soins spécialisés en « maternologie » [1] où l'on s'efforce de réparer cette déficience d'amour maternel. On ignore leur taux de succès. Certaines femmes restent incapables de tout travail de restructuration ; si elles gardent leur enfant, il y a risque de maltraitance. Risque sérieux ! Les services de PMI, les crèches, les écoles maternelles « dépistent » chaque année plusieurs milliers de cas : enfants privés de soins, de nourriture, battus, séquestrés ; et l'enquête établit que la mère est responsable dans la plupart des cas [2]. L'interprétation psychanalytique est parfois déconcertante : Françoise Dolto, dans *La cause des enfants*, avance que battre son enfant fait plus de mal à la mère qu'à l'enfant, que l'enfant est souvent pervers et provocateur, qu'il aime les sensations fortes [3], etc. Quand la justice est saisie, elle ne sanctionne que rarement : ces sortes de procès embarrassent les magistrats et les avocats ; personne n'ose encore, pendant les années 80, regarder en face une réalité si choquante [4].

La gynécologue Nicole Peltier s'indigne de ce gâchis. Elle déplore qu'aux yeux de la loi les liens du sang soient toujours prééminents. Tout le monde préfère ignorer que des femmes enfantent sans désir d'être mère, et sans aptitude à le devenir, pendant que le père échappe à toute responsabilité. Dans certains cas, argumente Nicole Peltier, il vaudrait mieux favoriser une séparation immédiate. Et pourquoi parler d'abandon ? Ces femmes feraient *don* de leur enfant : on pourrait louer leur courage, leur générosité. Des associations se

---

1. Par exemple le centre de Saint-Cyr-l'École crée par le docteur Jean-Marie Delassus, déjà cité.

2. La première enquête importante date de 1978 : Pierre Strauss et Michèle Manceaux, *Recherche sur les enfants victimes de mauvais traitement*, CNTERH. Un film, *Liens d'amour, liens de haine*, éclaire la genèse des perturbations relationnelles, Aniela Féo, département de psychopathologie de l'université de Paris Nord, UFR médicale.

3. Le périodique *Choisir* (oct.-nov. 1979) publie sur ce thème des propos de Françoise Dolto et les commente avec indignation.

4. Pendant ce temps, les pays voisins légifèrent : en Suède, une loi en vigueur depuis juillet interdit toute atteinte à l'intégrité physique et morale d'un enfant ; l'Allemagne a adopté en mai 1979 une loi accordant l'autonomie juridique aux adolescents dès l'âge de 14 ans. La Convention internationale des Droits de l'enfant élargit cette perspective.

constituent pour accueillir celles qui se morfondent dans l'hésitation, le doute, la mauvaise conscience, et pour les aider à prendre la meilleure décision.

Ce qui pose problème, c'est l'anonymat, le secret. Les psy insistent sur la nécessité pour tout être humain de connaître ses origines [1]. Les enfants adoptés, en particulier, veulent savoir qui étaient leurs géniteurs. Mais la mère qui donne son enfant pour adoption préfère encore, souvent, se cacher dans l'anonymat. A défaut de son nom, on l'invite à présent à écrire une lettre expliquant sa décision à son enfant : en acceptant de le mettre au monde, en permettant qu'il soit élevé dans une vraie famille, elle lui a donné des preuves réelles de son amour et de sa responsabilité.

1. Pierre Verdier, Geneviève Delaisi de Parseval, *Enfant de personne*, Odile Jacob, 1995.

CHAPITRE IX

Les relations privilégiées

Au temps du baby-boom, on élevait encore les filles en vue du mariage et de la maternité. Depuis les années 70, on les prépare surtout à gagner leur vie. Changement radical : la maternité n'est plus au centre de l'identité féminine.

Est-ce à dire que l'enfant compte moins aux yeux de la mère ? La réponse est non, au contraire, il compte de plus en plus ! Ce paradoxe indique pourquoi la jeune femme a besoin d'aide : il faut qu'elle construise sa vie, coincée entre deux mythes, celui de l'enfant roi, celui de la superwoman [1]. Elle cherche appui auprès du père de l'enfant, auprès des autres femmes, auprès de spécialistes, de plus en plus savants, de plus en plus nombreux.

AVEC LES ENFANTS

Les petits

Enfant rare. Enfant roi. Enfant problème.

Celle qui après avoir longtemps différé, beaucoup hésité, et peut-être avorté, se décide enfin à mettre un enfant au

1. Pour la superwoman, voir chapitre X.

monde, investit sur lui au maximum. Ce sera peut-être le seul ! Et s'il en vient un autre, ce sera le dernier.

Sur l'idylle maman-bébé, la plupart des jeunes mères sont intarissables : elles évoquent avec lyrisme des plaisirs et des joies qu'elles n'avaient même pas soupçonnés. Plaisirs sensuels : « On en mangerait », disent-elles. Peau si douce, chair si tendre, tête chaude contre la joue, bouche avide qui suce le sein parfois jusqu'à l'orgasme. Espoir que l'enfant ressemble à moi, à son père, à ma mère, à mon père... Plus encore, émotion toujours renouvelée face à l'extrême dépendance du tout-petit, à l'éveil progressif de sa conscience : première rencontre du regard, premier sourire, premières vocalisations, premier geste d'appel. Nouveau-né, petite aube...

Cette jouissance est, à présent, de plus en plus recherchée. Diverses associations, dans tous les pays, proposent des stages, des informations, des initiations pour aider la jeune mère à nouer avec son tout-petit une relation toujours plus sensible. Les Occidentales prennent modèle sur les femmes du tiers monde. Un ouvrage de Frederick Leboyer, *Shantala* (1976), leur a révélé comment les mères du sud de l'Inde massent leurs enfants, longuement, tendrement, plusieurs fois par jour. Des films vidéo [1] ont ensuite montré des Africaines qui portent en permanence leur bébé contre leur corps ; elles le baignent souvent, jouent avec lui. Les femmes du tiers monde, restées plus près de la nature, conservent peut-être des recettes de bonheur que nous aurions perdues par excès de culture savante. En tout cas, le succès de ces images révèle une sorte de nostalgie : celle d'une vie lente et sereine où la jeune mère s'absorberait à loisir dans la douce euphorie de la « dyade ».

En même temps, pédiatres, pédopsychiatres et éthologues découvrent avec enthousiasme les compétences du nouveau-né, ses interactions précoces. « L'expression " interactions précoces ", dit Boris Cyrulnik [2], a été employée pour la première fois en 1982 au colloque des Embiez (consacré

1. Voir en particulier les films d'Hélène Stork, professeur de psychologie à l'université René-Descartes, films diffusés par le CNRS.
2. Entretien avec l'auteur, 11 avril 1996.

aux « Communications intra-utérines ») ; elle a surpris tout le monde. Nous étions en train de passer du monde animal à l'humain. Ensuite Serge Lebovici, dans son séminaire de Bobigny, a repris la formule et elle est devenue d'usage courant [1]. » Les interactions, ce sont des échanges entre le nouveau-né et sa mère (ou un autre proche) : mimiques, mouvements du corps, regards, sourires, vocalises, cris. Mécanisme riche et complexe, langage avant la parole. Ce savoir, semé à tous vents par les médias, ravit la jeune mère. Elle s'abîme dans la contemplation du tout-petit, à l'affût de sa moindre réaction [2]. Elle cherche à développer tous les contacts intimes, corps à corps, peau à peau, œil à œil ; à communiquer avec lui, à le stimuler.

Le plaisir que procurent les tout-petits n'est jamais sans nuage. Ils semblent devenir de plus en plus fragiles. Ils contractent, entre autres, des rhinopharyngites en enfilade, souvent compliquées d'otites ou d'angines : est-ce une conséquence de la pollution dans nos villes suffocantes ? ou bien une « somatisation » pour retenir la mère auprès du berceau ? Si on entrepose bébé dans une halte-garderie ou une crèche, il en ramènera peut-être des rougeole, varicelle, coqueluche, oreillons. Toutes les mères se culpabilisent quand leur enfant va mal, surtout si elles travaillent hors du foyer.

De son côté, la vulgate psy transforme la jeune mère en psychologue vigilante. D'une année à l'autre, le savoir psy, en progrès rapide, révèle des besoins nouveaux chez le petit, des écueils nouveaux sur la voie de son développement. Le rôle de la bonne mère n'en est pas allégé, il s'alourdit au contraire. Après la liberté joviale et innovante des années 70, de nouvelles normes s'imposent au cours des années 80. Plus question de parler bébé, ni même de babiller au hasard. Le petit enfant n'est pas un débile : à sa manière il comprend tout. On s'adresse à lui comme à un adulte, on l'avertit de ce qui va lui arriver, on « met des mots » sur ce qu'il fait, on le consulte

1. De Serge Lebovici, *Le nourrisson, sa mère et le psychanalyste. Les interactions précoces*, collaboration de Serge Stoleru, Le Centurion, 1983.
2. M. Robin, « Premiers regards, premiers échanges », *Les Cahiers du nouveau-né* n° 5, *L'aube des sens*, Stock, 1986.

(au moins pour la forme) au moment d'aller promener ou d'aller dormir. Plus question de l'éduquer à la propreté : il décidera lui-même. Par crainte de le traumatiser, de l'insécuriser, on se garde d'aliéner son désir, on le laisse s'exprimer, c'est-à-dire faire tout ce qu'il veut. Au risque de le percevoir bientôt comme un tyran.

Quelques gourous des années 80 prétendaient que « tout se joue avant trois ans ». Voilà bien de quoi affoler les mères. Ou les égarer : quelques-unes ont cru que, par instruction anticipée, elles pourraient produire des surdoués. La mode des « super-bébés », née aux États-Unis, a gagné partiellement l'Europe. Des « universités maman-bébé » ont attiré des femmes riches, oisives, et vaines [1].

Les tâches maternelles sont devenues de plus en plus ambitieuses, de plus en plus accablantes, sur fond d'anxiété et de nervosité. Pour assister les mères, l'École des parents a créé un *Inter-Service Parents*, puis un *Bébé Conseil*, téléphone qui répond jour et nuit. De son côté, la Fondation pour l'enfance propose *Allô Maman bébé*. L'emprise des psy, redoublant l'emprise médicale, impose une socialisation croissante des soins aux enfants. Anne Debarède et Éveline Laurent, avec l'aide d'une douzaine de collaborateurs, ont publié en 1992 le volumineux et passionnant *Livre des parents* [2]. Si on compare cet ouvrage aux premières éditions de Laurence Pernoud, ou même aux publications de Rose Vincent, on mesure le chemin parcouru. Ici pas de directives, peu de conseils, plutôt des propositions, des choix. « Ce qu'il faut savoir » est toujours exposé avec précision, en indiquant, s'il y a lieu, les divergences entre les savants. La distance est prise, parfois avec humour. Et tout est relativisé : les erreurs sont toujours rattrapables. L'intention est d'informer complètement tout en rassurant, et de restaurer la liberté des parents. Le livre suit l'enfant jusqu'à son départ du foyer.

---

1. Glenn Dornan est le prophète américain de cette tendance. Cf. *J'apprends à lire à mon bébé*, Marabout, 1983. En France, quelques pédiatres ont diffusé ces idées : entre autres, le docteur Edwige Antier.
2. *Le livre des parents. Quels choix pour vos enfants ?*, sous la direction d'Anne Debarède et Éveline Laurent, Flammarion, 1992.

Les grands

Le laxisme libertaire des années 70 est passé de mode au cours des années 80. Il est vrai que le contexte économique a changé : au temps de la prospérité on pouvait laisser les jeunes s'épanouir dans l'insouciance ; quand la crise menace, on se préoccupe d'assurer leur avenir en surveillant plus sérieusement leurs études et leur conduite. La presse familiale disqualifie certains usages gauchistes comme la nudité parentale qui perturbe les enfants jeunes et offusque la pudeur adolescente. Elle critique les « parents copains » qui veulent « rester jeunes » en imitant leurs enfants, en adoptant leurs modes vestimentaires et leurs goûts musicaux, en vénérant leurs idoles. Il est indispensable, disent les psy, de marquer la différence entre les générations. On assiste à une réhabilitation générale de l'autorité, « qui est moins un droit qu'un devoir ». Mais l'autorité est demandée plutôt au père, dont le rôle est en voie de revalorisation. A la mère, il est surtout conseillé de maintenir le dialogue, sans démagogie, avec les enfants qui grandissent.

Pour elle, l'éternel problème demeure celui de la séparation. Mais il semble moins difficile à résoudre, un peu parce que l'épouvantail de la mère abusive sert désormais d'avertissement, et aussi parce que beaucoup de mères travaillent. Même celles qui ne travaillent pas apprécient les garderies, et surtout l'école maternelle, gratuite, efficace. Au seuil des années 90, celle-ci accueille plus de 85 % des enfants de trois ans, et elle accepte des enfants de moins de trois ans si la mère travaille ; pourvue d'une cantine, elle peut les garder toute la journée. Voilà sans doute pourquoi les Françaises sont les plus nombreuses en Europe à travailler à temps plein. Mais, victime de son succès et faute de crédits, l'école maternelle est surpeuplée, et des réformes la menacent.

Diverses enquêtes établissent que pendant l' « âge de latence », un nouvel équilibre familial s'organise désormais, à la satisfaction générale. Les enfants disposent d'une certaine autonomie ; ils sont associés aux tâches ménagères et aux grandes décisions.

L'appel

L'appel au père date en réalité de bien avant 68. C'est un effet second du baby-boom et de l'industrialisation de l'accouchement. Isolée à un moment de grande souffrance physique et psychique, dans un milieu inconnu, froid, effrayant, la parturiente réclamait une assistance affective. Et presque toujours la primipare souhaitait la présence de son mari plutôt que celle de sa mère. Les personnels soignants, sages-femmes en tête, ont d'abord résisté fermement. C'est la diffusion de l'accouchement sans douleur qui a permis la victoire progressive des patientes. On est alors passé d'un extrême à l'autre : au cours des années 70 et 80, la présence du père en salle de travail est devenue une sorte d'obligation, c'est son absence qui choquait [1]. Puis un discret mouvement de reflux s'est esquissé : quelques soignants, dont le docteur Aldo Naouri, se sont demandé si cette présence était toujours bénéfique. Certaines femmes se sentent humiliées de subir cette épreuve en présence de leur conjoint; elles redoutent son dégoût ou son impatience. Les sages-femmes les plus avisées perçoivent ces réticences, et trouvent un prétexte pour faire sortir le père : alors seulement bébé consent à venir au monde.

Du côté des pères la conversion n'allait pas de soi [2]. Les uns se trouvaient mal à la vue du sang, ou peut-être, disent les psy, à la vue du sexe maternel. D'autres se sentaient violemment offusqués, sans oser rien dire, par la présence dominante d'un autre homme, l'accoucheur. D'autres encore ne supportaient pas les plaintes de leur femme, ou la lenteur du processus. Mais la plupart se sont apprivoisés. Armés d'un appareil photo ou d'une caméra vidéo comme alibi, ou bien fascinés par ces machines qui ont transformé la naissance en

1. La maternité des Lilas a institué une École des pères en 1980.
2. Bernard Fonty, Monique Bydlowski, « Présence du père à la naissance », Actes du colloque de Genève, *Relation précoce parents-enfants.* Texte repris dans *Le groupe familial* n° 107, avril 1985. Voir aussi, sur le mode humoristique, Lazare Bitoun, « J'accouche », *Autrement* n° 72, *Objectif bébé,* septembre 1985, p. 207-209.

technique de pointe (affaire d'hommes), ils ont trouvé le courage de rester. Et, venus pour assister la mère, ils ont été séduits par le nouveau-né.

Cette conversion n'était d'ailleurs qu'une reconquête. Avant la médicalisation, quand on accouchait chez soi, les pères n'étaient pas écartés. Pourtant leur rentrée sur la scène de l'accouchement fut capitale, en raison des réactions en chaîne qu'elle a déclenchées.

Elle a opéré en amont, en associant le futur père à la gestation. Il accompagne sa femme aux séances de préparation à l'accouchement, d'abord par condescendance ou par curiosité, puis parce qu'il se sent lui aussi impliqué. L'échographie le passionne presque toujours. Après cette révélation, il vient volontiers parler au fœtus, le toucher, il s'intéresse aux perceptions, aux sensations, aux émotions de la future mère. Les adversaires de la contraception féminine avaient craint de déresponsabiliser les hommes. C'est plutôt le contraire qui s'est produit, au moins dans un premier temps. Le MFPF a vu, à la fin des années 70, croître le nombre des hommes aux consultations de contraception, les femmes, pour la plupart, ne voulant pas prendre seules la décision de « commander un bébé ».

La présence du père dans la salle de travail agit aussi après la naissance : elle fait apparaître de nouveaux rituels. Pour canaliser l'émotion du « primipère », on l'invite à couper le cordon et à baigner l'enfant. Ces gestes qui paraissent simples sont profondément révolutionnaires. Ils avaient toujours appartenu aux femmes, à la sage-femme spécialement, qui les accomplissait avant de présenter au père le nouveau-né.

Couper le cordon, c'est séparer l'enfant de la mère, dit-on. On explique au père, s'il ne le sait pas encore, que son rôle symbolique consiste justement à séparer, à « défusionner », l'enfant et la mère pour permettre à l'enfant d'acquérir une identité propre. Naguère, cette séparation s'effectuait autrement : le père reprenait sexuellement possession de la mère (dès l'apparition de la première dent du nourrisson) et il la fécondait : ainsi un nouvel enfant libérait le précédent de l'emprise maternelle. La réduction des naissances a détruit ce mécanisme. Les sociétés anciennes connaissaient aussi des rites solennels de séparation, notamment le baptême, véritable naissance humaine et chrétienne : il signifiait que l'enfant n'appartenait pas à ses parents, pas plus à son père qu'à sa mère, mais à Dieu [1]. Quand le père coupe le cordon, il détache en effet l'enfant de la mère : au sécateur ! Symbolisme brutal ! Rien de pareil ne lui avait jamais été demandé.

Donner le bain relève de la même pédagogie. Moment sensible où tout bascule : le père fait connaissance avec le nouveau-né et se l'approprie ; il se découvre capable de le tenir, de le manipuler ; ses compétences valent celles d'une femme. Il observe l'enfant, le touche, lui parle ; il y trouve du plaisir. C'est ainsi que l'attachement prend racine. De nouvelles études démentent d'ailleurs la thèse de John Bowlby qui avait affirmé l'attachement exclusif du bébé à sa mère. Le bébé s'attache à qui lui donne les soins vitaux, aussi bien son père que sa mère, et le rapport préférentiel n'en exclut pas d'autres. Voici donc la mère déboutée de son exclusivité.

Bref, le nouveau rôle confié au père dès la naissance, si éloigné des anciennes représentations, manifestait une importante révolution des mœurs et des idées [2]. Révolution à double face : tout en rapprochant les pères des mères, elle accusait entre eux des différences jusque-là mal perçues ou même ignorées [3].

D'abord elle a été célébrée avec enthousiasme. A deux cents ans de distance, l'exaltation de l'amour paternel fait écho et suite à l'exaltation de l'amour maternel. Au diable la figure distante et sévère du chef de famille. Les médias ont

---

1. « La séparation est une chose trop importante pour être laissée au père », ironise la psychologue Maryse Vaillant, « Les matrones », communication au 5e colloque *Identité. Appartenance*, 10 décembre 1994, Centre d'étude de la famille-association, 95, bd Saint-Michel, Paris 75005. Voir aussi du même auteur *Mythes et mères*, publication du Centre d'études de Vaucresson, 1994.

2. La politique familiale accompagne, encourage l'investissement paternel : en 1984, *le congé parental d'éducation* est ouvert à chacun des parents, sans distinction de sexe ; il permet la suspension du contrat de travail et la possibilité du travail à temps partiel jusqu'aux deux ans de l'enfant, aussi bien pour une adoption que pour une naissance.

3. Jean Le Camus, *Pères et bébés*, L'Harmattan, 1995, récapitule avec précision toute cette histoire et tire des conclusions.

mis en images, à profusion, le nouveau père [1] et même le « papa poule » qui sait biberonner, langer, bercer, choyer, qui porte fièrement bébé dans la poche kangourou, exprimant ainsi la « part féminine » qui est en lui. Une carte postale a connu alors un immense succès : on y voit un homme jeune, torse nu, bronzé et musclé, serrant contre lui un bambin tout nu, tout dodu, tout doré, et les deux sourient d'un bonheur ineffable. Le *sex-appeal* d'une pareille image en dit long sur la sensibilité féminine. Plus sérieusement, il est vrai que les hommes ont alors changé d'attitude. Ils ont osé montrer leur tendresse, leur douceur, leur sensualité, sans crainte d'y perdre leur virilité. Ils voulaient aussi être à la page : parmi les jeunes des classes cultivées, l'idéologie du couple égalitaire progressait. Toutes les tâches domestiques, y compris les tâches dites maternelles, devaient être partagées. *L'un est l'autre*, affirmait Élisabeth Badinter [2]. Les conservateurs, eux, s'inquiétaient d'une confusion où la différence des sexes serait abolie : l'enfant saurait-il distinguer le masculin du féminin ? Saurait-il construire son identité sexuée ? Mais des spécialistes déjà notoires comme Bernard This [3] et Geneviève Delaisi de Parseval [4] célébraient avec élan le père présent par le cœur et par le corps. Le père, affirmaient-ils, a été réduit trop longtemps à sa fonction symbolique.

Ce « papa-boom » a donné lieu à des colloques internationaux [5]. Il a inspiré des études savantes. Le champ était neuf : ni Spitz, ni Winnicott, ni Bowlby ne l'avaient exploré.

---

1. Jacqueline Kelen, *Les nouveaux pères*, Flammarion, 1986. Minou Azoulay, *De père en père*, Métaillé, 1988.
2. Odile Jacob, 1986. L'auteur atténue cette affirmation dans un ouvrage postérieur, *XY. De l'identité masculine*, Odile Jacob, 1992.
3. Bernard This, *Le père : acte de naissance*, Seuil, 1980. Il faut citer aussi Joël Clerget, *Être père aujourd'hui*, Chronique sociale, 1979.
4. Geneviève Delaisi de Parseval, *La part du père*, Seuil, 1981.
5. *Les Pères aujourd'hui*, Paris 17-18-19 février 1981, Institut national d'études démographiques, 1982. *Père et paternité dans la France d'aujourd'hui, Revue des Affaires sociales*, n° hors série, 1988. *La fonction paternelle*, colloque de Monaco, 1990, Le Centurion, 1992. *Le père dans la famille de demain (Fathers in Families of Tomorrow)*, Copenhague, 17-18 juin 1993, ministère danois des Affaires sociales. *Changing Fatherhood. An Interdisciplinary Perspective*, Tilburg University, 1994, Thesus Publishers, Amsterdam, 1995.

Les psy ont investi avec entrain le « continent noir de la paternité ». Parmi les plus lus [1] : Aldo Naouri, Françoise Hurstel, Serge Lebovici, Michel Soulé, Colette Chiland, et un peu plus tard Pierre Ferrari, Bernard Cramer, Boris Cyrulnik, Christiane Olivier... Tous passent de la dyade à la « triade ». Non seulement le comportement de la mère dépend étroitement de sa relation avec le père, mais pour l'enfant lui-même, fille ou garçon, le contact précoce de ses deux parents est indispensable. D'autant que les interactions entre pères et bébés se révèlent différentes des interactions entre mères et bébés [2].

Pendant ce temps, au sein des ménages, il s'avère que le partage entre père et mère est rarement équitable. Papa assume volontiers les tâches dites relationnelles où il est en rapport direct avec l'enfant : donner le repas, le bain, jouer, sortir ; ce sont les plus gratifiantes. Alors que maman reste enlisée dans les tâches matérielles de préparation et d'entretien : nettoyage, épluchage, rangement. A elle aussi, presque toujours, de se lever la nuit, de veiller sur l'enfant malade, de le conduire à la crèche, puis à l'école, et de parler avec les soignantes, maternantes, institutrices.

Autre divergence : papa s'investit avec joie pour le premier enfant, avec dévouement pour le second, mais au-delà c'est trop ; si maman, au seuil de la quarantaine, éprouve le vif désir d'un troisième poupon, elle se débrouillera. Enfin, les enquêtes sociologiques mentionnent que le modèle du nouveau père, ou du père nouveau, n'a vraiment séduit que les couches moyennes ; au sommet et à la base de la société occidentale, il ne s'est pas imposé. Les couches moyennes sont

1. Voir la bibliographie de J. Le Camus, *op. cit.* A. Naouri, *Une place pour le père*, Seuil, 1985. F. Hurstel, « Les changements dans la relation père-nourrisson. Qui sont les pères qui paternent ? », *Revue de neuropsychiatrie de l'enfance*, 1985, 33, p. 233, et « " La fonction paternelle ", question de théorie : des lois à La Loi », *Le Père*, Denoël, p. 235. S. Lebovici, *Le nourrisson, la mère et le psychanalyste*, Le Centurion, 1983. Boris Cyrulnik, *Sous le signe du lien, op. cit.* Christiane Olivier, *Les fils d'Oreste*, Flammarion, 1994. Voir aussi *Autrement* n° 61, *Pères et fils*, juin 1984.

2. Michael Yogman, « La présence du père », *Autrement* n° 7, *Objectif bébé*, 1985, p. 140-149. Drina Candilis Huisman, « Les gestes du père », *A qui appartient l'enfant ?* ouvrage collectif, La Pensée sauvage, 1993.

celles où les femmes se sont massivement investies dans le travail salarié, à une époque où le personnel domestique se raréfiait. Il fallait bien aider la mère si on voulait garder l'avantage de deux salaires. Autre explication, réaliste, du comportement masculin.

Tout compte fait, bien des mères ont été plutôt déçues. Elles ont eu le sentiment de partager le meilleur et de garder le pire. Certaines, qui se sentaient flouées, ont eu des réactions de rejet.

Le rejet

Les familles monoparentales [1], ainsi désignées par les sociologues au milieu des années 70, émergent dans les catégories de l'Insee en 1981. L'Institut voulait savoir combien de femmes élevaient seules leurs enfants et de quelles ressources elles disposaient. Il découvrit non pas un accroissement considérable de leur nombre, mais un changement important de leur état civil : les veuves qui constituaient 56 % de l'effectif en 1968 ne sont plus que 20 % en 1992 ; alors que les célibataires sont passées de 9 % en 1968 à 20 % en 1992, et les divorcées de 35 % en 1968 à 60 % en 1992. Ces chiffres indiquent, sinon toujours un rejet du père, du moins une tendance au « démariage [2] ». Mais il faut distinguer les *mères célibataires volontaires*, et les divorcées.

Les premières étaient des militantes. La maternité était pour elles une affirmation de soi, l'exercice d'un pouvoir, un choix unilatéral : l'homme, pris comme étalon, était repoussé après la fécondation, sans en être averti. Certaines copulaient avec plusieurs partenaires pour ignorer l'identité du père ; d'autres allaient à l'étranger recevoir une insémination artificielle. Elles se réunissaient à plusieurs pour s'entraider, avant et après l'accouchement. Les naissances hors mariage n'étaient plus le fruit de l'irresponsabilité masculine, mais l'emblème héroïque de la responsabilité féminine.

---

1. Cf. *Autrement* n° 134, *Parents au singulier. Monoparentalités : échec ou défi*, janvier 1993.
2. Irène Théry, *Le démariage*, *op. cit.*

Sauf au temps mythique des Amazones, rien de pareil ne s'était jamais vu. Aussi les mères célibataires volontaires ont-elles beaucoup choqué, malgré leur petit nombre [1]. Pourtant, elles ne faisaient que pousser à l'extrême une tendance qui depuis les Lumières déplaçait vers les femmes la responsabilité des enfants. Tendance renforcée par la PMI, par la libéralisation de la contraception et de l'avortement, par les procréations assistées, par les politiques sociales. Quand, par-dessus le tout, les femmes, admises à tous les métiers, ont conquis l'indépendance économique, elles ont cru qu'elles pouvaient tout faire seules, assumer seules les deux fonctions maternelle et paternelle.

Des observateurs inquiets ont prophétisé l'avènement du matriarcat. En vérité, toutes les mères célibataires n'étaient pas volontaires ! Et beaucoup ont par la suite lié leur sort à un compagnon. Leur état est d'ailleurs transitoire, qu'il débouche sur une nouvelle union, ou sur la prise d'autonomie des enfants. Mais le risque de voir croître le nombre des familles sans père existe, c'est certain.

Le cas des divorcées est différent : elles ont vécu en couple et reconnu le père, avant de reprendre leur liberté. Les divorces ont doublé entre 1975 et 1990 [2], et plus de 60 % sont dus à l'initiative de l'épouse. Certains chercheurs interprètent le divorce actuel comme un substitut à l'action régulatrice de la mort autrefois... Mais, dans l'histoire de la maternité, comment situer cette tendance ? Parmi celles qui divorcent, combien s'enfuient en laissant l'enfant, les enfants, au père ? Quelques signes donnent à penser que leur nombre augmente, mais un silence pudique limite l'information sur ce

1. Parmi de nombreuses publications : Dominique Frischer, *Les mères célibataires volontaires*, Stock, 1979. Françoise Levy, *L'amour nomade. La mère et l'enfant hors mariage*, Le Seuil, 1981. Charlotte Le Millour, *La maternité singulière*, Laffont, 1982. Sur le thème plus général des maternités célibataires (volontaires ou non), voir Béatrice Marbeau-Claerens, *Les mères célibataires et l'inconscient*, Delarge Sigédis, 1972 et 1982 ; et en sociologie les nombreux articles de Nadine Lefaucheur, cités dans *Parents au singulier, Autrement* n° 134, janvier 1993.

2. Il faut y ajouter les séparations des concubins, impossibles à chiffrer.

sujet, encore scandaleux. D'ailleurs, la plupart des femmes claquent la porte en emmenant leur progéniture.

Pourquoi partent-elles ? Bien entendu, chaque cas est particulier, toute généralisation est à proscrire. Mais de très nombreuses enquêtes permettent d'éclairer quelques perspectives.

Les années 80 ont apporté la révélation des violences familiales [1], plus fréquentes qu'on n'aurait cru. L'ouverture, grâce aux féministes, de lieux d'accueil dès 1975 a permis à des femmes et des enfants de tous milieux de fuir les injures, les coups, le viol, l'inceste [2]. Il y a là le symptôme d'un changement décisif des représentations concernant les rapports sociaux des sexes : la culture féminine traditionnelle, faite de soumission, de résignation, de passivité, est disqualifiée ; et, du coup, la culture masculine de domination, la puissance maritale et la puissance paternelle deviennent intenables. Les femmes apprennent non seulement à se défendre elles-mêmes, mais aussi à défendre leurs enfants. En conséquence, la définition de la famille se modifie : sa raison d'être, désormais, c'est d'assurer l'épanouissement de chacun de ses membres, et non plus d'être la cellule de base de l'ordre social. Une foule d'ouvrages développent ce thème [3].

Ajoutons que les femmes battues n'étaient pas toutes décidées à divorcer : beaucoup souhaitaient ardemment que le père de leurs enfants échappe à ses démons et puisse reprendre sa place auprès des siens. C'est ce que leur fuite a rendu possible dans les meilleurs cas : les psy consultés ont

1. Daniel Welzer-Lang, *Le viol au masculin*, L'Harmattan, 1988. *Les hommes violents*, Lierre et Coudrier, 1991. Voir aussi *Des hommes et du masculin*, Collectif CEFUP et Presses universitaires de Lyon, 1992.

2. Une information nationale télévisée a eu lieu en 1989. Les premières assises européennes des associations *SOS Femmes battues* ont siégé à Marseille du 1er au 3 mars 1995, sous la présidence de Simone Veil.

3. Cf. Pierre Bourdieu, *Le sens pratique*, Éditions de Minuit, 1981. *La famille. État des savoirs*, collectif, sous la direction de François de Singly, La Découverte, 1991. De ce dernier auteur, *Fortune et Infortune de la femme mariée*, Puf, réédition 1994. *Sociologie de la famille contemporaine*, Nathan, 1993. L'année de la famille (1994) sous l'égide de l'Onu a inspiré d'excellents numéros spéciaux de revues : *Sciences humaines* n° 7, déc. 1994-janv. 1995 ; *Politis la Revue* (*id.*) ; *Chronique féministe* n° 54 (*id.*), n° 55 (fév.-mars 1995), n° 56 (août-sept. 1996), université des femmes de Bruxelles.

dévoilé les aspects pathologiques de la violence masculine, ils ont proposé des moyens de la réduire, de la guérir.

Toutes les divorçantes n'étaient pas des femmes battues, mais toutes étaient assurément des femmes déçues. Beaucoup se sont plaintes, entre autres, de l'inégale répartition des charges domestiques et parentales. Au début de l'union, madame acceptait de bon cœur cette inégalité parce que le jeune mari était encore très amoureux et que les bébés faisaient ses délices. Mais avec le temps, les compensations affectives s'étiolaient, alors que les tâches restaient jour après jour accablantes. Certes, le père aide bien plus qu'autrefois, surtout si la mère travaille. Mais c'est toujours elle qui assume la gestion de la maisonnée, elle qui programme les menus, elle qui organise la rentrée scolaire ou les visites chez le docteur ; elle presque toujours qui participe à l'association des parents d'élèves et va discuter avec les enseignants ; elle encore le plus souvent qui surveille les devoirs et fait réciter les leçons [1]. Ce qu'elle ne peut pas achever dans la journée, elle le repousse au week-end. Si la profession de papa est brillante ou absorbante, maman le dégage des soucis domestiques. Si c'est maman qui poursuit une carrière brillante ou absorbante, elle n'en garde pas moins la « charge mentale [2] » de la vie quotidienne : à elle de « manager » tant bien que mal un roulement d'aides ménagères et de baby-sitters. On dit que les pères sacrifient de plus en plus volontiers leur carrière à leur vie familiale. Mais il s'avère, en général, que ceux qui consentent ce « sacrifice » avaient en réalité peu de satisfactions professionnelles. Répétons-le : le modèle de père au foyer ne se répand que dans quelques secteurs des classes moyennes...

De nombreuses études commanditées par la Cnaf établissent ces faits sans ambiguïté [3].

---

1. De nombreuses enquêtes démontrent la faible participation masculine. On les trouve récapitulées, entre autres, dans l'article de Dominique Fougeyrollas-Schwebel, « Si la famille m'était comptée » (*sic*), *Politis*, *op. cit.*, p. 374. Voir aussi Jean-Claude Kaufmann, *La trame conjugale*, Nathan, 1992.
2. Expression de Monique Haicault.
3. Ces études ont été résumées dans la collection *Espaces et familles*,

Il faut se rendre à l'évidence : en dépit des discours égalitaires, la responsabilité de la famille et la double journée pèsent encore, en priorité, sur les femmes. Le volontarisme féministe bute là sur de solides résistances. Céderont-elles peu à peu ? Ou fixent-elles la nouvelle répartition des tâches pour les générations à venir ?

Les femmes qui se décident à rompre la vie conjugale, quelles que soient leurs raisons, demandent presque toujours à garder leurs enfants, et le juge y consent dans 85 % des cas. La divorçante et le juge confirment donc la tradition selon laquelle « ce sont les femmes qui élèvent les enfants ». Il arrive encore, surtout dans les milieux modestes, que l'ex-épouse, rancunière, fasse tout pour séparer les enfants de leur père. Mais ici aussi des changements interviennent. Le père ne se laisse plus écarter : il s'attache à maintenir des liens d'affection avec sa progéniture. Il fait pression en refusant de payer la pension alimentaire pour réduire son ex-épouse à la pauvreté [1]; ou bien il entre dans une association de défense des pères [2]. De leur côté, les psy, souvent consultés en cas de conflit, soutiennent massivement les revendications du « parent non gardien » : tout enfant, disent-ils, a le droit et le besoin de garder des relations avec les deux auteurs de ses jours. L'ex-épouse et le juge sont désormais obligés de compter avec le père : ils négocient une garde alternée, une garde conjointe. La garde conjointe laisse encore priorité à l'un des parents, le plus souvent la mère. La garde alternée est plus équitable. Dans certains cas, privilégiés, elle satisfait tous les intéressés. Les enfants la vivent bien : changer de parents et de maison tous les huit ou quinze jours leur plaît assez; ils refusent presque tous d'interrompre l'alternance. Et la mère, quand son enfant n'est pas là, retrouve une liberté de célibataire [3].

---

puis dans l'excellente synthèse de Jacques Commaille, *Les stratégies des femmes. Travail, famille, politique*, La Découverte, 1992.

1. En décembre 1984, Yvette Roudy a fait voter une loi créant l'allocation de soutien familial recouvrable (ASF) pour éviter la misère à la mère et aux enfants privés de pension alimentaire.

2. Ces associations sont nées aussitôt après la loi de 1975 sur le divorce. Leur militantisme semble s'essouffler assez vite.

3. Cf. Gérard Neyrand, Sarah Mekboul, avec la collaboration de Marine

En tout cas, la *coparenté* s'impose. L'indissolubilité de la filiation prend le relais de l'indissolubilité du mariage [1].

De plus en plus souvent, la coparenté se trouve confrontée aux recompositions familiales, chacun des anciens conjoints étant entré dans un nouveau couple. Aucune loi, aucune règle ne précise les droits et devoirs des beaux-parents ; chacune, chacun construit à sa manière de nouveaux liens avec les beaux-enfants. Ces comportements nouveaux ont été récemment étudiés [2]. A première vue, les belles-mères sont moins nombreuses que les beaux-pères : les mères élèvent leurs propres enfants plutôt que ceux de leur nouveau conjoint. La sombre figure de la marâtre disparaît. En vérité, ce n'était qu'un sous-produit de la puissance paternelle : tant que le père a eu le droit de déshériter tel ou tel de ses enfants, la seconde épouse avait intérêt à calomnier les enfants du premier lit. Ces sortes de conflits n'existent plus. D'ailleurs la « vraie mère », elle, existe ; la belle-mère n'essaie pas de la supplanter, ni de privilégier ses propres enfants, si elle en a ; elle s'efforce plutôt de s'attacher les enfants de son conjoint par des liens de confiance et d'amitié. L'opinion reste partagée face aux familles recomposées : les uns pensent que les enfants ne s'y reconnaîtront plus ; d'autres affirment que les liens d'affection sont toujours positifs. Impossible de trancher : ce sont là des expériences nouvelles et singulières.

Le rejet du père, la disparition des pères ont fait l'objet, depuis le début des années 90, d'une littérature aussi abondante que celle qui célébrait les nouveaux pères. C'est logique, dira-t-on : plus on souhaite la présence des pères, plus on déplore leur effacement... En fait, il n'y a pas toujours continuité ni complémentarité entre ces deux attitudes : les

---

M'sili, *Résidence alternée de l'enfant et exercice commun de l'autorité parentale chez les parents séparés*, Caisse nationale des allocations familiales, janvier 1993.

1. Une loi de 1987 maintient l'autorité parentale conjointe pour les parents désunis. Une loi de 1993 élargit le champ d'application aux couples non mariés. L'évolution est la même en Grande-Bretagne, où Mme Thatcher affirme en 1989 qu'on est parent pour toujours.

2. Marie-Thérèse Meulders-Klein et Irène Théry éd., *Les recompositions familiales aujourd'hui,* Nathan, 1993.

auteurs qui s'intéressent aux nouveaux pères sont optimistes, et découvrent avec un vif intérêt une nouvelle relation entre pères et bébés, une nouvelle dimension de la psychologie masculine. Ceux qui déplorent l'absence des pères sont pessimistes et menaçants. Ce sont surtout des femmes : au premier rang Évelyne Sullerot, Christiane Castelain-Meunier, Christiane Olivier [1]. Ce n'est pas aux pères qu'elles font reproche, mais à la société qui les a écartés pour privilégier abusivement les mères : chacune montre à sa manière les dégâts qui s'ensuivent, chacune affirme la nécessité de rétablir un meilleur équilibre entre les deux parents. Évelyne Sullerot et Christiane Olivier ont défendu autrefois la cause féministe avec vigueur et succès. Leur inquiétude n'en a que plus de poids. Leurs positions sont d'ailleurs différentes, bien caractéristiques de leurs disciplines respectives. Pour Évelyne Sullerot, sociologue, le déclin des pères est récent ; elle mesure tout le pouvoir social que les hommes ont perdu du fait des lois promulguées au cours des années 70, elle redoute les conséquences pour les enfants. Christiane Olivier, psychanalyste, dénonce le poids des rôles parentaux traditionnels ; elle estime qu'en dépit des luttes féministes, rien n'a changé : les mères gardent comme toujours la haute main sur les enfants, au grand dommage des enfants eux-mêmes, mais aussi des femmes et des hommes.

Au début des années 90, une majorité de femmes appelaient de leurs vœux la « révolution paternelle » qui retiendrait enfin auprès des enfants les « pères réconciliés [2] ». Si ces vœux se réalisaient, les psychanalystes n'auraient peut-être plus personne à soigner...

Mais voilà que le vent tourne. Le sociologue François de Singly [3] soutient, tout compte fait, que les pères n'ont presque

1. É. Sullerot, *Quels pères, quels fils ?,* Fayard, 1992 ; C. Castelain-Meunier, *Cramponnez-vous les pères,* Albin Michel, 1992 ; C. Olivier, *Les fils d'Oreste, op. cit.* Dans ce dernier livre, l'auteur confirme et renforce les thèmes déjà énoncés dans *Les enfants de Jocaste, op. cit.*

2. « La révolution paternelle » : tel est le titre d'un chapitre du livre d'Élisabeth Badinter, *XY. De l'identité masculine, op. cit.,* p. 220.

3. Voir ses interventions aux colloques de Copenhague et de Tilburg, déjà cités, et son article « Les habits neufs de la domination masculine », *Esprit,* nov. 1993, p. 54-64.

rien perdu : ils ont abandonné les signes extérieurs de l'antique puissance, ce qui n'a pas fondamentalement transformé leur rôle dans la famille ni dans la société. Bref, il n'y a eu, dit-il, aucune révolution ontologique dans la répartition des rôles parentaux selon le sexe, seulement une adaptation économique.

Les superpères

La fonction paternelle ne s'exerce pas seulement dans la vie privée : j'appelle superpères des hommes qui protègent et gouvernent les mères et les enfants sans leur être liés ni par le sang ni par l'affectivité. Autrefois c'étaient des prêtres. Dans le monde actuel ce sont surtout des médecins, notamment les « enfanteurs [1] » et les pédiatres.

Un spécialiste du traitement de la douleur témoigne ainsi sur les accoucheurs, ses confrères : « Les femmes ont le choix entre trois modèles dominants. 1. Le technicien froid et efficace connu pour sa compétence : il traite ses patientes sur un plan d'égalité, sans s'occuper ni de leur corps, ni de leurs sentiments. 2. Le mandarin paternaliste : il a créé son service, ou du moins il le dirige, et il aime le pouvoir ; il appelle la parturiente " ma petite " et la domine de sa bienveillante autorité. 3. L' " amant " : c'est celui qui a la plus grosse clientèle. Il séduit par esprit de lucre, pour gagner de l'argent. La très forte demande affective des femmes dans ces moments-là, leur extrême sensibilité, leur vulnérabilité les disposent à une intimité de plus en plus familière. L'ascendant acquis par l'accoucheur lui permet ensuite de faire accepter n'importe quoi, n'importe quel traitement. Il y a là une source d'abus jamais dénoncés »... De tels propos sont confirmés par les maris un peu jaloux.

Il faut nuancer. L'influence doit être réciproque puisque les femmes, de leur côté, obtiennent à peu près tout ce qu'elles

---

1. Monique Dagnaud, Dominique Mehl, *Merlin l'enfanteur*, Ramsay, 1987.

veulent. Les auteurs de *Merlin l'enfanteur* le montrent parfaitement : en moins de vingt ans, les cliniques d'accouchement se sont transformées : l'accueil y est plus souriant, l'écoute plus attentive ; la patiente est redevenue une personne à part entière. Ajoutons que l'accoucheur n'est pas toujours au premier plan : pour les cas normaux (80 à 85 %), la sage-femme suffit, et c'est elle qui fait tout ; elle est en général moins pressée de recourir à la césarienne ou à l'épisiotomie.

Est-ce la forte présence des sages-femmes qui explique la rareté des femmes médecins obstétriciennes ? Ici perdure l'ancienne répartition des tâches selon le sexe. L'accoucheur est un homme doué de prestige et d'autorité ; la sage-femme, si compétence soit-elle, est une simple praticienne qui reste aux ordres du patron. La condition des femmes gynécologues est plus indécise. Elles pratiquent rarement l'obstétrique parce que, dit-on, c'est une spécialité inconfortable, difficile à concilier avec la vie de famille, en raison des urgences et des horaires incertains. Mais comment font les sages-femmes ? Et n'y a-t-il pas de plus en plus d'accouchements programmés ?

Les spécialistes des nouvelles techniques de reproduction sont encore plus « superpères » que les accoucheurs : ils fécondent les femmes. Celui qui place un embryon dans l'utérus d'une patiente en disant : « Madame vous êtes enceinte », peut se prendre pour l'ange Gabriel et aussi un peu pour Dieu le Père. Comment croire que la puissance paternelle ait disparu ? Qu'elle puisse jamais disparaître ? Elle s'impose là dans toute sa gloire, plus fantasmatique et plus menaçante que jamais. Car, pour les magiciens des PMA, il ne s'agit plus seulement de faire venir des enfants au monde. Ce qu'ils veulent, passionnément, c'est poursuivre la quête du savoir. La mère redevient un objet : non plus objet pour l'enfant, mais objet pour la science. Les ambitions des chercheurs sont désormais sans limites [1]. Des expériences sont souvent ten-

1. La dernière innovation sensationnelle, remède à la stérilité masculine, a consisté à faire pénétrer le spermatozoïde directement au sein du cytoplasme de l'ovule. Grâce à ce procédé (ICSI), une première naissance a eu lieu en 1994 à l'Hôpital américain de Neuilly. Un congrès mondial, tenu à

tées sur des femmes sans que l'innocuité en ait été vérifiée. C'est le biologiste Jacques Testart qui l'écrit : « Aucun garagiste n'oserait traiter les voitures comme les gynécologues traitent les femmes. » Quand il y va de leur profit, en argent ou en notoriété, certains ignorent tout scrupule. Le plus fascinant, c'est que les femmes, on l'a vu, s'y prêtent, flattées de servir le progrès. Pour elles la partie n'est pas gagnée, loin s'en faut. On voudrait savoir ce qu'en pensent les femmes médecins ou biologistes, impliquées dans ces entreprises. Sont-elles d'abord des chercheurs ou d'abord des femmes ?

Les pédiatres eux aussi sont en pleine ascension. La lutte contre la mortalité infantile les a imposés, au temps d'Adolphe Pinard et plus encore au temps de Robert Debré. En 1970, la France conservait du retard sur les autres pays d'Europe en matière de mortalité infantile : un décret a imposé la présence des pédiatres dans les maternités. Les mères ont appris à les connaître : elles disent « mon pédiatre », comme elles disent « mon gynécologue », ou « mon coiffeur »...

La rencontre des pédiatres avec les éthologistes les a conduits à découvrir les performances du tout-petit. Des films vidéo, des émissions de télévision ont alors révélé au public que « le bébé est une personne [1] » : le succès a été inouï.

Pour les mères, était-ce une découverte ? ou une redécouverte ? Après des décennies d'hygiénisme pur et dur, peut-être avaient-elles besoin, en effet, de réapprendre à communiquer avec bébé. Voici la réaction d'un témoin de 76 ans, mère de trois enfants, fille de sage-femme : « Le bébé est une personne ! Il fallait être médecin pour l'ignorer ! Tant mieux qu'enfin ils s'en aperçoivent ! Mais s'ils m'avaient consultée, je le leur aurais appris depuis longtemps. » Le même témoin commente en ces termes l'image de Berry Brazelton apaisant un bébé : « Il fait des miracles ! Mais puisque

---

Montpellier en septembre 1995, a permis de réfléchir sur les conséquences de cette procédure.

1. Bernard Martino, *Le bébé est une personne*, Balland, 1985. Cet auteur a produit en 1983 avec le concours du pédopsychiatre Tony Lainé une série d'émissions de télévision qui a eu un grand succès.

les hommes savent si bien calmer les cris, pourquoi c'est pas eux qui élèvent les petits ? »

On peut opposer à ce triomphalisme les errements de la puériculture. Geneviève Delaisi de Parseval les avait déjà dénoncés dans *L'art d'accommoder les bébés.* Plus récemment, il y a eu révolution dans l'art de les coucher : pendant les années 1950 on les couchait sur le côté ; pendant les années 70 sur le ventre ; à présent sur le dos... Le corps médical n'a pas atteint un état définitif du savoir ! D'ailleurs les spécialistes s'affrontent : certains pédiatres se méfient des psychanalystes, lesquels s'irritent contre les éthologues. Les jeunes mères, gavées de conseils compliqués, parfois contradictoires, finissent par « se rebiffer [1] ». Les médecins eux-mêmes commencent à déplorer qu'on les consulte si souvent pour rien. L'habitude d'aller chez le docteur tue chez les mères toute capacité d'observation et d'adaptation ; elles désapprennent les savoirs les plus élémentaires ; leur esprit d'initiative et de responsabilité s'engourdit. Une femme pédiatre réagit : « Il faut réhabiliter l'empirisme. Je n'ai pas besoin de connaître l'anatomie de mes pieds pour trouver des chaussures confortables ! Qu'elles reprennent confiance en elles-mêmes ! C'est à nous de les y aider. » Aldo Naouri, dans un livre récent [2], sait reconnaître chaque mère comme spécialiste de son propre enfant, et la créditer d'un savoir irremplaçable.

AVEC D'AUTRES FEMMES

Le désir de maternité le plus intense n'abolit plus chez les jeunes femmes un désir concurrent de liberté, de fidélité à

1. Françoise Dangerfeld, Laurence Delpierre, *Les mères se rebiffent*, Éditions L'Archipel, 1991.
2. Aldo Naouri, *L'enfant bien portant*, Seuil, 1993. Jusqu'à l'ère pasteurienne, les médecins ont admis que le meilleur médecin d'un petit enfant, c'est sa mère.

soi-même, de réalisation personnelle. Passivité, masochisme, esprit d'abnégation et de sacrifice appartiennent, semble-t-il, à un monde révolu. De son côté, la vulgate psychanalytique confirme le danger d'une mère trop centrale, trop puissante auprès du tout-petit. Il devient urgent de trouver des relais, d'autres personnes capables de partager avec la mère et le père le souci et le soin de l'enfant. L'accueil de l'enfant se réorganise, hors de la famille, grâce à des institutions peuplées de femmes.

La maternité professionnelle

La vague féministe a provoqué, on l'a vu, d'importantes transformations des modes de garde des enfants. Ce mouvement se développe au cours des années 80 et 90, et ses effets sont instructifs.

On constate d'abord son importance politique. Comme les femmes constituent la moitié de l'électorat, l'« accueil de l'enfant » devient un thème très porteur : pour les hommes politiques, c'est le meilleur moyen d'engager le dialogue avec les femmes. Car, à l'exception des milieux privilégiés où l'on peut encore recruter des nurses, les mères, même si elles travaillent à temps partiel, à domicile, ou pas du tout, cherchent des moyens de se décharger de leurs gosses de temps en temps. Elles ont le choix, dit-on, entre les solutions collectives (crèches et autres garderies) et les solutions individuelles (une gardienne, une assistante maternelle). Que préfèrent-elles ? C'est bien difficile à dire. Les gardiennes ont des horaires plus souples, elles accueillent l'enfant même malade, elles lui offrent une ambiance familiale. Les crèches sont critiquées à cause de leur rigidité. Pourtant, quand on essaie d'apprécier le degré de satisfaction des mères, on découvre que les crèches remportent tous les suffrages. Autrement dit, pour les mères, l'idéal serait d'avoir des crèches à horaires souples et à ambiance familiale...

Mais les crèches coûtent cher (du moins tant que les tâches maternelles ne sont pas rétribuées...). Les partis de droite ne jugent pas cette dépense prioritaire : toujours sensibles aux arguments familialistes et natalistes, ils souhaitent que les femmes restent ou retournent au foyer avec l'espoir que le taux de chômage baissera, et ils essaient de mettre en œuvre un salaire maternel. Pendant la première cohabitation (1986-1988), Michèle Barzach étend et perfectionne l'*allocation parentale d'éducaiton* (que Georgina Dufoix avait créée en 1985).

Les partis de gauche au contraire sont par principe favorables aux crèches, qui « socialisent » le petit enfant, qui permettent aux femmes de travailler, qui réduisent les inégalités entre les familles. Aussi l'élection de François Mitterrand à la présidence de la République en mai 1981 a-t-elle éveillé de grands espoirs. Georgina Dufoix, secrétaire d'État à la Famille, mère de quatre enfants, a constitué dès janvier 1982 le groupe de travail Petite enfance, qui a élaboré en six mois un rapport de propositions : texte tonique, plein d'élan, qui fourmille d'idées et de projets. Le « droit de cité de l'enfant » y est proclamé, ainsi que l'obligation pour les pouvoirs publics d'organiser des services d'accueil et d'éducation. Le mot garde est écarté : « On ne garde pas les enfants comme on garde les oies », on les accueille. Dans le contexte de la décentralisation [1], des « contrats crèches » sont prévus entre la Cnaf et les autorités départementales.

Mais les belles intentions se sont évanouies dès que la politique de rigueur a freiné les dépenses publiques (été 1982). Une journée d'enfant dans une crèche collective coûte quatre fois plus cher qu'une journée d'enfant chez une assistante maternelle. Du coup, la construction des crèches stagne : on avait promis 300 000 places, or en dix ans – 1981-1991 – on en ouvrira 70 000. La garde à domicile est encouragée par diverses mesures : la loi du 4 janvier 1985 crée une *allocation parentale d'éducation* versée à la personne, mère ou père, qui interrompt ou réduit son activité professionnelle à l'occasion de la naissance ou de l'adoption d'un enfant. Et Michel

1. Cf. Jane Jenson et Mariette Sineau, « Le président qui aimait la famille », *Politis la Revue*, *op. cit.*, p. 47-52.

Rocard maintient l'allocation de garde d'enfant à domicile (que Michèle Barzach a créée en décembre 1986 pour dédommager les parents qui recrutent une employée de maison lorsqu'ils ont un enfant à garder) ; il régularise aussi en 1988 le statut des assistantes maternelles. Entre la gauche et la droite, il y a presque continuité.

En 1989, les *assistantes maternelles* accueillent environ un enfant de moins de 3 ans sur deux. Elles se répartissent en trois catégories. Les unes travaillent dans le cadre d'une crèche familiale (voir chap. III) ; d'autres sont simplement agréées par la PMI ; d'autres ne sont ni déclarées ni agréées, elles travaillent au noir, elles échappent à tout contrôle, leur nombre est donc difficile à évaluer. En proposant aux gardiennes un statut professionnel qui les transformerait en « assistantes maternelles », les pouvoirs publics espéraient les décider à sortir de la clandestinité. La loi du 17 mai 1977 avait défini ce statut : conditions d'agrément par la PMI, salaire minimum garanti, Sécurité sociale, congés payés, pension de retraite. Peu après, Myriam David [1] dénonçait les ambiguïtés de cette prétendue profession, à commencer par l'absence de qualification. Ces femmes, chargées d'une des responsabilités les plus lourdes qui soient, qui étaient-elles ? Quelle était leur compétence ?

Nombre d'entre elles avaient choisi ce « métier » à la naissance de leur premier enfant, pour pouvoir rester chez elles en conservant une rémunération ; elles avaient renoncé à une ancienne activité pour centrer leur vie sur la maternité (souvent à la demande de leur mari). Leur compétence consistait essentiellement à « aimer les enfants ». « Je suis heureuse avec un bébé dans les bras. » D'où l'idée d'en accueillir à leur foyer. Mais être mère, élever ses propres enfants, ne qualifie nullement une femme pour élever les enfants des autres. Les difficultés rencontrées par les gardiennes ont montré une fois de plus combien la « vocation » maternelle est aléatoire [2].

1. Myriam David et son groupe d'étude publient en 1981 un rapport intitulé *La formation des assistantes maternelles*, CTNRHI-Puf, 1981.
2. Suzon Bosse Platière, *Les maternités professionnelles*, Eres, 1989. Alain Norvez, *De la naissance à l'école*, *op. cit.*

L'amour maternel ne s'adapte pas automatiquement à tous les enfants : certains peuvent être perçus comme odieux. Leurs cris, leurs caprices, leurs exigences épuisent, accablent, exaspèrent la gardienne [1] : « Ils nous bouffent, nous sucent, nous vident. » Celle qui, à bout de nerfs, cède à la colère se sent honteuse, perd confiance en soi. La saturation vient vite. Et l'envie de laisser aller... Autre difficulté : les relations avec la « vraie mère ». Il n'est pas rare que la vraie mère soit jalouse si l'enfant est heureux avec la gardienne, et pourtant... La gardienne est toujours tentée de se croire meilleure mère que celle qui laisse son petit pour aller travailler. Mais en même temps, le choix de la vraie mère remet en cause sa propre vocation. D'un autre côté, pour la gardienne agréée, la surveillance des travailleurs sociaux est souvent ressentie comme humiliante, hors de propos. Et ne parlons pas de la rémunération, toujours dérisoire pour un travail si pénible et si lourd de responsabilité : en 1989, elle s'élève en moyenne à 65 francs par jour pour un enfant [2]. Une *call-girl* gagne parfois en un week-end ce qu'une assistante maternelle gagne en trois mois...

Myriam David suggère de créer un Certificat d'aptitude professionnelle (CAP) Petite enfance qui qualifierait les « assistantes maternelles » et permettrait de les rémunérer plus honnêtement. Mais la « vraie mère » qui n'aura pas le CAP pourra-t-elle parler d'égale à égale avec une certifiée ?

Les crèches : nouveaux modèles

Les relations entre mères et gardiennes sont plus faciles dans les crèches [3]. Le fait de confier l'enfant à une équipe et

1. C'est surtout vrai à propos des enfants confiés par l'Aide sociale à l'enfance ; cf. D. Jossé, « Profession : assistante maternelle », *Cahiers de la puériculture* n° 2, 1987.
2. Ce tarif diffère selon les régions : il peut s'abaisser à 25 francs par jour pour un enfant dans les petites communes rurales.
3. Sur les différentes catégories de crèches, jardins d'enfants, haltes-garderies, etc., voir Françoise Maguin, *Les crèches*, ESF, 1re édition 1970, nombreuses rééditions mises à jour.

non à une personne rassure la mère : elle ne se sent pas en rivalité personnelle avec une autre femme. L'équipe, d'ailleurs, fonde sa compétence de plus en plus sur des savoirs et des diplômes, non sur l'amour des enfants ; elle affirme sa « mission éducative » et non sa « vocation ». L'amour de la mère conserve donc sa valeur unique et sans pareille.

La question nouvelle qui se pose en ces lieux, c'est leur ouverture aux hommes. Dans les fonctions nobles de médecin et de psychologue, ils y ont toujours eu accès. A présent, les fonctions de puéricultrice, d'éducatrice de jeunes enfants ne sont plus réservées aux femmes. Quand un éducateur arrive dans une crèche, tous les petits lui font fête. Mais les candidats sont rares, et ceux qui viennent ne restent pas longtemps [1]. La faible rémunération les déçoit. Leurs collègues femmes les boudent un peu parce qu'elles se sentent menacées dans leurs prérogatives traditionnelles. Surtout, le manque de reconnaissance sociale les humilie, et plus encore le soupçon de pédophilie. Ce n'est pas un métier d'homme, dit-on. La popularité des « nouveaux pères » n'a pas encore rejailli sur eux.

La demande sociale, massive et en progrès, montre bien que les crèches collectives répondent aux besoins. Elles ont pourtant le défaut d'être trop rares, donc souvent éloignées du domicile familial, ou du lieu de travail de la mère, ou du groupe scolaire où elle conduit ses autres enfants. Faute de personnel, les heures d'ouverture sont rigides.

Ces difficultés expliquent l'essor, au cours des années 80, d'une nouvelle génération de crèches (la troisième donc depuis les années 50) : les crèches parentales. Nées du spontanéisme de 1968, elles n'étaient plus guère qu'une dizaine en 1980. La reconnaissance des pouvoirs publics a provoqué un essor très rapide : on en comptait en 1990 plus de 800, désormais fédérées. Les parents qui se lancent dans cette entreprise ont une foi d'apôtre et leur énergie vient à bout d'obstacles nombreux, liés surtout aux rigidités administratives. Dans les meilleurs cas, ces crèches constituent un véritable

1. Daniel Verba, *Le métier d'éducateur de jeunes enfants*, Syros, 1993.

creuset d'innovation sociale. Ici les parents, pères compris, se relaient pour garder les enfants à tour de rôle, avec l'aide d'une spécialiste. Le temps parental, celui qu'on consacre entièrement aux petits, est mis en valeur, rendu visible, mesurable. Il se révèle particulièrement jubilatoire : aucune concurrence des tâches ménagères, ni de la télévision, ni du téléphone. On se retrouve, on joue, on rit, on est heureux d'être ensemble. Autre avantage : les séparations nécessaires s'opèrent plus doucement qu'ailleurs. Pour certaines mères, le bébé est un refuge, la relation fusionnelle est un paradis qu'elles ont de la peine à quitter. A la crèche parentale, tout est préparé, progressif; la présence de chacun, chacune, est modulable, aménageable au cours des jours, la transition est indolore.

Cette crèche modifie aussi les rapports entre parents et professionnels de la petite enfance. La compétence des personnels qualifiés se transmet aisément, les parents apprennent vite, mais les rôles respectifs ne se confondent pas. Les uns et les autres se reconnaissent partenaires indispensables, puisque l'éducation des petits enfants les concerne solidairement [1]. En outre, la formule associative qui est à l'origine des crèches parentales aide les parents, plus spécialement les mères, à prendre conscience de leur citoyenneté : agir pour changer l'environnement social, c'est faire acte de citoyenne. Faire pression sur les collectivités locales pour obtenir une subvention, c'est se demander à quoi servent les impôts locaux, et quel en est le meilleur emploi. Rechercher l'appui de l'État, c'est découvrir que trois ministères s'occupent des petits enfants de 0 à 6 ans, ce qui complique abusivement la définition des objectifs et des priorités. Les parents en action se perçoivent aussi comme des « créateurs d'emploi », donc des « agents de développement local », au minimum comme de futurs parents d'élèves.

Les crèches parentales concernent surtout les classes moyennes. Mais les travailleurs sociaux s'en inspirent de plus

1. Cependant, les médecins et les psychologues les plus exigeants critiquent l'insuffisance « professionnelle » des parents et des assistantes qu'ils recrutent.

en plus pour créer des structures d'accueil à l'intention des populations défavorisées : l'idée centrale est toujours d'accueillir les parents – en fait les mères – avec leurs enfants, pour combattre l'isolement, le repli sur soi, l'exclusion. Ces lieux se caractérisent par leur souplesse : on peut y venir sans justifier sa venue, et on y reste le temps qu'on veut ; on y découvre des jeux, des livres, de la musique, et surtout la possibilité de rencontrer des gens, de parler, de tisser des relations nouvelles, avec le personnel, avec d'autres mères. C'est un pas vers l'intégration. Aussi ces espaces de sociabilité se nomment-ils souvent « passerelle ».

Les nouveaux modes de garde qui suscitent tant d'intérêt n'en sont pourtant qu'au stade de l'expérimentation, avec tout l'empirisme et les tâtonnements que cela suppose. Les comportements agressifs ou mesquins, les conflits, les fuites, les crises s'y déchaînent comme ailleurs. Mais, du moins, les débats sont possibles et permettent des aménagements rapides.

Ainsi donc, au cours des années 80 l'accueil des jeunes enfants est devenu de plus en plus affaire de compétence et de collaboration. L'amour d'une mère isolée ne saurait plus y suffire.

Dans cette perspective, le rôle des grands-mères, et plus largement des grands-parents [1] se recompose. Les enquêtes d'opinion confirment que les parents ne souhaitent pas faire de la grand-mère une suppléante de la mère : les principes d'éducation ont évolué trop vite ; les désaccords dégénèrent vite en conflits ; et les mères ne veulent pas que leurs mères leur prennent leurs enfants. Par contre, les retrouvailles substantielles sont appréciées, les week-ends notamment. En cas de séparation des parents, les grands-parents constituent un filet de sécurité. La grand-mère maternelle est presque toujours la plus appréciée par les petites filles : observation qui

1. De nombreux ouvrages leur sont consacrés depuis la fin des années 80. Entre autres Ségolène Royal, *Le printemps des grands-parents*, Robert Laffont, 1987. Thierry Garé, *Les grands-parents dans le droit de la famille*, Éditions du CNRS, 1980. Antoine Délestre, *Grands-parents et petits-enfants aujourd'hui*, Presses universitaires de Nancy, 1991. Véronique Chatel, *Demain les grands-parents*, Félin, 1994.

révèle la persistance, la solidité d'une filiation matrilinéaire à fondement essentiellement affectif. Ce qu'on demande à présent aux grands-parents, c'est d'abord de transmettre ce qu'on appelle la culture familiale ou culture de filiation : en fait une mémoire. En effet, l'éducation collective a de grands mérites, mais à la crèche, à l'école, l'enfant n'apprend pas d'où il vient, ni quelles sont ses racines personnelles. Chaque famille a son histoire propre, tissée de traditions, de rites, de souvenirs, de représentations; histoire qui s'apprend avec la langue maternelle, sur les genoux des parents et des grands-parents. Cette culture-là, intime et discrète, renforce l'identité, l'estime de soi; elle arme un enfant pour la vie [1].

Les supermères

Au cours des années 80, Françoise Dolto, « grand-mère de la psychanalyse », a été en quelque sorte plébiscitée par l'adhésion d'un immense public, composé surtout de mères. Pourquoi [2] ?

Signalons d'abord que la plupart des féministes l'ont détestée. Freudienne et lacanienne, elle reproduit dans ses ouvrages tous les poncifs concernant la nature et la sexualité féminine, l'envie du pénis, la passivité. Pire [3], parlant des femmes battues, des enfants battus, elle donne à entendre que les coups sont justifiés par la perversion et la provocation des victimes, qui recherchent des « sensations fortes », « érotisantes »; que les fillettes violées par leur père sont complices et veulent faire la nique à la mère; que l'excision n'est pas toujours un scandale; que des mères « pédérastes »

1. Jean Delumeau et collaborateurs, *La religion de ma mère. Le rôle des femmes dans la transmission de la foi*, Éditions du Cerf, 1992.

2. Outre certains ouvrages de Françoise Dolto, j'ai consulté Michel H. Ledoux, *Introduction à l'œuvre de Françoise Dolto*, Rivages, 1990. Jean-François de Sauverzac, *Françoise Dolto. Itinéraire d'une psychanalyste*, Aubier, 1993. Et aussi, du côté féministe, la transcription d'un *Dialogue de femmes. L'effet Dolto*, 23 janvier 1994 (12, rue Georges Berger, 75017 Paris).

3. Voir les entretiens qu'elle a accordés à *Choisir*, oct.-nov. 1979, et à *Marie-Claire*, avril 1984.

entretiennent des relations érotiques dangereuses avec tel ou tel de leurs enfants, tandis que des mères possessives n'accordent aux leurs aucune autonomie. De manière générale, Françoise Dolto vénère les structures patriarcales, y compris la loi du père.

Certes, ses propos peuvent scandaliser, mais en réalité ils ont peu d'importance. Pour elle, l'essentiel est dans la pratique, la clinique : elle veut guérir l'enfant qu'on lui amène, souffrant de psychose ou de névrose ; elle veut l'aider à vivre, à grandir ; toutes ses forces, son savoir et plus encore son intuition, sa générosité, sa volonté sont tendus vers ce but. Sa méthode, si c'en est une, consiste à chercher, au-delà des faits, la réaction *subjective* du patient, puis à parler avec lui, pour lui permettre de dire sa souffrance et de la dépasser. Pour elle tout est parole. A un enfant de 14 mois, anorexique, elle est capable de dire en substance : « Peut-être que tu veux mourir ? Je ne t'empêcherai pas. Je préfère que tu m'expliques pourquoi tu veux mourir. Quand tu l'auras dit, tu seras peut-être capable de vivre. » Son charisme exceptionnel a surpris ses pairs dès le début de sa carrière : toutes ses cures réussissaient. Cette admirable empathie avait bien de quoi séduire les mères. Par souci de prévenir les troubles, de protéger les enfants contre les dysfonctionnements familiaux et sociaux, elle a fait beaucoup de conférences et son audience s'est bientôt élargie. En 1969, à la demande du directeur d'Europe n° 1, elle essaya de donner la parole aux enfants et aux adolescents : elle répondait à leurs questions anonymement, dans une émission de quatre minutes. L'idée fit scandale [1]... Sa tentative suivante fut au contraire une grande réussite : elle accepta de répondre oralement, sur France Inter, à des questions écrites posées par des parents et des éducateurs. Une anthologie des émissions, publiée sous le titre *Lorsque l'enfant paraît*, fut un succès en librairie. Dès lors, la notoriété de Françoise Dolto est telle qu'elle peut se permettre d'intervenir sur tous les sujets.

---

1. L'École des parents voulut la faire rayer de l'Ordre des médecins. Certains de ses confrères prétendaient qu'elle leur ôtait le pain de la bouche.

On la consulte avec ferveur, parce qu'elle sait prendre en compte avec réalisme les situations nouvelles qui perturbent les familles. Ainsi, tout en affirmant sa foi chrétienne et sa préférence pour la famille traditionnelle, elle a accepté l'avortement, les mères célibataires, l'abandon des enfants non désirés, la séparation des parents. Mais elle a indiqué les moyens de protéger les enfants menacés par la liberté des adultes. Le moyen par excellence, disait-elle, c'est de tout dire, tout expliquer, faire savoir à l'enfant qu'on le traite *en égal.* A l'inverse de la cure analytique ordinaire, c'est la psychanalyste qui parle et le bébé qui écoute : même tout petit, il saisit l'essentiel. Elle ne supportait aucune désinvolture à l'égard des enfants : le mot « gosse » la mettait en fureur.

Elle a présenté des propositions constructives à propos des crèches, des écoles, des hôpitaux et du bon usage des grands-parents. Mais surtout, elle a accompagné les mères avec une fermeté rassurante. Son souci de parler aux tout-petits réhabilitait, valorisait un comportement maternel spontané. Sur ce point, ses conseils ont été immédiatement suivis. Pour tous les problèmes de la vie quotidienne, troubles du sommeil, de l'appétit, de la propreté, phobies, caprices, conflits divers, elle suggérait des procédures, des solutions souvent efficaces. Il n'y a pas de mauvaise mère, affirmait-elle. Une mère est une mère, le premier « autre » de l'enfant. Elle est particulièrement dangereuse si, comblant tous les désirs de l'enfant, elle le prive d'initiative et d'autonomie. La castration, la séparation d'avec la mère, libère chez l'enfant le pouvoir de sublimer, de créer : c'est le moteur du développement. La dyade est un mythe : dès la vie fœtale, il y a triade, grâce à la présence du père, présence essentielle. Et un quatrième élément, la société, enveloppe la triade bien avant la naissance.

Françoise Dolto a dénoncé enfin l'étroitesse, l'isolement de la famille contemporaine. Pour pallier ce manque, elle a fondé, avec l'aide d'une équipe, la célèbre Maison verte, qui ouvrit ses portes le 6 janvier 1979 à Paris, dans le 15e arrondissement. C'est un lieu d'accueil, de loisirs, d'échanges. Enfants et parents y sont reçus ensemble, y restent le temps qu'ils veulent, parlent avec qui ils veulent. Un(e) ou deux psy sont là pour « éponger l'angoisse », pour observer, pour dialoguer. L'apprentissage relationnel prépare aux séparations ultérieures de la mère et de l'enfant. Des maisons vertes ont été créées un peu partout en France. Parallèlement, des expériences analogues ont eu lieu dans les pays voisins : en RFA, des centres maternels accueillent depuis 1986 les mères avec leurs enfants pour les aider à résoudre leurs problèmes.

D'aucuns ont dénoncé – mi-humour, mi-humeur – la *Doltomania*, maladie qui culpabilise les mères, qui les transforme en obsédées de l'explication et de la prévention. Impossible de faire un geste ni un projet sans en rendre compte à bébé. Impossible d'introduire quelque fantaisie dans la vie quotidienne, soumise tout entière aux rythmes et aux rituels d'un tout-petit. C'est vrai qu'en vulgarisant massivement les apports de la psychanalyse des enfants, Dolto a augmenté les scrupules et les soucis des mères. Mais en même temps, plus que quiconque, elle a reconstruit la relation mère-enfant sur d'autres bases que l'introuvable « instinct ». Elle a obligé les femmes à comprendre que l'amour maternel, c'est d'abord un respect infini de l'enfant.

Françoise Dolto est la plus célèbre et la plus écoutée des « supermères ». Ce n'est pas la seule. De plus en plus nombreuses sont les femmes, mères ou non, qui approfondissent le savoir sur les enfants, les femmes, les relations familiales. Il y a de plus en plus de femmes gynécologues, de femmes pédiatres, de femmes psychologues : de plus en plus souvent, les mères disent « ma gynéco », « ma pédiatre », « ma spy ». Les femmes s'avancent aussi en ethnologie, en sociologie, en anthropologie, en histoire, en philosophie. Cette effervescence intellectuelle aura-t-elle des conséquences appréciables sur la définition de la différence des sexes et la conceptualisation de la maternité ? Posée à des femmes philosophes, cette question a reçu la réponse (recomposée) que voici :

« Pour que les femmes savantes fassent évoluer les concepts, il faudrait qu'elles parviennent à penser librement. Or, beaucoup parmi elles restent les disciples dociles de leurs maîtres masculins : trop contentes d'avoir été reconnues comme des égales, elles avancent sur des chemins tout tracés, sans se permettre d'ouvrir des voies personnelles [1]. Et pourtant, les femmes pourraient poser des questions nouvelles : leur place dans la société, leurs tâches, leurs rôles restent différents de ceux des hommes ; leur regard sur le monde est différent. Par exemple en histoire : les hommes croyaient que le suffrage universel avait été institué en 1848 en France, les femmes savent qu'il ne l'a été qu'en 1944 ; en économie, les hommes enseignaient que le travail domestique n'avait pas de valeur marchande, les femmes savent qu'il en a une très précieuse (notamment les soins maternels). Toutes les disciplines sont marquées d'androcentrisme, non parce que les hommes savants sont malhonnêtes mais parce qu'ils ne peuvent pas poser *toutes* les bonnes questions. Tant qu'ils domineront la recherche scientifique, celle-ci restera un peu borgne, parce qu'elle laissera de côté des questions que les femmes sauraient poser.

« Les hommes sont fils de leur mère, et, en procréant, ils deviennent époux d'une mère. La maternité les concerne pleinement, intimement : il est non seulement légitime mais tout à fait souhaitable qu'ils s'y intéressent en écartant si possible l'appétit de lucre, de notoriété, de pouvoir... Il est encore plus légitime et encore plus souhaitable que les femmes s'y intéressent de manière originale. Non pour fabriquer une science féminine de la maternité : il n'y a pas plus de science de la maternité que de science de la paternité, il n'y a que des acquisitions fragmentaires et provisoires. Alors pourquoi ? D'abord pour délivrer les femmes d'une ignorance qui permet toutes les manipulations et toutes les exploitations, conscientes ou inconscientes. Ensuite pour assurer parmi elles une entraide plus élaborée et plus efficace. Enfin pour équilibrer des constructions scientifiques jusqu'à présent trop androcentriques, donc partielles, et relatives. »

---

1. Les recherches sur « les femmes et la science » confirment que les postes de direction et de décision sont occupés par des hommes.

CHAPITRE X

La citoyenneté aujourd'hui

En principe, depuis 1944-1945, toute Française est citoyenne à part entière : elle peut voter et être élue. En réalité, elle a fort peu de chances d'être portée sur une liste électorale, encore moins de chances d'être élue. Les facteurs d'exclusion sont certes nombreux et complexes. On ne dit pas assez que la maternité est l'un des plus puissants. La plupart des femmes qui ont de jeunes enfants refusent de « faire de la politique » en raison de leurs charges maternelles, et cela même si le père est coopératif. Ce n'est pas seulement à cause du travail et du souci que donne la progéniture. En dépit de tous les discours, il y a encore une sorte d'antinomie entre la femme, individue à part entière, et la mère qui reste d'abord au service de ses enfants. Toutes les dimensions de la citoyenneté sont réduites par la maternité, réelle ou potentielle. En revisitant la formule républicaine, on mesure combien les droits des femmes – droits sociaux, droits civils, droits politiques – restent fragiles.

FRATERNITÉ

Parmi les droits sociaux, il faut distinguer entre ceux qui relèvent de la politique familiale et ceux qui protègent l'individue.

Allocations

La politique familiale a perdu le nord.

La transformation des mœurs l'avait déjà déviée au cours des années 70 (on l'a vu chapitre VII) ; la crise économique et la montée du chômage ont achevé de la déconcerter [1]. L'intérêt de la famille est supplanté par l'intérêt des individus qui la composent. Deux principes, adoptés successivement, mettent en évidence ce déplacement : les droits de l'enfant, le salaire maternel.

Les socialistes portés au pouvoir en 1981 ont voulu promouvoir un idéal laïque de neutralité. Pas question de s'immiscer dans la vie privée des gens pour encourager telle ou telle forme de famille, légitime ou non, biparentale ou non, nombreuse ou non, avec mère au foyer ou mère au travail. En conséquence, ils ont orienté leur aide vers l'enfant. Le gouvernement Mauroy a fortement revalorisé les allocations familiales, mais en réduisant leur progressivité : le troisième enfant ne devait pas « valoir » plus que les autres ; l'objectif était d'étendre un jour les allocations au premier enfant. Il y avait là une philosophie qui s'est épanouie en 1989 dans la proclamation des Droits de l'enfant. Quand on passe des droits de la famille aux droits de l'enfant, que devient la mère ? Pour elle tout est plus clair, sa liberté individuelle est mise en évidence. Les allocations familiales des années 40 n'étaient pas destinées à la mère, personnellement, mais elles créaient l'illusion, on l'a vu. Avec les droits de l'enfant, tout serait plus clair. Mais les difficultés économiques et la dévaluation de 1983 ont stoppé l'élan socialiste. Les gouvernements successifs ont continué à distribuer des allocations sous plafond de ressources. Couche par couche, le système s'est épaissi jusqu'à devenir tout à fait opaque, sauf

1. G. Antoine Prost, « L'évolution de la politique familiale en France de 1938 à 1981 », *Le Mouvement social* n° 129, oct-déc. 1984. Voir aussi la remarquable synthèse d'Agnès Pitrou, *Les politiques familiales, op. cit.* Et sous la direction de F. Schulters et F. de Singly, *Affaires de famille, affaires d'État,* Nancy, IFRAS, Goethe Institut, 1991.

pour quelques spécialistes [1]. Ces prestations traitent la maternité comme une forme de pauvreté et les mères comme des assistées.

L'autre direction, celle du « salaire maternel », semble accorder aux mères plus de considération. Les femmes qui cessent pendant quelques années de travailler pour élever leurs enfants subissent un manque à gagner que la politique familiale compense très mal [2]. La maternité constitue pour elles un véritable handicap, une pénalisation, qui justifie l'existence d'un droit social spécifique. Cet objectif, irréprochable en apparence, en masque deux autres, moins altruistes : le natalisme et l'intention d'écarter les femmes du marché du travail.

En vérité, le natalisme a été quelque peu déconsidéré en 1979-1980 par un projet maladroit : le « million du troisième enfant ». Monique Pelletier, alors ministre des Droits de la femme, proposa, entre autres mesures, de majorer les allocations post-natales jusqu'à 10 000 F pour le troisième enfant. Cette incitation grossière choqua l'opinion. D'ailleurs, la crise économique compromettait d'avance la réalisation d'une telle politique, qui ne survécut pas au changement de majorité en 1981. A partir de là, le natalisme s'est fait discret.

Quant au désir de renvoyer les mères à la maison pour faire baisser le taux de chômage, même s'il inspire désormais la plupart des politiques de salaire maternel, il n'est jamais déclaré officiellement. Pour désarmer la critique féministe, on ne parle plus de salaire maternel, mais d'allocation paren-

1. En 1994, les prestations attribuées sans condition de ressources étaient : les allocations familiales ; l'allocation parentale d'éducation ; l'aide à la famille pour l'emploi d'une assistante maternelle ; l'allocation de garde d'enfant à domicile ; l'allocation d'éducation spéciale ; l'allocation de soutien familial ; l'aide au recouvrement des pensions alimentaires ; le prêt à l'amélioration de l'habitat. Les prestations sous condition de ressources étaient : l'allocation pour jeune enfant ; le complément familial ; l'allocation de rentrée scolaire ; l'allocation de parent isolé ; l'allocation de logement ; l'aide personnalisée au logement ; la prime de déménagement ; l'allocation de revenu minimum d'insertion (RMI) ; l'allocation aux adultes handicapés ; l'affiliation à l'assurance vieillesse.

2. Cf. Gérard Calot, « Niveau de vie et population », *Population*, janvier-février 1980, p. 9-53.

tale [1]. La première allocation parentale d'éducation est due, on l'a vu, à Georgina Dufoix, ministre des Affaires sociales dans le gouvernement socialiste de Laurent Fabius. Elle devait être versée à celle (ou celui) qui suspendait ses activités professionnelles pour élever un enfant de moins de 3 ans, portant à trois ou plus le nombre d'enfants à charge : un contrat de durée déterminée en somme. Elle a été reprise et développée par Michèle Barzach qui fut en charge du même ministère sous le gouvernement de droite de Jacques Chirac (1986-1988), ce qui souligne la continuité entre la gauche et la droite.

Mais Michèle Barzach créait en même temps une nouvelle allocation de garde d'enfant à domicile (loi du 29 décembre 1986) pour aider les parents qui ne voulaient pas ou ne pouvaient pas cesser de travailler à rétribuer une gardienne qui viendrait chez eux jusqu'au troisième anniversaire de l'enfant. Cette dernière initiative était profondément novatrice : elle visait non seulement à diversifier les modes de garde, mais aussi à créer des emplois de gardienne. La lutte contre le chômage ne passait donc plus nécessairement par le retour, provisoire ou non, des mères au foyer, une autre solution leur était proposée ; les responsables politiques consentaient à « faire avec » le travail des mères. Désormais, les deux mesures : allocation parentale d'éducation et allocation de garde ne vont plus l'une sans l'autre, elles progressent ensemble. Des études récentes le confirment : les mères préfèrent que l'enfant soit gardé au domicile de ses parents, la formule est en progrès. C'est réinventer la bonne d'enfant. Reste posé le problème de sa compétence et celui de sa rivalité avec la mère.

Le projet de loi sur la famille présenté par Simone Veil en juin 1994 améliorait l'une et l'autre : l'allocation parentale d'éducation devait être attribuée dès le deuxième enfant, non seulement aux parents qui n'exerceraient pas d'activité pro-

1. Un congé parental d'éducation non rétribué avait été institué en 1977 (voir chapitre VII).

fessionnelle, mais aussi à ceux qui travailleraient à temps partiel ; et l'allocation « pour l'emploi d'une assistante maternelle » devait être augmentée.

De son côté, Jacques Chirac, futur candidat à la présidence de la République, proposait, dès la fin de 1993 [1], une allocation de libre choix, « ouverte bien évidemment aux pères », mais offerte en priorité aux mères, qu'elles travaillent ou non. Dans le premier cas (mère qui travaille), l'allocation compenserait le coût de la garde des enfants ; dans le second (mère au foyer), elle compenserait l'absence de revenu. Les femmes, disait-il, ont besoin d'alternance, de fluidité, de souplesse dans leur emploi du temps. « Cet équilibre entre travail et famille est l'un des défis majeurs de la société d'aujourd'hui. » Pendant ce temps, l'Unaf réclamait l'institution d'un statut parental [2].

Ce souci, au moins verbal, d'impliquer les pères dans l'éducation et d'alléger pour tous, hommes et femmes, le temps consacré au travail reflète une nouvelle sensibilité. Un statut parental pourrait affirmer l'égalité des sexes. Les charges maternelles gagneraient en prestige si les pères s'y impliquaient réellement.

Reste que le montant de l'allocation proposée – la moitié du Smic – est dérisoire. Évaluer à ce prix les tâches « parentales », c'est les déprécier, les dévaloriser, les déconsidérer. Et, bien entendu, c'est dissuader les pères de s'y consacrer !

Protections

D'autres droits sociaux protègent le corps fécond des femmes. Mieux que les allocations, ils consacrent la maternité comme fonction spécifique.

Les lois, les codes, les conventions collectives sont pleins de

1. *Le Monde*, 2 décembre 1993, p. 2.
2. Plusieurs associations familiales militent activement en faveur de l'élaboration d'un « statut parental », avec rétribution et droits sociaux afférents. Entre autres, le Mouvement mondial des mères et les Familles rurales.

sollicitude pour la femme enceinte qui travaille [1]. La loi du 30 décembre 1966 a garanti l'emploi pendant la grossesse et les trois mois suivant l'accouchement; elle a interdit tout travail pendant les six semaines encadrant l'accouchement. Ensuite, pendant les années 70, des études épidémiologiques ont démontré un lien étroit entre le travail de la femme enceinte et sa santé. Le code du travail et les conventions collectives en ont tiré les conséquences : certains travaux ont été interdits et des réaffectations prévues; des allègements d'horaires, des pauses pendant la journée, des autorisations d'absence pour consultation médicale sont devenus possibles. En 1985, Georgina Dufoix a accordé un congé mobile supplémentaire de deux semaines; elle a fait établir une carte de priorité pour que les femmes enceintes voyagent en première classe sans supplément, dans le métro, le RER, les trains de banlieue...

En pratique, beaucoup de femmes ignorent leurs droits, les employeurs ne s'empressant pas de les informer, les médecins du travail pas davantage. Celles qui les connaissent n'osent pas toujours s'en prévaloir de crainte de « faire mauvaise impression » sur l'employeur. Une vendeuse de boulangerie, annonçant sa grossesse, s'est vu offrir par sa patronne de l'argent pour une IVG au lieu d'un aménagement de son travail... Ou bien elles ont peur de susciter la jalousie des collègues, hommes et femmes. Beaucoup de femmes cadres estiment que leurs responsabilités professionnelles sont inconciliables avec des allègements quels qu'ils soient. L'une d'elles a emporté ses dossiers jusque dans la clinique d'accouchement. Elles sont presque toutes hypersensibles aux inégalités des chances entre hommes et femmes : une grossesse accroît le handicap; la « récidiviste » qui se permet plusieurs grossesses bloque à coup sûr sa carrière. Dans les emplois sans carrière, dans les professions intermédiaires, dans les

1. *Travail et grossesse au quotidien*, Publications de la Cnaf, série *Espaces et familles* n° 11, 1990. Ce texte résume deux rapports : Anne-Marie Devreux, *La double production. Les conditions de vie professionnelle des femmes enceintes*; Marie-Josèphe Saurel-Cubizolles, *Mesures concernant les femmes enceintes au travail : fondements, principes et réalités.*

services en majorité féminins, la compétition est moins âpre : des égards, des solidarités sont possibles.

Chaque femme s'efforce de gérer au mieux ses droits et ses obligations, sa fatigue et ses congés. Mais presque toujours, au bout de l'an, le congé de maternité équivaut à « quatre mois de vide » : il allège les primes et freine l'avancement. Assimilé à l'absentéisme, il fait apparaître les mères comme peu fiables dans le travail. La maternité fragilise et déstabilise celle qui s'insère dans la sphère de la production. Une sage-femme traduit, semble-t-il, un désir assez général : il faudrait, dit-elle, adapter le temps de travail au cours de la grossesse, passer à trois quarts de temps puis à mi-temps, pour ne pas perdre pied ; et reprendre ensuite progressivement. Un temps partiel modulé, en somme. Mais qui voudrait prendre en charge pareille organisation ?

En dépit de tous les discours, l'opinion refuse encore aux femmes la conciliation entre l'enfantement et l'activité professionnelle. Périodiquement, des enquêtes établissent que 70 % de Français et de Françaises préféreraient voir les mères de jeunes enfants rester chez elles pour s'en occuper, au moins quelques années. Cette « préférence » s'explique évidemment en grande partie par la rareté des crèches, la montée du chômage, la crise économique. Mais elle donne des arguments aux partisans du salaire maternel.

Bien des femmes préfèrent éviter les naissances. La contraception et l'avortement, remboursés par la Sécurité sociale, sont des droits sociaux spécifiquement féminins. Mais voilà qu'au cours des années 90, la maîtrise de la fécondité redevient problématique. Pas seulement en France d'ailleurs : le gouvernement des Pays-Bas a annoncé que la pilule ne serait plus remboursée ; ce pays avait le taux d'avortement le plus bas du monde ; laissera-t-il éventuellement ce taux augmenter ? De leur côté, les grandes conférences onusiennes du Caire et de Pékin ont donné lieu à de violents affrontements entre adversaires et défenseurs de l'avortement et de la libre contraception.

Les pilules contraceptives les plus récentes, qui sont les

mieux supportées mais aussi les plus onéreuses, ne sont pas remboursées. « Pilule amère [1]. » Faut-il comprendre que les pouvoirs publics songent à priver les femmes les plus modestes de moyens de programmer les naissances afin qu'elles enfantent et qu'elles quittent le marché du travail ?

De même, l'avortement devient plus difficile à obtenir : le secteur public ne répond qu'à 30 % de la demande en région parisienne. Les équipes motivées des années 70 vieillissent et la relève n'est pas là, car les jeunes médecins recherchent des activités plus valorisantes. D'ailleurs, la réforme hospitalière impose des choix budgétaires et l'avortement n'est certes pas une priorité. Le secteur privé répond mieux, mais il faut pouvoir payer : la somme doit être versée à l'avance et en liquide ; l'information et le suivi contraceptif sont le plus souvent inexistants. Le délai de dix semaines (le plus court d'Europe) est gênant : même si la femme se décide tôt, la solution tarde souvent, surtout dans le secteur public. Enfin et surtout, le contexte économique favorise la remontée d'un courant réactionnaire qui cherche à renvoyer les femmes au foyer. La position très ferme du pape Jean-Paul II en faveur de « la défense de la vie » inspire des discours sur la perte des valeurs morales, l'importance de la famille, les risques de la dénatalité, ainsi que des propositions de loi sur le statut de l'embryon ou la pénalisation de l'auto-avortement [2]. La diffusion du RU.486, qui permettrait l'auto-avortement sous surveillance médicale et dont l'efficacité comme l'innocuité sont assurées, se heurte à des résistances très fortes.

Les ex-Allemandes de l'Est ont mesuré la fragilité des acquis. Elles n'avaient pas eu à lutter pour obtenir le droit à l'avortement. Le gouvernement de RDA, qui avait besoin de main-d'œuvre féminine, avait pratiqué à partir de 1972 un féminisme d'État permettant aux femmes d'assumer la double fonction : il avait permis l'avortement, mais aussi il avait allongé le congé de maternité et multiplié les crèches.

1. C'est le titre d'une étude réalisée par l'UFCS. Cf. *Dialoguer*, avril 1994.
2. Colette Gallard, « Histoire et actualité du Planning familial », *Politis la Revue*, nov.-déc. 1994-janv. 1995, p. 43-47.

La réunification des deux Allemagne après 1989 a sonné le glas de cette politique [1]. Les crèches ont fermé, ou bien sont devenues payantes, à des prix exorbitants. Le libéralisme économique impose une concurrence telle que les entreprises soucieuses de rentabilité n'embauchent plus de femmes enceintes, ni de mères de jeunes enfants. Du coup, certaines femmes se font stériliser et joignent leur certificat de stérilisation à leur demande d'emploi. D'autres fournissent un document attestant qu'elles ont des solutions sûres pour faire garder leurs jeunes enfants, même malades... Cependant, alors que l'ancienne RFA faisait accepter l'ensemble de son système économique, juridique et politique à l'ancienne RDA, les Allemandes de l'Ouest ont opposé un front de résistance : elles se sont attaquées à l'article 218 du Code pénal qui interdit l'avortement. Elles ont obtenu un compromis : selon la loi du 29 juin 1995, l'avortement demeure « illégal », mais ne sera plus poursuivi s'il est pratiqué pendant les trois premiers mois de grossesse; il n'est pas remboursé, sauf en cas de viol.

En France, le nombre des avortements déclarés stagne autour de 175 000 par an. Il serait vain d'espérer le réduire : on a vu (chapitre V) l'extrême ambivalence des femmes face au désir d'enfant; la possibilité d'avorter est une composante indispensable de la liberté féminine, au moins dans l'état actuel de la civilisation occidentale. Aussi l'apparition de commandos anti-IVG a-t-elle immédiatement suscité l'organisation d'un collectif de défense. Le 25 novembre 1995, trente mille femmes représentant cent quarante-neuf associations ont défilé dans les rues de Paris pour manifester leur ferme intention de défendre leur droit. Un droit qui, on ne le dit jamais, conditionne aussi, bien souvent, leur liberté de travailler, c'est-à-dire leur indépendance économique.

Il n'y a donc pas de frontière entre fraternité et liberté : elles sont imbriquées, entrelacées, indissociables. Car tant

---

1. Nicole Gabriel, « L'unification allemande. L'aigle et la cigogne », p. 28-35, *Matériaux pour l'histoire de notre temps*, avril-juin 1991, n° 23, *Allemagne an 1 de l'unification*. « Les sœurs rouges de Gretchen, trois ans après la chute », *Nationalisme, féminisme, exclusions*. Mélanges en l'honneur de Rita Thalmann, Peter Lang, Francfort-sur-le-Main, Berlin, Berne, New York, Paris, Vienne, 1994, p. 517-540.

que l'avortement et la contraception sont remboursés par la Sécurité sociale, les pouvoirs publics disposent d'un puissant moyen de pression sur les femmes. Et tant que les femmes restent rares dans les plus hautes instances de décision, elles ne peuvent pas écarter cette menace. La fraternité ne fonctionne qu'entre égaux.

La « sororité » pourrait-elle apporter des solutions ? Elle a perdu l'agressivité et la signification des années 70, mais elle perdure discrètement. D'une part la pratique de la contraception et de l'avortement, d'autre part l'accueil des petits enfants et les soins qu'ils réclament ressuscitent peu à peu entre les femmes une solidarité qui avait existé jadis sous d'autres formes. Serait-il possible de la développer ? Il existait à la fin du XIXe siècle des mutualités maternelles, gérées il est vrai par les patrons [1]. On a noté aussi (chap. III) l'entraide efficace organisée dans les quartiers par les militantes du MPF. On a constaté le succès des crèches parentales (chap. IX). Dans des formes et des perspectives toutes différentes, les collectifs de défense montrent que l'entraide est possible en cas de besoin.

LIBERTÉ

La liberté des femmes est fragilisée par la maternité. La liberté se vit au pluriel : les libertés. La première, fondamentale, c'est l'*habeas corpus*, toujours incertain, on vient de le voir. Aussitôt après vient l'autonomie économique : subvenir seul(e) à ses besoins, ne dépendre de personne, gagner sa vie. Oui, mais l'enfantement compromet cette indépendance : les soins et l'affection si nécessaires au petit ont toujours incombé en priorité à la mère. La tendance actuelle à

1. Catherine Rollet-Échalier, *La politique à l'égard de la petite enfance sous la Troisième République*, Ined/Puf, 1990, p. 232-245.

impliquer davantage le père n'a pas (pas encore ?) changé la situation en profondeur. Les femmes elles-mêmes ne savent pas bien jusqu'où elles veulent aller dans cette voie : la plupart sans doute veulent à la fois l'enfant et la liberté.

Mais comment assurer le pain quotidien ? L'idéologie de la mère au foyer plaçait la mère et l'enfant dans la dépendance ou, si l'on préfère, sous la responsabilité du père. Sauf quand le père était mort, ou à l'hôpital, ou au chômage, ou en prison, ou disparu dans la nature, ou flambeur incorrigible... C'est par simple prudence qu'une femme souhaite avoir des ressources propres – plus encore si elle est mère – en exerçant une activité salariée. D'ailleurs, durant les Trente Glorieuses, il est devenu plus valorisant, plus avantageux de produire des biens que de produire des enfants. Les chercheurs ont démontré que la maternité appauvrit la femme : si elle reste au foyer, son capital scolaire tend à dépérir [1]. Rares sont celles qui acceptent un tel sacrifice : en 1985, les mères de trois enfants travaillent dans la même proportion que travaillaient les mères de deux enfants dix ans plus tôt, cela malgré la crise et le chômage.

L'entrée massive des femmes, mères comprises, dans le salariat, a si violemment bouleversé les mœurs et les représentations qu'elle a inspiré et inspire encore une littérature inépuisable. Les études conduites depuis douze ou quinze ans sur la division familiale du travail, sur le sexe du travail, puis sur le partage du travail [2] éclairent fort utilement les modes d'insertion des femmes et les discriminations qu'elles subissent. Les femmes qui sortent de la sphère privée ne sont pas assimilées aux hommes, la différence des sexes se recompose dans la sphère publique. Ce qui manque peut-être à ces études, c'est de mieux évaluer le poids de la maternité. Au lieu de comparer seulement les femmes avec les hommes, ou les Françaises avec les Allemandes, il faudrait aussi

1. François de Singly, *Fortune et infortune de la femme mariée. Sociologie de la vie conjugale*, Puf, 1987.
2. Marie-Agnès Barrère-Maurisson, *La division familiale du travail. La vie en double*, *op. cit. Le sexe du travail*, Presses universitaires de Grenoble, 1984. *Femmes et partage du travail*, sous la direction d'Hélène Hirata et Danièle Senotier, Syros, 1996.

comparer les Françaises entre elles [1], selon la charge maternelle qu'elles ont à supporter.

Les mères qui travaillent sont-elles libres ? Libres de travailler ou non ? De choisir leur travail ? De l'interrompre et de le reprendre à volonté ? Libres parce que indépendantes au point de vue économique ? Elles dépendent moins de leur mari, ou du père de leurs enfants, mais elles dépendent d'un employeur. Et pour leurs allocations, elles dépendent de la Sécurité sociale. Pour analyser cette forme très particulière de liberté, on parle de moins en moins de rôles et de fonctions, on parle de plus en plus de « stratégies [2] ».

Stratégies

Le pluriel s'impose.

Il ne s'agit pas seulement de gérer des ressources. Il s'agit aussi d'articuler jour après jour deux sortes de travail, le travail professionnel et le travail maternel (ou « domestique »), chacun des deux réagissant sur l'autre [3]. Il faut enfin organiser le temps, temps complet, temps partiel, temps choisi, temps contraint, temps convenu, temps préservé, temps parental, temps libre, temps libéré : dans la journée, dans la semaine, dans l'année, dans la vie [4]. Le temps = obsession ! Voici quelques exemples, très simplifiés.

---

1. Les travaux déjà réalisés portent surtout sur les différences entre les pays et gardent une orientation statistique. Cf. N.J. Saurel-Cubizolles, et P. Romito, « Activité professionnelle et maternité en France et en Italie », *Revue française des Affaires sociales* n° 42, 1988, p. 93-110. J. Fagnani, « Les Françaises font-elles des prouesses ? Fécondité, travail professionnel et politiques familiales en France et en Allemagne de l'Ouest », Cnaf, *Recherches et révisions* n° 28, juin 1992, p. 23-36.
2. Voir Jeannette Laot, *Stratégies pour les femmes, op. cit.* A. Pitrou, « L'interaction entre la sphère du travail et la sphère de la vie familiale », *Sociologie et sociétés*, XIX n° 2, octobre 1987, p. 103-113. Et la récente synthèse de Jacques Commaille, *Les stratégies des femmes*, La Découverte, 1993.
3. Voir le chapitre IV pour le travail professionnel et le chapitre VII pour le travail domestique.
4. Ces concepts et ce vocabulaire ont été affinés par les sociologues et les économistes. Voir les études sur le budget-temps conduites par l'Insee en 1975 et 1985, ainsi que la recherche sur *la production domestique* commencée en 1988.

A la fin des années 80, dans les entreprises industrielles le nouveau *management* commence à s'occuper de la souffrance au travail. Le bruit, les rythmes, le caractère répétitif des gestes engendrent l'anxiété et l'usure mentale ; informatisation et automatisation de la production perturbent les gens ; le stress gagne partout, avec comme conséquences l'absentéisme, les accidents, la baisse de productivité et de qualité, le manque de créativité ; et aussi la perte de confiance en soi, la déprime. Recourir aux médicaments est une solution de facilité qui coûte cher à la Sécurité sociale. Le mot d'ordre est donc désormais de mieux « gérer les ressources humaines ». Ce propos, très général, commence à prendre en compte la spécificité des femmes qui ont de jeunes enfants. Une entreprise de production agro-alimentaire qui emploie soixante-quinze mille salariés, dont une très forte majorité de femmes [1], a fait réaliser des enquêtes minutieuses pour repérer les formes d'insatisfaction et de souffrance. Les réponses révèlent que les travailleuses se débattent dans des difficultés dont l'encadrement ne s'était jamais soucié : problèmes d'habitat et de transport, non-coïncidence des horaires de travail et des horaires scolaires, garde des petits enfants. Autre surprise : les femmes résistent aux propositions de formation continue et de recyclage. Même lorsqu'un stage pourrait améliorer leurs conditions de travail ou leur salaire, les ouvrières le refusent. Parce qu'il faudrait aller dans un autre lieu, encore plus loin de la maison. Parce qu'il faudrait quitter le groupe des copines, casser des solidarités, une entraide, un soutien moral. Parce qu'il est angoissant de remettre en cause des aptitudes ou même de simples automatismes. Celle qui s'est habituée à certains gestes les fait sans y penser : pendant que ses mains travaillent, sa tête reste à la maison. Elle empaquette des biscuits tout en se demandant s'il reste assez d'œufs pour l'omelette du soir, et qu'est-ce qu'on mettra dans la valise de l'aîné qui va partir en colonie de vacances. On croirait volontiers que ces femmes travaillent par nécessité et

1. Gabriel Bergougnoux, « Relation d'une expérience d'entreprise : BSN », in *Femmes. Pouvoirs*, sous la responsabilité de Michèle Riot-Sarcey, Éditions Kimé, 1993.

qu'elles « s'en passeraient bien ». Erreur, elles ont des motivations : « mettre du beurre sur les épinards », « gâter un peu plus les enfants », « retrouver les copines » et « ne pas rester bobonne à la maison ». Mais il est difficile d'obtenir d'elles l'adhésion morale si nécessaire aux performances de l'entreprise. Elles placent leurs priorités ailleurs. L'estime de soi, la dignité, la créativité, elles ne les cherchent pas dans le travail, mais dans la santé physique et morale de leurs enfants, dans l'harmonie de la vie privée.

En 1982, puis en 1992, la crise et le chômage aidant, le travail à temps partiel est à nouveau proposé comme une panacée. Répond-il au désir des mères ? Il faut distinguer entre celles qui subissent (les plus nombreuses) et celles qui choisissent.

Les entreprises organisent le travail à temps partiel au mieux de leurs intérêts économiques, non dans l'intention altruiste de soulager les mères au travail [1]. L'exemple le plus souvent décrit est celui des supermarchés qui embauchent des caissières à raison de 30 heures par semaine, sans leur demander si elles ont des enfants, mais en leur imposant une flexibilité majeure. Les employées doivent être très disponibles, accepter les horaires pénibles (le soir, le samedi) et les remplacements imprévus. Le salaire est modeste, parfois augmenté d'une prime d'assiduité, que toute absence supprime ou ampute, même un congé de maladie, même un congé de maternité. Les plus disponibles, les plus dévouées ont quelques chances d'obtenir un poste à temps plein, d'accéder à la sécurité de l'emploi. Que ces conditions déplaisent aux intéressées, deux signes le montrent : d'une part l'absentéisme sévit, en dépit des sanctions ; d'autre part elles déclarent toutes qu'elles préféreraient travailler à temps plein (en fait, elles voudraient surtout gagner plus...). La grande disponibilité qui leur est imposée complique au jour le jour l'organisation de leur vie personnelle et familiale. On est à l'opposé d'un aménagement dans l'intérêt des mères.

1. Margaret Maruani, Chantal Nicole, *Au labeur des dames. Métiers masculins, emplois féminins*, Paris, Syros, 1989.

Parmi les femmes cadres supérieurs, 20 % au moins travaillent à temps partiel, surtout dans les professions libérales : médecins, journalistes, psychologues, métiers d'art ou du spectacle. Ce n'est pas, là non plus, de leur plein gré. Dans ces métiers, les femmes ont souvent du mal à s'imposer, et la crise aggrave la concurrence. Pour accéder à un poste qualifié il faut souvent se résigner à ne l'occuper que partiellement, ou par épisodes, ou par intérim.

Celles qui « choisissent » de travailler à temps partiel sont en majorité des mères, des jeunes mères. En fait, leur « choix » n'est pas libre, il est piégé : elles ne choisissent pas entre deux possibilités équivalentes. Travailler à temps complet ce serait renoncer sinon à enfanter, du moins à pouponner, à jouir du bébé, à l'élever soi-même. Très peu consentent à cette privation. Mais la maman qui obtient une réduction de son temps de travail perd beaucoup : son traitement est amputé, on l'oriente vers des fonctions moins intéressantes ; presque toujours sa carrière est ralentie, sinon compromise. La maternité pénalise les jeunes femmes, sans compensation. Car le bonheur familial ne compense pas les pertes professionnelles : d'abord parce qu'on n'est pas dans le même ordre de phénomènes ; ensuite parce que les joies maternelles ne sont jamais sans nuages : les petits sont aussi exténuants qu'adorables. Les mères d'enfants plus grands « font les 4/5 » pour être libres le mercredi, jour où les enfants sont à la maison. Mais le 1/5 restant, au bureau, trop souvent, personne ne l'assume. Elles sont donc fréquemment réduites à réaliser le même travail, à la hâte, pour un salaire diminué. L'employeur y trouve son avantage. Et, à la maison, elles font aussi les 4/5 du travail domestique.

Les féministes ont beau jeu de conclure que le temps partiel est une manière de disqualifier les femmes. Elles ne disent pas assez que ce sont les mères, en priorité, qu'on disqualifie.

Autre mirage : le travail à domicile a failli ressusciter au début des années 80, grâce au télétravail. L'informatique et les télécommunications permettent d'être au service d'une entreprise parisienne, ou new-yorkaise, ou australienne en habitant un village d'Auvergne. Moyen rêvé, en apparence, de concilier une vie familiale paisible avec un métier « post-moderne », prestigieux et bien payé : fini les banlieues invivables, le temps perdu en déplacements, la hâte, le stress, les frais. Il a fallu déchanter ! Le télétravail présente l'inconvénient majeur d'abolir toute frontière entre vie professionnelle et vie privée. Il renverse une tendance séculaire. Autrefois, paysannes et artisanes ignoraient la séparation entre le domicile et le lieu de travail. C'est l'industrialisation qui a provoqué la rupture entre vie professionnelle et vie privée. Même les professions libérales se sont alignées : les médecins ont séparé leur domicile de leur cabinet pour ne pas être importunés. Avec le télétravail, la personne qui reste chez elle peut être sollicitée à tout moment : l'intrusion du téléphone, du fax, de l'ordinateur tourne parfois à l'agression. Une journaliste se dit victime de « harcèlement faxuel ». Où est la liberté ?

Le travail à domicile ne se limite pas au télétravail. Des artisanes, des écrivaines ont « la chance » de gagner leur vie en restant chez elles. Pourtant, elles se plaignent : leurs chers petits les dérangent à tout instant.

Le comportement des mères cadres a été bien étudié [1]. Certaines, cadres supérieurs dans une entreprise ou pratiquant une profession libérale, ont déclaré « faire comme si elles n'avaient pas d'enfants ». Pour mieux répondre aux attentes, elles mettaient leur maternité entre parenthèses, ou la dissimulaient. Le rôle qu'elles voulaient tenir interdisait l'identité féminine : il fallait « faire l'homme ». Mais ces cas sont rares, les mentalités évoluent rapidement, les cadres jeunes ne veulent plus faire l'homme. Elles veulent bien s'identifier aux hommes sur le terrain de l'efficacité, de la compétence et de la réussite, non sur celui du dévouement total à l'entreprise. Elles veulent investir la carrière en restant

1. *Les femmes cadres*, Comité du travail féminin, janvier 1978. Jacqueline Huppert-Laufer, *La féminité neutralisée ? Les femmes cadres dans l'entreprise*, Flammarion, 1982. Anne-Marie Devreux, « La parentalité dans le travail : rôles de sexe et rapports sociaux », *Le sexe du travail*, *op. cit.*, p. 113-125.

des femmes, inventer un nouveau rapport au travail. Le management, le talent d'organiser, de gérer, elles ne le mettent pas seulement au service de l'entreprise, elles le déplacent, elles l'étendent à l'administration de leur double vie [1]. Quand « tout marche », elles sont fières. Quand il y a des ratés, des « pépins », des « cactus », elles font face, elles apprennent à gérer aussi leurs doutes, leur angoisse et leur culpabilité, en particulier vis-à-vis de leurs enfants. Les plus sensibles, ou les plus franches, laissent parfois paraître leur fatigue, mais aucune ne renonce.

Christiane Collange a pointé avec talent ce moment de l'histoire des femmes dans deux ouvrages : *Madame et le management*, puis *Je veux rentrer à la maison* (Grasset 1979). Un peu plus tard, Michèle Fitoussi a exprimé *Le ras-le-bol des superwomen* (Calmann-Lévy 1987). On a reproché à ces deux auteurs leur opportunisme. Mais leur lucidité et leur sincérité ne peuvent être contestées. Et d'ailleurs leurs ouvrages ont connu un succès significatif.

Finalement, la meilleure stratégie consiste peut-être à choisir un métier qui laisse du temps pour la vie familiale. Les femmes ont accès à tous les métiers, mais elles se portent en masse vers ceux qui dérivent de la fonction maternelle : santé, éducation, travail social, divers services. Autrement dit, une sorte de pôle maternel se constitue au niveau de la vie publique, en relation avec le développement du *Welfare State* (État-providence). Nadine Lefaucheur le montre bien à propos des emplois dits « de reproduction [2] ». Les femmes, spécialement celles qui ont des enfants, trouvent là trois sortes d'avantages. 1. La meilleure rentabilité de leurs diplômes, et plus largement de leur « capital scolaire », y est assurée, avec la sécurité de l'emploi, des rétributions honorables, et un accès possible aux postes d'encadrement. 2. Leurs qualités dites spécifiques peuvent s'y épanouir : goût pour les rela-

1. Voir Monique Haicault, « Perte de savoirs familiaux, nouvelle professionnalité du travail domestique. Quels sont les liens avec le système productif ? », *Recherches féministes*, vol. 7, n° 1, 1994, p. 125-134.
2. « Maternité, famille, État », *Histoire des femmes, op. cit*, tome V, chapitre 14, p. 420-430.

tions humaines, aptitude à l'accueil, à l'écoute, aux fonctions éducatives. 3. Elles réussissent mieux à concilier leurs tâches familiales et leurs tâches professionnelles. 12 % seulement des Françaises cadres administratifs ou commerciaux des entreprises, mais plus de 50 % de diplômées employées dans les services de *Welfare* travaillent moins de trente-cinq heures par semaine. Les enseignantes, en particulier, ont en gros les mêmes horaires de travail et les mêmes vacances que leurs enfants. Elles sont souvent mariées à un enseignant qui dispose des mêmes libertés et qui partage donc plus volontiers que d'autres pères à la fois le travail domestique et l'accompagnement des enfants dans leurs études. Les enseignantes ont, selon les statistiques, plutôt plus d'enfants que les autres diplômées, et pourtant elles interrompent rarement leur carrière pour les élever. Elles sont aussi moins nombreuses que les autres diplômées à divorcer, mais d'un autre côté elles font face mieux que d'autres aux conséquences matérielles d'une rupture du lien conjugal, par suite du décès ou du départ de leur conjoint.

Faudrait-il donc admettre l'existence de « métiers féminins » ?

Définir des « travaux de femmes » avait été à la fin du XIXe siècle le souci des patrons et des syndicalistes qui voulaient protéger les femmes contre l'exploitation capitaliste, tout en les cantonnant dans des emplois subalternes et des salaires d'appoint [1]. Dans la mesure où de tels concepts – travaux de femmes, métiers féminins – consacrent l'inégalité sociale entre les sexes, ils sont devenus inacceptables. Aussi le secrétariat des Droits de la femme a-t-il lancé au cours des années 80 une énergique campagne publicitaire affirmant que « les métiers n'ont pas de sexe ». Le message s'adressait surtout aux filles, collégiennes et lycéennes, qu'on voulait encourager à s'engager dans des filières réputées masculines. Le succès fut à peu près nul. Pourquoi [2] ?

---

1. Joan W. Scott, Louise Tilly, *Les femmes, le travail et la famille*, trad. française Marseille, Rivages, 1987. Joan W. Scott, « La travailleuse », *Histoire des femmes*, *op. cit.*, tome IV, chap. 15.
2. Jean Vogel, « La citoyenneté revisitée », *Les femmes et la citoyenneté européenne*, sous la direction d'Éliane Vogel-Polsky, CEE, DG5, 1994.

Transmissions

Depuis les années 60, un des objectifs assignés à l'école est d'assurer l'égalité des chances. Des sociologues notoires ont montré comment le système éducatif reproduit les inégalités de classe [1]. Liliane Kandel, féministe, a posé en 1975 la question des inégalités de sexe. Les chercheurs se sont alors efforcés de savoir quels facteurs – sociaux, familiaux, ou personnels – écartaient les filles des filières scientifiques qui ouvrent la porte des carrières les plus prestigieuses et les mieux rémunérées. Les aptitudes des filles, à tous les âges, s'avèrent égales à celles des garçons, et leur réussite scolaire est souvent supérieure, peut-être à cause de leur docilité [2]. Le personnel enseignant, où les femmes sont nombreuses, ne peut être soupçonné de machisme, même si les relations maîtres-élèves restent dominées par des attentes différenciées en fonction du sexe. Faut-il accuser la mixité scolaire qui renforcerait, là comme partout, les stéréotypes de sexe ? En vérité, une raison domine toutes les autres, Marie Duru-Bellat [3], l'a excellemment démontré : les filles font une anticipation réaliste de ce qui les attend. Presque toutes désormais tiennent à assumer la double fonction familiale et professionnelle. Pour que la conciliation soit vivable, la carrière envisagée ne doit pas exiger trop de temps ou d'efforts. Elles savent qu'elles auront du mal à s'insérer dans des secteurs « masculins » et à s'y maintenir. Le désir d'élever des enfants dicte le choix initial des études et de la carrière. Réciproquement, si modeste que soit le projet professionnel, elles savent qu'il pèsera sur la fonction maternelle.

La liberté des femmes qui ont ou qui veulent des enfants se loge désormais dans cet équilibre fragile. Liberté sous condi-

1. Pierre Bourdieu, André Passeron, *Les héritiers. Les étudiants et la culture,* Éditions de Minuit, 1964 ; *La reproduction*, Éditions de Minuit, 1970.
2. Christian Baudelot, Roger Establet, *Allez les filles !*, Seuil, 1992.
3. Marie Duru-Bellat, *L'école des filles. Quelle formation pour quels rôles sociaux ?,* L'Harmattan, 1990.

tion, plus étroite que celle des hommes, pour raison de maternité.

Aux Pays-Bas, il existe des stages spéciaux pour informer les filles sur les métiers : perspectives d'embauche, avantages et inconvénients d'un point de vue féminin, relations personnelles entre femmes, entre hommes et femmes, lieux d'accueil et de conseil. En même temps, les écoles néerlandaises commencent à enseigner aux élèves de treize ans et plus, filles et garçons, la gestion de la vie privée. Le programme, intitulé *Caring* (soins), comporte trois articles : 1) Santé, bien-être, prévention des maladies. 2) Consommation, budget, environnement. 3) Nécessités de la vie : nourriture, vêtements, habitat. L'idée a d'abord surpris les parents et les professeurs : on apprend cela en famille, objectaient-ils. Mais des enquêtes préparatoires ont ruiné cette objection : non, à la maison, les jeunes n'apprennent plus la gestion familiale, ils en ignorent le poids, qui retombe essentiellement sur la mère. On va secouer leur insouciance, les obliger à savoir [1].

Rien de tel n'existe en France [2].

Pour en revenir aux métiers féminins, un témoin se résigne en ces termes à pratiquer le sien, enseignante : « Pourquoi pas ? Au début du XIXe siècle, Charles Fourier souhaitait que les femmes et les hommes aient accès aux mêmes emplois. Mais il prévoyait qu'alors elles et ils se répartiraient de manière inégale : dans certains métiers il y aurait toujours plus d'hommes que de femmes, dans d'autres métiers, il y aurait plus de femmes que d'hommes... Il a sûrement raison. Ce ne serait pas choquant si les métiers étaient réellement équivalents, c'est-à-dire reconnus et rétribués de manière équitable. Qu'il y ait plus d'hommes parmi les constructeurs de TGV, et plus de femmes parmi les directrices de crèches ne me gêne pas. A condition qu'il soit aussi important d'éle-

1. Mieke Lunenberg, Jane Roland Martin, Mineke van Essen, « The legaly of Mary Wollstonecrafts. The education of girls in history and to day », *Girls Girlhood and Girls Studies in Transition*, Marion de Ras, Mieke Lunenberg editors, Het Spinhuis, Amsterdam, 1993, p. 62-70.

2. Le Mouvement mondial des mères a organisé en 1994 une enquête internationale. Parmi les questions posées : « Nos enfants sont-ils préparés à devenir parents ? »

ver des enfants que de faire rouler des trains ! A condition aussi que toute femme puisse construire des TGV si elle en a envie et tout homme diriger des crèches s'il en a envie ! A condition que l'intérêt des enfants soit sauf. »

En réalité, on l'a dit, les deux pôles, maternel et paternel, affaiblis l'un et l'autre dans la vie privée, se recomposent et se manifestent désormais dans la vie publique. C'est là, au grand large, que se déploient à présent les jeux de pouvoir. Pour l'heure, la suprématie du pôle masculin et paternel reste évidente.

Le souci de valoriser les métiers de soin et de reproduction s'impose cependant. Le meilleur exemple fut donné par la coordination infirmière à la fin des années 80. Après un siècle de soumission et de silence, ces femmes ont trouvé le courage de prendre la parole, de manifester en masse, de rédiger des pétitions, au lieu de laisser parler à leur place les institutions qui les emploient ou les syndicats qui prétendent les encadrer. Mieux : elles ont imposé une véritable conversion des mentalités. Elles ne permettent plus que leurs tâches de soin, vitales pour la société, soient considérées comme des services subalternes relevant d'une vocation naturelle dérivée de la maternité. La socialisation des soins change l'image de la femme et de la mère. La même personne, qui, dans la vie privée restera éventuellement capable d'une abnégation sans limites, saura exiger dans la vie publique la reconnaissance de son savoir, de son savoir-faire, de son efficacité, de ses responsabilités.

En contrepoint, on peut citer un rapport récent (1992) de l'OCDE (Organisation de coopération et de développement économique) qui évacue allègrement toute notion de métier féminin. Il traite de « l'intégration des femmes dans l'économie dans la perspective des années 90 ». Les experts déclarent : « Les femmes constituent une ressource essentielle pour l'économie ; cette ressource reste sous-exploitée, en termes à la fois qualitatif et quantitatif. » Ils préconisent une approche globale du travail féminin, visant à réduire les tensions et les contradictions qui ralentissent le plein accès des femmes à l'emploi : il devient urgent, disent-ils, de permettre aux hommes et aux femmes de partager les mêmes fonctions, de casser la ségrégation professionnelle, d'accéder au même pouvoir de décision. Le rapport suggère une série de mesures sociales favorisant la mixité de l'emploi. Cette perspective transforme les individu(e)s en travailleurs-parents androgynes, universellement permutables.

Dans la conjoncture présente, toute de transition, il reste sans doute prudent de conduire les deux stratégies à la fois : d'un côté valoriser les métiers féminins, de l'autre réduire les discriminations.

Mais voilà qu'un changement important se dessine. Depuis les débuts de l'ère industrielle, le travail professionnel était devenu le fondement essentiel du lien social et de la citoyenneté. Or l'importance du chômage, la perspective d'une réduction générale du temps de travail peuvent remettre en question cette signification symbolique [1]. La prochaine génération saura peut-être inventer de nouvelles composantes du lien social. Elle saura peut-être aussi aménager partout le travail professionnel à la convenance des parents. Alors les femmes auront réellement accès à tous les métiers.

ÉGALITÉ

Frédérique Bredin et Ségolène Royal ont chacune mis au monde un enfant pendant qu'elles assumaient des responsabilités ministérielles au sein d'un gouvernement socialiste. L'une, Ségolène Royal, est apparue sur les écrans de télévision avec sa fille nouvelle-née dans les bras : elle a voulu donner de la publicité à cette naissance pour persuader les Françaises qu'il était possible d'être à la fois une mère heureuse et une « femme politique » de haute ambition. Soit. Mais elle n'a pas dit comment elle allait s'y prendre pour

1. Anne-Marie Daune-Richard, « Travail et citoyenneté : un enjeu sexué hier et aujourd'hui », *Le travail au-delà du salariat*, P. Bouffartigue, H. Eckert et J. R. Pendariès éd., Éditions La Dispute, 1996.

cumuler ces deux fonctions. Auteur d'un ouvrage intitulé *Le printemps des grands-parents* [1], peut-être savait-elle pouvoir compter sur les solidarités familiales.

De son côté Catherine Trautman, maire de Strasbourg, se plaît à raconter qu'au moment de se lancer dans une carrière politique exigeante, elle a conclu un pacte avec ses filles et son mari, disant en substance : j'aurai moins de temps pour m'occuper de vous ; mais si un jour ça va trop mal dans la famille, je quitterai tout et je reviendrai. Apparemment tout se passe bien. Mais elle non plus ne dit rien de sa vie domestique.

Et toutes les autres, celles qui sont entrées en politique avec détermination, quel âge avaient-elles ? Combien d'enfants ? De quel âge ? Quelles solutions ont-elles adoptées pour que leurs enfants ne souffrent pas de leur engagement ? Quelles solutions proposeraient-elles pour décider les autres femmes à les suivre ? Une militante socialiste, insérée depuis vingt ans dans l'appareil de son parti, affirme : « C'est indécent, c'est obscène, de parler de ça dans un parti ! Les hommes se moquent bien de ce que deviennent les enfants. Aux femmes de se débrouiller. Et si elles ne savent pas comment se libérer, alors qu'elles ne fassent pas de politique !... Mais pour que les femmes se libèrent, il faudrait mettre en place un certain nombre de solutions collectives. Or les hommes ne veulent même pas en discuter. Ce n'est jamais une question prioritaire. On est dans un cercle vicieux. » Et une députée européenne de confirmer : « En France, pour qu'une femme puisse faire de la politique, il faut qu'elle soit vierge, stérile, ou ménopausée ! »

Certes, la maternité n'est pas le seul obstacle qui tient les femmes à l'écart de la politique !... Mais quand on interroge madame tout le monde, c'est bien ce genre d'objection qu'on entend. Une mère de famille a peur d'avoir à bricoler dans l'angoisse des solutions toujours aléatoires, qui la culpabiliseraient, qui frustreraient ses enfants ; elle préfère « attendre que les enfants soient élevés ». Pour l'une, il seront élevés

1. Robert Laffont, 1987.

quand ils iront à la grande école ; mais pour l'autre, ils ne seront élevés que quand ils gagneront leur vie... A dire vrai, beaucoup de femmes ont envie de rester près de leurs enfants et redoutent les responsabilités politiques.

Cela dit, le civisme progresse parmi elles. Elles comprennent de mieux en mieux que l'avenir de leurs enfants dépend de leurs interventions. Non pas d'interventions exceptionnelles, mais d'une vigilance et d'une participation quotidiennes. Tout le monde a oublié les grandes manifestations pacifistes qui sont restées sans résultat. En novembre 1975, les femmes de Beyrouth ont entrepris une grande marche pour « faire taire les canons » : les canons ne se sont pas tus. En août 1976, Mairead Corrigan et Betty Williams ont entraîné des dizaines de milliers de manifestants dans les rues de Belfast pour réclamer la fin des luttes fratricides en Irlande : elles ont reçu le prix Nobel de la paix, mais les Irlandais ne se sont pas réconciliés.

Les actions de longue haleine sont plus payantes. Celles qu'on appelle en France les « mères d'Alger » ont obtenu après plus de dix ans d'acharnement la satisfaction de leurs exigences et la signature d'une convention internationale [1].

Autres exemples. L'écologisme et le pacifisme ont mobilisé fortement les Allemandes. Elles ont participé aux luttes nucléaires, manifesté contre l'installation des Pershing et des missile Cruise sur le territoire de la RFA. Au temps de la contestation nucléaire, des mères, agissant en tant que telles, bloquaient les ponts, envahissaient les parlements locaux, exigeaient des informations sur la pollution de l'air et de l'eau, sur le taux de mortalité infantile, sur le nombre de naissances d'enfants handicapés, sur l'accroissement des troubles thyroïdiens chez les jeunes enfants. Après l'accident de Tchernobyl, des appels à la grève des ventres ont été lancés. Cette alerte a élevé brusquement le niveau de conscience et de responsabilité des femmes : elles ont cherché à créer des réseaux de contre-pouvoir pour s'opposer à l'État nucléaire.

---

1. Andrée Dore-Audibert et Annie Morzelle ont raconté en détail leur passionnante histoire, dans *Révolutionnaires silencieuses au XXe siècle*, Kerdoré, 1991.

L'aménagement et la gestion des villes est un autre souci prioritaire pour les femmes. Déjà au XIXe siècle, au temps de Owen, de Fourier, de Victor Considérant, le socialisme utopique inventait de nouveaux espaces de vie et les femmes s'associaient avec entrain à ces utopies. A présent, des femmes urbanistes retrouvent ce désir d'agir sur la ville et de la réorganiser [1]. Même les simples habitantes se sentent concernées. A Londres, le groupe *Matrix*, créé en 1984, rassemble des spécialistes qui travaillent sur l'environnement urbain, l'équipement des quartiers. Bien que Margaret Thatcher ait freiné cet élan, les municipalités *(boroughs)* du Londres métropolitain ont désormais des comités de femmes. Le *Women Plan Toronto* (WPT) fondé en 1985 est encore plus convaincant : c'est un groupe très actif, qui peut se vanter de succès solides. Une série d'enquêtes lui a permis d'identifier les perceptions et les aspirations des gens, plus spécialement des femmes; le résultat est consigné dans un rapport qui sert de base aux revendications et aux projets. Particulièrement intéressante est l'action en faveur de la sécurité : *Public violence against women and children* (1987). Au moyen de films vidéo très réalistes, on analyse les lieux dangereux et on propose des interventions. D'autres rapports concernent les commerces de quartier, les logements, les densités excessives de peuplement, les garderies pour enfants, les services de nuit dans les transports en commun, etc. Le WPT produit des dépliants, des « capsules d'information » pour la radio. En 1989 il a entrepris la réalisation d'un inventaire international des interventions de femmes pour changer la ville, afin de proposer des modèles.

On objectera que tous ces efforts ne concernent pas seulement les mères. Il y a beaucoup d'hommes et de femmes sans enfants parmi les écologistes comme parmi les gens qui veulent rendre les villes plus habitables. C'est vrai. N'empêche que l'action proprement féminine est presque toujours inspirée par le souci de protéger les enfants, et

1. Denise Piché, « Des villes au féminin : projets d'ici et d'ailleurs », *Recherches féministes,* vol. 2, n° 1, Montréal, 1989.

qu'elle se révèle souvent originale et inventive. Les mères sont comme un levain.

Bref, sans cesser d'être une vocation privée et personnelle, la maternité fonctionne de plus en plus comme un élément essentiel du lien social et de la citoyenneté. Pourtant, en France, les femmes sont écartées de la politique. Elles deviennent ministres par le bon plaisir du prince, mais elles sont moins de 6 % au Parlement, ce qui les place au dernier rang des Européennes. Elles sont encore victimes d'une inégalité flagrante.

Récemment, leur volonté de participer pleinement aux décisions politiques a fait lever une revendication nouvelle : la *parité.* Créée en mars 1992, l'Association Parité, indépendante des partis politiques, se donne « pour vocation de rassembler toutes celles et ceux qui veulent œuvrer au renouveau du système représentatif pour que les femmes occupent une place à la hauteur du rôle économique et social qu'elles assument dans notre pays. Elle veut promouvoir le principe de parité dans l'exercice des mandats politiques et des postes de décision : assemblées élues, haute fonction publique, instances consultatives nationales et locales, conseils et comités ». Au lendemain de la conférence de Pékin, en septembre-octobre 1995, le gouvernement a mis en place un Observatoire de la parité. Enfin, en juin 1996, dix femmes politiques, appartenant à différents partis, de droite comme de gauche, ont signé ensemble un *Manifeste pour la parité* [1]. Elles demandent des discriminations positives, et au besoin l'utilisation de quotas, pour imposer autant de femmes que d'hommes non seulement dans toutes les instances politiques, mais aussi dans les grands corps de l'État.

Cette revendication suscite des débats passionnants. L'un intéresse particulièrement l'histoire de la maternité : on y retrouve, à un autre niveau, la question posée au premier chapitre. Faut-il imposer la présence des femmes au nom de l'universalité ou au nom de la différence ? La question divise les femmes. Même celles qui ne s'avouent pas féministes ont

---

1. Publié dans l'hebdomadaire *L'Express* du 6 juin 1996.

appris à se méfier de la différence : elles redoutent de ressusciter l'antique hiérarchie qui subordonnait le deuxième sexe. Et pourtant la *parité* n'a de raison d'être qu'en vertu de l'*altérité.* Voici, en substance, les arguments avancés par la philosophe Elisabeth Sledziewski. Comment justifier la parité si c'est seulement en tant qu'êtres humains que les femmes doivent participer ? Un être humain en vaut un autre ; son sexe ou plutôt son *genre* est indifférent, et les hommes peuvent représenter les femmes. Mais, en réalité, si un être humain est un sujet rationnel, c'est aussi un sujet sexué, et ses droits de sujet sexué sont aussi imprescriptibles que ses droits de sujet rationnel. Ne pas voir qu'il y a des êtres humains hommes et des êtres humains femmes, c'est refuser la réalité ; pis : c'est masquer la discrimination.

Bien. Mais comment donner du poids à l'altérité sans préciser la valeur propre de l'Autre ? A défaut d'analyser *in extenso* la différence de sexes – phénomène très complexe et en perpétuelle recomposition ! – on peut au moins partir de ce qui demeure incontestable : la dissymétrie entre maternité et paternité. Cette dissymétrie s'est réduite dans la famille, et certaines ont cru, naïvement, qu'elle serait bientôt résorbée. Mais elle ne disparaît nullement, elle se reconstruit sous d'autres formes, dans la famille et plus encore dans la société. A l'heure actuelle, un moyen de justifier la parité serait peut-être de dire : parce qu'elles vivent, presque toutes, plus près des enfants, les femmes, qu'elles enfantent ou non, ont sur le monde un autre regard que les hommes. Ce regard spécifique doit inspirer les décisions et les actes à tous les niveaux du pouvoir. Sans préjuger de l'avenir.

C'est vrai qu'il y a des risques : des femmes ont rallié les régimes fascistes au nom de leur spécificité ; à présent encore, certaines se tournent vers l'intégrisme au nom de leur spécificité. Mais l'ancienne spécificité séparait les femmes des hommes. Alors que la parité les associe dans tous les domaines d'activité.

Les « auteurs » du manifeste tournent volontiers leur regard vers les pays scandinaves, qui sont champions en matière d'égalité politique entre les hommes et les femmes.

La Norvégienne Hege Skjeie, docteur en sciences politiques, experte internationale, explique pourquoi et comment la « rhétorique de la différence » a réussi dans son pays [1]. Un premier argument a séduit surtout les partis de gauche : les *intérêts* des femmes diffèrent de ceux des hommes. Pas question de nier les divergences d'intérêt entre femmes, selon les classes et les générations. Mais leur intérêt commun très puissant, c'est de transcender enfin la séparation entre reproduction et production qui les a enfermées dans une relative infériorité. Les conflits d'intérêt qui ne peuvent manquer d'opposer les femmes aux hommes exigent une représentation égale de deux groupes. Un second argument a séduit plutôt les conservateurs : les *expériences* des femmes diffèrent de celles des hommes, donc elles apportent des « ressources complémentaires » qui contribuent utilement aux processus de prise de décision. Aucun des deux arguments n'élimine les stéréotypes de « genre ». Mais, énoncés en catégories claires, lesdits stéréotypes n'ont pas désavantagé les femmes : leurs intérêts s'orientaient vers la politique sociale, la protection de l'environnement, le désarmement, l'éducation ; cependant que les hommes s'occupaient surtout de politique économique et industrielle, de l'énergie et des transports, de la sécurité du territoire et des affaires étrangères. Ces différences n'impliquaient aucune hiérarchie des domaines politiques. « Nous sommes encore " les autres " », dit Hege Skjeie. Mais tout est renversé : l'écart entre le masculin et le féminin, qui a si longtemps maintenu les femmes hors de la politique, *légitime désormais leur présence.*

L'exemple suédois est encore plus édifiant. Avec 43 % des députées et onze femmes sur vingt-deux ministres, ce pays détient le record de la participation féminine. Les femmes ministres occupent des postes clés : Affaires étrangères, Justice, Emploi, Intérieur, Agriculture, Transports, Culture... Ici, semble-t-il, il n'y a plus de domaines spécifiques réservés aux

1. Hege Skjeie, « Du mouvement au gouvernement. L'intégration politique des femmes en Norvège », Journée de l'Anef (Association nationale des études féministes) : *Pouvoir, parité et représentation politique,* Paris, 28 mai 1994.

femmes. Elles ont montré leur intérêt et leur compétence dans les secteurs réputés masculins. Ce n'est pas étonnant : gouverner c'est organiser le monde où les enfants grandissent; rien n'est étranger à la conscience maternelle.

Autre aspect des mœurs suédoises. Femmes et hommes politiques sont pour la plupart plus jeunes que leurs collègues français. Ce qui signifie qu'un plus grand nombre d'entre eux ont des enfants en bas âge, et que le mode de fonctionnement quotidien des institutions politiques en a été changé. Le Riksdag (le Parlement, présidé par une femme) a ouvert une crèche pour les cas d'urgence pendant les sessions. Au gouvernement, les ministres évitent de fixer des réunions après 17 heures, nombre d'hommes et de femmes devant aller chercher eux-mêmes leurs enfants à la crèche ou à l'école. Deux ministres ont choisi de travailler depuis leur ville d'origine, à plusieurs heures de Stockholm, afin de ne pas s'éloigner de leur famille. La plus grande partie de leur travail ministériel s'effectue par liaisons informatiques et au moyen de vidéoconférences. S'absenter de son travail pour s'occuper d'un enfant malade fait partie des conduites acceptées, même pour un ministre, homme ou femme [1].

Ces exemples scandinaves invitent à l'optimisme. Ils autorisent deux conclusions tout à fait gratifiantes.

1. La parité produit de l'égalité à partir de la différence.
2. La parité réhabilite la parentalité, et donc efface le handicap originel des mères.

La parité serait alors l'idéal vers lequel il faut marcher, courir ! Elle semble pourtant d'une réalisation difficile en France. Certes, 73 % des Français, hommes et femmes, affirment la souhaiter. Mais voteraient-ils une loi pour l'imposer ? Même en passant par l'étape des quotas ? Et sans une loi, comment triompher des résistances masculines d'une part, des hésitations féminines d'autre part ?

En Suède même, est-il certain que la parité abolira peu à peu toutes les inégalités ? Le pouvoir politique doit désor-

1. Nina Ersman, « Suède : le gouvernement paritaire montre l'exemple », *Parité-Infos*, juin 1996, p. 6.

mais compter avec la puissance redoutable des holdings et des multinationales, qui ne placent aucune femme aux commandes.

Il est bien possible que l'égalité politique ait été accordée aux femmes au moment où le pouvoir politique perdait sa souveraineté...

Les philosophes contemporains, fascinés par les déterminismes sociaux, ont longtemps annoncé « la mort du sujet ». A présent, ils en reviennent. Chacun, chacune, disent-ils, peut être « acteur » dans sa vie et dans son milieu. Transposé dans l'histoire des mères, ce discours invite peut-être les femmes à ne plus se laisser engourdir par l'amour et la joie de la maternité, à vivre la maternité comme une composante de la citoyenneté.

PERSPECTIVES :

Repenser la maternité

Les trois générations féminines de la fin du XXe siècle auront donc assumé une mutation aussi importante que celle qui avait eu lieu à la fin du XVIIIe, mais en sens inverse.

La philosophie des Lumières et les mœurs bourgeoises avaient imposé une nouvelle organisation sociale, séparant les tâches de production des tâches de reproduction. Les mères, vouées à la reproduction, devaient rester au foyer, nourries et protégées par les pères, pour élever la progéniture et gérer la vie privée. Une riche culture féminine s'est élaborée sur cette base au cours du XIXe siècle.

Depuis 1945 au contraire, les mères sont sorties du foyer, de plus en plus nombreuses : pour accoucher, pour faire soigner les enfants, pour gagner elles-mêmes leur pain. « Déprivatisées », elles ont construit hors de la famille des liens sociaux autonomes, tant dans le domaine de la production que dans celui de la reproduction.

Le changement a été rapide. On peut presque le comparer à une migration. La première génération a pris ses distances avec le milieu d'origine ; la deuxième a souffert parce qu'elle cherchait son identité entre deux mondes ; la troisième accède tant bien que mal à un nouvel équilibre. Quelques-uns des concepts utilisés par les sociologues spécialistes des migrations peuvent servir pour analyser ce qui s'est passé : désorganisation-réorganisation, acculturation, assimilation sociale...

En réalité la comparaison ne va pas très loin.

D'abord, les mères n'ont pas réellement quitté le foyer, elles n'ont pas renoncé à gérer la vie privée; elles l'ont seulement réorganisée en fonction de leurs nouvelles conditions de vie, de leurs nouvelles relations.

Ensuite, leur acculturation reste nuancée. Plus que tout autre, les comportements maternels, même guidés par les sciences, restent soumis à la spontanéité, à la sensibilité, à l'inconscient. D'ailleurs, toutes les femmes n'ont pas atteint le même point : les progressistes rêvent d'une fonction parentale équitablement partagée, mais d'autres restent attachées à leur différence, et au service du petit enfant.

Enfin, quant à l'assimilation sociale, elle demeure bien relative : les femmes qui ont des enfants et qui veulent s'en occuper choisissent des « métiers féminins », et se donnent rarement de grandes ambitions professionnelles ou politiques.

Certes, on peut penser que l'évolution n'est pas achevée et qu'elle ira jusqu'à son terme, palier par palier.

Quel terme ?

Un objectif fixé d'avance par les intéressées ? Une conséquence des déterminismes sociaux ? Certes, les déterminismes tant sociaux que biologiques pèsent lourd. Mais, serait-elle cent fois déterminée, toute initiative, toute décision relève aussi de la liberté humaine et infléchit, si peu que ce soit, le cours de l'histoire. Le féminisme reste donc nécessaire pour contribuer aux nouvelles élaborations.

Le féminisme est un humanisme : c'est-à-dire une théorie qui prend pour fin la personne humaine et son épanouissement. Non pas une déclaration de guerre à l'autre sexe (!) mais un dialogue sincère – une négociation permanente – en vue de l'intérêt commun, en vue notamment de l'intérêt des enfants. Ainsi compris, le féminisme devient indispensable au bon fonctionnement de la société « post-moderne ».

Le féminisme doit repenser la maternité, qui a tant changé depuis trente ans. Elle n'est plus au centre de l'identité féminine. Le risque de surpeupler la planète invite à limiter la reproduction de l'espèce humaine. Dans les pays occidentaux, les femmes font rarement plus de deux enfants, et comme leur vie s'est allongée, l'enfantement n'en occupe plus qu'une courte séquence. En outre, on ne mythifie plus la maternité : désir d'enfant et amour maternel ont perdu beaucoup de leur prestige depuis que leur dangereuse ambivalence a été mise au jour. L'identité féminine s'est donc rapprochée de l'identité masculine. Les valeurs universelles ont submergé la spécificité. Une femme est d'abord un être humain.

Soit. Pourtant, l'espèce humaine reste sexuée en vue de sa reproduction. Il y a toujours des hommes et des femmes; et les femmes paient à la reproduction un tribut beaucoup plus élevé que celui payé par les hommes. Même celles qui n'ont pas d'enfant, qui n'en ont jamais désiré, ne changent pas de sexe. Pour l'inconscient archaïque, tant féminin que masculin, elles restent des mères potentielles, à qui on pourrait confier des enfants, ou qu'on pourrait contraindre à enfanter, par force, par viol. Quant à celles qui veulent procréer, elles vivent le désir d'enfant, la grossesse, la parturition, et plus encore le maternage comme un bouleversement de leur vie, non pas comme un simple épisode qu'on traverse en bricolant des solutions de fortune. Nier, sous-estimer cette différence entre les sexes, c'est maintenir des illusions dangereuses. C'est saper à la base les efforts que les femmes pourraient entreprendre pour aménager leur différence et la faire respecter. Si elles n'y veillent pas, leurs intérêts et ceux de leurs enfants ne seront jamais prioritaires. A elles de vouloir et d'agir.

Repenser la maternité c'est chasser le cauchemar évoqué en première page, et lui substituer des rêves lumineux. C'est écarter une bonne fois pour toutes l'accablant, l'affreux sentiment de culpabilité.

En attendant mieux, pourquoi ne pas construire une utopie ? L'utopie, selon l'étymologie, c'est ce qui n'existe encore nulle part, mais qui peut advenir, si l'on s'y attache ! L'utopie, c'est d'abord une critique de la société existante. Elle provoque « l'imagination prospective, à la fois pour percevoir dans le présent le possible ignoré, et pour orienter vers un avenir neuf : elle soutient la dynamique sociale par la confiance qu'elle donne aux forces inventives de l'esprit et du cœur humain ». C'est le pape Paul VI qui l'a dit, en 1971 [1].

Peut-on imaginer la maternité du troisième millénaire ?

L'enfantement d'abord.

Facultative et programmée, la maternité relèverait pleinement de la responsabilité féminine. Pour pouvoir maîtriser leur fécondité, les femmes ne se contenteraient plus de lois libérales, trop fragiles, trop aisément révocables. Elles surveilleraient tout le système et notamment les filières pharmaceutiques qui procurent les contraceptifs, depuis la recherche scientifique jusqu'à la diffusion commerciale. Elles gouverneraient les cliniques d'avortement.

Le désir d'enfant continuera sans doute à leur poser d'angoissantes questions : pourquoi enfanter ? quand ? ... Mais, du moins, les données politiques et économiques du problème seront-elles plus nettement formulées. Participant elles-mêmes aux plus hautes instances de décision politique, les femmes sauront si la société post-industrielle a encore besoin de main-d'œuvre, si elle souhaite encore que les couples fassent des enfants et combien, si elle est disposée à tout faire pour les bien accueillir. Les aînées avertiront les cadettes, elles dévoileront toutes les dimensions de l'aventure : ses pièges, ses risques, ses déceptions, mais aussi la richesse inépuisable des relations qu'elle initie.

La médicalisation universelle n'intimidera plus les mères. Devenant elles-mêmes gynécologues, pédiatres, psychiatres, psychologues, psychanalystes, biologistes, à tous les niveaux d'intelligence et de responsabilité, elles parleront d'égales à égaux avec les soignants. Elles sauront apprécier, et placer à bonne distance, les techniques envahissantes et les savoirs éphémères. Surtout, elles sauront résister au marketing obsédant, dévorant, qui germe et prolifère sur le terreau des soins.

Après l'enfantement, les relations familiales.

Mieux instruites en sciences humaines, les mères s'efforce-

1. Cette définition positive est donnée dans une *Lettre au cardinal Roy*.

ront de maintenir des équilibres délicats. A égale distance de la possession abusive et du détachement, elles seront à la fois fidèles à leur enfant et fidèles à elles-mêmes. Elles pourront jouir de l'idylle maman-bébé sans crouler sous les corvées du maternage. Quand l'enfant grandira, elles mesureront avec prudence l'autorité nécessaire et le respect de sa liberté. Auront-elles réussi à programmer l'éducation sexuelle? Expliquer les différences biologiques et leur destination, c'est montrer seulement la partie émergée de l'iceberg. Laisseront-elles leurs enfants découvrir seuls les exigences, les difficultés, les embûches des rapports de sexe? Ou bien réussiront-elles à réfléchir avec eux, surtout avec leurs filles, sur les rapports de « genre », sur les effets moraux et sociaux de la différence? Il y a beaucoup à faire sur ce plan-là!

Autre équilibre délicat : les relations avec le père. Si les femmes acceptent la différence des sexes, elles sauront mieux quoi demander au père, en plus de son amour toujours si nécessaire à la mère et à l'enfant. Les normes anciennes sont dissoutes. Une tendance nouvelle semble s'affirmer : l'utilité d'un contact plus précoce, plus fréquent, plus intime, entre le père et la progéniture. Mais les comportements personnels resteront à inventer au jour le jour, en tenant compte des histoires particulières des uns et des autres. Les dogmes devront être rigoureusement exclus. De même pour les relations avec les générations précédentes, celles des grands-parents, dont l'amour est si précieux lui aussi.

Enfin la vie sociale.

Au sommet de l'utopie règne la conciliation parfaite entre le travail domestique et le travail rémunéré. Les femmes du troisième millénaire gagneront sur les deux tableaux. Du côté des tâches maternelles, elles disposeront de relais satisfaisants. Pour s'assurer une suppléance partielle, elles pourront choisir une gardienne à la fois compétente et sympathique; elles accepteront sans jalousie de concéder à cette amie une part de l'amour du petit. En plus, les institutions d'accueil seront devenues nombreuses, variées, accessibles. Des mères conseillères municipales ou maires trouveront les moyens d'en assurer le financement. Celles qui perçoivent un salaire, un traitement, un revenu, paient des impôts : elles n'hésiteront plus à demander des comptes, à réclamer les meilleurs équipements et à en surveiller la gestion. Avec les personnels de ces établissements, comme avec les enseignants, elles construiront un partenariat solide, efficace, confiant.

Du côté de la vie « active », celles qui occupent des emplois à plein temps obtiendront des aménagements du temps de travail. Celles qui cesseront provisoirement de travailler, celles qui travailleront à temps partiel obtiendront des compensations et des recyclages. La Sécurité sociale, ou les mutuelles, n'assimileront plus la mère à un invalide ou un handicapé qui ne peut rien produire et à qui on verse une allocation de survie. La mère « produit » un enfant, le bien le plus précieux qui soit. Et pour qu'elle livre un « produit » bel et bon, il faut qu'elle soit heureuse. Que peut transmettre une femme frustrée, déçue, inquiète ?

Faut-il penser à des compensations financières ? Non sans doute, car le « salaire maternel » ou « parental » recèle trop d'effets pervers. Et d'ailleurs, les sages allégueront toujours des raisons de refuser les crédits. Mais les femmes du troisième millénaire seront citoyennes du monde : elles connaîtront et comprendront les origines économiques et sociales, même lointaines, de leurs difficultés. Un facteur majeur, c'est l'exploitation des femmes et des enfants dans les pays pauvres, exploitation qui permet à leurs employeurs de damer le pion aux employeurs occidentaux. Les mères des pays riches feront alliance avec les mères des pays pauvres. Ensemble elles inventeront des moyens de faire reconnaître la valeur et l'importance du service maternel.

Ce ne sera pas facile. La glorification de la Mère, de son amour, de son dévouement, est comme une baudruche dégonflée : elle a trop servi à mystifier les femmes. Mais que mettre à la place ? Les femmes du troisième millénaire mettront les droits de l'enfant. C'est pour les mères la meilleure justification de leurs revendications, la plus haute glorification de leurs efforts ; c'est sur cette base qu'elles défendront le mieux leur dignité propre. A partir de leur expérience, elles préciseront le détail de ces droits, elles veilleront à ce qu'ils soient respectés. Les hommes qui nous gouvernent oublient trop vite qu'ils sont pères. Pourtant, gouverner c'est prévoir, et prévoir c'est organiser l'avenir dans l'intérêt des générations qui viennent. Seraient-ils plus conscients de leur paternité, les hommes ne verraient pas tout. Les femmes ne sont certes pas meilleures qu'eux ; la maternité ne les protège nullement contre les erreurs, l'esprit de parti, le fanatisme. Mais elles ont en commun des expériences spécifiques qui orientent leur regard et inspirent leur action : ce qu'elles ont à dire, aucun homme ne peut le dire. Et c'est vrai partout et toujours : leur spécificité ne pourra plus être cantonnée dans des secteurs particuliers, elle éclairera d'une lumière nouvelle *tous* les domaines de la politique, de l'économie et du savoir.

INDEX DES NOMS DE PERSONNE

INDEX ET LEXIQUE DES SIGLES

Achevé d'imprimer en février 2006
sur les presses numériques de Bookpole
BP 12 - ZI Route d'Étampes - 45330 Malesherbes
http://www.imprimerie-bookpole.com

pour le compte des Editions Perrin
76, rue Bonaparte
Paris 6e

Imprimé en France
N° d'édition : 1194/05 - N° d' impression : A06/07845L
Dépôt légal : juillet 2002